大繁荣

MASS FLOURISHING

HOW GRASSROOTS INNOVATION CREATED JOBS, CHALLENGE, AND CHANGE

[美] 埃德蒙·费尔普斯
著

余江
译

中信出版集团 | 北京

目录

推荐序一
关于创新的思考

现代经济增长是一个经济体中技术和产业不断创新的结果，这对发达国家和发展中国家并无不同。发达国家的技术和产业处于全球的前沿，创新只能来自自己的发明。发展中国家则位于世界技术和产业链的内部，创新可以依靠引进和模仿来实现，而使风险和创新的成本远低于发达国家。这种可能性如果利用得好，发展中国家经济增长的速度可以数倍于发达国家，我国自改革开放以来经济的飞速增长相当大的程度上正是依靠这种技术和产业创新的后发优势。随着经济的增长，与发达国家的技术、产业和收入差距不断缩小，我国最终也要走上和发达国家同样的创新道路。如何未雨绸缪、做好准备以迎接创新方式转变时代的到来是实现中华民族伟大复兴之梦所必须提前思考的一个重要课题。在《大繁荣》一书中，埃德蒙·费尔普斯教授深入探讨了自工业革命以后、现代经济增长出现以来，先后领跑世界经济增长和创新的英国和美国的创新动力源泉和激发这种动力的制度环境，提出了许多不同于当前学术界普遍接受的见解，很值得我们在思考中国未来变革问题时深思和参考。

林毅夫

北京大学新结构经济学研究院院长

世界银行原高级副行长、首席经济学家

推荐序二
与费尔普斯同行

《大繁荣》是费尔普斯教授大智慧的结晶。在这本书中我们读到了他超越经济学的思考，读到了他的历史厚重感、哲学思辨性、社会责任心和对人类社会发展的深刻分析。我有幸与费尔普斯教授共事三年多，与他在中国大陆、中国台湾、美国、瑞士走了很多地方，开了很多会议，留下许多美好回忆，更重要的是，与他在思想上的同行给我们留下了宝贵的财富。

活力和创新是这本书的主题，也是这几年来我不断从费尔普斯教授口里听到的关键词。我们在一起探讨了活力与社会体制、经济制度、国家文化、全球市场之间的关系，活力与创新的概念、活力与创新的逻辑关系、活力的量化检测方法等等。根据费尔普斯教授的解释，中国处于最有活力的发展阶段，绝不亚于19世纪20年代的英国和20世纪60年代的美国。费尔普斯教授30岁时见证了美国的活力，他80岁时有机会见证中国的活力，于人生而言，这当然是很有意思的。

我还和费尔普斯教授一起探讨了国家中长期创新能力的定量化评价。在目前各种关于国家创新能力的排行榜上，很多小国家名列前茅，例如瑞士经常位居第一，因为很多指标是用人均数据表示的。我们在瑞士看到他们标榜本国人均诺贝尔奖世界第一。但是，对一个国家的创新能力的量化评价，什么用总量、什么用均值、什么用比重，什么用因、什么用果，一个国家是否参与前沿科技（如航天、核能）是需要更加理性地设计的。更何况这些评价指标解释不了一个国家的中长期创新能力。例如，与制度性因素和文化性因素的关系。

《大繁荣》是费尔普斯教授的力作，但是肯定不会是他最后一本书。他体壮如牛、思维敏捷，仍然承担着一个大学教师的标准工作量并游走于世界各地，观察、思考、促进着世界的大繁荣。马上我们就要庆贺他的八十岁生日，孔子说过“七十而从心所欲，不逾矩”，没有说八十岁如何，因此我也不知道如何用中文祝福他，只好用英文干巴巴地说，Ned，happy birthday to you! 另外我还要说，下一部力作最好还是在你生日前出版，那时，一个具有中国内涵的世界一流商学院的全体教师和学生将共同祝贺你生日快乐。当然，也别写得太快，给我们多留一些时间。

何志毅

新华都商学院教授

原北京大学光华管理学院教授

2013 年 8 月

推荐序三
读懂美国十年经济病症

费老是诺贝尔经济学奖得主，享誉世界的大经济学家，邀请我这个忘年之交为他的新书《大繁荣》写序，压力很大！

我花了整整四天，躲在香港维多利亚公园旁边的酒店里，通读《大繁荣》这本经济学的鸿篇巨制，大有“忽如一夜春风来，千树万树梨花开”之感，开窍解惑，醍醐灌顶。费老把激情和理性、科学和艺术、哲学和经济学、理想和现实、历史和未来、推理和实证完美地结合在书中，没有见过经济学著作还可以这样写的，我已经好些年没有读到过这样的好书了。就像读大哲学家卢梭深奥哲学的同时获得文学艺术的享受一样，读大经济学家费尔普斯透彻经济学的同时获得妙笔生花的陶醉。

《大繁荣》是费老对美国和整个西方过去数十年经济病症的诊断书和整治方案。他以悬壶济世之心、华佗扁鹊之术，望闻问切，把脉下药。读懂了《大繁荣》，就不仅读懂了西方经济文化和经济制度，而且读懂了西方经济史；不仅读懂了资本主义，而且读懂了社会主义和社团主义。书中深刻的分析和海量的文献让我有读君一本书，胜读百本书的收获。

费老把繁荣定义为生活的兴盛，即对事业的投入、迎接挑战、自我实现和个人成长；把国家的繁荣定义为大众的兴盛，它源自民众对创新过程的普遍参与，它涉及新工艺和新产品的构思、开发与普及，是深入草根阶层的自主创新；把具有创新活力（即具有开展自主创新的欲望和能力，尤其是具有激发和包容草根阶层自主创新的能力）的经济称为“现代经济”，并强调现代经济并不表示目前的经济。他以理论逻辑、历史验证和数据实证阐明了现代经济能够达到人尽其才、物尽其用、货畅其流，实现美好生活，符合公平正义。而现代经济带来的一定风险和不确定性则是追求美好生活必要的成本。

他对现代资本主义、社团主义和社会主义三种经济发展模式在西方乃至全世界的实践进行了深入的横向比较分析、纵向历史分析和实证检验，结果表明，只有现代资本主义经济发展模式符合现代经济的本质要求。

他明确指出，从 19 世纪 20 年代的英国到 20 世纪 60 年代的美国繁荣的历史进程是广泛出现的自主创新的结果，是现代经济发展模式的成功；20 世纪 70 年代至今的西方经济和美国经济衰败的历史过程是放弃正确的现代价值观和经济文化，对社团主义侵蚀现代经济和政治制度一退再退的结果。要使美国经济和西方经济重振雄风，唯有再度拥抱现代价值观和现代经济文化，清除社团主义经济和政治制度对现代经济和政治制度的腐蚀。

虽然《大繁荣》探讨的是对美国和西方经济病症的全面诊治，但对诊治中国的经济病症有非常重要的借鉴意义。2011 年 9 月，在费老邀请我参加的哥伦比亚大学国际经济学术会议上，我发表的论文《中国模式的悖论》就是在与费老的讨论、切磋和启发下写成的，此文在会议上引起强烈反响，验证了这种借鉴意义。

王建国

北京大学光华管理学院教授

第二版序

我对中国人怀有极大的尊敬与热爱之情，因此看到《大繁荣》一书第一版面市以来能得到中国决策者、专业学者及其他人士的认可，备感欣喜。如今我再次满怀喜悦之情，因为本书即将推出新版，而且恰逢中国改革开放四十周年！

本书讲述了西方世界如何实现持续经济增长与个人发展并举——西方国家锐意改革，也许只有这样才能重获过去几十年间失却的一切——也为中国的经济增长和发展提供了经验教训。在我看来，中国和美国在某种程度上正在经历着相同的学习过程。

长久以来，人们都认为持续的经济增长与发展需要持续的“创新”。没有“创新”，资本投资将会遭遇收益递减，经济增长与发展便会减速甚至归零。还有，创新需要“创新者”。但这两个术语在经济学家眼中究竟该如何理解呢？

“创新”不是发现或发明。这一术语是指那些被采用的新产品或新方法——开发者将其用在生产中，或者出售给他人，他们将其用于自己的生产或消费。“创新者”这一术语指的是实现创新的个人或团队。

事实上，创新机制一直在发展，可人们对它的了解却始终是滞后的。当下“创新者”这一术语有了更广泛的定义。

在20世纪早期，德国历史学派的几位学者——斯庇索夫、熊彼特和卡斯尔——认为创新源于“科学家和航海家”的发现。在他们眼中，一个国家只需要商人的“热忱”来发展“显而易见的”商业应用，建造工厂来满足人们对新产品的期望需求即可。法国经济学家让-巴蒂斯特·萨伊指出，“创新者即企业家”，他们迟早会设计和运行某种发现的商业应用。当然，创新从来不是一种新的发现或发明。但对德国学派来说，创新始终来源于某种发现或发明——通常是最新发现或发明。这一论点有些价值，但太过狭隘。

本书一以贯之的原则便是，始终相信在那些历史上最富创新精神的国家，创新很大程度上来源于商界人士的新理念。他们既包括受雇于企业的普通人，也包括商界的杰出人士，前者在其工作中会灵机一动想到更好的生产方式或更好的产品，后者会构想和评估一家新企业，以生产一些与众不同的新产品。

伴随着现有产品生产和新产品开发的创新性发展，一座城市甚或一个国家都会因此而生机勃勃。不妨想想19世纪50年代的伦敦、19世纪90年代的柏林、20世纪20年代的巴黎、20世纪30年代的洛杉矶以及20世纪50年代的纽约。一个城市出现的创新，其中很大一部分其实是这个城市的本土创新。

在当今时代，尽管越来越多的创新举措日益国际化或全球化，谈及一个国家的本土创新以及从其他国家舶来的或“复制来的”创新，都会包含两个或多个国家的贡献者之间的协作。

改革开放之后，虽然近10年内在某种情况下本土创新异军突起，但中国的创新无疑主要是舶来的。不过，因为中国可接受成本之下的外来创新复制已然穷尽，其重心正向本土创新倾斜。

毫无疑问的是，由马云这样的先驱引领的杰出创新，为中国前行道路点亮了一盏明灯。我真心希望,《大繁荣》一书中那些民众,即那些受雇于各大公司的员工和开创新公司的人,他们的愿景能够让中国政府付出卓越努力,鼓励本土怀有全新商业理念的创业公司开疆拓土,实干创新。

当然,数以百万计的创业公司不会全部转化为创新的驱动力。于是问题便来了:中国是否会有足够多的人想尝试创新?

首先,人们可能会因不愿承担失败的风险而退缩。过去10年间,许多中国问题观察家一直都秉持着一种相当广泛的共识——并没有那么多中国人拥有强大的内心,能够勇敢面对尝试独特创新的做法带来的风险,而尝试创新的诸多项目绕不开的不确定性也很重要。另一方面,至少在一些欧洲国家,与失败紧密相连的还有社会耻辱感,可能这对许多中国人来说也是不利条件。最后,过去两个世纪以来的许多创新,都是由那些勇敢探索未知世界并能享受其中紧张与刺激的人实现的。中国有多少拥有如此渴望的人,目前还未可知。

然而,我们现在看到中国精英正在勇敢探索未知世界:或创立新公司,或埋头工作在实验室成为所属学科研究的领军人物,或开启一段新的职业生涯。在过去40年间,中国一直令世界刮目相看,即使再次惊艳世界,也不足为奇。

实际上,越来越多的中国企业正逐渐意识到,只有创新才能在全球经济中占据(并保持)领头羊的位置。一些企业——尤其是阿里巴巴、百度和腾讯——已经有了突破,它们为数字时代提供基础设施,推动创新活动,工业近几年也进入了机器人和人工智能时代。

已故杰出的美国经济学家威廉·鲍莫尔先生曾欣然指出,知名公司的领导者参与一个或多个尝试创新的项目，并非追求刺激或期待利益，而是为了自保：如果他们不参与此类项目，后起者便会参与，而后便会把这些知名公司挤出市场。然而迄今为止，我觉得在中国完全没有必要担心过度创新问题（按照同样的逻辑，过度投资问题也没必要担心）。

近几年来，中国政府积极推进商业领域的创业和创新进程。这一重要举动极大缩短了创立新公司的过程，新增企业数量大大增加，它们也成了创新创业的源头活水。（已公布数据显示，在过去3年中，每天有约1.4万家新公司注册成立。）

此外，中国政府近几年也意识到在创新和创业中允许经济竞争的重要性。应当允许个人自由创建新公司，允许已有的公司自由涉足新行业。竞争是极其重要的解决办法，可摧毁和清除那些无力回天、毫无生气可言的企业。

在现代经济中，几乎每个行业的运作都面临着许多未知情况，考虑某个问题的企业数量越多，一个行业解决这个问题的可能性就越大。或者说行业外的某家公司真正了解的问题，行业内的许多公司都不见得了解。当行外人（有些有一技之长）能够自由进入某一行业时，社会便会获益——价格更低，也许还有更多就业机会。或者，一个人由于其独特的经历会对有些事有所了解，却又不可能将这些知识传达给那些用得上这些但缺乏这类经历的人——这就是所谓的“个人知识”。

于是中国人开悟了：他们知道，如果拥有独特思维方式和知识架构的多家公司可以自由竞争，国家便会受益。

而西方国家并没有明白这一点。自20世纪30年代以来，西方世界大部分国家一直认为自己有责任为知名企业提供各种保护措施，以使其免受新公司的竞争威胁，包括那些进行调整或创新的公司。这样的保护措施自然会使许多企业家备受打击，没有勇气再怀着更棒的新理念创立新公司、进军新行业了。

历史的证据俯拾皆是。战后的英国直到20世纪70年代，许多产业都由英国工业联合会内部的特权社团操控，他们禁止新来者进入。当时的全要素生产率停滞不前。1979年当选首相的玛格丽特·撒切尔制止了联合会的反竞争行为。到20世纪80年代中期，英国的全要素生产率才再次出现增长。

在今日中国，我们正在见证类似的结果。中国2016年开始推行多项新改革，在此之前，其全要素生产率的增长率已连续多年下降。从这一年开始，中国全要素生产率的增长率开始上升，时间会证明这一增长是否能达到令人满意的速度。

但是，心思缜密的人总会有疑问和担忧。在中国乃至西方，大量创新都集中在制造生产资料和建设基础设施或者开采自然资源（即所谓资本）的产业中，而在服装制造、住房供给、养老服务和娱乐活动等行业（即所谓消费）中，几乎没有什么创新可言。人们自然会问，这样过于专注的创新是否能走很远呢？实际上，美国方面的数据显示，生产资料的价格指数几十年来一直在稳步走低。这表明，志在从该方向突破创新的中国企业最终不会有任何出路。简而言之，经济体必须要实现广义的创新，否则最终将遭遇危机。

西方还有另一个担忧，由这种专注的创新创造出来的新技术通过在生产资料行业扩大产能，也会拉低这些行业的工资水平。这一现象已经使美国、英国和法国的部分地区失业率居高不下。如果中国的创新也是如此专注，那未来也会面临这样的问题。

在我看来，一种健康的经济也许能够调整这种不平衡。受到影响的那些产业工资水平下降，也会减缓其他产业的工资增长速度——直到工资水平恢复到以前的平衡状态。这种减缓将会成为一股力量，逐渐推高后起产业的投资回报率。其结果将是投资再掀高潮，最终带来薪资上涨和就业率回升。其他治愈机制也许也在发挥作用，但这很可能是一个非常漫长的调整过程。

随着 19 世纪 90 年代欧洲社团主义的兴起，人们对创新又有了其他担忧。（20 世纪 20 年代，普鲁士社会学家斐迪南·滕尼斯在德国的地位举足轻重。）一种担忧认为，创新是一名无头骑士，总是朝着未知的方向横冲乱撞。当时的社团主义者就像现在一样，认为这是资本主义的重大失败。我的回应是，经济的走向不见得有多么重要，只要经济参与者——员工和老板，投资者和放款者——觉得参与创新过程是一次值得的经历，觉得由此产生的生产力提高对于满足人们需求也是有价值的，就够了。

然而另外一种担忧认为，经济中取得的创新很可能会引导经济发展，但发展方向并非社会想要的。中国领导人曾经讲到“高质量发展”，其他人则提到解决不平等问题，还有人谈到生活质量的问题。我认为，中国应当更关注工作经验问题。

并非所有人都同意这一观点。谈及工作经验，许多人，尤其是在欧洲大陆的人，认为最优配置（必须是运转良好的机构）加上教育投资，就一切齐备。毕竟，意大利人、德国人和法国人认真苦干的时间相对较短，每小时的生产力和工资却相对较高，比在美国和英国高。

然而，欧洲大陆的人似乎对自己的工作不太满意。他们对超长假期以及相对较低的劳动力参与度的偏爱便是间接证据。关于工作满意度的调查则提供了直接证据：在西方大国中，欧洲大陆的工人对其工作的满意度最低。

这一点不足为奇。欧洲的公司多半已不再是充满新刺激和新挑战、令员工心向往之的地方了。但是，如果中国要避免这种一味追求效率的欧洲模式，又该采取哪种模式呢？

在这本书中，我提出恰当的模式就是美好经济，即能提供美好生活的经济。它究竟是什么呢？它不仅是高生产效率，也是商品生产和消费的完美融合。不过这还远非美好经济的充分条件。

我不大赞同有些经济学家说美好生活的标准就是生活质量。让-保罗·菲图西和约瑟夫·斯蒂格利茨所描述的愿景，即充分的休闲和肆意消费，特别是对于公共产品的享受，包括市政设施，如城市公园、体育场馆、干净的街道，它是一种可追溯至古代的理想的详细版本。

当然，我不反对这些服务，也不反对国家提供这些服务，但它们并不等于哲学家关于美好生活的构想。（亚里士多德曾开玩笑说，我们需要这些服务来恢复气力，为第二天的工作做准备。）

哲学经济学家阿玛蒂亚·森指出，经济学家对消费的关注忽略了人们对“做事”的需求。但他说得还不够到位，人们其实总想跳出自己没有自主权的工作规划。

我的观点是，为了美好生活，人们在工作中需要一定程度的帮助。他们希望能够积极主动，做一些有吸引力的工作。人们重视能够表达自己的空间——说出自己的想法，展现自己的才华。

换句话说，人们重视通过自己的努力取得的成就。我曾经用“prospering”（得偿所愿）一词（源于古拉丁文“prospere”，意指“如你所愿或一如所期”）来指代人们在工作中对成功的体验：工匠看到自己的手艺备受珍视很满足，商人看到自己“梦想成金”很满意，学者看到自己被评为荣誉教授很踏实。

人们同样重视自己的职业带来的个人成长。我用“flourishing”（蓬勃向上）一词来指代通往一段未知世界的旅程带来的满足感——面对挑战的兴奋感和克服困难的吸引力。的确，努力获得、得偿所愿和蓬勃向上指的都是经验上的收获，而非金钱回报。

什么样的经济，更准确地说，什么样的社会能提供这样的美好生活呢？历史表明，应该是企业家，他们对于不易察觉的机会极其敏感，不断主动尝试新事物；也应该是富有创新精神的人，能够想象出新事物并将新概念发展为商业产品和方法，并将它们推销给潜在用户。从平凡草根到最具优势和才华的人，都是这一美好经济的参与者。

这就是中国——我希望未来能够崛起的中国。这个国家也会帮助世界上其他国家。事实上，美国的创新比以前少了很多，欧洲则几乎没有任何创新了。因此，中国有望成为全球经济的主要创新来源，追平甚至赶超美国。在我看来，这对中国来说是一个宝贵的机会，其他国家也会欢迎这种发展。

第一版序

本书是讨论西方国家的议题：几个国家的经济在 19 世纪取得骄人成就，但在 20 世纪却未能继续保持辉煌，西方由此变得虚弱和迷茫，不确定能否重现昔日的荣光。这固然是西方世界的历史，但对中国同样具有重要的启示作用。

通过技术引进、投资和贸易，中国今天已成为中等收入国家。很早以前，英国和美国也曾处于类似的阶段。在 18 世纪，这两个国家试图寻找更多的投资与贸易机会，进展甚微，但此后它们取得了前所未有的进步，商业经济被改造为现代经济——由创新者而非贸易商作为领头人的经济。英国经济（包含经济参与者和经济制度）促成了生产率的“起飞”，开启了为期一个多世纪的持续增长，并或多或少提高了各类劳动者的工资水平。最重要的是，一向以孤独和重复为特征的传统工作被互动、新奇、充满吸引力和挑战性的现代工作取代。美国经济在稍后也发生了同样的转变。

本书就是致力于探讨这一现象发生的过程。在生产率和工作回报的爆发式增长背后，是大大小小的创新成果，这并非什么秘密。许多评论家认为，创新源于科技进步，尤其是科学认识的突破。但大多数创新其实并不需要新的科技成果，而是需要新的商业观念。与其他国家相比，英美两国的创新成果是如此丰富且广泛，影响到所有的产业和消费者，因此创新必然来自这两个国家特有的因素——跨越国境的科学界。本书认为，这种本土创新源自人民的冒险精神和发挥创造力的愿望，它们一直深入到社会的草根阶层，并且有相应的制度使这种愿望得以实现，使人们能以这些冒险活动为生。英美两国的经济活力在创新活动的喷涌和新事物的流行中展露无遗。

草根阶层的活力要求人们拥有创办新企业的自由，以及在冒险成功后得到社会承认和财务回报的信心，否则产业人士最看好的项目也无法吸引人们的创新努力。有时，鼓励政府建立促进创新活动的制度以及给特殊的创新项目融资固然可以有所帮助，但没有哪个国家找到过能替代自由企业的焕发经济活力的机制。

这些观察不可避免地会促使中国读者思考自己国家的未来。中国要继续保持生产率和工资水平的快速增长，就必须加速自主创新，因为不再能指望西方国家代替自己完成创新任务。此外，如果中国经济要完成从中等收入向领先水平的转轨，也必须找到激发必要的经济活力的手段。那么为建设高活力经济，中国应该做些什么？当然，供选择的道路可能不止一条。

中国或许能找到一条非常特别的道路，而非简单地照搬英美两国的经验。高度的活力也许并不要求渗透到草根阶层，政府内外的精英人士也许足以催生实现理想的创新率所必需的活力。然而这种自上而下的方式还没有成功过，而且难度肯定会更大，因为它抛弃了焕发经济活力所需的最重要的资源：两个脑袋比一个脑袋好使，100 万个有创造力的头脑肯定强于 50 万个或者 25 万个。中国还可以通过改造国有部门推动创新，但这样做同样存在困难，因为它不足以创造更多的新产品和新工艺。创新只有在具备吸引力和盈利前景、能被社会采用时才会发生。中国必须牢记欧洲历史上的经验，社会主义者和社团主义者在20世纪二三十年代影响大增甚至最终控制政权后，并没有如他们设想的那样带来活跃的创新。

因此，中国人也可以慎重考虑借鉴英美两国走过的道路，深入了解这两个国家如何在19世纪焕发出巨大的活力，又如何在后来丧失大部分活力。

我相信本书能在这些方面有所助益。本书指出，焕发高度活力的国家都有相应的生活态度作为支撑。这些生活态度一部分来自现代社会初期出现的人文主义价值观，例如个人主义和活力主义；另一部分来自科学革命和启蒙运动时期形成的价值观，例如在知识不完备和具有不确定性的世界生活。这些现代价值观压倒了中世纪盛行的更传统的价值观，例如看重团结和保护的观念。后来，这些国家在20世纪中叶失去了很大一部分经济活力，原因既非现代经济或现代资本主义制度的缺陷（如容易导致经济波动），也不是现代价值观被否定。经济活力受到抑制的主要原因是传统价值观的复苏。在欧洲，现代价值观受到打击，导致资本主义制度被名为社团主义的中世纪式的制度和政策替代。

如果上述分析成立，中国要实现高度的经济活力，就必须确立现代价值观的主流地位，摆脱社团主义的影响。某些中国企业已经表现出创新能力，但也存在各种阻碍。有人说，中国人还远不习惯从群体中脱颖而出，以及在必要时独抗潮流，例如很多大学毕业生希望获得公务员类的稳定工作，而不愿去产业界冒险。中国有漫长的企业家历史，富有创业进取的精神。但必须牢记，寻找机会的企业家和创造机会的创新者并不是一回事。

我确信，中国将开启从贸易商向创新者、从商业经济向现代经济的转轨，最早的行动可能会很快展开。这一转轨可能要经历一两代人的时间，但我没看出有什么必然理由能阻止中国完成这个旅程。

作为一个多年来为中国着迷并对中国人民充满崇敬的人，我特别感谢新华都商学院的同事和支持者，以及优秀的出版商中信出版社，是他们让我能把自己的思想用中文传递给中国的广大读者。

前言

第一眼看到拉斯韦加斯时，我就意识到从没有人把它的样子画出来过。

——戴维·霍克尼，画家、摄影家

19世纪到底发生了什么，导致某些国家的民众在人类历史上首次实现工资的大幅提高、市场就业岗位的大量增加，以及工作满意度的普遍提升？又是什么原因导致这其中的许多国家在20世纪远离了上述美好的场景？从目前来看，似乎所有国家都在与之告别。本书的目的就是探究这一罕见的繁荣是如何获得，又是如何失去的。

我试图在本书中展现一个看待国家繁荣的新视角。繁荣的核心是生活的兴盛：对事业的投入、迎接挑战、自我实现和个人成长。获得收入可以带来兴盛，但收入本身不属于生活的兴盛。人生的兴盛来自新体验：新环境、新问题、新观察以及从中激发出来并分享给他人的新创意。与之类似，国家层面的繁荣（大众的兴盛）源自民众对创新过程的普遍参与。它涉及新工艺和新产品的构思、开发与普及，是深入草根阶层的自主创新。由于错误的理解或其他目标的干扰，这种创新活力可能被制度约束或削弱，而单靠制度是不能创造活力的。大范围的创新活力只能由正确的价值观激发，并且不能被其他价值观冲淡。

一个民族的繁荣取决于创新活动的广度和深度，认识到这一点具有重要意义。那些不理解繁荣来自何方的国家，所采取的行动可能会严重打击它们的创新活力。从现有的资料来看，今天的美国取得的创新率和工作满意度已远不能与 20 世纪 70 年代之前的水平相比。社会成员有权利使其繁荣前景（约翰·罗尔斯称其为“自我实现”）免遭践踏。在 20 世纪，各国政府试图让失业者重新找到工作，以重现繁荣。如今的任务更为艰巨：让那些有工作的人重新找回繁荣。为此需要采取的立法和监管行动与刺激供给或需求无关，要采取正确的行动，需要正确理解经济活力所依赖的机制和精神。这当然是各国政府有能力做到的，有的国家从两个世纪之前就开始为促进创新铺平道路。以上就是我在酝酿本书时涌现的想法，我相信唯一的问题在于人们还远未认识到而已。

后来我开始意识到另一类问题：对现代价值观和现代生活的抗拒。支持经济繁荣的价值观与妨碍和贬低繁荣的价值观相互对立。过去的繁荣为此付出了高昂的通行费。我考虑的问题是：最美好的生活应该是什么样的生活，随之应该有什么样的社会和经济？目前，美国出现了一些实现传统目标的呼吁，如加强社会保障、促进社会和谐以及为国家利益启动公共工程，这些对欧洲国家来说再熟悉不过。有的价值观曾引导许多欧洲国家通过“社团主义的视角”用传统的中世纪的观点看待国家的作用。今天也有人呼吁要更加重视社区和家庭的价值。相反，很少有人意识到现代生活及其带来的繁荣是多么可贵。美国人和欧洲人已不再熟悉大众的繁荣的感觉。在一个世纪前有过辉煌社会的国家，如“咆哮的二十年代”的法国，或者 20 世纪 60 年代早期的美国，都已经丢失了广泛的繁荣的鲜活记忆。一个国家的创新过程，包括那些乱七八糟的创作、疯狂的发展和创新未能成功时的无奈终结，在今天越来越多地被视为痛苦，只有那些暴发户式的物质主义社会为了增加国民收入和国家实力才愿意承受，西方国家的当代人已不再接受。人们不再把创新过程理解为生活的兴盛发达，即变革、挑战以及对原创、发现和不落俗套的毕生追求。

本书是我对这些现象的回应：我要高度赞美大众的兴盛是现代社会宝贵的人文主义财富，呼吁重树失去的精神，呼吁大家不要放弃激发现代社会普遍繁荣的现代价值观。

首先我将回顾西方国家的繁荣历程：经济繁荣出现在哪里，如何实现，又如何在不同程度上被一个接一个的国家遗失。我们对于现状的理解，有很多来自对过往碎片的拼接。此外，我还会对目前的情况进行跨国分析。

历史叙述的核心是 19 世纪爆发的经济繁荣，它点燃了人们的想象力，改造了工作与生活。英国和美国首先出现这样广泛的兴盛景象，人们的工作投入和挑战性大大增强，然后是德国和法国。女性的逐步解放以及美国最终废除奴隶制，进一步扩大了兴盛的群体范围。新工艺和新产品的发明是这种兴盛活动的一部分，并成为同期经济增长的主要动力。然而进入 20 世纪后，兴盛的范围逐渐缩小，增长相应减速。

在这一历史叙述中，繁荣的历史进程从 19 世纪 20 年代的英国到 20 世纪 60 年代的美国，是广泛出现的自主创新的结果：从国民经济中原创的本土创意所发展出来的新工艺和新产品。这些领跑国家以某种方式形成了创新活力，即开展自主创新的欲望和能力，我称之为“现代经济”，其他国家通过紧跟这些现代经济的发展而获益。此观点不同于阿瑟·斯庇索夫和约瑟夫·熊彼特的经典理论，他们认为是科学家和航海家的发现带来了创新机会，然后被企业家们竞相实现。而我认为现代经济体不同于老式的商业经济体，它是阳光下的新事物。

对现代经济的理解必须从现代观念开始：原生创意来自人们的创造性，依赖每个人所具有的与众不同的知识、信息和想象。现代经济由整个商业人群的新创意推动，大多数人都默默无闻，包括策划者、企业家、金融家、销售员以及敢于尝鲜的终端客户等。这种创造性和与之相伴的不确定性曾经在20世纪二三十年代被早期的现代思想家隐约地观察到，包括弗兰克·奈特、约翰·梅纳德·凯恩斯和弗里德里希·哈耶克等人。

本书有很多篇幅是关于创新过程及其带来的兴盛生活的人生体验。良好运转的现代经济的基本产品就是让人们从创新中获得好处，包括给人精神激励、提出待解决的问题、促进新观察的产生等。我试图描述在现代经济中工作和生活所获得的丰富体验，在思考这一广阔图景时，我兴奋地意识到此前还从未有人描述过对现代经济的感受。

在描述体现经济活力的现象时，我认识到无数人的经济自由是一项核心要素，我们要感谢西方国家的民主制度对这种自由的保护。此外还有各种支持制度，它们是应产业发展需要而产生的。然而，保持经济的现代性所需的支持不仅仅是对合法权利的肯定和执行，也不仅仅是各种商业和金融制度。我描述的经济活力并不否认科技进步，但并不把繁荣与科技直接挂钩。在我的叙述中，态度和信仰才是现代经济活力的源泉，主要是指保护和激发个性、想象力、理解力和自我实现的文化，它们促进了一个国家的自主创新。

我认为，在一个国家的经济基本进入现代化以后，就不只是生产现有的某些产品和服务，而更多地转向构思和实践新创意，试图创造过去不能生产甚至从未想象到的其他产品和服务。当一个经济体从现代化阶段倒退时（如否定现代社会的制度和规范，被其他势力束缚或阻止），社会中的创意流就会枯竭。不管一个经济体的发展是走向现代还是走向传统，其工作生活的结构都将发生深刻变化。

因此，这里所描述的西方国家历史是由一个核心矛盾推动的。这一矛盾不是资本主义与社会主义之间的斗争（例如，欧洲的私人所有权占比在几十年前就提高到与美国相当的水平），也不是天主教与新教之间的斗争，而是现代价值观与传统价值观或保守价值观之间的斗争。西方国家从文艺复兴时期的人文主义到启蒙时代，再到存在主义哲学的漫长文化演变史中，产生了各种新的价值观，其中就包括提倡创新和探索、促进个人成长的现代价值观。这些价值观激发了英国和美国现代社会的崛起，在 18 世纪培育了现代民主制度，19 世纪又催生了现代经济，形成了最早的具有活力的经济体。这一文化演变也把现代社会体制带到了欧洲大陆，社会的现代化催生了民主制度。不过，这些国家中新兴的现代经济带来了社会动荡，对传统势力构成了威胁。把社区和国家利益置于个人之上、重视保护后进而非鼓励先进的传统价值观在这些国家非常强大，因此总体来说，现代经济在大多数欧洲国家并未取得太大进展。在现代经济取得或可能取得深入进展时，往往会被政府机制强行取代（例如在两次世界大战的间歇期），或者被管制措施束缚（例如在“二战”之后）。

许多学者曾暗示，他们从普遍接受的观念中解放出来时经历了漫长的挣扎。我自己也必须越过模糊不清的描述和不切实际的理论形成的丛林，才能深入探讨现代经济及其创造性和价值观。熊彼特的经典理论认为创新是由外在因素所激发的，新熊彼特主义则认为鼓励科研可以促进创新，这两种观点都预先假定现代社会可以离开现代经济体而运转（也难怪熊彼特会认为社会主义时代即将到来）。亚当·斯密则认为，人们的幸福只来自消费和休闲，因此所有的职业活动都是为此目的服务的，而非追求工作本身的体验。凯恩斯的新古典福利主义认为，失败和波动是需要解决的现代社会的主要缺陷，因为导致波动的挑战和冒险对人们来说没有意义。其后出现并在今天的商学院占主导地位的“新新古典学派”则认为，商业活动只是进行风险评估和成本控制，与人们的抱负、未知、探索和远见无关。还有极端乐天派的观点，他们认为一个国家的制度不构成问题，因为社会演化会产生最需要的制度，每个国家都有最适合自己的文化。假如本书的推导更接近真相的话，那么过去产生的所有这些观念就都是错误和有害的。

本书用了很大篇幅，以崇敬的心态描述现代经济给参与者提供的体验，因为这正是现代社会的令人惊奇之处。这种赞美引发的问题是，现代经济所支持的现代生活与其他生活方式相比有何优劣之处。在第十一章我将指出，现代经济的精华产物（人们生活的兴盛繁荣）与关于美好生活的古代定义合拍，而对于美好生活的概念，人们有太多不同的版本。我所理解的美好生活要求获得心智的成长（这来自积极参与社会活动）和道德的成长（这来自创造和探索完全未知的领域）。现代经济带来的现代生活方式完美地诠释了美好生活的概念，这是证明优秀的现代经济的合理性的重要一步——它可以支持人们的美好生活。

当然，为现代经济进行合理性辩护就必须驳斥批评意见。即使现代经济能够为所有成员提供美好生活的前景，但如果在过程中引起了不公正，或者以不公平的手段实现目的，也不能被认为是具有正义性质的经济。在现代经济的发展方向出现错误或造成炒作（如21世纪头10年积累的房地产泡沫）时，弱势群体乃至所有社会成员都将遭受打击，从失去工作的员工到公司倒闭的企业主，再到财富大幅缩水的家庭。政府也可能没有妥善处理现代经济的利益分配（这是美好生活的第一要素），未能选择对弱势群体最有利的方式。当然这可能源于政府自身的问题，而非现代经济的缺陷。

本书的最后一章将简要勾画现代经济的概念，它能够尽可能地为天赋和背景较为弱势的群体提供美好生活。我将指出，一个有效运转的现代经济体完全可以根据常见的经济正义的概念进行治理，如关注最弱势群体。如果所有人都渴望美好生活，那他们将愿意承担伴随这种生活的波动风险。我还将指出，在很多情况下，一个有效运转的现代经济要优于一个基于传统价值观的、有效运转的传统经济。但如果某些社会成员还是坚持传统价值观，结果又如何呢？在这个入门性质的探索中，我们必须找一个止步的节点，但可以确定的是，在一个国家中那些希望拥有传统价值观、希望有自己的经济生活的人，应该有创建其个人生活的自由。而那些渴望美好生活的人也有在现代经济中自由工作的权利，而不能被限制在传统经济中，被剥夺参与变革、挑战、原创和发现的机会。

这看起来似乎有些不可思议，一个国家应该支持甚至努力建设现代经济，但这种经济的未来是未知和不可知的，容易遭受重大失败、波动和伤害，使身处其中的人们有漂浮甚至恐惧的感觉，但人们获得新发现的满足、迎接挑战的兴奋、走自己道路的自豪以及在过程中成长的愉悦（简而言之，人们所追求的美好生活）必须付出这些代价。

概论　现代经济的诞生

> 的确，现代性是在 18 世纪 80 年代产生的……但现代社会基本成形的时间是在 1815—1830 年。
>
> ——**保罗·约翰逊，《现代的诞生》**

在人类历史上的大多数时期，社会经济的参与者很少开展能扩展其经济知识的活动，也就是如何生产和生产什么的知识。即使在西欧的早期经济体，打破过去的常规、收获新知识和新经验的创新活动也很罕见。古希腊和古罗马的确有过一些创新成果，如水磨和铸铜技术，但是对古代经济（尤其是亚里士多德时代之后的 8 个世纪的漫长时期）而言，创新的贫乏才是触目惊心的事实。文艺复兴时期，人类在科学和艺术领域取得了重大突破，并给各国的君主带来了财富。但正如记录日常生活的历史学家费尔南·布罗代尔所说，当时的经济知识进步仍不足以提高普通人的生产率和生活水平。循规蹈矩依然是这些经济体的运行原则。

这种停滞不前是因为经济生活的参与者不想打破过去的经验吗？未必如此。研究发现，人类发挥想象力和创造力的历史可以追溯到上千代人之前。[1] 我们完全可以由此推想，古代经济的参与者并不缺乏创造的愿望，他们也为自己的生活发明和尝试了各种新事物，但他们缺乏为社会开发和提供新工艺和新产品的能力，因为古代经济尚未培育出支持和鼓励创新活动的制度和生活态度。

古代经济取得的最高成就是各国内部的商业活动以及国家间的贸易往来。14世纪的汉堡和15世纪的威尼斯是两个声名显赫的城邦，沿着汉莎同盟拥有的商路、丝绸之路和越洋航线，贸易被拓展到越来越遥远的城市和港口。随着新大陆殖民地在16世纪建立起来，国内外贸易活动进一步扩大。到18世纪，尤其是在英格兰和苏格兰，大多数人都为“市场”而生产，而不是面向自己的家庭或所居住的城市。越来越多的国家与遥远的市场有大量的货物往来。商业活动主要涉及分配和交换，但是对生产也产生了影响。

用那个时代还未出现的一个术语来说，这就是资本主义经济，更确切地说，是重商资本主义。拥有财富的人可以成为一名商人，投资购买货车或船只，把产品运到卖价更高的地区。1550—1800年，这一体制成为苏格兰人所说的商业社会的发动机。至少在苏格兰和英格兰，有相当多的人毫无保留地赞美这样的社会，当然也有人感觉它缺少点儿“勇武精神”。[2]其实，商业时代的社会显然不缺乏进攻性。商人们为原料和市场份额你争我夺，各个国家也竞相建立殖民地，军事冲突十分普遍。或许是因为没有太多机会在思想上掀起挑战，或者在业务上实现重大飞跃，“勇武精神”只能在军事冒险中找到宣泄口。

在商业经济时代，商业生活的确展示出了许多与中世纪所强调的习俗和规范不同的特点：发现和打入新市场，同时也被其他人发现和打入，这必然会不时地带来了新的经济知识。商业的扩展无疑会给国内生产商带来新机遇，也会给外国竞争对手提供新机遇，从而带来生产何种产品的新知识。这样的成果可以是公开的知识，被生意圈内的人们共享，也可以是不易获得的，仍然被某些人独占的知识。或许在少数时候，尝试以前没有生产过的产品的冲动还会带来生产工艺方面的新知识。那么在商业经济时代，经济知识的增幅到底有多大？

商业经济时代的经济知识

在这方面，英格兰经济早期的某些数据碎片可以给我们一些启示。在其他条件不变的情况下，生产何种产品的经济知识的增加可以促进生产率提高（也就是说，产出相对于劳动投入的增长）。假如在商业经济时代，经济生活参与者所掌握的这类知识（不管是公开知识还是私人知识）有显著增长，那么产出与劳动投入之比在商业时代开始时的 1500 年到结束时的 1800 年就会有所变化。如果我们没能看到这一比例的大幅提高，就有理由怀疑商业经济时代是否有经济知识的显著增长。实际证据如何呢？

根据一份可靠的资料来源——安格斯·麦迪森在 2006 年的《世界经济》（*The World Economy*）中估算的数据，英格兰的人均产出在 1500—1800 年完全没有增加，人口总量及劳动力总量却大幅增长，从 14 世纪的黑死病打击中恢复过来。有可能是因为人口增长的“收益递减”规律拖累了人均产出，从而掩盖了知识增长给人均产出带来的提高。然而，格雷戈里·克拉克进行的 10 年期数据估算显示，14 世纪三四十年代的人均产出（当时的人口还没有因瘟疫而大幅减少）和 17 世纪 40 年代（当时的人口已几乎恢复之前的峰值）的水平大致相当。此外，一些难得的微观数据表明，18 世纪 90 年代的农业人均产出并不高于 14 世纪早期。另一项研究则认为，在这个时间跨度内人均产出有 1/3 的增幅。[3] 总之，我们有把握认为，当时拥有的农业技术在将近 5 个世纪的时间里并没有太大改进。当然，这种逐一按产品类别测算人均产出的做法，忽略了劳动力转移到价格或生产率更高的产业所带来的人均总产出的持续提高。在这方面，工资能提供更多的信息。

工人的实际工资水平（以一篮子消费品衡量的平均工资）更能反映产品和工艺方面的知识的增长。开发新工艺和新产品的创新项目可以创造工作机会，并最终提高工资水平，新工艺还会产生向上的拉动力。那么商业经济时代是否出现了实际工资水平的显著增长，并反映出经济知识的大幅增加呢？由于黑死病之后的人口复苏，英国农业的实际工资水平与人均产量一样在商业经济时代前期（1500—1650 年）出现下降，在 1650—1730 年有所增长，但此后直至 1800 年，又失去了一半的增幅。整体的结果是，1800 年的工资水平甚至低于 1500 年，与 1300 年相比仅高出 1/3。这样的增幅是否足以证明英国的产品和工艺创新增加了经济知识呢？首先，实际工资的增长中很大一部分来自进口消费品价格的下降，以及“糖、胡椒、葡萄干、茶叶、咖啡和烟草等新产品的出现”（这是克拉克在 2007 年的书中记述的），因此 1/3 的实际工资增幅并不代表英国的自主创新比航海家和殖民者的发现所起的作用更大。其次，1300 年标志着为期一个世纪的工资水平下降的终结。正如克拉克的书中所述，1800 年的实际工资水平甚至低于 1200 年！折中一点儿的说法是，英格兰从中世纪到启蒙运动时期的实际工资水平几乎原地踏步。[4]

我们得出的必然结论是，商业经济即使在其巅峰时期

（1500—1800 年）所取得的经济知识的增长也少得令人吃惊。随着人口总量在 18 世纪快速增长并在 19 世纪的大部分时段进一步加速，人口数量每年都屡创新高，我们有理由推测，土地面积的有限肯定会限制生产率的提高，抑制经济知识增长的表现。可是，尽管英国的人口快速增加，其经济结构却越来越偏重制造业、贸易和其他服务行业，这些活动所需的土地远远少于农业，因此人口增加对工资水平和人均产出的影响越来越小。人口增加会阻止或严重制约生产率和工资提高、遮蔽经济知识增加的影响的说法并没有说服力。应该还有其他因素在制约工资水平和人均产出的增长。

各国在商业经济时代出现了非常相似的经济发展状况，也提供了一个线索，让我们分析哪些因素发挥了推动作用、哪些没有。我们今天知道，商业经济时代有 11 个国家（或后来成为国家的地区）在人均产出和工资水平上属于同一级别，包括奥地利、英国、比利时、丹麦、法国、德国、荷兰、意大利、挪威、瑞典和瑞士。（即使在 13 世纪和 14 世纪初，英国也不像人们想象的那样落后于欧洲大陆。）到 1800 年，美国也加入了这个群体。我们可以认为，这些国家大致上是在按同样的节奏前进，只不过有各自的步伐：各国都在相同的趋势线附近有独特的波动，如意大利在 1500 年领先、荷兰在 1600 年到 19 世纪初领跑。这个事实表明，普遍的平缓进步趋势是商业发展的结果，是全球性的因素，至少对这个群体的国家来说有普遍影响，而非各国特有的因素在起作用。[5]

在那些时代生活的人应该能预见到，一旦商业文明扩展到最大限度，虽然全球化程度被提高到新的水平，但各国经济还是会重返过去的惯例。但结果表明，商业经济时代并没有成为经济发展的最终阶段，至少对发达国家来说是这样。在某些商业社会，在继续开拓国内外贸易的同时，经济发展将很快开启一个全新的篇章。对当时来说非常特殊的事情将发生，继而改变整个世界。

经济知识爆炸式增长的标志

那些在1500—1800年（有些甚至从1200年起）没有显著改变的指标，在随后短短数十年内出现了惊人的变化。19世纪20—70年代，英国、美国、法国和德国相继打破传统路径，这些国家的人均产出和实际工资水平的轨迹在世界历史上发生了显著变化。

根据现在的测算，英国的人均产出是从1815年（拿破仑战争结束时）开始持续提高，而且再也没有出现反复，尤其是在19世纪30—60年代显著提升。美国的人均产出于1820年前后开始进入持续增长期。[6]法国和比利时是在19世纪30年代开始螺旋式上升，德意志和普鲁士则是在随后的50年代。这种不寻常的进步与第一位发现它的学者不可磨灭地联系在一起，即美国经济史学家沃尔特·W.罗斯托，他把这种现象称为“起飞”——进入持续经济增长的轨道。[7]

平均实际工资水平也随之普遍提高。在英国，保留至今的数据显示手工艺者的日工资在1820年前后开始持续提高，就在人均产出起飞后不久。在美国，工资水平在19世纪30年代末开始起飞。生产率提升的其他国家也都出现了实际工资水平的提高，本书第二章还将对此进行量化分析。工资水平的起飞是在20世纪 30 年代由出生于波兰的德国经济史学家于尔根·库钦斯基发现的，他是位马克思主义者，在经济转型中看到的只有“劳动条件的恶化”与“日益加重的苦难”。然而他所找到的数据即使经过他本人的修正，也表明他所研究的所有国家（美国、英国、法国和德国）的实际工资水平到 19 世纪中叶都进入了起飞阶段。[8]

这些国家逐一产生带动作用。随着 4 个领头国家的人均产出和工资水平加速提升，发展群体中的其他国家仅仅通过保持与领先国家的贸易、加速利用差距带来的机会，就能提高自身的增长速度，简单地说，就像尾随巨鲸的鱼群一样，借助领航者的水流前进。

现代经济学历史上这两位伽利略式的人物（库钦斯基和罗斯托）首先发现的起飞现象准确无误地指出西方国家的超常发展始于 19 世纪。历史学家和经济学家当然会追问，出现这一前所未有的现象的根源何在？经济学家通常是首先求助于传统的经济学理论。

许多传统派别的学者认为，原因是在 19 世纪的农场和工厂中资本存量（厂房设备）急剧增加。但是，资本形成难以解释（哪怕是部分解释）美国的人均产出从 19 世纪中叶到 20 世纪的增加。事实上，只有 1/7 的产出增长归功于资本和土地投入的增加。[9] 18 世纪的资本增加可能足以解释生产率在当时断断续续的、有限的提高，但 19 世纪的资本积累虽然加快，却不足以推动生产率和工资的巨大增长。由于收益递减，仅靠资本的持续增加根本不能支持人均产出和实际工资水平的持续提高。

由于这一困难，其他一些传统派经济学家认为答案在于规模经济：随着劳动力分工的多样化和资本的积累，人均产出（和资本平均产出）将提高。[10]可是，美国和英国在1820—1913年的生产率的增幅接近之前的3倍，很难归结为劳动力和资本扩张所带来的规模经济效应。而且假如这种扩张能在当时创造奇迹，那么17世纪40年代到18世纪90年代为什么没出现类似的增长？为什么实际上没产生任何效果？此外，如果规模经济能如此显著地提升生产率和工资水平，为何没能在意大利和西班牙产生类似的影响，反而是这些国家的过剩人口移民到南北美洲去寻求更好的经济发展机遇？进入20世纪后，这些已经起飞的经济体要获得新的规模经济效应必然更困难，支持新的规模经济的劳动力增长和相应的资本增长减速了，但人均产出和工资水平却在20世纪的大部分时段依然保持增长，直到20世纪70年代初。（尽管经历了20世纪30年代的“大萧条”，但生产率在1925—1950年增长极快，在1950—1975年又再次增长。）

其他传统派经济学家认为，在19世纪的大部分时段，各国内部和国家之间的贸易持续扩张，人们摆脱了自给自足的状态，新的运河与铁路把各个市场联系起来，这才是增长的源泉。市场的扩大当然增加了经济知识（生产什么与如何生产），对起飞国家和其他国家而言都是如此。但我们已讨论过，既然从中世纪的威尼斯和布鲁基到18世纪的格拉斯哥和伦敦，所有的商业文明和贸易都未能促进人均产出和工资水平的显著提升，那就很难相信19世纪的国内外贸易扩张能那样迅猛地提升生产率和工资水平。而且，即使国内外贸易对某些起飞国家的确是重要的影响因素，它们却很难支撑产出和工资的看似无限的持续增长。全球化进程一旦全部完成，对外贸易作为增长的发动机就会失效。

虽然在人类社会似乎没有什么是绝对可靠的，但我们有理由认为，只有经济知识（有关生产什么和如何生产的知识）的增加才足以支撑起飞国家的整体生产率和实际工资水平的急剧提升。正如戴尔德丽·麦克洛斯基所言，“起主导作用的是才智，而非节欲”，我们还可以补充说是才智而非贸易促进增长。

随着时代的进步，强调知识增长以及假定知识总是在增长的现代主义观点逐渐压倒了强调资本、规模经济和国内外贸易的传统观点。不过，这些知识来自哪里？究竟是哪些人的才智在发挥作用？

寻找经济知识的源泉

大多数在罗斯托之后研究起飞现象的历史学家，从哲学层面都不怀疑人的头脑能产生新观念和新知识能产生作用的可能性。进一步说，如果对社会有重要影响的未来知识不是预先注定、不可避免的，那么社会的未来也具有不确定性。正如卡尔·波普尔在 1957 年的著作中所述，不确定的未来是无法预测的。那本书的主题是反对历史决定论——其含义是未来是由历史条件预先注定的。

然而，即使这些不赞成历史决定论的历史学家，他们的经济观（包括对 19 世纪的经济和起飞经济的看法）也是基于 18 世纪的概念，即斯密、马尔萨斯和大卫·李嘉图所传承的理论。在那种古典学说中，“市场经济”总是处于均衡状态，处于均衡状态的经济包含所有可能用于市场运转的知识，如果世界上发现了一些新知识，市场经济会立刻将其投入应用。按照这种观点，一个国家经济内部不存在发现空间，不存在我们所说的自主创新、增进本土经济知识的余地，因为整个经济已经包容了所有可能的知识。一个国家只能转向经济体系之外的国内外的政府机构（立法机构或王室）或私人性质的非营利组织，从它们的创意和发现中寻求新的经济知识。由此得出的结论是，19 世纪出现的生产率和工资水平的持续增长是某些新的外部因素（而非经济生活内部的力量）在发挥作用。

这种经济史观在最后一代德国历史学派经济学家的著作中表现得尤其明显。他们认为，一个国家的所有物质进步都由科技力量推动：来自经济活动之外的“科学家和航海家”的伟大发现。如果没有这些神一样的人物，就不会有任何物质进步或值得惊叹的成就。当时还不满 30 岁的杰出的奥地利经济学家熊彼特给这个学派的模型加了一个新元素：需有企业家把新的科技知识可以支持的新工艺和新产品开发出来。[11] 熊彼特在 1911 年首次出版于奥地利的影响深远的著作中，对历史学派的经典理论进行了阐述，其基本含义如下：

> 经济活动中可知的内容都是已知的，因此在经济生活内部不可能存在原创性，只有经济活动之外的发现才能使新工艺或新产品的开发成为可能。创新的可能性被打开后很快会流传出来，但创新的真正实现或应用却需要有足够意愿和能力的企业家完成必要的工作：筹集资本、组织新兴企业、开发潜在的新产品。简而言之，把事情做成。这一过程可能十分艰苦，但是与对旧产品的市场预测一样，企业家可以预估新产品取得商业成功的概率（实现“创新”的概率）。只要付出足够的努力，就不会误判。一位企业家决定接受某个项目，一位资深银行家决定支持某个项目，这种决策预先注定是正

> 确的，甚至是不可思议的，尽管事后遇到的厄运可能招致损失，好运会带来意外之财。[12]

就这样，熊彼特提出了一种关于创新的理论，基本未偏离古典经济学。两位各具特色的大师——熊彼特以他的科学主义、马克思以他的历史决定论，深刻地影响了历史学家和公众。在整个20世纪，经济学仍未摆脱古典学说的框架。

但这种理论模式的困境很快显现。以德国学派的理论为基础的历史学家们意识到，到经济起飞阶段，伟大的航海家已没有新的航路可以发现。历史学家于是只能依靠"科学家"，把经济起飞归功于科学发现的加速推进，特别是1620—1800年的科技革命，其中包括启蒙时代（其定义大致为1675—1800年）。当时的某些科技成就的确堪称不朽传奇：弗朗西斯·培根在1620年的著作《新工具》（*Novo Organum*）中建立了新逻辑体系，取代亚里士多德的几本逻辑学著作——合称《工具论》；威廉·哈维在1628年对血液循环的精彩分析；安东·列文虎克在1675年对微观组织的研究；艾萨克·牛顿在1687年出版的力学著作；皮埃尔·西蒙·拉普拉斯在1785年前后的数学成果；欧亨尼奥·埃斯佩霍在1795年对病原体的研究。那么来自伦敦、剑桥和其他少数地方的精英科学家得到的这些发现和后续研究是不是导致持续增长的爆炸式经济起飞的真正动力？

这个猜想会面临多方面的质疑。假设启蒙时代以及之后的科技发现具有广泛和深远的影响，能在不到一个世纪的时间里将起飞国家的生产率和实际工资水平提高至接近原来的3倍，并且覆盖大多数产业，而非少数几个，然而，在此之前的科技发现却几乎对生产率没有产生任何作用，这难免令人费解。首先，新的科技发现只是对已有的庞大知识存量的补充，牛顿就坚持认为他和其他科学家都“只是站在巨人的肩上”。其次，新的科技发现在经济领域未必有太多实际应用，科学家的成就往往只是很偶然地能带来新产品和新工艺。还有，大多数创新（例如娱乐、时尚、旅游等产业中的创新）与科技没有太多直接关系。创新经常领先于研究，如蒸汽机的发明就先于热力学的构建。历史学家乔尔·莫凯尔注意到，即使在企业家们本来可以利用某些科学成果时，他们通常也冲在科学前面，依靠预感和实验向前推进。

熊彼特的科学主义理论把19世纪经济知识的增长也归功于科技进步，但如果用另一类型的证据检验，也将面临同样的质疑。所有重要的科技新知识几乎都可以无需代价地从学术刊物上获得，因此被称为“公共品”。那么对不同国家而言，能够获得的科技知识基本上是相同的。如果认为科技知识的进步是起飞国家经济知识大幅增长的主要原因，那就很难解释所谓的“大分化”现象：各国的经济知识在1820年还大致相当，但在整个19世纪差距不断扩大。因此，必须加入若干特殊因素，才能解释英国为什么一度领跑，然后是美国持续领先，之后是比利时和法国的进步，以及德国的后期追赶等现象。从科学主义的观点很难解释为何美国能相继超越法国、比利时，最后取代英国的领先地位，因为当时的美国在科技领域处于落后地位，与其他国家的地理距离也十分遥远，最不容易接触新的科技发现。更大的挑战则是如何解释荷兰和意大利的落后，它们的科技很发达，却长期徘徊在现代社会的大门口。（信奉熊彼特主义的历史学家可能会想，这两个国家是否缺乏企业家精神和金融专业知识。但熊彼特的创新理论建立在企业家的激情和金融家的精明之上，他本人是不太可能怀疑缺少这些要素的。）

我们由此得出的结论是，科技进步不可能是经济知识在19世纪爆炸式增长的主要推动力。

有的历史学家把起飞归功于启蒙时代出现的应用科学的发明，其中最著名的当然是带来第一次工业革命的重大技术突破。在英国包括1762年由理查德·阿克莱特发明的水力纺纱机，1764年由兰开夏郡的不起眼的纺织工人詹姆斯·哈格里夫斯发明的多锭纺织机，1769年由博尔顿–瓦特公司（Boulton & Watt）对蒸汽机的改进，18世纪80年代由科特–杰利科炼铁厂（Cort & Jellicoe）发明的用生铁冶炼熟铁的工艺，1814年由乔治·斯蒂芬森发明的蒸汽机车。在美国，重大技术突破还包括1778年由约翰·菲奇发明的蒸汽轮船等。不过，历史学家没有理由把注意力只放在这些重大创新上。如果把很多没有记载的细微进步加起来，它们对产出和工资的贡献可能远远超过上述那些重大发明，是不可忽视的天量创新。我们可以理解，研究工业革命的历史学家之所以记录那些重大发明，主要是为了更生动地讲述当时连绵不断的革新浪潮，它们从18世纪60年代开始在英国遍地开花。但我们能否真正把这些发明（实用技术的进步，而不仅是象牙塔中的理论成果）视为科技知识进步的推动力？它们是不是19世纪经济知识爆炸式增长的原始动力？

对这种猜想的一个反驳是，包括那些重大发明在内，几乎所有发明家都不是科班出身的学者，有些人甚至根本没有受过良好的教育（瓦特例外，但他不能代表大多数人）。阿克莱特是假发工人出身的企业家，而非科学家或工程师；哈格里夫斯是兰开夏郡的织布工人，出身低微，似乎很难跟纺织机的发明家挂钩；伟大的斯蒂芬森甚至不识字。保罗·约翰逊曾观察到，大多数发明家都出身贫寒，难以负担受教育的费用，但只要有创造性和聪明才智就足够了：

> 始于18世纪80年代（当时斯蒂芬森还是个孩子）的工业革命经常被描述为工人阶级的苦难岁月，但实际上对那些一文不名却极具商业头脑和想象力的人来说，那个时代提供了前所未有的机遇，他们走到历史前台的速度之快令人惊讶。[13]

毫无疑问，著名发明家身上的这些特征也适用于那些对工艺进行微小改进的、默默无闻的无数小发明家。因此，如果历史学家指着那些伟大发明说“发明家们就好比装满新的科技知识的容器，浇灌了19世纪的经济沃土”，那实在是犯了可悲的错误。此外，科学主义理论无法解释：科技发明的高潮为什么会在19世纪早期兴起，而不是在之前或者之后？为什么这一爆发现象仅发生在少数高收入国家，而非其他国家？

有人可能想说，天才的发明家即使没有受过良好的教育，他们的辛勤工作所产生的创新也的确推动了科技知识的增长。然而，就像发明某种新饮料的酒吧服务员无法进一步进行化学研究一样，这些发明家其实并不能创造新的科技知识，因为他们缺乏这方面的专业训练。只有当训练有素的学者成功地弄清楚那些发明的工作原理时，社会的科技知识才会真正增加。好比我们需要内行的音乐学研究者，才能弄清巴赫的清唱曲为何能打动人心。然而，如果某一发明得到后续开发和应用，成为成功的创新，这肯定会带来社会的经济知识的增长，甚至连失败也可以增加社会的经济知识——告诉我们哪些道路是走不通的。

把技术发明视为经济知识的源泉，意味着将增长的原因归结为经济活动之外的因素，这容易产生误导。某些偶然的发现的确能产生影响，但只是因为其发现者正处于恰当的时间和地点。某些因其引发的重大创新而名声大噪的发明其实不是经济进步的主要原因，这些进步不是靠经济体系之外的霹雳偶然诱发，它们需要对市场和顾客的潜在需求有良好的感知。而这些感知都来自创新者在商业生活中积累的经验。詹姆斯·瓦特可能原本只想成为一名工程师，是他的合作伙伴马修·博尔顿认识到，需要设计出一种用途广泛的蒸汽机。总之，发明与其背后的好奇心和创造性并不是什么新东西，而激发、鼓励和支持人们大规模参与发明的那些社会变革才是历史上的新事物，才是经济起飞的深层原因。

重大创新很少能移动经济的大山。英国纺织业在 18 世纪的卓越创新带来了人均产出的巨大增长，但纺织工业在整体经济中只占很小一部分，只能给英国经济整体的人均产出带来很有限的增幅。1750—1800 年，整个英国的人均产出几乎没有增加。借助同样的推理，经济史学家罗伯特·福格尔提出了令同行大为震惊的猜想：即使没有铁路，美国也能取得同样迅猛的经济发展。工业革命的成果主要是一次性事件，而非系统性或程序性的变革，它们不足以解释英国经济的壮观起飞和后来的追赶国家的现象。莫凯尔曾写道："传统意义上的工业革命本身不足以启动持续的经济增长。"[14]

我们得到的结论是，无论是激动人心的发现之旅，还是伟大的科学发现及其带动的重大发明，都不可能是西欧和北美的起飞国家在 19 世纪出现生产率和工资水平迅速而持续攀升的原因。

经济知识在19世纪的爆炸式增长一定是某种全新的经济形态出现的结果：只要这种经济机制能维持有效运转，就可以长期促进自主创新。只有这样的经济组织形态才有助于发挥本土的创造性并完成创新过程，最终将这些国家推入持续而迅猛增长的轨道。如果说存在某种终极“发明”，那就是这种经济组织形态的出现，它依赖内部蕴含的创造性和直觉来不断尝试创新。它们就是人类历史上第一批现代经济，其巨大的经济活力使它们成为现代史上的奇迹。

物理学研究推断有暗物质和暗能量存在，但我们并不需要借助生产率的数据变化推断经济活力是否存在。在经历过起飞的各个国家，除了前所未有的持续和显然可持续的增长以外，还出现了各种深刻的社会变革：勇于争先的企业家大量出现，最终在数量上超过传统商人；越来越多的人参与工艺和产品的改进并进行新的构思，越来越多的参与者的工作体验发生急剧变化。从零售业到纺织业，再到流行音乐产业，社会中更多的人在积极参与新事物的构思、创造、评估和试验，并从经验中不断学习。

通过这种途径，现代经济给社会带来了斯密希望看到的那种“勇武精神”：从大众中脱颖而出并积极迎接挑战。现代经济还给具备不同天赋的普通人带来了一种兴盛的生活：热爱工作、个人成长与自我实现的丰富体验。即使那些才智平平、仅能勉强得到一份工作的人也能获得发挥才智的体验：抓住机遇，解决问题，构思新工艺和新产品。简单地说，是经济活力的火花点亮了现代生活。

过去和今天的现代经济国家所付出的成本与收获的回报，它们崛起的先决条件和正当性，某些国家如何脱离现代经济，某些国家的现代经济如何衰退，这些正是本书要探讨的主题。

第一部分

活力与体验

他是思乡病的牺牲者，思念自己的族群、自己的时代、欧洲人和他的希望与梦想的辉煌历史。

——薇拉·凯瑟，《大主教之死》

第一章

现代经济体的活力之源

出色的生产率的秘密在于不断发现新问题并掌握新规律，从而取得新结果、建立新关联。如果没有新观念的涌现、新目标的设定，数学研究的内容就会枯竭，并很快在机械的逻辑证明中精疲力竭、陷入停滞。从这个角度看，对数学研究贡献最大的人是那些以直觉而非严密证明而著称的人。

——菲利克斯·克莱因，《19 世纪数学发展讲义》

本书第一部分将介绍，首批现代经济体是西方现代社会在 19 世纪早期崛起的核心。现代经济表现出的空前活力也映射在社会的其他领域。因为活力以多重方式展现出来，所以现代经济不但改变了人们的生活和工作标准，还影响到生活的本质特征。我们接下来将讨论创造历史的现代经济是如何及为何出现的。

这里使用的“现代经济”一词并不表示目前的经济，而是指具有高度活力（即充满创新的意愿、能力和抱负）的经济形态。有人或许会问：现代经济之所以称为“现代”，根据何在？这就好比问现代音乐的现代性来自何方。如果国民经济是由各种经济制度和经济态度（经济文化）组成的复杂构造体，那么是其中的哪些要素构成的何种结构保证和激发了现代经济的活力？首先，我们需要厘清活力的概念及其与增长的关系，这两个方面经常被混淆。

创新、活力与增长

重申一下，创新是指新工艺或新产品在世界上的某个地方成为新的生产实践。[1] 这种新的生产实践在推广前可能只在某个国家出现，或者在某个跨越国境的地区出现。任何创新都既涉及新事物的原创（概念构思和开发），又涉及其试点应用。因此，创新依赖于整个系统。有创新构想的人和企业只是开端，要获得良好的发展前景，社会还需要有专业知识和经验的人判断是否值得开发，是否应该投资某个推荐项目，在新产品或新工艺开发出来之后，还需要判断是否值得尝试推广。

直到最近几十年，人们都认为支持创新的这套系统就是各国的国民经济。为了开展创新，一个国家必须做自己的开发和应用工作。但在全球经济中，各国经济对外界的开发是开放的，某个国家开发的新事物可能在其他国家得到应用。假如某项联合或独立完成的创新已被其他国家采用，那么从全球视角来看，它在本国的应用就不再被视为创新。当然，挑选在本国市场具有良好前景的引进产品，与挑选要开发的创意一样，也需要敏锐的洞察力。创新和模仿存在本质区别，但在二者之间划出一条绝对的界限并不容易。

我们也必须理解经济活力的概念，它是创新背后的深层动力与制度的综合体：革新的动力、必要的能力、对新事物的宽容度以及有关的支持制度。因此，这里所说的活力是指创新的意愿和能力，而非现实的条件和障碍。活力与人们通常所说的灵活性不同：灵活性是指对机遇的敏感性、对行动的准备以及熊彼特所说的“把事情做成”的激情；活力决定着创新的正常规模，当然其他因素（如市场环境）也会对结果造成影响。同时，就像作曲家可能有创作的高潮和低谷一样，社会也可能出现创新的爆发期和短缺期。因此在活力水平（创新的基本趋势）保持不变的情况下，实际的创新节奏也可能表现出显著的波动。“二战”后的欧洲在20世纪60年代出现了少量创新，例如比基尼、新浪潮电影、甲壳虫乐队。到1980年，随着财富与收入的比例恢复到过去的水平，创新浪潮也随之消退。很明显，欧洲的活力并没有（哪怕部分）恢复到两次世界大战间歇期的高水平，当然这还需要更多的证据支持才能让大家信服。

测量活力程度的一个办法就是测算上面提到的动力和制度，即产生活力的投入。另一种办法是测算产出规模：近年来的平均年度创新数量，从国内生产总值增长中去除资本和劳动力增量后的部分，再去除非正常市场环境的影响，以及从其他国家照搬过来的“伪创新”。如果我们能够观察到的话，创新过程所产生的10年期平均收入就可以视为其产出规模的粗略测算。或者我们可以将各种类型的旁证汇集起来测算创新的规模，例如新公司的创建速度、员工流动率、20家最大企业的流动率、零售店的周转率以及产品通用编码的平均使用期限。

一个国家的经济增长率并非测量活力程度的有效指标。全球经济会受到一个或多个活力强大的经济体的驱动，这使某些活力较弱甚至完全没有活力的经济体通常也可以获得与高速前进的现代经济体极为接近的增长率，生产率、实际工资和其他经济指标保持与先进国家类似的高增长。活力不足的国家能保持这样的增速，部分原因是与高活力经济体开展贸易，但更多的是因为它们有足够的灵活性来模仿现代经济体应用的原创产品。意大利就是一个很好的例子：1890—1913 年，意大利的单位工时产出保持了与美国同样的增速，一直是比美国低 43% 的水平，在国家排名表（反映生产率和实际工资相对水平的排名表）上既未上升也未下降。但没有哪位经济史学家会认为那时的意大利经济具备很强的活力，更不用说达到美国水平。

活力较弱的经济体甚至可以在一段时期内表现出比高活力的现代经济体更高的增长率，这种短暂的增长率提升可能是由于其自身的经济结构调整，如灵活性的增加或者活力水平在很低的水平上略有提高。但随着这些经济体的相对位置的提升，对现代经济实现了部分“追赶”，其增速将回到正常的全球平均水平，高增速会在接近追赶目标时消退。即使有全球最快的增长速度，也不意味着某个经济体就具备很高水平的活力，更不用说最高水平的活力。瑞典就是典型的案例：1890—1913 年，瑞典的生产率增速高居世界第一，新公司如雨后春笋般涌现，其中的几家还成为知名公司，可是瑞典并没有美国或者德国那样高水平的创新活力，在随后的几十年里，瑞典的生产率增速下跌到美国之下，1922 年至今，再没有任何一家新公司进入股票市场前 10 位。日本在 1950—1990 年的高速增长也是一个案例：许多观察家认为日本经济具有很强的活力，但那段时间的高增长并不是日本全国实现高度现代化的反映。日本没有实现转型，而是抓住机遇，引进和模仿了其他现代经济体已有数十年积淀的先进经验。中国自1978年后实现的创纪录增长则是最新的案例：在其他国家看来，中国展现出了世界级的活力水平，而中国人却在讨论如何焕发本土创新所需要的活力，因为如果不能做到这一点，高速增长将很难维持下去。

因此，一个国家的活力对促进生产率提高来说并不新鲜。如果世界其他国家极具活力，某个国家自身的活力水平对增长来说并非必要条件，保持足够的灵活性即可。如果国家规模太小，其活力有限，也不能构成增长的充分条件。世界上相当多的国家保持活力可实现全球性增长，避免不利情况出现。充满活力的现代经济体是全球经济增长的发动机，这个道理在今天与19世纪同样成立。

尽管某个经济体的生产率（如单位工时产出）在一个月甚至一年内的增速并不能很好地反映其自身的活力水平，但我们可以考虑把该经济体的生产率与其他经济体的相对水平作为测算指标。的确如此，除极少数案例外，生产率水平达到或接近世界领先水平的经济体都是因为自身有很高的活力水平。然而，某个国家的生产率水平较低既可能反映活力不足，也可能反映灵活性不足，或者两种缺陷并存。所以，生产率的相对水平同样不是反映某个经济体活力的良好指标。

要深入测算某个经济体的活力，我们必须揭开面纱，深入分析经济中的哪些结构因素可能对激发或制约活力产生显著影响。

历史上出现的现代经济体的内部运动

现代经济通过人才和思想参与商业创新活动产生经济知识。然而，熊彼特提出的“间断平衡”的准经典理论否定了所有思想在现代经济中的作用。这一理论占据主流地位所产生的影响是，直到今天，政策制定者和评论家都分不清现代经济体、欠现代经济体和非现代经济体的差异。他们将所有国家的经济（包括高度现代的经济）都视为产品制造机器，只不过效率不同，某些国家只是在自然条件或政策上存在缺陷。

但仔细观察，我们会发现现代经济体的某些独有特征，那就是创意。国民收入统计数据中可见的“产品和服务”基本上都是过去的创意的物化成果。现代经济主要从事以创新为目标的活动，这些活动是包含多个阶段的完整过程：

· 提出新产品或新工艺的概念。

· 开发新产品或新工艺的前期准备。

· 开发项目的融资决策。

· 选定的新产品或新工艺的开发。

· 新产品或新工艺的市场推广。

· 成果评价以及由最终用户试用。

· 某些新产品或新工艺的大规模应用。

· 试用或早期应用之后的改进。

在一个具有一定规模的经济体中，斯密曾关注劳动分工所产生的专业化带来的收益，创新活动也存在专业分工：某些人全身心地为负责新产品构思和设计的团队工作；某些人在金融行业工作，选择值得投资的新公司；某些人与开发新产品的企业家共事；某些人则专注于市场推广等业务。同样重要的是，在具有高度活力的经济体中，大多数参与者都会把部分时间用于思考：有没有新创意可以改进目前的工作，把事情做得更好，或者找到更好的项目。这种类型的活动就是所谓的创意产业。在具有充分活力的经济体中，服务于创意的活动可能占总工时的1/10。然而，对新创意和新实践的投资虽然有可能挤掉某些熟悉的投资活动的岗位，却可能激发大量为新产品制造服务的新投资活动，结果会对就业产生巨大的推动作用。创新活动乃至更普遍的投资活动的劳动密集程度往往较高，而资本密集程度较低，消费品生产则不同，例如食品生产就会使用大量的资本（如铁栅栏）和能源，能源生产也会使用大量资本（如修建钻井架、水坝和风车）。[2]

19世纪和20世纪的现代经济体是如何运转的？我们可以像亨利·格雷的《格雷氏解剖学》（*Gray's Anatomy*）那样，从结构解剖开始。我们看到现代经济体中有多条创新活动的线索，它们平行发展，代表创意之间的竞争。在一个规模足够大的经济体中，新的商业创意每天都在诞生，其中大多数是在企业内部涌现。这些创意的开发通常需要企业有足够的专业能力，某些项目有热心的企业家参与，但未必都能找到资金支持。资本只会流向那些企业家和投资者认为有良好市场前景的项目。在得到支持的项目中，并不是所有项目都能成功地把最初的创意嵌入足够廉价、能被市场接受的产品。在推向市场的新产品中，只有最终用户（管理者或消费者）认定值得率先尝试的产品才能得到订单和销路，其中又只有一小部分能表现出会被广泛接受的迹象，进而得以继续生产，或者可以将生产规模扩大到盈亏平衡点以上的水平。能顺利通过这种选拔机制并最终成功的创意可能是万里挑一。麦肯锡公司开展的一项研究估计，每 10 000 个商业创意会产生 1 000 家企业，其中 100 家会得到风险资本，20 家可以上市，2 家最终会成为市场领先者。

我们也可以描述一下社会主义经济体中相对应的竞争过程：企业是国有的，资金支持来自国有开发银行。我们还可以描述一下社团主义经济体中相对应的竞争过程：企业虽然名义上是私人所有，但实际上被政府控制，资金也由政府控制的银行提供。我们所阐述的历史上的现代经济体不属于以上这两种结构，过去两个世纪的现代经济体（主要是英国、美国、德国和法国）都曾是典型的现代资本主义，今天在不同程度上依然如此。

在这些真实的现代经济体以及在任何现代资本主义经济体中，为创新提供初始资本的决策是由投资人、金融家和股份持有人做出的，投入的资金来自他们自己的财富，其他决策人还包括私人所有制的金融公司的经理，这些“资本家”（其中某些人其实只有很少的财富）提供的全部投资和借款决定着整个经济体未来的发展方向。为某个新创意进行开发规划并寻求资金的人主要是生产商或职业经理人，他们创办新的私营企业，或者在现有的私营企业中推动开发项目。为把从事此类活动的生产商与生产成熟产品的生产商区分开，人们把前者称为“企业家”。通常来说，企业家会把自己的一些资本投入新事业。创新项目的企业家和投资人甘苦与共，分享可能的财务收益，也分担回报不佳造成的损失。当然，收益的最终结果不是单一因素决定的，某个项目与其他项目相互竞争会降低私人收益，推高土地租金和劳动力价格。财务收益对于投入较大的投资人或企业家来说绝非无关紧要，他们的生活来源和生活标准可能都取决于项目的成败。企业家还需要用实现成功的美好前景争取家庭成员在精神上的支持。

在支付债权人的份额后，预期利润将由企业家和投资人分享，但这并不是开创新事业的唯一预期收获。企业家和主要投资人往往倾向于那些能激发想象力、调动能量的项目，他们可能还希望为社区乃至国家的发展贡献力量。[3]（某些企业家和投资人创办企业的目的主要是体验社会收益带来的满足感，他们把这一目标置于任何可能的财务回报之上。这些“社会企业家”可以和普通企业家并存，不管政府是否向他们提供资助。这个并行的创业体系同样具有充分的活力，也是现代经济体具备现代特征的主要因素之一。）

不幸的是，除了船只和工厂的不同这类细枝末节外，大多数人在讨论中并没有把现代资本主义同重商资本主义很好地区别开来。现代资本主义当然是从早期资本主义脱胎而来，其确立了财产权利，接受了利息、利润和财富创造等事物，肯定了个人责任的社会价值观。重商资本主义还在威尼斯和奥格斯堡培育出了银行，为产业发展融资并提供服务。但和创新者与贸易商的关系一样，现代资本主义与重商资本主义也截然不同。商业经济涉及的内容主要是产品在消费者中的分配，夸张点儿说，就好比人们收获天然的作物，将剩余部分带到市场上，交换其他作物的剩余产品。现代资本主义则是引入创新，企业家很快就把商人挤到一边。随着新业务的不断涌现，商业时代确立的很多规则已不再适合作为标准，政府发放特许证的速度也不再能满足爆炸式增长的需求。

更不幸的是，全世界有很多国家在压制竞争，为保护那些有门路的人而限制市场进入，对促进和鼓励创新却毫无作为。操控这些经济体的人和在其中饱受煎熬的人却将其视为典型的“资本主义”，美国经济则被视为资本主义的“例外”。在北非，由政治家、精英阶层和军队组成的联系紧密的小圈子把工商业作为自己的领地，外来者不可能获得准入执照，也就不可能同老牌企业开展竞争。人们以为，“资本”（统治集团的家族财富）在这些经济体里占据支配地位，所以就称其为“资本主义”。其实资本主义的一个标志应该是：资本家们是相互独立、缺乏协调、彼此竞争的，没有哪个君主或寡头占据支配地位。现代资本主义的特征之一是：允许和欢迎拥有创意的外来者加入，并争取对其项目感兴趣的资本家的投资。更准确地说，寡头经济体应该被视为社团主义的一种形态，产业部门被迫服从某种形式的政治操控。

本章开篇的问题是，什么样的内部结构注入和激发了现代经济体的活力？以上的讨论分析了现代经济体依靠哪些机制筛选值得开发和应用的新创意，那么新创意的产生又是由哪些因素推动的呢？

对越来越多的科学主义信徒来说，新的经济创意的概念是陌生的，这种理论在20世纪占据了学术界的主流，更不用说完全排除任何新创意可能性的历史决定论了。正如本书前言中所述，德国历史学派认为只有科学家才会有新创意，这些创意在经过实验验证后，通常会带来科学知识的增长。但这样的理论从来都不具备说服力：从哥伦布到牛顿那个时代几乎没有创新，而从蒸汽机到电力那个时代则没有划时代的科学进步。但一套理论的失败并不足以使其停止传播。熊彼特在其处女作发表约30年后再次肯定地说，只有科学家能产生新创意，包括杜邦公司这类巨大的工业实验室中产生的创意。[4]今天的流行理论是德国新历史学派：新技术平台上出现的天才创意家，如“互联网之父”蒂姆·伯纳斯-李，芯片的发明者杰克·基尔比和罗伯特·诺伊斯以及计算机的发明者查尔斯·巴贝奇，他们为后续的应用浪潮开创了基础性的突破。科学主义的说法很容易迷惑大众。人们不需要追问科学家和工程师是从哪里得到的灵感，因为大家都知道那来自他们在实验室里的观察以及学术期刊上报告的新发现。研究者和实验者的确沉迷于他们的科学和工程世界，其实，企业家和投资人也同样沉迷在自己的世界里。

现代经济的到来引发了改变：现代经济把那些接近实际经济运行、容易接触新的商业创意的人，变成了主导从开发到应用的创新过程的研究者和实验者，而科学家和工程师往往被他们召集过来提供技术支持。事实上，现代经济把各种类型的人都变成了“创意者”，金融家成为思考者，生产商成为市场推广者，终端客户也成为弄潮儿。现代经济在过去两个世纪的推动力就是这一经济体系——由经济文化与经济制度构成的体系。正是这一体系，而非流行理论中强调的杰出人物，才是现代经济的活力之源。

现代经济形成了一个庞大的想象域：负责新产品和新工艺的构思，探索其如何制作、如何使用的想象空间。创新过程所依靠的人力资源是前现代经济没能充分利用的。在熊彼特的理论中，前现代时期的发展依靠当时的企业家开发外来发现可能实现的项目，在谈论人力资源时，他强调了“把事情做成”的决心和迫切愿望。而现代理论家认为，现代的企业家是企业的所有者或经理人，他们在并未掌握太多微观或宏观实际知识的情况下，“在还没有也不可能有百分百正确的模型或决策规则时，展示出了做正确决策的能力”——这是马克·卡森在 1990 年的一篇评论中对企业家的描述。投资人和企业家的这种决策才华需要所谓的判断力（对未知趋势的判断）和慧根（对尚未察觉的作用力、未知的未知因素的感觉）。这种判断力需要对不同行动的后果的想象力。企业家的这些才能被称作“现代企业家精神”，但它并非快速变革和新事物的源泉，它并不等同于创新精神。

想象域中的自主创新过程所依赖的是另外一套人力资源，其基本要素是想象力或创造力，对可能开发和推广的还没有人想到过的事物的构想。如果没有想象出另外的途径、目标，或者没有想象到有价值的成果，那就不可能在现有知识的基础上获得很大进步。因此就像大卫·休谟在其对现代社会影响深远的作品中所言，想象力是成功变革的基础。[5] 实现创新还要求有洞察力，看到哪个新方向可以满足此前并不为人所知的愿望或需要。这种洞察力经常被称为“战略眼光”，这是一种难以解释的直觉，可以感知其他企业是否会采取类似战略。史蒂夫·乔布斯的巨大成功就来自他杰出的创造力和洞察力，此外对探索的好奇心以及追求与众不同的勇气也必不可少。

如果在一个经济体里，人们没有创新的动力和激励，或无法获得创新的条件，这种想象域也就根本不存在。这套体制运转的动力来自财务回报和非财务回报的组合。财务回报是重要的，实现巨额盈利的前景有助于争取家庭成员对自己的创业投入的支持。因此，如果不能合法地取得商业创意的收益（如卖给某个企业家以取得分红，或者在能够获得专利保护时收取专利费或出售专利），就不会有很多人构思和开发商业创意。如果企业家和投资人不能自由创建新企业、自由进入某个产业、自由出售企业的股份（如今主要是通过公开发行）、自由关闭企业（在无销路时），他们就不会对创意的开发进行投资。创业家还需要知道，潜在的终端客户（消费者和生产商）有没有放弃现有工艺或产品、尝试新事物的自由。总之，如果没有财产保护和盈利的激励，不管非财务性质的回报有多大，多数创业家都不愿冒险。

当然，对现代经济的运转而言，某些非财务激励也同样重要，甚至非常关键。除了财务回报外，现代经济还依赖一种激励性的经济文化。社会的巨大活力使人们从小就被培养出相应的生活态度和信仰，也使他们容易被这样的机遇吸引：有新奇的激动、有神秘的诱惑、有障碍的挑战，以及有新风景的启发。高度的活力要求企业界人士从小就习惯利用想象力和洞察力寻求新的发展方向，要求企业家渴望在历史上留下自己的脚印，要求风险投资人凭借直觉采取行动——“我喜欢他的标新立异”，要求终端客户愿意尝试那些性能价值未知的新产品和新工艺，还要求热情、好奇与自我表现等动力因素。总之，经济制度的巨大活力要求其所有组成部分都具备高度的活力。[6]

创新还依赖人们的个人观察和个人知识。产生新的商业创意的人往往都是近距离观察某个商业领域、理解其运转过程的人，他们了解某个领域的新产品或新工艺的潜在市场规模，而远离所有产业的人很少能产生真正可行的商业创意。某个商业领域的从业者所能得到的知识和发现的机遇，是其他途径难以发现的，甚至完全没有发现的可能。

偶然看到某个零售空间有更好的用途，或者发现快递包裹有更好的运送路径，确切地说不是我们所谈的创新。当然也可以说，激发新的商业投资设想的具体行业知识也会激发真正的商业创意。

同样，鼓励新投资的积极态度也会鼓励创新活动的创意。

这样一来，对商业人士的创意来自何处这一问题，我们很自然地就得到了答案：它来自产业部门内部。商业人士在工作中获得个人的观察和知识，与共享的公共知识（如经济学）相结合，形成了新工艺或新产品的概念构想——这与科学研究是同一道理，专注于实验数据、专业知识的科学家结合通用学科的知识，产生了新的有待验证的公式或猜想，从而可以为科学知识的增加做出贡献。商业人士和科学家都要依靠个人知识、个人观察，也共享自己所属群体的公共知识。当然，很多科学家坚信商业人士的创意来自其行业之外，就像人们常说的作曲家的灵感来自音乐以外一样。对于这种普遍错觉，美国指挥家罗伯特·克拉夫特曾谈到记者们与伊果·史特拉汶斯基的对话："大师，您能说说是从哪里得到的灵感吗？"他回应道："当然是从钢琴里。"

在奥地利出生、对奥地利学派影响巨大的弗里德里希·哈耶克是首位从这个视角分析经济运转的经济学家。他在1933—1945年的开创性研究中，认识到周围复杂经济生活中的生产商和顾客拥有宝贵的实际知识，懂得如何才能最好地开展生产、最该生产何种产品。通常来说，这样的知识具有地域性，关系到周边的环境，涉及五花八门的领域，并不容易被外人知晓和理解，是一种私人性质的知识。即使所有知识都能免费获得、对公众公开，它们也往往过于复杂、难以被理解，更不用说被消化吸收了。因此，这样的知识始终分散在经济生活的所有参与者之中，每个产业都有大量的专业知识，每个参与者都掌握自己和少数人才熟悉的细节知识。这种情况导致了两个结果。第一，复杂经济的收益主要来自市场，个人和企业在其中交易产品和服务，因此实际知识的专业化分工就可以延续，人们不需要成为什么都知道但什么都不精通的万事通。某个产业出现的新知识会通过市场机制（价格下降或其他信号）迅速传递给整个社会。第二，这样的经济如果不受束缚，会成为不断获得经济知识（生产什么和如何生产）并淘汰无用的旧知识的有机体。在经济发展过程中，正确的价格会被“发现”，每个公司和参与者都像前方的探路者或者负责搜索的蚂蚁，通过对所有局部变化的观察和分析，敏感地做出反应，调整生产方向和产量。如果某些产品的产量有所提高，其市场价格的相对下降将向社会表明产品成本比从前降低了。[7] 这就是哈耶克版本的知识经济的运转。

不过，哈耶克的论述并不包括创新的内容，也没有将由经济生活参与者的创造性刺激并开发出来的自主创新考虑在内。在被广泛引用的 1945 年的一篇论文中，他明确指出自己讨论的话题是对“环境改变”的“适应”。这种适应当然也要依赖前文所讨论的现代企业家的某些人力资源：判断力、慧根以及开创自己事业的动力。

与创新不同，适应具有可预测的特点。适应不需要直觉性质的思维跨越，而是对迟早会发生的变化的反应，同时会拒绝不符合适应需要的其他变革。如果环境不再发生变化，适应性的反应也就不再持续。适应不是破坏性的，它是破坏的终结，而不会导致新破坏。相反，创新不是依靠现有知识可以确定的，它具有不可预测的特点。这种新事物是以前不为人所知的，但许多商业人士却拥有这样的错觉，认为创新就是出去看看顾客需要什么东西。对“创新是可以预见的”这种谬论，沃尔特·温琴蒂批评说：

对回收式起落架的“技术强制要求”是事后形成的结果。当时的设计师按他们自己的说法并没有预见到这种情况……创新者能看到自己想达到的目的和如何能到达的手段。但假如他们的创意是全新的，那就不可能准确预见到这种创意能否在满足所有条件时实现正常运转。[8]

不可预见的创新可能是破坏性的、带来新的复杂拼图的课题，然后是人们如何进行适应。创新是适应过程中出现的偶然事件，比预想快得多的重大适应性改变也可能造成破坏。创新可以是极其短暂的，但大多数未来的创新建立在今天的创新的基础上，这些活动的积累会使实际经济发展经历非常复杂的过程，尝试很多原本可能被忽略的可能性。因此，创新带来的考验比单纯的适应要严峻得多。

创新需要构建新事物的想象力和洞察力的智慧，还需要进入未知领域、与同伴和导师分道扬镳的勇气。创新者由此被视为英雄，他们将追求创造放在舒适之上并勇于面对失败和损失。然而，没有理由认为创新者喜欢风险。明尼苏达的创新者哈罗德·布拉德利和欧文·布拉德利说，创新来自对商业或世界的新模型的构想。因此，不论是公司创始人、天才的首席执行官还是敢于尝鲜的终端客户，这些创新者都被一种内在的需求推动，想要对自己或他人展示与众不同的理解。

亨利·福特对大规模汽车生产的追求就是创新的典型案例。在2011年题为“尤里卡”（Eureka）的演讲中，哈罗德·埃文斯讲了下面这个故事：

许多美国人都以为是福特发明了汽车，其实无论是在欧洲还是美国，乃至他本人的家乡，都有很多人走在福特前面。福

> 特说："我什么都没发明，我只是把其他人的发明组合起来了而已。"但福特其实做出了非常令人震惊的新发明，这不是说他创造了自动化生产线，使奥利弗·埃文斯在1795年设计的生产线的加工效率提高了5倍……他真正的天才级创意在于：每个人都应该拥有一辆汽车的平等主义的理想。

尽管有人和福特本人一样，并不认为他具有多强的创造性，但他却预见了新型生活方式，并用实践证明其可行性。另一个具有启发意义的故事是伟大的美国跨境大铁路。埃文斯在2004年推出的《他们创造了美国》（*They Made America*）中这样介绍：

> 萨克拉门托的西奥多·朱达拥有的非凡勇气使他开创和设计了美国第一条跨越大陆的铁路。他的夫人安娜写道："这显示了一个人的内心要多么强大……才能抓住这样宏大而危险的机遇。"

诽谤者说，跨越大陆的铁路构想已经出现了好多年，铁路的建成"不过是时间问题"。正如埃文斯所述，朱达在工程上的成就在有些人看来过于平凡，难以被誉为创新，但只有建设工作开始之后，我们才可以说"不过是时间问题"。成功并非不存在疑问，当时的许多工程师认为通向北加州的直达铁路并不可行，因此铁路的成功建设并不是完全可以预见的。朱达展示了出众的直觉并证明了自己的判断。

有些创新是偶然出现的。托马斯·爱迪生无意中从手上涂的油烟中发现了一种灯丝，亚历山大·弗莱明因为忘记盖上一个皮氏培养皿而发现了青霉素。在经济生活中，也有无数意料之外的创新案例，总是有某些“B 计划”或者低预算的冷门产品成为惊喜。例如，皮克斯动画工作室的创立本来是为了开发新的计算方式，但是当一位技术人员向某些参观者展示这些技术能用于制作生动的卡通片时，参观者们的兴奋很快使该公司成为动画工作室。这些偶然的创新是如此新颖，以至其设计者从未想到会出现衍生的新产品。

事实上，所有创新都有偶然或者随机的因素。在一定程度上，新产品开发成功和得到商业化应用都是概率问题。著名电视主持人拉里·金不止一次评论说，那些知名的受访者都告诉他，自己的巨大成就完全是拜幸运所赐。然而，创新尝试中的成败并不像常见的硬币抛投结果，创新是走向未知的旅程，有些是已知的未知因素，有些是未知的未知因素，即使运气再好，创新者也无法知道他们的创造性和直觉能否带来期望中的结果。哈耶克在 1961 年终于认识到创新的作用，他沮丧地发现，美国经济学家约翰·肯尼斯·加尔布雷思竟然认为企业都知道它们的新产品会有怎样的市场前景。对哈耶克来说，企业不可能知道某款新车型的盈亏概率，就像小说作家不可能知道其作品登上畅销书排行榜的概率一样。

很奇怪的是，由于其他经济学家的视而不见，哈耶克当年留下的原本可能启发他人的粗略理论，后来还是由他本人整理的。哈耶克在 1968 年提出，经济体（显然是指本书所说的现代经济体）是通过“发现进程”促进“知识增长”的。发现进程指的是，判断某个产品或工艺构思能否被开发，以及被开发后能否被广泛应用。通过内部实验和市场检测，现代经济可以获得产品和工艺知识的进步，包括那些不会被接受、不可行的知识。[9] 还有，与科学知识不同，商业知识的进步不受物质世界的限制，完全可以没有增长边界。反倒是科学家们需要担心他们的发现之旅正在走向尽头。

商业知识的另外一个增长来源（不过这个有边界限制）是纠错，也就是说，就具体产品的微观层面或整体经济的宏观层面而言，现有的许多知识可能并不正确。[10] 周边环境和结构关系很容易在未被察觉时发生变化。例如，著名的诺斯罗普公司利用风洞实验发现，与回收式起落架相比，固定起落架造成的多余阻力小到可以忽略不计。但当时的研究者并未意识到，在飞机速度大大提升后，这种阻力的影响会变得非常严重。此外，经济生活中的发现并不是可控实验的结果，数据本身经常发生变化，经济生活中的知识（乃至误解）也经常发生变化。因此，总是存在发现他人错误的可能。

借用经济学家布林·罗斯比的话来说，现代经济“解决的问题是发现（或者创造）可能性，然后加以利用”。经济中对此类活动的投入越多，现代化程度就越高。一个国家可以开展灵活的学习和勤奋的评估，并热心开发外来发现所提供的新的商业机遇，这些是熊彼特所看到并认为可以实现的。但这样的国家或其他国家还可以拥有创造力，根据内部环境和变化做出反应，产生新的商业创意，并依靠远见或直觉将创造性引至可能成功的方向。创造力和远见这样的资源存在于所有人类经济体中，但在历史上，某些国家并不能或不愿动员这些资源，还有些国家在动员了一段时间之后没能继续下去。现代经济释放了创造力和远见，并成功地为其配备了企业家的专业能力、投资人的判断力和终端客户的勇气。[11]

我们由此可以确定，现代经济的基础就是创新体制的有效运转。依靠对各自产业和职业的深入参与和长期观察，很多人产生了新的商业创意。新产品和新工艺的开发过程需要不同投资主体的参与，例如天使投资人、超天使基金、风险资本家、商业银行、储蓄银行和对冲基金。这个过程还需要不同生产商的参加，如创业公司、大公司及其分支机构，并涉及各种市场推广活动，包括制定市场策略和广告宣传等活动。在终端客户方面，需要有公司经理人对新工艺进行早期评估，需要消费者决定尝试何种新产品，他们可能还需要学习新产品和新工艺的使用方法。到 19 世纪中叶，现代经济的基石已经在英国和美国奠定，德国和法国紧随其后：

> 大量企业家涌现，他们享有持有财产和发展商业的权利，可以冲破政府的制约，还拥有合同法提供的保护。这些企业家在他们创建的公司或经济实体中积极尝试新工艺、构思新产品。银行很少向缺乏信用记录的企业家贷款或投资，所以经常需要家庭成员和朋友扮演天使投资人的角色，使企业家们的项目得以起步。为寻求扩张，许多新企业必须将利润用于再投资。在英格兰，乡村银行可以向企业家提供短期贷款，受托代理人从客户那里吸收存款，然后为企业家提供长期贷款。有时，某些个人会成为企业的合伙人，共同出资购买专利权。少数银行会加入产业发展——南德意志地区的福格尔家族在几个世纪前已经开展类似业务，有些会给整个产业发展提供建议和投资。在美国，乡村银行的创业精神通常更强，新英格兰地区的企业从事银行业务的情况并不少见，有时也会为了自身项目的发展而出售银行股份。还有在家庭和朋友

之间提供贷款的银行。与今天的风险投资公司不同，在企业家创建可发行股份的公司之前，当时的许多早期风险资本家并不能占有股份。[12]

现代经济可以被视为一个规模庞大、永不停歇的工程，构想、开发和检测新创意，搜寻可行的办法和人们的需求，这对职业和社会都产生了深远影响。作为其前身的商业社会提供的工作岗位很少，工作岗位除工资外也很少能给人们带来其他方面的收获。这些职业或许可以把人们从家务中解放出来，但相当枯燥乏味。而在现代经济体中，从事某种职业几乎是普遍的生活状态，经济包容度远远超过商业时代。现代社会的职业在人们的生活经历尤其是精神生活方面居于核心位置，塑造了其发展轨迹。因此，现代经济创造了一种新的生活方式。在 20 世纪进入高潮的经济制度之间的激烈斗争，都关系到现代经济所带来的个人生活体验，以及因此丧失的传统的生活体验。

社会制度

大多数创意都着眼于获得他人的认可，而不仅是出于构思者或企业家的喜好。在任何时点上，都有大量的创业项目在同时开展。现代经济的大部分动力（以及高度复杂性）都源于这是个社会性环境，而非个人生活的孤岛。相互独立的经济参与者的多样性极大地增加了经济学家们所说的不确定性。著名的美国经济学家弗兰克·奈特认为，抛投一枚熟悉的硬币代表“已知的风险”，例如其概率通常是一半对一半，而抛投一枚未知的硬币则代表

"未知的风险"，这才叫"不确定性"。奈特认为商业生活中充满了这种奈特式的不确定性，并似乎已认识到这种不确定性是现代经济体的标志之一。[13]

企业家的新产品开发项目的结果的不确定性，部分来自微观层面，例如终端客户是否足够喜欢、愿意购买。企业家还会担心，终端客户虽然喜欢自己的新产品，但可能更喜欢其他人开发的另一种新产品。他们不像独自漂流的鲁滨孙，只需要关心自己喜不喜欢即可。其他企业家的项目结果也会对自己的项目产生影响。例如，开发中的新产品能否被接受的微观不确定性会增加经济中产出和收入能否维持的不确定性，从而造成宏观的不确定性，它关系到新产品的终端客户是否有足够的购买能力。因此就像凯恩斯最早发现的那样，现代经济的创新项目的不协调性使未来的发展出现非常不确定的方式和规模。在一定时期之后的未来，基本上会变得不可预知。凯恩斯说，"我们就是不知道"未来的情况。在短短一代人的间隔之后，经济面貌对上一代人来说可能变得完全无法想象。[14]

对凯恩斯和哈耶克而言，新创意是经济史的推动力，这是他们的思想基石，与托马斯·霍布斯或卡尔·马克思的历史决定论形成了鲜明对比。凯恩斯和哈耶克很清楚，新创意是不可预见的（如果可以预见，就不可能是新的），因此对历史发展产生着独立的影响。未来的不可预知性使今天的创意开发的结果更加不确定，所以不可能对现代经济的发展进行任何可靠的预测，就像达尔文的进化论不可能预测进化的路径一样。不过，通过研究知识增长和创新的过程，我们可以了解某些真相。失败的创意也并不是毫无价值，至少它们可以指明哪些方向不需要再继续尝试。取得成功的创意（也就是创新）可以激发更多的创新，形成无限的良性循环。原创性是一种可再生能源，将未来推往不可知的方向，产生新的未知和新的错误，从而给原创制造更大的空间。分析具有充分活力的经济所需要的沃土，我们将获益良多。

现代经济依靠社会的多样性实现繁荣。一个社会对创新的意愿和能力（也就是其创新倾向或经济活力）显然与潜在创意者的背景、环境和个性的多样性有很大关系。犹太人在 20 世纪 20 年代、黑人在 20 世纪 60 年代加入音乐产业，都是这方面的典型案例。此外，一个社会的活力还取决于金融家的观点的多样性。创意得到的评估机会（遇到可能欣赏它的人）越多，好的创意遭到拒绝的概率就越小。如果让国王一个人挑选值得投资的创新项目，那只能造就色调单一的国家。除其他因素外，经济活力还取决于企业家的多样性，以便从中找到最合拍、最有条件将新创意融入可行的工艺和产品的人。当然，找出终端客户的特性同样重要，如果视所有客户为完全一样的个体，那么找到他们都喜欢的创新简直比登天还难。

如果以上的所有特性都具有重要意义，那我们之前避而不答的问题就已经有了答案：在历史上，激发创造力和远见、推动知识和创新增长的体制只能在私营部门爆发，而非公共部门。在公共部门内部，类似的促进知识和创新的体制能实现良性运转吗？如果投资人、经理人和消费者的特性的确很重要，公共部门的有效创新体制就是不可能实现的。[15]

这套创新制度的成功还取决于内部的相互作用。构思新产品的项目通常要先组建一个有创造力的团队，商业化生产和推广新产品的项目往往需要首先设立一家由若干人组成的公司。任何有团队工作经验的人都明白，团队产生新创意的能力远远超过单独的个人。某些社会评论家认为在家办公的人也可以有很好的职业发展，但他们往往忽略了其他人的观念和问题的冲击带来的价值，尤其是值得我们尊敬和信任的人。有人认为，公司可以让很多员工在各自独立的地点（如家里）开展工作，并不会影响创新，但他们忽略了在饮水机旁或午餐时漫不经心的交流的重要性。

交流还可以增强个人实力。阿姆斯特丹音乐厅管弦乐团的首席圆号乐手曾因为高超技艺受到称颂，他对此的回应是，如果没有与同乐团其他人的交流，我永远也不可能达到那样的水平。无论如何，一个有效运转的团队不仅能像古典经济学家所说的那样，通过天赋互补发挥效率，还能像管理学家所说的那样，每位团队成员都能通过共同探索、携手进步、彼此激励提高自己的能力，因此可以获得“超级效率”，这是管理哲学家埃萨·萨里宁强调的内容。

另外还有跨越空间和时间的相互作用，社会上的各种创意产生合并和增长。一个人如果经常去了解他所在的社会或今天的全球经济中产生的新思想，他产生新创意的能力也会大幅提高。反之，被隔绝起来的个人或许能在某些时点上突然产生一些创意，但此后就少有了。经济学家兼小说家丹尼尔·笛福用鲁滨孙的例子告诉我们，如果不能从社会中获取灵感，一个人能产生的思想少得可怜。有人提出，像阿根廷这样的国家要实现最大的繁荣，必须保持农业状态，而非走向城市化，因为其自然优势在于饲养绵羊。但这种论点忽略了农村生活不适合智力进步和广泛交流的现实，而这些因素对创造力的培养至关重要。[16] 持各种诉求的人在城市中的广泛参与和巨大融合极大地增强了经济体制的创造力。

本章分析了在19世纪和20世纪崛起的现代经济的结构和运转特征。在最初的几十年里，参与者们几乎没有感觉到新体制的因素已经出现并迅速扩展，但随着他们对周围的现代制度的认识逐渐增加，人们普遍感受到新制度正在打开更多神奇的可能性。接下来的两章将介绍大家很少关注的现代经济制度给生产率和生活水平带来的巨大提高（物质方面的收益），以及在职业性质和生活意义方面的积极影响。

第二章

没有止境的经济增长

古巴比伦有空中花园，古埃及有金字塔，雅典有卫城，罗马有大竞技场，布鲁克林有大桥。

——1883 年纽约布鲁克林大桥开通仪式上的标语

我们在前一章里通过结构剖析确定了经济的不同类型，而这些经济类型的真正意义在于其影响。现代经济的到来使几个国家的生产率水平从 19 世纪开始持续增长，并且产生了划时代的结果。卡尔·马克思虽然反对自己身边的经济制度，但丝毫没有忽视这种持续增长的重要意义。1848 年，在现代经济体还没有达到最快成长速度之前，马克思就已经注意到了生产率问题，提出了现代经济体的“进步性”。[1] 如第一章所述，生产率的增长具有全球意义，因为新工艺和新产品可以被其他经济体接受和采用，甚至包括很多较为原始的经济体。我们看到，某些国家起步较早的现代经济在20世纪之后出现现代性的退化，例如法国，可以说到“二战”后的某个时期已丧失了大部分经济活力。还有些国家在20世纪30年代转变为非现代或反现代性质，例如德国。不过，也有些国家的经济变得更为现代了，例如加拿大和韩国。因此总的来说，现代经济生存了下来，而且至少在大多数市场环境中，某些现代经济体保持着大范围的创新活力并由此取得了成功。

本章的目标是让读者了解运转良好的现代经济的活力和影响。我们可能无法准确解释很多奇迹出现的原因，但奇迹般的现代经济是在特殊时刻出现的，当时并没有其他大事发生，因此我们可以将19世纪与18世纪的生活状态的巨大差异归结为现代经济诞生的影响。对现代经济产生的这些影响的检测非常接近于实验室里的工作。当然我们首先需要注意，不关心水平的提高，只关心最终达到的高水平是没有意义的。就像电影业从业者爱说的：“你的表现只不过和上部片子齐平。”同时，如果处于很低的绝对水平，只谈增长也没什么意义。

最后，我们感兴趣的是现代经济对人类生活的影响，更确切地说是对人们的社会生活的影响。人均产出和平均工资这样的数据不具有说服力，它们并不能充分反映现代经济体中的实际生活：在那几十年里，这样的产出和实际工资能买到什么，获得这样的产出和工资的经历又能带来什么收获？我们希望了解现代经济体如何改变了工作与生活，最好是真实而广泛地调查参与者的各种付出和收益。

本章和下一章将指出，现代经济体及其背后的现代性具有深远的影响，这些影响大部分是正面的。本章将分析现代经济体的有形的影响，即物质带来的愉悦和关怀；下一章主要分析无形的影响，它关系到人们的生活意义。

物质收益的丰饶之角

现代经济体带来了人均产出（劳动生产率或简称生产率）的持续攀升，并且延续至今。从定性的角度看，进入现代经济的国家（以及在一定程度上被卷入全球经济的国家）从静止状态跃升到爆炸式的无尽增长状态。如果每年的生产率增幅只有 0.5% 或更低，很多人可能根本注意不到变化，因为以这样的速度，需要 144 年才能使人均产出翻番。现代经济不但带来了没有止境的增长，还带来了真正快速的增长。

人均产出在那个所谓的漫长世纪（到“一战”为止）的增幅之大令人激动。到 1870 年，西欧的人均产出比 1820 年提高了 63%；到 1913 年，又比 1870 年提高了 76%。在英国，该指标在这两个阶段分别提高了 87% 和 65%。在美国，分别是 95% 和 117%。对熟知中国在 1980—2010 年增长奇迹的当代读者来说，上述增幅或许不算什么，但中国可以从海外借鉴大量的生产经验，而当年的欧洲和美国却只能自己摸索。

从起飞阶段到 1913 年的累计增幅使英国和美国的人均产出分别增长到原来的 3 倍和 4 倍，给普通人带来的生活水平的提高是 18 世纪的人们不可想象的。生活水平的提高具有革命性的直接影响，之后的章节还将详述，另外还有间接影响：随着经济体的总产出和总收入不断增长，家庭财富与收入的比例将发生变化。在过去的静止状态下缺乏储蓄的人们开始增加储蓄，收入越来越多，储蓄也越来越多，这使财富存量的增速不至于过分落后于收入的增速。由于这个原因，我们将看到现代经济中的劳动参与率远远高于商业经济时代，只是苦于没有数据可以验证这一猜想。

工资（而非生产率）是最重要的反映物质收益的指标，尤其是对那些没有太多继承财富的普通人而言。足够高的工资是通向重要福利的大门，至今依然如此。尤其是在 19 世纪，普通人能赚取的工资是他所能负担的必需品的决定性因素，包括住房、医疗等。工资还能满足所有人内心都渴望的非物质需求，例如得到一份稳定的工作、拥有家庭、参与社区生活的权利。

生产率的提高并不总能实现工资的提高，反之，在生产率没有提高时，工资也有可能提高。本书曾提到，极负盛名的法国历史学家费尔南·布罗代尔发现，虽然 16 世纪的伟大探险家和殖民者给国王带回了大量白银，但这些收入却没有推动工资的提高。[2] 尽管人均工资与人均产出之间存在相关性（有人曾说经济学中的任何指标之间都至少通过两种渠道相互作用），但从生产率到工资的影响渠道可能受到其他特殊因素的影响。但不必担心，现代经济体的确使劳动者的工资得到了大幅提高，实现了天量的白银没有达到的成就。

有关工资的讨论曾谈到，现代经济体的出现打破了布罗代尔观察到的悲观发展模式。我曾指出，在现代经济体出现前的 16 世纪、18 世纪以及 1750—1810 年，工资水平在下降——至少有数据表明英国属于此种悲惨情况。但是从 1820 年左右开始，英国手工业者的人均工资（如果用真实水平或者购买力计算）持续提高，与人均产出的起飞基本同步。在比利时，工资从 1850 年左右开始增长。法国的工资水平随后起飞，一直紧随英国，直至 1914 年。在德国各城市，工资水平像坐上了过山车，从 19 世纪

20年代早期到整个40年代一直在下降，由此引发了1848年的暴动，1860年后又开始持续增长（另一项资料显示是从1870年开始）。可惜美国没有那么早的数据。总之，现代经济体中的建筑工人、工厂工人和农场工人的实际工资水平都伴随着生产率的起飞而高涨。

这里提出的问题是，工资是否表现出了与人均产出同样显著的增速？如果劳动在产出增量中所占的收入份额下降，工资增速或许会落后于生产率。实际上，普通的城市非熟练男性工人的名义日工资（以当地货币计算）不但能跟上人均产出的货币价值的增速，甚至还更快。1830—1848年（又是那个糟糕的年份），英国的工资–生产率比略有下降，到19世纪60年代终于赶上并超出了以前的水平，70年代再度下降，此后到90年代再度超出，直至1913年。法国的这个比值反映出了类似的变化趋势。在德国，工资–生产率比在1870—1885年保持稳定，到19世纪90年代有所恶化，但到20世纪头10年时已提到很高的水平，直至"一战"爆发。此外，这些数据并未反映出这么一个事实，即各国工人的收入并不都用来购买国内产品：由于供应量增加、运输成本下降，他们实际上购买了大量价格更低的进口消费品。英国的一项研究表明："在长期停滞后，实际工资水平在1820—1850年几乎翻番。"[3]因此，现代经济中工资收入相对于非工资收入的份额下降的观点并不成立。当然，弱势群体、下层社会民众的工资水平在这些经济体中的变化趋势可能有所不同。

在公众看来，对那些不得不在工厂、矿山和家政行业中谋职的底层工人来说，19世纪兴起的新经济制度简直是人间地狱。有人认为，这种社会状况在长达一个世纪的时间里几乎没有改善，直到社会主义思潮席卷欧洲、美国兴起新政之后才发生变化。有的文学作品可能会给人这样的印象，但描写的年代并不吻合。例如维克多·雨果的《悲惨世界》（*Les Misérables*）主要描述了1815—1832年的路易·菲利普王朝的社会紧张状况，而不是反映几十年之后出现于法国的现代经济的阴暗面。当然，19世纪中叶的许多作品也很出名。狄更斯在1839年出版的小说《雾都孤儿》（*Oliver Twist*）中细致地描述了伦敦的贫困现象，奥诺雷·杜米埃的画作生动地刻画了持续到1870年的巴黎工人抗争运动。它们给人的印象是，在生产率提高的同时，大量劳动适龄人口因为工资水平下降而受苦，或至少是在很长一段时期内陷入悲惨、失业和空虚的状态。这种说法需要得到验证。

验证办法之一是，在现代经济开始确立并发挥效力时，测算所谓的工人阶级（手工劳动者或其他体力劳动者）的蓝领工资水平是否停滞或下降。那么实际情况是这样吗？人们的普遍印象是，由于机械化水平提高，非熟练工人的工资在19世纪有所下降，至少是相对于熟练工人的工资水平而言。

但事实上这又是一个错觉。根据之前提到的英国的研究，在1815—1850年，平均工资水平的增幅比蓝领工资水平的增幅多出了20%，但这主要是由于农业中的体力劳动者的工资水平停滞，而农业的困境也不能简单地归咎于现代产业的影响。另一项资料估计，在那一时期，英国非农业部门的所有熟练工人的平均工资水平的增幅仅比非熟练工人的平均工资水平的增幅多出7%。[4] 克拉克在2005年整理的关于英国手工业者和建筑业帮工的日工资数据显示：18世纪40年代之后，两者的相对工资没有发生明显变化；从19世纪头10年开始，帮工的工资涨幅不及工匠；但从 19 世纪中叶起趋势发生改变，到 19 世纪 90 年代，已回到之前的相对水平，在之后的 10 年里帮工的工资增速依然更快。那个时代的人也提到过这样的印象。例如英国首相格莱斯顿就看到各类工资收入者缴纳的税收均快速增长，他在下议院评论说：

> 如果像我原本认为的那样，这样不同寻常的税收增长只来自处境优越的阶层，那我会感到有些难过，但比较容易理解……然而……看到富人在变得更为富有的同时，穷人的情况也有所改善，则给人莫大的安慰……我们可以看看英国劳动者的普遍状况，不管是农民、矿工、操作工还是技工，各种无可争议的证据完全可以证明，在过去 20 年里他们的生存条件都得到了巨大的改善。我们几乎可以肯定地宣布，这在任何国家任何时代的历史上都是没有先例的。[5]

在当时的英国，现代经济并没有拉大工资收入的差距，至少没有系统性和持续性地拉大差距。

所谓劳动者在 19 世纪的整体收入的增长速度慢于资本的说法，也和其他误解一样缺乏根据。最近得到的数据显示了单位雇员的日工资与国家人均产出的比值。在英国，这一比值呈上升而非下降趋势，从 1830 年的 191 升至 1910 年的 230。在法国，该比值从 1850 年的 202 提高到 1910 年的 213。德国则从 19 世纪 70 年代早期的 199 提高到 20 世纪初的 208。[6]1887 年，英国记者（兼政府首席统计师）罗伯特·吉芬对此进行了规范的记述，他收集了 1843 年英国开征所得税之后的个人收入数据，表明在其后的 40 年里“富人”的总收入翻番，但其人数也翻番，体力劳动者的总收入增幅超过一倍，而其人数增加有限。

> 富人的人数多了，但平均来说，每个人的富裕程度并未提高；穷人的平均收入几乎是50年前的两倍。因此，过去50年来巨大的物质进步的好处几乎全部落到了穷人的头上。[7]

尽管在19世纪的几十年里，非熟练工人的相对工资依然较低，但实际工资水平的上升趋势仍然可以带来两方面的好处，具有明显的社会价值。好处之一是工资水平的普遍提高解放了人们，使那些工资水平较低的人（也就是通常所说的非熟练工人）能够从以前不得不从事的工作转移到更合心意的工作。例如，在"家政经济"中做家庭主妇或者在别人家做帮工的人可以转移到不那么孤独的职业中去；在地下经济中工作的人可以到合法的经济部门谋取职位，获得更多的尊重，减轻人身依附；有的人可以离开原来的岗位，寻求回报更多的机会，如能发挥更多主动性、能承担更多职责和需要更多交流的岗位。通过这些机制，工资的提高会使我们常说的经济包容性增强，使更多的人参与社会的核心项目，并获得相应的回报。对经济包容性的描述和肯定将在下一章里详细讨论，此处暂不展开。

工资的提高还有其他社会意义，例如减少贫困现象。当时的两位著名经济学家根据自己的观察得出结论，19世纪的所有现代经济体的贫困现象都显著减少，至少有数据记录的经济体是如此。1887年，在讨论英格兰和苏格兰的变化趋势时，吉芬注意到赤贫者（免于偿还债务的个人）的数量持续下降，从19世纪70年代上半叶的4.2%降至1888年的2.8%，这还是在人口增速创纪录的情况下实现的。吉芬同时发现，在现代经济来得更晚的爱尔兰，"赤贫人数增加，同时总人口数量下降"。戴维·威尔斯在19世纪90年代分析美国的情况时，在讨论赤贫现象的两页文字中提道："穷人在总人口中的比重通常在下降，尽管核查赤贫现象存在很多困难，尤其是在美国这样每年都从欧洲国家接纳大量贫困人口的国家。"[8] 对于现代经济损害了民众利益的说法，还有一种验证办法，即核查传染病、营养状况及死亡率方面的数据。结果与上面的情况相似，并不是简单的直线改善。数据表明，这些指标自18世纪开始发生变化，到19世纪改善尤为显著。令人惊讶的是，主要造成幼儿死亡的天花导致的死亡数量从17世纪到18世纪中叶的商业经济全盛期一直在上升，导致2/3的儿童在5岁前夭折。天花流行的原因不能归咎于现代经济（因为现代经济在当时还几乎没有充分运转），而是由于国际贸易的增加：随着全球贸易量的增长，各国进口了更多被感染的动物品种。此后，天花导致的死亡率开始下降，到19世纪的第二个25年，儿童死亡率下降了2/3。促成这一改善的原因似乎更像是19世纪头10年起步的现代经济，而非18世纪70年代爆发的第一次工业革命。如前所述，那场工业革命仅限于单一的产业部门，时间也较短。[9] 随着现代经济体在19世纪的增强，天花导致的死亡率加速下降。威尔斯在报告中说："在1795—1800年，伦敦的年均天花死亡人数是10 180人，到1875—1880年已下降到1 408人。"[10]

主要影响成人而非儿童的传染病的危害在19世纪也迅速降低。威尔斯提道："鼠疫和麻风病在英国和美国几乎消失了。斑疹伤寒曾经是伦敦的痼疾，如今据说已从这个城市完全消失。"死亡率因此大幅下降。"伦敦在19世纪60年代的平均死亡率为24.4%，1888年已降至18.5%。维也纳的死亡率从41%降至21%。在欧洲其他国家，死亡率降幅为1/4~1/3。美国的死亡率降至

1880 年的 17%~18%。”[11]

这些是否应该归功于科学？专家们的看法并非如此。拉泽尔和斯宾塞指出，伦敦市的各种传染病的危害全面降低，包括天花、热病（斑疹伤寒和伤寒）和抽搐病（痢疾和肠胃病），应该是收入提高所带来的公共卫生和健康措施改善的结果：

> 这些疾病中的大部分都是卫生状况不佳引起的。死亡率的降低程度在富裕人群和非富裕人群中几乎相同……有可能是环境的改变对疾病发生率产生了影响……用亚麻和棉织品替代了羊毛衣物，出现了更好的洗涤方法，包括将衣物煮沸，这些可能是逐步消灭斑疹伤寒和虱子的原因。[12]

威尔斯还指出，高收入促进了饮食的改善：

> 虽然卫生知识和监管措施的改进也有作用，但食品供应的丰富和廉价才是主要原因，这反过来又促进了生产和分配方式的改善……美国人的身高和体重明显增加，如果大众的生活水平下降，这种情形是不可能出现的。[13]

通过这些途径，现代经济帮助降低了发病率和死亡率。经济生活的生产率提高给家庭和社区提供了以日常的私人和公共卫生手段对抗疾病的必要条件。医院条件的改善，例如防腐剂的使用，有助于控制传染病的传播。此外，现代医院是现代经济的组成部分，医院中得到的新观察和新知识及其在整个医疗卫生产业的传播，是现代经济所产生的知识爆炸中引人注目的一个方面。

随着现代经济体的发展和生产率提高扩散到其他国家，世界进入了良性循环。死亡率降低使年轻人口数量增加，也就有了更多可以发明、开发和尝试新创意的人，从而可以推动新一轮的工资提高和死亡率下降。

并非完美的玫瑰园

现代社会中工资的增长令读者感到吃惊，他们或许会想，现代经济体的兴起对就业或失业的影响的传统看法是否也需要纠正。就在 2009 年，英国记者马耶夫·肯尼迪在看到大英图书馆刚放到网上的记录百年历史的英国报纸时评论说："被今天的政治丑闻、战争、金融灾难、高失业率和儿童酗酒现象困扰的人都可以到 19 世纪去找借口，去看看那时的战争、金融灾难、政治丑闻、高失业率和醉酒的儿童。"然而，大规模失业源于造就了第一批大城市的 18 世纪的商业经济。此前，大多数人都处于自给自足的农业社会，偶尔会加入间歇性的雇佣劳动或者说"工薪阶层"，在那种生活状态下不存在失业问题。商业时代来临后，很多人移民到城市，失去雇佣岗位意味着几乎没有其他办法获取生存条件。在力所能及的情况下，人们不得不尽量储蓄，以应对失业的风险。在无能为力时，需要互助会（行会）向手工业者提供帮助，很多人还求助于亲朋好友。政府负责的失业保险项目直到 1905 年和 1911 年才分别在法国和英国出现。

现代经济体在 19 世纪的兴起大大增加了城市的数量，也使失业人数剧增。一个国家的城市数量及失业人数快速增加，同时就业不足的农村出现萎缩，此时全国的总失业人数难免会有所增加。但这并不绝对都是坏事。对城市居民而言，的确存在失业的风险，但也存在获得某些利益的机遇，这才会吸引人们涌入城市。

许多人加入城乡移民的队伍，他们在权衡利弊后认为值得这样做。

我们目前没有数据判断，现代经济是否使老城市的平均失业率高于一个世纪之前的平均值。但已有数据显示，19 世纪劳动力参与率有所提高（女性），而失业率并没有超过今天的水平（例如自 1975 年后的平均失业率）。最近，法国进行的一项研究发现："趋势变化最早出现于 19 世纪 50 年代，60 年代之后得以持续，尽管劳动适龄人口的增长突然停滞，就业人数的增长仍在加速。"[14] 有证据表明，是现代经济在法国的出现将更多的劳动适龄人口吸引到了非农业岗位上，而不是说农业部门存在排斥他们的因素。在英国，A. W. 菲利普斯的经典研究追溯了 1861 年以来的失业率和通货膨胀的关系，数据显示，在现代经济制度及其带来的知识创造和变革力量的几十年发展期内，并没有出现失业率上升的趋势。在菲利普斯的数据系列早期阶段（1861—1910 年），失业率没有明显上升，相比之下，1971—2010 年的情况却很糟糕：在这个时间段，英国已不是知识和创新方面的领跑国家。我们由此得到的启发是，快速的知识增长以及生产率和工资的提高通过多种渠道控制住了失业水平，而今天的英国由于经济和社会的创造力下降，已很难做到。无数的补贴项目和政府机构成功地减轻了低收入群体的失业现象，但未能扭转这一趋势。

那么，为什么现代经济体一直被糟糕的声誉所困扰——包括 19 世纪和之后出现的现代经济体？它们都被贴上了威廉·布莱克的"黑暗的撒旦磨坊"的标签。他创作这一作品的时间是 1804 年，正处于工厂出现前的那个 10 年。过程艰辛、待遇微薄的农业劳动大多数会被各种工厂中常见的枯燥、脏乱和喧闹的场景取代。查理·卓别林在 1937 年的电影《摩登时代》（*Modern Times*）

中展现的生产线，给人的印象更多的是愚笨无知，而非极具压迫性。无论如何，工厂并不是19世纪乃至20世纪上半叶的现代经济体的特有现象，某些缺乏现代性的经济体也出现了类似的甚至更糟糕的工厂景象，如列宁–斯大林时代的苏联。而且，工厂的兴起并非任何阶段的现代经济的必然产物，未来走向现代社会的国家完全有可能跨越工厂阶段，直接进入办公室和网络经济阶段。

可能还有另外一种解释。对我们而言，即使在21世纪的今天，仍然可能对19世纪兴起的现代经济体快速蔓延的城市肮脏和令人窒息的污染状况感到吃惊。但我们可能忘了，这对于那些刚刚摆脱中世纪的微薄报酬，收入水平提高了两三倍的人来说意味着什么，这就是英国、美国、法国和德国的大多数人在19世纪切切实实获得的收益。收入水平虽然是一个非常抽象、毫无生机的数字，但更高的收入降低了贫困发生的概率。

对那些成功建立现代经济的国家而言，它们获得了巨大的物质利益：随着收入的提高，更多人获得了自立的尊严，他们得以解放出来，加入社会生活，开辟了与乡村不同的城市生活的选项。随着收入的提高，生活水平在很多基本方面得到改善，疾病造成的早亡风险降低，使人们可以有更长的寿命享受新生活。新的中产阶级大量涌现，他们可以外出用餐，去体育馆或剧院休闲，让子女接触艺术活动。有人说，每个美国家庭的客厅似乎都有一架钢琴。

如今看来，这种“持续增长”似乎已不再重要。与消费和健康状况很差的当年相比，对现代人来说，更高的收入水平已没有那么重要，例如，从19世纪60年代到20世纪60年代，人们的工作日和工作周的数量大幅减少。本书的主题之一是，对现代经济体中数量不断增加的人群而言，工资的持续增长已不再是生活中最重要的事。10 多年之前开展的一项有关“幸福”的研究也得出了类似的结论：家庭调查数据显示，在达到某个数量后，收入更高的人并没有报告更高的“幸福指数”，就像佛教徒不再需要更多的消费和休闲一样。此外，收入的提高往往伴随着更重大的责任。当然也有后续研究者从类似的数据中得出上述观点并不准确的结论。但不管上述结论准确与否，我们都知道“金钱买不来幸福”。幸福与收入没有必然联系，获取高收入是获取满足的手段，这种满足不属于“幸福”。相反，人们的收入不足会对实现很多重要目标构成障碍，如实现个人发展和获得满意的生活。现代经济体的巨大成功就是，在漫长的历史进程中，使因为收入短缺而不能实现非物质目标的人越来越少。

当然，如果现代经济没有在西方兴起，依然由巴洛克时代的商业经济主导，随着可能出现的科技进步（不管具体是哪些进步）对经济发展的外生影响，工资水平和收入同样可以提高，但工资和收入的提高速度绝不可能那么快。如果外生的科技因素是 19 世纪少数西方国家实现经济快速增长的主要推动力，那这样的科技进步应该能产生水涨船高的普遍推动作用，会同时抬升荷兰和意大利这些国家的发展水平，这两个国家在刚进入 19 世纪时相对来说具有生产率优势。几乎所有西方国家在 1820 年左右都处于类似的起跑位置，但后来少数国家的物质进步远远超过其他国家，这个事实反映了现代经济体取得的杰出成就。

总之，本章不但定量分析了现代经济的出现给少数国家带来的快速增长，还通过证据表明，现代经济扎根以后，通过永不停歇的新经济知识的创造，极大地改变了人们的物质生活条件。现代经济体之所以能取得这样的成就，是因为它们的体制结构能够很好地推动和实现大众参与的创新。[15] 大众参与的创新自下而上渗透至整个国家。与这种创新的草根性质一致，收入等方面的收益也较为平等地被很多弱势群体分享，健康和长寿等其他收益也更多地流向弱势群体。正如 2010 年出版的反映这段发展历程的美国历史书所言，这是一场经济“革命”，“在很多方面是之前从未降临到美国普通民众身上的最大福祉”。[16]

物质方面的进步并非现代经济的唯一成就，它在非物质的、无形的方面带来的改变（包括体验、理想、精神和想象力）对越来越多的人来说同样翻天覆地。这些将是下一章的主题。

第三章

精神之火：现代经济如何影响世界

1860—1930 年的大都市生活的新体验改变了欧洲。表现主义就是对这个漂浮不定、激动人心、快节奏和难以理解的世界的感受的视觉呈现。

——雅姬 · 武尔施拉热，《金融时报》撰稿人

年轻的美国对新鲜事物充满渴望、激情洋溢。

——亚伯拉罕 · 林肯，《关于发现和发明的第二次演讲》

与现代经济体一同建立的还有全新的现代生活方式，它对上一章提到的消费、休闲和寿命延长产生巨大影响，有的足以扩大人们力所能及的范围。在预期寿命延长的情况下，人们可能愿意为需要更多投入的职业做准备。然而，这些物质上的收益尽管改善了生活水平和工作条件，却未带来生活方式上的剧烈改变——没有改变“我们存在的方式”。在这些物质收益中，最接近于改变生活方式的或许是儿童死亡率下降，从而减少了人们养育后代时面临的苦恼和担忧，不过，这能从根本上改变生育和养育孩子的生活体验吗？

在这些国家或城市中出现的现代经济的重要影响还包括非物质领域，它改变了越来越多的参与者的生活和职业生涯，因此是对人们生活性质的改变：在现代经济中工作的新体验，以及随之而来的在现代城市中生活的新体验，不但提高了人们的生活水平，还改变了生活的性质。当然，全面的影响需要较长时间才能充分产生，某些职业受到的影响来得更晚，甚至一直未被影响。因此，如果某些早期观察家没有注意到这些效应，那也并不奇怪，他们不像后来者那样轻易就能看到整个时代的新趋势。

事实上，当时的某些大经济学家已经认识到工作经历对职业人群的生活来说具有核心意义。1890 年之后的 1/4 个世纪中最有影响力的英国经济学家阿尔弗雷德·马歇尔就曾强调，在现代产业中工作的人们发现，需要解决的大多数问题都来自他们在社会中从事的工作：

> 人们赖以为生的行业经常会占据他们头脑最清醒时的多数时光，在此期间，他们的生活品质主要是由自己的工作以及与同事的关系塑造的。[1]

马歇尔的话很有可能保持了英国人一贯的低调，他其实很欢迎从周围观察到的这种来自工作的精神刺激和精神体验。几十年之后，瑞典经济学家纲纳·缪达尔则用他一贯坦率的方式提出了更激进的说法：

> 这是个老生常谈的说法……在经济学里，消费仅被当作生产的唯一目的……或者说，人们是为了生存而工作。然而，也有很多人其实是为工作而生存……大多数家境不错的人能从生产者的角色中得到比消费者的角色更大的满足……很多人

心目中的理想社会是尽可能多的人能够以这种方式生活。[2]

马歇尔和缪达尔背离了正统经济学，他们认识到对越来越多的人而言，头脑里主要关心的是产业发展——思考如何更好地开展生产和生产何种更好的产品。

马歇尔和缪达尔的观察给人们带来了两个方面的冲击。他们强调了工作在精神层面的意义，他们也肯定认识到这种意义的不寻常。至少对大多数人来说，如果毕生从事保姆或其他家政服务，将难以获得足够的激励和挑战。因为如果发现生活中到处都充满精神刺激和挑战的话，那么在工作中遇到这些也就不稀奇了。马歇尔和缪达尔也必然了解这是新出现的现象，他们其实是默认过去时代的工作并不存在广泛的激励（国王保住权力的工作或许除外）。能给人们带来充分满足感的是现代经济中的职业的精神激励和智力挑战，而非传统经济中的农业劳动。马歇尔和缪达尔已经默认当时的工作场所需要人们发挥智力的作用，但他们还没有明确指出这样的激励和挑战到底是什么。

另一个世界：工作和职业的改造

现代经济提供的独特体验来自其独特的活动：对新创意的构思、开发、推广和检验。在很多职业中，工作体验从传统经济中常见的重复、枯燥升级为现代经济中的改变、挑战和原创性。稍微通过一些观察加上解释，我们就能分辨现代工作体验的某些特征（当然也可能会忽视某些特征）。或许并非所有新体验都能被称为“收益”，而且即使是收益也不足以证明运转良好的现代经济的正当性，但这些收益毕竟是反映其正当性的必要条件（参见第七章和第八章的讨论）。我们首先分析体验本身的变化。

与现代性相伴而生的持续变革，与传统经济中工作的重复枯燥形成鲜明对比。来自公司之外的不停变革给员工带来精神上的刺激。当新产品出现时，用户或潜在用户可能会受到刺激，询问是否有其他尚未发现的使用办法，并由此得到收益；生产商受到刺激后，可能会询问是否有改进或改变其用途的办法。当然在传统经济中，某些老产品也可能发现新用途或者被改进，也就是说，存在尚未开发的可能性，因此即使在传统环境中也可以找到某些激励。然而，源源不断的新产品所产生的刺激力量肯定更强大。

现代经济带来的另一种体验是解决新问题的过程，这是与内生的积极革新的努力相伴而生的。虽然手工业者和农民在古代和中世纪也会逐步克服一些古老的难题，但在16—18世纪，他们显然没有找到太多难题或解决办法。有几项熊彼特式的发现是在之前出现的，其他发现则是时不时地出现。然而，一个国家的蓬勃发展不能指望这种发现的力度和频率，也不能奢望本国就肯定是最适合抓住新机遇的地方。只有现代经济才能为其劳动适龄人口提供源源不断的新问题，使他们的工作始终保持挑战性。哲学家把由此带来的充分施展才能的现象称为自我实现或者自我发挥，也就是把一个人的潜力完全激发出来。管理学则用“员工敬业度”这一术语代表雇员被新开发的项目激励，并高度关注自己面临的问题。马歇尔和缪达尔的言论表明，他们非常清楚现代职业的这些特质。

与此相关的是，在工作中与同事们的相互交流也会形成社会体验。毫无疑问，交流同发现问题和解决问题一样，也存在于家庭中，例如父母会与子女或其他父母随时交流。但现代社会的工作场所通常能提供新的交流机会，而非对过去的重复，这显然会产生巨大的差别。[3]工作场所之外的交流在现代经济中也发展起来。相互之间存在供货关系的企业、依靠类似的劳动力和资本要素的企业，甚至相互竞争的企业，都能发现合并或联合带来的好处。员工在下班后参与同事之间的讨论会受益匪浅。有更多机会了解产业动向的公司，可以更清楚哪些产品不值得尝试。

另一种类型的体验是指挥或参与创新性质的活动。对企业家、团队领导或团队成员而言，这样的项目提供了发挥自身创造力和决策判断力的机遇，有助于实现自我表达和自我肯定。对很多人来说，参加创新活动比单纯地解决问题能产生更大的成就感。在商业经济时代和更早的传统经济中，工作基本上是日常的循规蹈矩性质，偶尔需要去“灭个火”，发挥主动性的机遇和需求都较少。

还有一种工作体验是最具有现代特征的。在现代经济中，职业往往迫使参与者开启探索之旅，进入未知领域。对很多人来说，这些从未想到过的经历和挑战可能是职业生涯中最有价值的片段，当然也是现代经济带来的最显著的收益。在早期经济中，参与发现之旅是极罕见的事情，如马可·波罗的中国之旅和雷夫·埃里克森到温兰德的探险。重商资本主义时代在不同地方有过对未知领域的探索，但只有少数人能有这样的特权。而在现代经济中，这种自我发现的现代回报是普遍存在的。

工作和职业的某些最终结果还表现在现代工作的非物质回报方面。现代经济使参与者可以充分展示其成就——吸引他人的关注。从这些成就中获得的满足对现代经济而言绝非无足轻重。在传统经济（包括商业经济在内）中，除了极少数人以外，获得这样的满足感是不可想象的，因为人们并未取得多少不寻常的成就，除了把货物贩运到越来越远的地方。不过，某些家庭调查并未发现人们愿意寻找能提供成就感的工作，而主要是想在工作中寻求个人体验和自我成长。因此，不宜过分强调实现成就这个因素。

还有与自由有关的体验。对普通的经济学家来说，如果已经计算了现代经济的制度和文化带来的物质收益，再计算保证人们产生这些物质收益的自由所带来的收益，那会是重复统计。但在任何真实的现代经济中（而非在一个当前和未来的任何因素都是已知的理论模型中），行为人可能会遇到几乎没有公共知识可以参考的机遇和危险。此时，根据自己独有的知识、判断和直觉采取行动（或不采取行动）的自由，对人们的自我满足感和自我价值感来说就显得不可或缺。由此看来，对自己的行动和错误负责的自由本身就是一种基本利益，并且具有重要价值。

在有关现代社会的职业回报的讨论中，有些人提到了“成绩”的概念。某些物质上的成绩，如一个人的财富积累，并不属于参与现代经济带来的最终收益。财富本身是实现各种利益的手段，最显著的是上一章提到的物质收益以及各种工作体验，包括一个家庭可以现在进行储蓄，以便在今后获得从事某项工作的体验，而不必在乎该工作在短期内的报酬水平较低。非物质方面的成绩（如积累的荣誉和影响力）也可能存在疑问，这些成就具有“位置商品”的特点，只有在其他人缺乏时才显得有价值。有人说，诺贝尔奖获得者的幸福感比不上落选者的不幸福感。然而，没有理由认为一个社会并不欣赏其成员获得的成绩，对成绩的追求会激励人们积极面对风险和牺牲，并由此产生上述的各种非物质收益，这些都对社会有益。

在现代经济体中生活会给人怎样的感觉？特别是参与19世纪兴起并延续到20世纪的现代经济，会使人产生怎样的感觉？对这一问题的回答需要我们具有一定的想象力。我们并没有直接掌握有关工作和职业体验的意义的重要证据，只能在不同地方找到一些碎片，有的能进行直接观察甚至测算，有的则可能非常琐碎且具有猜测性质。这种体验的重要性是我们关注的焦点，如果它的确很重要，当时的人们也应该会发现其价值。

有关现代社会职业的特征之一（交流）的重要意义，存在直接的人口分布方面的证据。在商业经济中，只有少数产业会集中在某个城市或地区，如果不需要紧跟最先进的创意，大多数产业都会广泛散布在各个地区。19世纪以后，跟上新创意的脚步对决策更关键，地理分布也因此发生改变。人们纷纷涌向新创意出现的地区，出现了更大的聚集现象。某个产业的企业形成集群，如法国的纺织业集中在里昂，英国的冶金业集中在伯明翰，意大利的服装业集中在那不勒斯，以及20世纪之后，德国的电影业集中在柏林，美国的汽车业集中在底特律。农村地区的人口减少，城市不断扩张。德国的人口在1800—1900年并没有太大增长，但获得城市资质的集镇却从4个增加到50个。到1920年，美国已经从一个以农村人口为主的国家变成城市人口占主体的国家。人类在历史上首次做到能较为便利地开展产业、职业和其他内容的交流，他们也的确充分利用了这种新环境。19世纪，英国和法国的酒吧和咖啡馆数量呈现爆炸式增长（之前也出现了增长的迹象），便于人们开展交流。马克思主义者看到的给城市带来麻烦的过度拥挤，从这个角度来看，在一定程度上对劳资双方都是有利的。没有哪家企业会搬离城市，而它的员工也愿意跟随，直到最近一二十年，才有一些互联网公司将办公地点设置在偏远的地方。

遇到新情况和新问题的兴奋以及解决问题产生的满足感与此类现代体验相关，目前有直接的观察证据表明，灵长类动物对精神激励和解决问题充满渴望。动物园管理者这样介绍他们的发现：

> 纽约布朗克斯动物园的动物们过去都在懒散和无聊中打发日子，无精打采地在小笼子里走来走去，饿了就吃盘子里堆放的食物。随着对野生动物及其行为的深入研究，我们发现这样的无所事事会严重损害它们的健康……如今，动物们已不再无聊。自 20 世纪 90 年代中期开始，纽约各动物园都将照顾动物的含义扩展到对精神状态的关怀……其目的主要是防止无聊状态。但科学家们还有更远大的目标，纽约水族馆的资深科学家戴安娜·赖斯博士说："我们要追问：如何给这些动物自己做出选择的机会、迎接挑战的机会、开动脑筋解决问题的机会？是教它们，还是让它们自己学习？"动物园管理者正在尝试在野外给动物们反复制造任务和问题，包括利用玩具、藏匿食物等各种办法……野生动物保护协会副会长理查德·拉迪斯博士评论说："制造新奇是很重要的，问题在于，我们必须不断发明新玩意儿，因为动物们会对旧玩具感到厌倦。"这家协会负责纽约 5 个动物园和水族馆的运营。[4]

虽然在人类身上还没进行过同类实验，但我们可以确信，人类至少有着同样的寻求精神刺激和解决问题的渴望。几十年前的监狱改革表明，允许犯人玩国际象棋或其他游戏，允许他们读书，会使他们在精神和身体上更加健康。有的国家经历过剧烈的工作岗位缩减，在欧洲大陆，大约一半的男性会在55岁时退休，女性的退休时间更早，退休意味着不再有变革、挑战和原创性！一位医生称，病人的死亡率在退休后的数月里会大幅提高。

统计数据也可以提供佐证。2002年的社会普查报告显示，在2002年每周工作时间超过10个小时的美国人中，90%的人称对自己的工作“非常满意”或者“比较满意”。当然，对那些收入较低的工作而言，满意度则较低。但即使在那些把自己归入工人阶层的人中，也有87%的人称自己是满意的。对此还有一种可能的解释是，人们只是喜欢把自己搞得很疲惫，而不是寻求精神或者智力上的收获。但这种说法似乎比较牵强。如果受调查者称他们对工作并不满意，我们很难认为这是因为他们的工作虽然在精神和智力上很有价值，但仍不及辛苦带来的痛苦。事实上，尽管有各种疲惫、紧张、麻烦和人际关系问题，人们还是报告说对工作相当满意，这真是令人印象深刻。由此也可以反驳美国劳工部前部长罗伯特·赖克的观点，他在2006年与我共同参加一次广播节目时激动地说：“美国人讨厌自己的工作。”

从这些初步观察中我们已经看到，现代经济的到来对人们来说可谓天赐良机，给他们带来了以前只有少数幸运儿才能得到的收益——敬业投入、智力满足以及偶然发现带来的愉悦。我们不妨再从其他视角观察现代经济带来的影响。

从艺术和文学中反映出来的现代体验

对于现代经济给职业生涯乃至生活本身带来的深刻变革，我们还能找到其他证据吗？这方面可以求助于人们在现代经济时代创作的文学和艺术作品。大众总是希望文学作品能刻画自己所处时代的一些平时关注不够的方面，对于那些能引起共鸣的作品，我们会反馈说："对，就是这种感觉。"正如诺贝尔文学奖得主巴尔加斯·略萨所说，有些人在写小说，有些人在创作交响乐，这个事实本身就表明人们处于兴奋状态，试图理解和表达给生活带来改变的新体制。因此，我们可以查阅一下那些伟大的小说作品，看是否有迹象表明人们的生活如何因现代经济的到来而发生改变。虽然很少有作家会非常细致地反映他们所处时代的工作和职业体验，但他们的记录还是会有启示作用。

社会上总是有一些爱写探险故事的作家，哪怕是现实生活中很少真正进行探险的时代。巴洛克时代的领先国家是商业经济社会，探险活动主要由政府资助，并不能给作家提供变革、挑战和原创性的经验作为素材。在西班牙，塞万提斯·萨维德拉于1605年首次发表的小说《堂吉诃德》从文学角度看是对某些流行作家试图贩卖给大众的传奇作品的讽刺，从另一个视角看，其主题是描述缺乏挑战和创造性的生活的乏味感。陷在西班牙荒野中的堂吉诃德没有现代工作与职业的体验，只能和他的仆人桑丘·潘沙一起，自己寻找各种需要骑士精神的挑战和目标。在卧床不起时，堂吉诃德宣布探险之旅结束，结果桑丘放声痛哭，因为他自己也需要新奇生活的体验。在英国，丹尼尔·笛福的创作更多地依靠自己的想象力而非经济学知识。他对创新非常感兴趣，但为了描写创新，他不得不把发表于 1719 年的小说《鲁滨孙漂流记》的背景放到一个远离航线的孤岛上，使遭遇海难的船员鲁滨孙在那里待了 28 年。在岛上，鲁滨孙做了很多他在尚未进入现代社会的英国不可能做的事情，他过着创新式的生活，首先是为了生存，其次是为了展现能力。例如他一开始就花了几个月的时间造船，其次发现成品由于太重而浮不起来。[笛福在发表于 1721 年的小说《摩尔·弗兰德斯》(*Moll Flanders*)里面讲到，女冒险家偷了一匹马，在发现不知道怎么骑以后又还了回去。]笛福本人也被认为是擅长描写错误、困难和挫折的诗人。

现代经济体诞生之初，还很少有作家对此表现出强烈的感受，但有三部著名的小说表明，某些史诗般重大的事件正在发生。最早的一部作品是玛丽·雪莱于 1818 年创作的《弗兰肯斯坦》(*Frankenstein*)，该书又被称为"现代的普罗米修斯"。对英国当时的浪漫派诗人和艺术家而言，普罗米修斯的英雄形象代表着追求自由意志、创造力和破坏力。《弗兰肯斯坦》成为最有影响力的版本。[5] 作者不可能预见到现代经济的到来，更别说对其发出警报，但随着现代经济走向强盛，越来越多的读者被这部小说吸引。他们无疑看到，维克多·弗兰肯斯坦博士创造的怪物和企业家开创的创新型企业之间有很多相似之处。在詹姆斯·威尔于 1931 年推出的电影中，弗兰肯斯坦博士看到怪物开始活动时惊呼："它活了！"他完全可以对在英国和美国初生的现代经济发出同样的感叹。公司通常也对顾客和员工友好相待，就像怪物平时也表现得很善良一样。但人们就像害怕怪物一样害怕公司。不过，这部小说是对普罗米修斯精神的控诉吗？其立场是反对现代经济的吗？诗人珀西·雪莱就是因为担心他妻子的小说会被理解为对现代化的警告，才在这部作品的前言中对此类解读进行了反驳。但他其实没必要担忧，因为该书并没有攻击创新，只是痛惜弗兰克斯坦博士和市民们没有能力接纳这个怪物，并表示科学无法复制人类思想的创造力。

浪漫主义文学时代的另一部成为现代经济标志的小说是艾米莉·勃朗特在1847年出版的小说《呼啸山庄》(*Wuthering Heights*)。这个悲剧爱情故事的背景是拘禁凯瑟琳的乡村生活与把希斯克利夫推向大城市的不可抗拒的力量之间的冲突——只有到大城市才能实现远大的事业。[6]到19世纪中叶，伦敦的活力激发了年轻人的想象力，当然也会把一些人甩在后面。在经典的电影版中，当希斯克利夫离开山庄时，凯瑟琳用很简单的一句话表达了她的（或者她感受到的他的）激动心情："去吧，希斯克利夫，快去，把世界给我带回来！"[7]

查尔斯·狄更斯对于工作生活的看法比人们普遍认为的要复杂得多。作为一位杰出的作家，他有力量唤起公众的同情：对贫苦的孤儿，对被常见的血汗工厂压榨的底层工人，例如1837年的《雾都孤儿》和1854年的《艰难时世》(*Hard Times*)。狄更斯12岁时在伦敦的悲惨经历使他能够深刻洞察非熟练工人的艰辛，他后来对英国社会出现的很多问题也越发敏感：

> 即使《艰难时世》也没有关注特罗洛普夫人详细描述的工人们的遭遇……这部小说的讽刺重点并不是工业社会……而是针对压抑个性和想象力的因素。斯蒂芬·布莱克普尔的问题并非来自工业化……而主要是由于议会和国教所包含的制度无法解决他在婚姻中遇到的麻烦，其次是由于他拒绝让自己

的个性被另一个不人性的制度吞没，即斯拉克布里奇领导的工会。[8]

狄更斯本人对工业化的态度也在改变。到 19 世纪 50 年代，他对英国各地出现的新的工作机遇感到高兴，但依然有些怀念传统生活方式，并对那些不幸的人有着难以抑制的同情。在狄更斯那非比寻常的夜间城市漫步中，他对自己看到的活力和多样性感到非常好奇："一个伟大城市的骚动不安，在入睡之前翻滚。"他在 1836 年的作品《博兹札记》(*Sketches by Boz*) 中描述了这座城市的缓慢苏醒：店主、律师、办公室职员和各类新人在 11 点钟进城，"街道上挤满了各色人群，衣着光鲜的和穿戴破旧的、富有的和贫穷的、懒惰的和勤奋的，我们迎来了午间的热闹、忙碌和各种事务"。再次审视伯明翰的工厂后，他写道："我在你们的工厂和作坊看到……对员工的周到照顾……我看到了这对员工的举止产生的影响，依靠良好的本能实现了完美平衡，一方面是从奴役中解放出来，另一方面又不是自以为是。"[9] 但狄更斯也不像乔治·奥威尔总结的那么天真——"给每个人都送火鸡"。例如，狄更斯警告工厂的技术工人，擅长使用权术的工会组织者会利用他们实现自己的个人利益或政治目的，结果不见得会对工人们有利。

狄更斯开始把职业当作实现个人成长的手段之一（虽然不是唯一手段），在 1850 年的小说《大卫·科波菲尔》(*David Copperfield*) 中，狄更斯肯定了大卫从孩童走向成熟的发展，并与大卫的对手、油滑的野心家尤赖亚·希普的职业观进行了对比：

希普的个人中心主义使他不把工作看作自我证明和发挥才干的手段，而大卫的整个人生能够具有非凡意义，是因为他发现工作能给他带来目标和定位。大卫通过作家这样的职业完成的自我实现也反映了狄更斯自己对工作价值的肯定……狄更斯在若干部小说中所反对的压迫场景是对工作美德的扭曲……狄更斯本人是19世纪最鼓舞人心的通过勤奋工作取得成功的典范，他也认同普遍的看法，即工作总的来说是件好事，劳动者会因为他们的个性和内在价值而受到尊重。[10]

在狄更斯的作品中，大卫只是许多能掌握自己命运的角色之一。狄更斯从普通人身上看到的内涵和勇气令人吃惊，可以说，他是一位丝毫不逊于莎士比亚和塞万提斯的活力主义者。

对比一下19世纪中叶的夏洛蒂·勃朗特与18世纪的简·奥斯汀的作品，或许我们可以对19世纪英国生活的变化有所了解。勃朗特于1847年出版的小说《简·爱》（*Jane Eyre*）可以被视为"一个取得成功发展的女性的故事，她勇敢而独立地采取行动，打造自己的事业，首先是担任家庭教师，其次是有自己事业的独立的学校女教师……到全书结尾时，她已取得了卓越的进步，与人生早期经常面对的贫困和不幸斗争，也几乎没有依靠任何出身和庇护的帮助"。[11] 相反，在奥斯汀的作品中，女性的生活集中在家务劳动中，她的女英雄更关注婚姻而不是经济上的成就。女性在奥斯汀的时代对金钱没有法定支配权，而金钱是提高生活水平和社会地位的一种基本手段。在《理智与情感》（*Sense and Sensibility*）中，达什伍德家的埃莉诺和玛丽安为家庭需要的年度预算而争论。虽然今天的许多人和当时的许多人，如英国的塞缪尔·柯勒律治和美国的托斯丹·凡勃伦都为19世纪中后期的物质主义泛滥感到痛心，但有证据表明更多的人为金钱游戏着迷其实发生在18世纪。威廉·布莱克、托马斯·卡莱尔和女权主义作家玛丽·雪莱都是当时的物质主义批评者。而在奥斯汀的时代，即18世纪和19世纪之交，即使上流社会的土地所有者也对增加土地收入有着极其浓厚的兴趣，但在奥斯汀的最后一部小说《曼斯菲尔德庄园》（*Mansfield Park*）中，赚钱开始呈现智力上的魅力，亨利·克劳福德说："世界上最有趣的事情是如何赚钱，如何把不错的收入变得更好。"

在现代经济蓬勃发展的其他国家，当然也有文学作品反映新的商业生活。法国的巴尔扎克用整整一本书赞许19世纪出现的咖啡馆现象，爱弥尔·左拉则描写了巴黎发生的变化。在德国，关注个人发展的先锋小说家约翰·沃尔夫冈·冯·歌德描写了19世纪20年代出现在莱茵河沿岸的经济现代性，他用眼睛观察新现象，但其思想似乎仍停留在旧世界。托马斯·曼的小说《布登勃洛克一家》（*Buddenbrooks*）首次出版于1901年，从经商致富的第一代开始，讲述了一个家庭中的四代人。在该书中，随着每代人逐渐远离商业社会，其活力一步步丧失。

有人会想，美国肯定会出现大量描述这种新经济生活的文学作品，因为这种生活方式对美国的影响更广泛且深远。美国人被大量卷入创造新事物、建立新据点以及从事冒险、尝试、改进和继续进步的运动中，然而也正是由于这方面的原因，并没有太多人愿意描写这种新生活，他们都希望亲身参与。同时社会上也没有太多需求。如果美国像欧洲那样涌现大量新作品，那其中只有很少一部分能找到愿意花时间阅读的读者。不过，19世纪的美国小说家赫尔曼·梅尔维尔与崛起的商业世界还是产生了共鸣。

梅尔维尔最重要的两部小说都是讲述信心、信任和不确定性的故事。在 1857 年出版的小说《骗子》（*The Confidence-Man*）中，梅尔维尔讲述的菲德尔号轮船上发生的故事都是关于是否把资金委托给某位企业家或者潜在合作伙伴。梅尔维尔的一位朋友说："这是件好事……很好地讲述了可能被欺骗的人的本性。"梅尔维尔在 1851 年出版的伟大作品《白鲸》（*Moby-Dick*）中用大量篇幅描述捕鲸的过程，刻画其中的兴奋和危险，我们知道这些都是完全无法量化的。海员们可能丧生的致命的"捕鲸路线"可以视作一种比喻，暗指经济领域的从业者可能被卷入危险。[12] 新兴的商业生活（不论好坏）和职业的多样性给狄更斯留下了深刻的印象，美国则让一位诗人捕捉到了新生活的魅力和悬念。

华盛顿·欧文的小说集《见闻札记》（*The Sketch Book*）在 1820 年受到了英美两国的热捧，它主要讲述了适应城市深刻变化的故事。在《沉睡谷传奇》（*The Legend of Sleepy Hollow*）中，欧文描述了一个与席卷全美的经济变革隔绝的小镇：沉睡谷位于从纽约市沿哈得孙河逆流而上约 25 英里[a] 的地方，那里的情况是"人口、礼仪和习惯都一成不变"。"在这个不安分的国家的其他地方推动不断变化的巨大的移民和变革浪潮从他们身边越过，但他们无动于衷。"一个比较有见识的人伊卡博德·克雷恩来到这座昏睡的小镇教书，迷信而顽固的居民们却躲避他。欧文巧妙地表达了他对那些"对脑力劳动一无所知"的人的批评。对工作的敬业投入与懒惰形成了鲜明的对比，欧文将其归咎于失去机遇以

a. 1 英里 =1 609.344 米。——编者注

及同变革浪潮的隔绝。

现代经济的出现不但带来了文学的改变，对绘画也产生了影响。直到19世纪，西方绘画基本上还是描绘静物和风景，不但克劳德·洛兰和托马斯·庚斯博罗的的田园画以及乔舒亚·雷诺兹和迭戈·委拉斯凯兹的家庭生活画是这种风格，甚至连威拉德·施皮格尔曼所说的“行动绘画”也是如此：

> 行动绘画——不管是处理神话、宗教还是历史题材，即使反映的内容很强烈，也经常缺乏真正的力度。在法国，普桑在17世纪采用的华丽色彩和对称，大卫18世纪后期轮廓分明的大型画作，以及19世纪初安格尔采用天然树脂作画的美感，都被浪漫主义作品的爆发远远地抛在后面。[13]

在法国，浪漫主义运动始于19世纪20年代席里柯的画作《梅杜萨之筏》（*The Raft of the Medusa*）。就像施皮格尔曼所述，画中那些被狂风和大海折磨的幸存者遥望着救援船只，表达出复杂的情感——“从渴望到狂喜到怀疑和歇斯底里”。欧仁·德拉克罗瓦的巨幅作品很快面世，对于其1834年的画作《阿拉伯梦幻》（*Arabic Fantasy*），E. H. 贡布里希评论说：“画中没有清晰的轮廓，也没有做作和约束……不反映爱国或者启示的主题。画家想要表达的只是让我们分享这一极度兴奋的时刻，分享大海的运动和浪漫给他带来的愉悦。”[14]在英国，J. M. W. 透纳在一些划时代的作品中，如1801年的《大风中的荷兰船》（*Dutch Boats in a Gale*）、1842年的《暴风雪中的汽船》（*Steamship in Snowstorm*）以及1844年的《雨、蒸汽和速度》（*Rain, Steam and Speed*），都明确地反映了现代商业活动的危险和刺激：

> 透纳是表现焦虑、骚动不安的运动的艺术家，他描绘的世界表面上似乎和其他同时代大师所画的一样，属于过去的、远古的、前工业化时代的星球，但实际上它正在被战争、工业和革命动摇。
>
> 这种浪漫主义就像海潮吞没软木塞一样将你横扫……17世纪画家范·德维尔德的作品《起风》（*A Rising Gale*）描绘了大海，但《大风中的荷兰船》则让之前的绘画模式变得像玩具风车一般过时……透纳用绘画捕捉浪涛的运动和威胁，他表现的是大海的运动，而不是瞬间的图像。他使物体和能量具有了物质的真实性……而范·德维尔德的作品似乎只是在计算机屏幕上创造虚拟世界一样。
>
> 透纳的绘画让你怀疑脚下的大地是否坚实。他的地球不是哥白尼之前的平地，而是在太空中旋转的球体……就像他的拥护者约翰·拉斯金所言，透纳是真正意义上的“现代画家”。[15]

大海和火车成为那个世纪新兴经济的象征：强大、危险、难以驾驭和预测，但令人着迷和兴奋。

人们普遍认为，艺术领域的浪漫主义运动认为18世纪新古典主义的均衡秩序是机械和不人性的。浪漫主义转向表达直接的个人体验、想象力和渴望，这与经济模式的变革同步。在18世纪的经济生活中，生产、投资和职业的发展轨迹都基本上可以被认定为是确定或者说已知的，只有鼠疫或者发现新大陆这样偶然的外来事件才会造成冲击。在现代经济占据主导之后，经常出现产品类型方面的创新，生产和投资的决策需要发挥企业家的想象力。然而，同步现象也只是包括这些内容。19 世纪 50 年代之前的绘画是否反映了新兴现代经济体中工作生活的敬业态度和深刻满足感？是否反映了获得渴望已久的工作或者证实新的商业创意的价值那一时刻的幸福感？显然还没有。但当时的绘画的确反映了新时代的机遇和危险给人们带来的激动之情。

随后兴起的表现主义试图捕捉以前没有成功表达出来的经济生活的其他方面。表现主义的先驱和现代艺术的奠基者之一凡·高在法国阿尔勒创作的一些辉煌作品均完成于 1888 年，包括《夕阳下的播种者》（*Sower with Setting Sun*）、《去工作路上的画家》（*The Painter on His Road to Work*）和《夜间的露天咖啡座》（*The Café Terrace on the Place du Forum, Arles, at Night*），给日常生活中的很多物品倾注了强烈的感情。在《夜间的露天咖啡座》中，夏季的户外咖啡馆如夜空般流光溢彩，让我们产生想和朋友们去那里交谈、畅饮和就餐的欲望。凡·高在写给弟弟提奥的大量书信中，表达了他对于现代经济的某些内容的理解。作为大胆的创新者，他了解人们希望进行创造并借此留下印记的需求。作为职业人士，他也明白如果没有观察的机会，不能从其他人的创新活动中学习和激发灵感，创新将不可能走远：

> 人们来到这个世界上并不是为了快乐，也不仅是为了保持诚实，而是为了在社会中完成一些伟大的事业。[16]

在凡·高开辟新道路之后，表现主义艺术家普遍为快速发展的城市生活所倾倒。在他们之前的某些画作中，如克鲁格绘于 1822 年的《歌剧院广场游行》（*Parade in the Opernplatz*），一些传统主题和王室成员的形象已被由普通市民和名人组成的“现代人群”的形象取代。[17] 表现主义画家基希纳在 1913—1915 年完成的多幅名为“柏林街景”（Berlin Street Scene）的作品中，为表现 19 世纪末的新城市生活的活力、魅力和忙碌谱写了新的乐章。但在经历了“一战”的恐怖和 20 世纪 20 年代的动荡之后，奥斯卡·柯克西卡和乔治·格罗兹对周围的现代生活的表现显得极其黑暗。地中海地区的意大利未来主义画派展现了较为光明的一面，捕捉了意大利人生活节奏的加快，这里必须提到的一幅早期作品是贾科莫·巴拉 1910 年的画作《被拴住的狗的动态》（*Dynamism of a Dog on a Leash*），后来还有吉诺·塞维里尼在 1915 年的《红十字列车》（*Red Cross Train Passing a Village*）表现了意大利正在出现的现代火车的惊人速度和流行设计。相反，选择康斯特布尔（Constable）风格的画家，如保罗·塞尚和伟大的立体主义画派对空间和透视的兴趣则大于对商业和城市生活的兴趣。

现代经济体中一个重要的生活领域在视觉艺术上很少被触及。过去的商业生活总是充满鲁莽之气，需要像北欧海盗那样，上船下海。而在现代经济中，生活中到处是智慧的用武之地——我得上楼去思考一番。在绘画和雕塑上，有些作品反映了这种新的精神生活。1900 年左右，由费城的一位艺术家完成的画作就描绘了一位沉思中的商人。奥古斯特·罗丹在 1889 年创作了最知名的雕塑作品——《思想者》。罗丹是现代雕塑的鼻祖，他表现普通人的作品广受称颂。《思想者》所表现的或许是传说中的普罗米修斯，而“普罗米修斯式”一词很早以来已被用来描述现代经济，直到现代经济体出现之前还没有创作类似的雕塑，现代雕塑是随着现代经济的进步而产生的。

在文学和视觉艺术领域，我们没有看到对 19 世纪兴起并普及的内在满足感的大量描述。哲学家马克·C. 泰勒在《生死思索》(*Field Notes from Elsewhere*)中对生活的基础进行了思考，他在倒数第二章中质问："描写幸福为什么如此困难？"他认为，作家在幸福时通常不会写作，而在总感觉短暂的幸福失去之后，他们才用写作哀叹自己的不幸，因为这样做或许有助于他们摆脱不幸。另一个可能的理由是，尽管在特定的语境下可以表现快乐、兴奋和狂喜的时刻，从独立或团队的项目参与中获得的满足和收获也许较为平凡，并不是语言或绘画艺术的合适题材。

相比之下，音乐似乎更适合表达此类内在情感，触动我们的各种内在体验。音乐也的确反映了遭遇问题、面临障碍和致力于创造的体验。这或许是因为一部音乐作品可能包含上百个段落和数千个音节，而绘画只能表现单个场景，其表现能力存在差异。

毫无疑问，音乐呈现的产品并不是对人们的创造力、创新性、奋斗、失败和成功的简单描写，它有自己的内涵，除少数作品外，并不代表社会生活中的任何实际事物。作曲家想要表达的是他对自己的创作的感受，在幸运的情况下，可以带来音乐创新。如果听众们偶然能与音乐作品表达的任务和奋斗产生共鸣，这样的作品就能获得商业上的成功。

19 世纪的欧洲和美国在音乐创作领域十分活跃，进入 20 世纪后更是如此。音乐不再是欧洲的大主教和贵族们专享的财富，所谓的严肃音乐开始被产业界的中产阶级接受，所谓的流行音乐进入工人阶级群体。美国的音乐听众很多。维也纳的金色大厅在 1842 年建成，为维也纳爱乐乐团服务，同年，纽约爱乐交响乐协会成立，旨在创办高水平的交响乐团。不过在 19 世纪，主要的严肃音乐和流行音乐作者还都是欧洲人。美国人在 20 世纪才成为流行歌曲的领导者，到 20 世纪 30 年代甚至将其影响力扩展至音乐厅。

在音乐领域一定发生了什么重要的事件，且与当时的生活变化保持共振。我们现在终于弄清楚了这个背景。17—18 世纪的巴洛克时代和古典时代的作曲家通常将以前的民间曲调作为素材，在自己的创作中循规蹈矩，这和当时的商业经济具有相似的特点。以这种方式工作，像约瑟夫·海顿那种水平的作曲家可以创作 100 多首交响乐。后面的时代把这套规则完全打破了。几年前曾有人邀请音乐家们投票选择有史以来最具创新精神的三位作曲家，结果是贝多芬、理查德·瓦格纳和伊果·史特拉汶斯基，人们对于第四名显然存在争议。这些伟大作曲家都是在 1800—1910 年，伴随着现代经济体的兴起和产业创新浪潮的涌动，打破了作曲的原有规律。

贝多芬引入了创新的作曲方法，使交响乐的演奏在一定程度上出现不确定性，这在他 1804 年创作的第三交响曲《英雄》中表现得最突出，就好比由于企业家和金融家面对变化的创新概率，现代经济体的发展路径在一定程度上也不能确定。贝多芬的作品可以突然加入出人意料的新旋律，例如，第二交响曲的最后一部乐章出现了狂乱的弦乐，给人混沌的感觉，第九交响曲打破惯例，表现无序的场景——好比企业家出人意料地启动新产品的开发。当然，贝多芬的灵感并不是来自广泛的商业创新，在他生活的时代，现代经济体初具规模，在商业创新上只是有所尝试。贝多芬的影响达到顶点似乎是在之后的数十年，因为他的交响乐给人的体验能与更多的听众产生共鸣，越来越多的人在职业生涯中有了创新经历（自己的创新项目和参与他人的创新项目）。是教育水平提高之后的中产阶级把贝多芬抬了起来，他们为他欢呼，而不是作曲家在赞美大众。

下一代作曲家把对英雄的欢呼提高到疯狂的程度。罗伯特·舒曼的《曼弗雷德》序曲表现了雪莱的诗歌精神，他的降E大调钢琴四重奏需要极快的速度弹奏，出色地反映了时代的紧凑节奏。弗朗茨·李斯特的创新之作是《前奏曲》，这部管弦乐作品不是按传统格式写成，他将其命名为“交响诗”。乐曲的标题应该是指法国诗人拉马丁的一首抒情诗，在公开发表的乐谱中甚至有一段引语来自该诗：

> 我们的人生不就是一系列序曲吗？
>
> 如果无情的风暴没有破坏起初的欢乐，致命的冲击未曾驱散美好的幻境……
>
> 如果灵魂……在狂躁之中，并不期望回忆田园生活的宁静，那会有怎样的命运？
>
> 然而，人总是不愿长期沉浸在友好静怡的自然怀抱里……
>
> 当警告的号角吹响，不管面临怎样的战斗，他总会赶到危险的位置，加入行列，只为在战斗中完全掌控内在的能量，彻底地恢复自己。

理查德·施特劳斯创作交响诗《英雄的生涯》的灵感来自他本人早年的职业沉浮，他的最后一部歌剧《随想曲》就是以戏剧产业为背景的。通过剧院经理拉罗什这个角色，施特劳斯令人信服地刻画了一个自负但伟大的人物的真实形象。不过在这部歌剧和其他作品中，施特劳斯感兴趣的主要是描写女英雄人物的自我认知探索，和男性一样，女性也必须走向世界，去发现自己的真实身份。在施特劳斯的时代，现代经济已经掀起了文化和心理上的革命，并开始打破古老的性别屏障。

19 世纪的歌剧反映了人们对自由和自我表现的新愿望。同生于 1813 年的理查德·瓦格纳和朱塞佩·威尔第的作品反映了周围的现代社会带来的紧张和冲动。在瓦格纳的作品中，女英雄往往居于中心位置，像爱情这样的激烈情感给生活赋予了意义，最突出的就是系列剧《尼伯龙根的指环》(*The Ring of the Niebelung*)，该剧于 1869 年首演。瓦格纳并没有肯定说商业生活中不存在激情，或者商业生活中的挑战、实验和探索就不能给生活赋予意义。但《尼伯龙根的指环》也在探讨，沉溺于对物质财富或绝对权力的狭隘追求的人可能会得到无聊和堕落的结局——剧中人人追求的指环被施了诅咒。该剧还预言，随着工业国家的兴起和神圣罗马帝国的终结，王冠加祭坛的传统秩序将被打破。当世界的统治者沃坦从阿尔韦里奇（他的指环也是偷来的）那里偷走指环时，就打破了所有古老的约定和义务，所有人都要为他服务。不过瓦格纳并非悲观主义者，在系列剧的最后一部中，按照他本人的解释，众神的没落代表着现代世界的开始，人类将更自由地主宰自己的命运。作为充满天赋和勇气的艺术家，瓦格纳并不保守，他可能是充满理想色彩的社会主义者，但绝非社团主义者。他唯一的喜剧作品《纽伦堡的名歌手》(*Die Meistersinger*）热情赞颂了中世纪的行会传统，但最后还是站在个人一边并对新事物保持开放态度。

稍后创作的意大利歌剧，尤其是威尔第的《茶花女》(*La Traviata*）以及贾科莫·普契尼和皮埃特罗·马斯卡尼的真实主义作品奏响了摆脱压迫和束缚的现代解放乐章。20 世纪之后，莫里斯·拉威尔、米约和雅克·伊贝尔的爵士乐表现了法国当时现代生活的自由与欢乐。20 世纪 20 年代爵士乐在新奥尔良和芝加哥的兴起也是对个性和想象精神的表达。

紧随现代音乐的演化，现代芭蕾舞在歌剧的英雄和复仇主题之外为大众提供了舒缓的空间。法国舞蹈家马里乌斯·彼季帕在美国和欧洲旅居，后定居在圣彼得堡。通过与柴可夫斯基的合作，他创造了包含大跳和旋转等技法的现代芭蕾舞。1877 年首演的《天鹅湖》（*Swan Lake*）的主题是冲突，正直和负责的奥杰塔被咒语变成天鹅，俗气的奥杰莉娅用诡计勾引王子。这部舞剧可以理解为一个有关现代生活的道德危机的寓言，现代化过程中有新危险产生，当然善良的选择也可以有回报，美德本身就是收获。芭蕾舞走向现代之路，编导乔治·巴兰钦通过从圣彼得堡到巴黎、伦敦和纽约的轨迹完成了这一发展，他的那些革命性的作品，从 1928 年的《阿波罗》（*Apollo*）、1929 年的《浪子回头》（*Prodigal Son*）到 1957 年的《阿贡》（*Agon*）以及史特拉汶斯基在 1972 年的小提琴协奏曲，都描述了现代生活的元素——没有目标的旅行、新奇和激动人心的时刻。当年的俄国经济远离现代性质，然而，借助早期从西方的现代都市吸取的精神营养，史特拉汶斯基和巴兰钦成长为现代艺术的巨人。

有人会问，现代艺术和现代音乐从 20 世纪 60 年代起走向没落，埃兹拉·庞德的“求新”被菲利普·格拉斯的无尽重复和波普艺术的反讽替代，经济活力的衰弱在欧洲各国已普遍显现并将影响美国，这两者是否都标志着对探索和创新理想的追求已经丧失？

小结

在西方许多国家迅速发展的现代经济给那个时代留下了深刻的影响，现代文学和现代艺术的出现与各国的现代经济精神无疑有着密切的联系。不过这样的联系是双向的，在音乐和哲学领域最突出的、最早期的现代性作品，似乎预示和点燃了现代经济所必需的精神之火，这些艺术和哲学早熟的突破口是现代经济出现的预兆。然而，19 世纪和 20 世纪上半叶艺术创新的不寻常浪潮的确是对现代经济带来的新生活维度的反映和评论。总的来说，通常会批评社会、色彩较为阴暗的艺术作品对现代生活还是持积极态度，并欢迎新的生活方式。本书的最后两章还将讨论终极问题：如何权衡经济现代性的积极影响和代价？

大家现在可能已对我们随后的旅程和目的有所察觉。作为第一部分的尾声，第四章将探讨催生 19 世纪现代经济体的经济和政治制度及经济文化的演化。第二部分将讨论现代经济在 20 世纪面临的矛盾和争议，它们对现代制度进行了正反两方面的修改。

第四章

经济社会是如何形成的

> 布尔什维克们明白文化对人们有强大的影响力……当共产党员的子孙们自己都想当资本家和企业家时，他们知道游戏结束了。
>
> **——约瑟夫·亚尼切克，《捷克的天鹅绒革命》，载于《纽约时报》**

现代经济于 19 世纪中叶在西方国家普遍兴起，通过鼓励创造力、实验和创新改变了人类的生活体验，也因此在世界历史上形成重要的分水岭。我们会想到，历史学家肯定有兴趣探索其起源：经济现代化需要哪些条件？如何才能满足这些条件？哪些条件在这些国家而非其他国家、在当时而非之前得到了满足？

可是一般的历史学家并没有关注这些问题，他们所描写的“西方的兴起”都是国家和民主制度发展的编年史：大幕随着古腾堡（Gutenberg）在 1444 年推出的铅版印刷机拉开，欧洲各国在 16 世纪初纷纷走上扩张主义道路，马丁·路德在 1517 年发表挑战罗马教廷的《九十五条论纲》(*95 Theses*),以及17世纪初英国对《大宪章》(*Magna Carta*)的逐步认可。这些当然是令人激动的大事件,但学者们对这个时代的经济生活着墨甚少,最多只关注到了1350—1750年远距离贸易的增长。

只有少数历史学家、社会学家描写过西方重要经济体的崛起,他们通常以"资本主义的兴起"为标题。例如贾雷德·戴蒙德在其社会生态学著作中指出,亚欧大陆在农业耕种和牲畜养殖方面更为繁盛,由此支撑了更深入的劳动分工,比撒哈拉以南非洲、澳大利亚和美洲更占优势,这就是亚欧大陆更发达的原因。但这个理论并没有解释创新的兴起:为什么现代社会出现在英国、比利时、法国和德国,而不是荷兰、葡萄牙、爱尔兰、希腊和西班牙?经济制度和文化或许是背后的因素。[1]

社会学家马克斯·韦伯指出了特殊的文化变迁的作用,认为这是资本主义走向繁荣的关键。他提出,加尔文派和路德派的出现带来了崇尚节俭和勤奋的经济文化,这是资本主义在欧洲北部的新教国家取得成功的原因。尽管韦伯的思想在公众中很受欢迎,但批评者也指出,在意大利这样的非新教国家,私人储蓄和净财富水平其实超过德国,工作周的长度也超过德国。最主要的一点是,韦伯的论述中没有涉及实验、探索、勇气和未知领域这些词汇,而它们是本土创新的标志。韦伯的理论或许有助于解释几个国家出现的投资热情的高涨,但高储蓄并非创新涌现的必要条件。一个国家对创新活动的资金扶持可以通过增加储蓄来实现,也可以在储蓄水平不变的情况下,把资金从其他项目(如住房和传统商业投资)转移至创新项目,还可以依靠外国储蓄。此外,高储蓄显然也不是创新涌现的充分条件。[2]

有些学者的确觉察到了沃尔特·W. 罗斯托提出的始于19世纪的"从起飞进入持续增长"现象。法国政治思想家阿历克西·德·托克维尔在1837年对美国社会进行了深入观察，他认为国家的自然资源丰富是美国人成为活跃的企业家的原因。但在19世纪初，英国的创新活跃程度丝毫不逊于美国，同时还有若干资源丰富的国家，如阿根廷，但众所周知，它们没有发挥任何经济活力，甚至还有人认为自然资源可能成为一种"诅咒"。英国历史学家阿诺德·汤因比与托克维尔的观点截然相反，他认为英国是最早拥抱创新的国家，由于在气候和自然资源方面不具有优势，英国人开展创新能获得最大的收益，不冒险则不会有任何收获。[3]但如果真如汤因比所说，丰富的自然资源会阻碍发展，美国人则不会普遍表现得那么有进取心和创造力，这与事实相反。汤因比的思想（天将降大任于斯人）的确有合理性，家庭条件好的孩子往往缺乏成大事所必需的定力和努力，但美国这样的例外情况却不容忽视。

上述四位的共同缺陷是，他们都没有关注到基本问题所在。他们发现某些国家的劳动力需求高于其他国家（戴蒙德、托克维尔），或者发现劳动力供给处于高水平（韦伯、汤因比），在经过一系列逻辑分析后，推导出了就业、储蓄、财富和冒险意愿上升等诱因。然而，即使劳动力增长快的国家出现了财富和冒险意愿的提高，也并不表示创新过程已经启动。经济活力来自自然和偶然因素的观点意味着，各国不需要设计各种经济制度、培育有利于商业创新的经济文化，这些制度被视为现成的条件。尽管从史前时代开始，大多数人就应该能在创新活动和接受新事物中实现自我，但我们还是很难排除这样的可能性，即有些国家在政治和文化上更先进，能设计和建立那些支持和鼓励创新的制度，培养有利于实验、探索和想象力的生活态度，从而对社会成员产生激励作用。阿富汗地区就是这方面的一个很好的例子，如今该地区虽然是落后地区的典型，但在 1 000 年前却有着世界其他地区难以想象的繁华城市和众多科学发现。这个地区的自然条件良好，却从未发展出能走向现代化的经济制度和经济文化的元素，为全体或大多数民众实现职业生涯的成功和高度的人生满足服务。[4]

要想对现代经济产生的原因、条件和机制有深入的理解，分析它淘汰封建经济及超越商业经济的过程，我们必须思考推动现代经济创新过程的因素和条件。当然要承认，我们能提出的理论永远不可能没有差错，更不用说做到完美。现代经济的参与者对当前行动对未来的影响的认知非常有限，因为新事物太多，同时还有其他参与者采取新行动。与此相似，在分析过去形成的信仰、制度和文化如何支持和鼓励当前的创造和创新时，现代经济理论研究者的思考也肯定是不完美的。已迈入现代经济的若干国家在过去几十年或几个世纪中有太多新发展，我们可能难以确定哪些才是最重要的因素。因此与精明的投资人一样，我们必须利用判断力和想象力。在现代社会诞生的课题上，不同思想的交锋已留下很多故事或者“神话”。

当然这些故事都很重要，关于一个国家现代化成败的任何故事都揭示了这个国家对导致现代化成败的态度因素的理解。此类故事反复出现，其目的在于传递一种观念：哪些事情做对了，哪些事情不应该做。其中至少有一些故事已经产生了广泛的影响力。已故的经济学家保罗·萨缪尔森在反思他自己讲过的故事时，显然也受到了这样的影响，他说：“只要让我编写经济学课本……

我才不在乎是哪些人在制定国家法律。”探寻真相当然至关重要，不仅是发挥影响力（萨缪尔森也从未忽视过这一点。只要不是太难懂的语言，故事讲得越接近真相，就应该越有价值。更深入的理解可以帮助一个国家发现或重新发现走向现代经济之路，或者避免已经发展起来的现代经济被扼杀。想要讲述更接近真相的故事，我们可以从前人讲过的理论故事的核心中寻求借鉴。不过，我们的故事的核心必须是创新的兴起，以及它如何推动某些国家走向现代化和伟大。

经济制度：自由、财产和金融

在早期和成熟的长期创新经济的崛起过程中，各种经济制度的创造和演变是不可或缺的部分，在某些情况下，这些因素被称为“框架条件”。经济制度的某些部分对于保护和促进创新活动及成果是必不可少的。如果逐一考察这些制度，未必每个都是关键，但总体而言，它们都促进了经济体的创新能力和创新意愿。

大家知道，西方国家较早确立的广泛的个人自由对受益者而言非常宝贵，例如亚当·斯密就谈到过“尊严”的重要性，约翰·罗尔斯也谈到过“自尊”。同样众所周知的是，随着经济自由的出现，如用自己的产品或服务交换他人的产品或服务的自由，使人们看到了更多互惠互利的机遇。此外，因为很多交易合同可能发生违约，人们需要政府强制执行合同，以增强交易者的信心，从而保护经济自由。因此，就像斯密所发现的那样，从事交易和赚取收入这类自由有助于提高经济效率。然而，对创新经济的研究还必须考虑有助于焕发经济活力的个人自由的特殊作用。

经济自由对创新过程的启动具有核心意义，这里的出发点是两个脑袋比一个脑袋好使。如果社会中有很大一部分人不能被接纳，或者即使能加入，也没有合法权利分享工作成果，那么创新在这个国家的经济生活中就会受到局限。研究个人自由（对自己的人身所有权）的历史学家发现，在传统社会中，东方国家的父亲对女儿拥有所有权，可以随意指使甚至卖掉她们，西方国家的丈夫对妻子带入家庭的任何财产也拥有所有权。不管在东方国家还是西方国家，黑人都可以被当作奴隶卖掉。直到19世纪，现代社会才最终废除了奴隶制。不久之后，已婚女性对自己财产的法律权利被明确。有理论认为，创新经济体中工作性质的改变有利于那些女性拥有自主权的国家，这会激励女性根据形势需要采取行动。[5]与之相似的是，如果创意发明者能进入现有产业，自由创办公司，那么一个国家的创新活动会更普遍。这种产业进入的自由允许企业家开发和推广新产品，放到市场上接受检验，或者引入现有产品的新工艺。如果老牌企业在推出新产品或者新工艺方面有更大的自由，创新活动也会更普遍。因此，这类自由的出现在促进交易之外还带来了非常深远的不可预测的好处，最终将把人类的发展推向新的高度。

同样清楚的是，如果人们能自由地离开家庭、地区甚至国家，去了解外界的各种新产品和新生活方式，他们会更有条件也更适应开展创新活动。马克斯·韦伯可能会认为，人们通常不容易理解陌生的经济体甚至陌生的小产业的结构和运转规律（这些是未来创新可能发生的地方），除非他们能加入其中并获得充分的体验。要想创新，作为潜在客户的消费者和企业在做决策时必须有选择新产品的自由，只有这样他们才能判断能否最大限度地满足自己的需要，并学习其使用方法。

自由是好事，尤其是对创造力的表达和创新的实现具有重要意义，但并不表示自由在任何情况下都是有益的——这是自由意志论者安·兰德著名的夸张论点。并非所有的自由都有助于激发经济活力，适当限制厂商自由的监管规则可以在消费者尝试某种新产品时提供保护，避免遭遇触电、中毒等事故。限制债权人索取赔偿的自由的破产法可以让企业家在承担新产品开发风险的同时，不至于担心由此损失自己的所有财产，当然此类法律可能导致可利用的信贷资源减少。另外，某些监管规则实际上阻碍了创新，而不是为其服务。自由主义者总是声称所有监管都是有害的，但有关统计表明，很少有创新产品在市场测试之前不需要经过任何监管机构的批准，以防止对试用者造成伤害。随着现代经济的发展，基层、地方和中央政府建立的大量监管规则有的给新产品制造了障碍，有的发挥了促进作用，综合来看，很有可能是弊大于利。在美国，机场建设就遇到了极大限制，这不是因为旅行者宁愿忍受拥挤和嘈杂也不接受在机票价格上增加建设费，而是因为所有居民都不愿意让机场建在自己的社区附近。有人认为，与其完全禁止开展某些项目，不如要求项目建设者给当地社区提供足够的补偿，以换取支持。不过这种办法也会对许多创新项目产生寒蝉效应。

完全有理由相信，还有两类自由对经济活力的焕发具有重要的历史意义，包括从成功的新产品（如走红的歌曲或电影）中持续获得收益的合法权利，以及把收入投资于私人财产（主要是资本）的合法权利。现在我们暂不考虑多少财产对一个人就足够的问题：只允许人们拥有足够多的个人财产，包括服装和其他家庭耐用品，汽车、船只、城里的公寓及乡下的别墅，是不是就足以保证经济活力？我们在这里也不讨论以下命题，即获得经济回报的合法权利是大规模实现创新收益的基础要求。我们真正关注的议题是，在过去和现在，人们可以自由地以企业的形式（私营企业或者合伙企业）拥有财富，并可以自由地以股份形式拥有公司（包括私营公司和公开上市的公司），是否具有重要意义？我们知道，这样的自由对创新而言通常是有益的，某种形式的公司所有制可能很重要，这些道理并不令人意外。但如果我们希望创意从草根阶层那里蓬勃发展起来，让企业家和投资人判断哪些项目值得投资，我们肯定不想把创意者、投资人和企业家的范围限定在那些循规蹈矩的人群，他们只希望由此获得政府发放给每个人的生活津贴，只想获得普通员工的工资收入，不愿意承担任何风险。一个国家不能通过这些途径挑选合适的创新者，由此选拔出来的人不会有动力为实现利润（而非乐趣或名声）做决策。如果不能给核心的创新人员提供恰当的利益分配安排，就无法保证创意的构思者、开发者和投资人获得良好的回报。因此，必须有某种社会制度奖励那些从事创新工作的人，根据他们的远见、洞察力和判断力的贡献（也就是取得的创新成果，而非单纯的投入时间的多少）论功行赏。下一章还将讨论社会主义的问题，如果把大部分资本投资（包括经济知识）的决策权都交给政府，社会能否有效运转？

假如我们认可这些经济自由对创新的重要性，那么可否得出结论：19 世纪经济活力的迸发应该归功于自由的扩大？的确在史前时代，人们在小群体构成的社会中生活，今天很多完全由家庭自由做出的决策，在当时必须由群体一致通过，因为日常生活的相互依赖不会给个人行动留下很大的空间。然而，把最终实现的创新繁荣归功于自由的观点面临的挑战在于：不管是英国还是其他国家，直到现代经济诞生前（1815 年前后）的较短酝酿期，大部分珍贵的自由权尚未完全形成。实际上，有文字记载的历史表明，财产权利可以追溯到创新大爆发之前的 3 000 年以上，在古巴比伦，公元前 1760 年左右公布的《汉谟拉比法典》就针对确立个人财产权利，并保护财产所有者免受盗窃、欺诈和违约的侵害做出了法律规定。大约同时制定的犹太法律也奠定了普通法的基础，包括财产权利。古罗马制定了民法并对公民普及，他们的财产权利得到明确，政府无权没收其财产。该法律还支持合同约定，定义了私营企业的概念及其掌控财产的能力。这些法律原则在罗马帝国的广阔疆域内广泛执行。

然而在开启 19 世纪的腾飞前，保护私人财产的古老自由权利还是遭遇了中世纪的倒退时代。

> 在罗马帝国衰败之后，主要由于政府高层的腐败，罗马政权削弱导致法律的效力锐减……远距离贸易活动的风险大增，导致交易范围更加狭小……私人所有制被集体所有制替代。土地和其他资源更多地成为各地的修道院、封建村落和家庭农场的财产……它们在很大程度上追求自给自足。共同承担责任和对资源的共同控制替代了个人所有权……教会和封建体制像合作社一样运转……农场则是由家庭经营。[6]

不过私人所有制从未消失，城市大量保留了对资源的私人所有制。随着城市远距离贸易的重要性逐步恢复，财产法的地位也有所上升。罗马法的一些元素在英国出现的普通法和欧洲大陆发展出的民法中被保留下来。在1804年的《拿破仑法典》中，法国的民法体系直接借鉴了罗马法的许多原则。因此，与私人所有权相关的经济自由在古代社会就已断断续续地出现，并在19世纪之后逐步扩大和规范化，包括在西方最现代化的国家。正如哈罗德·德姆塞茨所言，中世纪以后，“从身份走向契约，从集体所有走向个人所有的变化重新启动”。而且我们曾提到，直到19世纪中叶，财产所有权才扩大到奴隶和女性人群。

必须补充一点，与创新有关的一种财产权利直到19世纪前夕才受到法律的保护。专利权、版权和商标权的发展旨在保护知识财产。英国在1623年成为首个大量发布专利权的国家，对支付高额费用的“新发明项目”给予保护，为这一转变奠定了基础。美国的《专利法》所要求的保护成本低得多，导致专利申请大量增加。英国到19世纪也修改了法律体系，使专利申请和美国同样便利，但申请数量从未达到美国的水平。法国的专利制度是在1791年的革命时期创建的。如果从时间上看，我们可能认为专利是促进19世纪创新爆发的金钥匙，但经济学研究提供的支持比人们预想的要弱。实际上，大量的知识财产依然是被所有者私下控制，没有得到任何形式的法律保护。一家公司在产品和工艺上的长期改进，其中很多可能并没有被竞争对手或潜在对手发觉。一位信奉哈耶克主义的经济学家会说，大量的具体知识是被“现场”人员掌握，只有身处其中的人才能理解。即使一家公司的新工艺比较容易被竞争对手照搬，后者依然会担心，购买类似的设备开展竞争可能耗费巨额资本，难以弥补成本，因此未必会进行投资。例如在电影业，大部分利润是在影片上映后的前两周赚取的，其余是在一年之内赚取的，因此，后来的模仿片即使能够成功，也不会给原创者造成任何损失。新书或新剧作一炮走红后，很少会有其他出版商或戏剧公司能通过模仿和改进，夺取领先者在市场声誉和影响力方面的优势。当创新者确信可以把价格压到足够低，使潜在对手走投无路、自己却依旧有利可图时，他就无须担心其他人的模仿可能造成的损失。

要求政府提供财产权利保护和其他公共服务尽管会产生上述收益，但也导致国家权力的扩大，其程度是中世纪和商业时代无法比拟的。封建时代的君主和领主可以保证平民之间没有相互伤害，却难以保障他们不受国家权力的侵害。但在英格兰、苏格兰和美洲殖民地却出现了对这一权力的反抗，除了要求平民间彼此尊重的权利之外，他们还开始要求"对抗国王的权利"。

这种对抗国王的权利概念最早出现在《自由大宪章》中，1215 年由英格兰的约翰王签署，1297 年得到确认，1354 年的法规又予以重申。国王需要根据法律和习俗进行统治，这个概念埋下了宪政的种子。不过这些伟大的原则也曾被统治者蔑视，没能阻止威廉二世对政治和经济地位弱小的农民征税，从而激起了罗宾汉的愤怒反抗。这项法案直到 17 世纪，经过斯图亚特王朝与议会的直接斗争才最终落实，引发了 1688 年的光荣革命，催生了 1689 年的《权利法案》。该法案最终废除了王室的一些特权，如暂停法律的执行、不经议会同意而征税以及干预法院事务。国法也被纳入"正当法律程序"，而正当法律程序意味着非经正常的裁决不得剥夺任何人的自由或财产。[7]

人们普遍认为，宪法的进步推动了英国和后来的很多国家的法制建设。对商业利益和家庭利益的保护，防止被王室征用或被新法令剥夺（用其他人的利益犒赏他们自己的亲信），这些给企业家和投资人带来的信号是，在英国和类似国家开展企业经营或者创新活动有了更安全的环境。1787 年的美国宪法中的合同条款也被视为法治精神的反映，对政治上的强势者和弱势者平等适用，成为防止政府以政治弱势群体的利益为代价讨好强势群体的有效的制度壁垒。

不过也有人怀疑，1689 年的新权利法案的实施是否引发了翻天覆地的变化。在亚里士多德时期的古希腊及更早以前出现的犹太法中，就经常见到“应该由法律统治”、政府应该是“法律的仆人”的观点。1689 年之后，又过了一个半世纪才迎来创新的爆发，这表明宪法的确立并不足以推动历史进程的飞跃，仅靠法律并不足以打通创新之路。“法治”概念中的某些元素也存在含糊之处，例如税法的每次修改是否都缺乏正义，哪些税收是对政治对手的剥夺。这些含糊之处意味着对保护民众不受政府侵害的自由也必须做细致的分析。

毫无疑问，这些自由权利对从商业经济到现代经济的进步是必要的，但创新的爆发并未发生在 17 世纪后期或 18 世纪，这难以使人相信把自由权利汇总就足以产生现代经济。我们依然需要寻找足以点燃创新烈焰的火花，就像据说引发了 1871 年芝加哥大火的那头奶牛。我们可以考虑从后来形成的制度中搜寻，分析哪些制度有可能解释长期创新经济的产生，尤其是那些在 19 世纪 20—50 年代发展起来的制度。

事实上，的确有一批经济制度在现代经济诞生前后出现。某些重要制度的源头可追溯至商业时代甚至古代，但在 19 世纪中叶才进入成熟阶段。公司制度的发展就是这方面的例子。最古老也是最常见的商业组织形式是独资企业，由个人或者家庭经营。独资企业的建立和运营费用低，也不存在后来的组织中所有者可能面临的道德风险。对较大的业务来说，更好的商业组织形式是合伙制，合伙制可以开展资本要求超出普通独资企业承受能力的业务，还可以把有不同经营和投资背景的人的才能和知识结合起来。从古罗马时代开始，公司就被赋予了各种合法权利，例如以公司的名义开展业务。在 19 世纪早期的英国和美国，合伙制企业的产值明显超过其他任何商业组织形式，独资企业（或家族企业）居次席。不是所有合伙制企业都是小本经营，有些成长为“控股公司”，其总部由某些高级合伙人负责，若干分支机构则由其他合伙人经营。在美国，19 世纪后期出现的“投资银行”就属于合伙制，合伙人把自己的全部财富作为风险赌注。

许多合伙制企业遇到的困难是，合伙人会陷入两难困境。如果合伙人的自由行动权较大，某些合伙人可能需要为其他合伙人的鲁莽行动或错误判断的后果承担连带责任。如果对合伙人的约束较多，他们又可能陷入谈判协商的琐碎事务，最后难以达成一致意见。由于这些缺陷的存在，我们不难发现，合伙人通常不易接纳充满复杂挑战和不确定性的高创新项目。还有，合伙制企业的规模扩张也会增大合伙人面临的危险。由于这些原因，对责任的恐惧必然会严重限制 19 世纪大多数合伙制企业的业务规模和范围。在其他因素已经给创新提供了良好条件的前提下，这会产生瓶颈。

最终，一种新式的商业组织开发出了强大的风险承担工具，至少从这个角度来看也是创新工具，这就是股份公司——现代意义上的公司。这种公司发行股票，股票持有者可能遭受的损失仅限于购买股票的成本。也就是说，股票持有者只承担有限责任，这对企业家来说可是件大好事，而政府一开始只允许获得特许权的公司获得这样的制度优待。在16世纪和17世纪，英国政府和荷兰政府给几家从事贸易、拓荒和殖民的公私合作项目的股份公司发放了特许权，如东印度公司、哈得孙湾公司以及臭名昭著的密西西比公司和南海公司。在重商主义处于顶峰的时代，英国约50%的出口收入来自几家特许公司。到18世纪，英国开始给从事其他产业（尤其是保险、修运河和酿烈酒）的公司发放特许权，造就了有利于企业所有者和政府的准垄断企业。但这些垄断企业不具有很强的创新性，股份公司对投资人失去了吸引力。在南海泡沫事件和后来的丑闻之后，投资人对购买股份非常警惕。于是资本的成本大幅上涨，使股份公司难以支撑新扩张或激烈变革。同时，大多数公司，包括博尔顿–瓦特公司以及韦奇伍德（Wedgwood），都看到了特许权的缺陷：获得特许的成本很高，过程烦琐，股份公司的利润适用最高档的所得税，特许权伴随着监管，特许权还有可能被随意修改。而在美国，政府特许权则被继续限定在“公共工程”中，如运河修建商、大学和慈善机构的相关行为。

不过就在现代经济到来的前夕或同时，美国和英国的股份公司制度发生了巨大的变化。1788年的美国宪法中的合同条款禁止任何州的法律追溯损害合同权利，不过特许权显然不属于“合同”的范畴。但是到1819年，在审理达特茅斯学院诉伍德沃德案时，最高法院裁决所有公司都享有同等权利，包括保护其章程不因各州的新法律而改写的权利。19世纪30年代，一个接一个州出现了对商业公司放松限制的情况，如马萨诸塞州议会停止对公共工程实施特许权的做法，康涅狄格州允许在没有特许权的情况下组建公司。在英国，议会对发放大量的铁路特许权也感到不耐烦，通过了1844年的《股份公司法》，允许仅通过注册成立公司，不过当时还不允许有限责任，直到1856年的《股份公司法》才实现。法国在1863年、德国在1870年也实现了同样的进步。[8]

于是在西方世界，一种新事物被释放出来，它出现得太晚，很难称得上是19世纪20年代兴起的现代经济的起源，但对于推动工业时代的众多伟大创新而言则适逢其会，从19世纪四五十年代到20世纪10—30年代甚至20世纪60年代都在发挥作用。亚当·斯密曾批评股份公司在激励设计上的缺陷，他正确地指出了股份公司不够重视成本和过分关注短期利益的弊端，不过受到传统视角局限的斯密也有忽略的地方，那就是公司是为一个或少数几个大股东的核心利益服务，可以深入未知领域去冒险，招募各种人才，并能在很长时间内承受亏损。这样一来，只要能找到通过分散投资共同承受风险的股东，公司就有希望取得重大的创新成就。股东可以长期持有股份，或者将其出售给愿意持有的人，并在很远的未来实现收益。由此取得的创新成就给投资人和社会带来的收益，完全可能超过公司在浪费和管理上面的不起眼的缺陷。

约翰·斯图尔特·穆勒也有类似的看法，他观察到有限责任制度有助于克服创立新公司的一项重要障碍——对穷人来说尤其突出的障碍。[9]这是非常令人瞩目的一点，尤其是在穆勒生活的年代，有限责任得到认可也只有二三十年的历史。当代社会的公司是否还具有这个优势，还存在疑问。已故的《金融时报》的经济分析师彼得·马丁曾提到，公司应该在设立20年后关闭。

还有一项新兴的制度是破产制度。在美国，直到1833年，普遍的做法还是将无法偿还债务的人关押起来，此后联邦关押制度被废除。这一符合人道的进步的好处颇多，其中之一是，当人们开始创业时，他们不需要担心由于运气不佳或决策失误把自己送进监狱。当然，欺诈依然存在，甚至有所增加。在1836年一幅描绘纽约金融区核心的自由街的版画中，画上的9家公司中有4家在随后的5年内破产。[10]1841年、1867年和1898年的《破产法》进一步放松了对破产的惩罚，允许自愿破产和通过联邦破产法院处理债务。在英国，维多利亚时代对破产的惩罚从流放和死刑减轻到监禁，尽管牢狱生活也并不好过。狄更斯的作品里就反复出现这样的场景，甚至他的父亲也曾因债务问题被关押在伦敦的马夏尔西监狱。而1856年的法律则规定，登记为有限责任的企业主不再面临此类惩罚。然后是1869年的《债务人法》，废除了因债务问题而被监禁的处罚条款，允许独资企业、合伙制企业和所有个人申请破产。这当然有益于鼓励创新。

最后，在各种经济制度中，兴起了着重为产业项目和新企业早期发展融资的金融机构。信贷机构和其他很多类型的金融机构都可以追溯到具有创新精神的古巴比伦时代。富有的地主和寺庙给独资企业和合伙制企业提供资金，为其生产或贸易服务，以其耕地、住房、奴隶、妻妾和子女作为抵押。在中世纪，有些家庭创立了以此为主业的银行，其中最著名的是德国的福格尔家族和意大利佛罗伦萨的美第奇家族，它们给国王和大公提供贷款，享誉欧洲。进入18世纪后，出现了伦敦的巴林家族，罗斯柴尔德家族的5个儿子则分别在法兰克福、伦敦、巴黎、维也纳和那不勒斯建立了自己的银行产业链。巴林家族为各国政府提供贷款，如路易斯安那购地案；罗斯柴尔德家族则以贷款支持了英国同拿破仑的战争。这些家族也都参与贸易银行业务，但很难在这些贸易银行业务中看到能视为给创新时代铺平道路的新迹象。

美国的银行业在 19 世纪早期有过一些基本的教训。这些银行通常被视为不稳定的根源，拖了企业家和经济发展的后腿，未能实现古典经济学理论所赞美的资本流动性，没有像欧洲发展出来的混业经营的银行那样推动经济的发展。美国的体系中存在两种类型的银行：其一是商业银行，由州政府颁发执照，可以吸收存款、发放票据、为生产和商业融资；其二是私人银行，不能发放票据或吸收存款，只能依靠自有资本开展业务。两类银行都兴盛起来，私人银行吸引了很多外国资本，逐步发展为投资银行，为金融投资项目提供贷款。美国的体系十分复杂和微妙，不能很快下结论。不过最近的思考和研究指出，这些银行很适合为当地的企业家和发展提供服务，虽然谈不上完美，但还是起到了促进而非阻碍作用。这些银行主要在自己熟悉的区域开展业务，对变幻莫测的机遇能做出最快速的反应，它们的规则是熟悉自己的客户，并对借款人进行监督。

> 经济发展要想持续，必须成立和发展制造企业……要想快速增长，制造业必须能得到资金支持，尤其是银行贷款……银行家（他们本身通常也是商人）通常愿意借钱给熟悉的企业和企业家，也就是周围的商业人士。[11]

在了解这些背景后，美国和英国缺乏混业经营的银行的缺陷就显得不是那么严重了，法国和德国从混业经营的银行的发展中能得到哪些好处这里暂不讨论。

政治制度：代议制民主

政治制度在现代经济的兴起中发挥了显著作用，其中一项是代议制民主，其兴起的时间与现代经济出现的时间非常接近。现代民主制度与现代经济的同步现象至少具有一定的启发意义。

在大多数国家，国会的席位在整个商业经济时代依然被贵族和土地领主们把持，他们当时对法律的操控已毫无经济上的正当性可言，主要是受狭隘的私人利益驱使。到18世纪，代议制民主（至少是更具代表性的民主体制）的观念吸引了美国人和欧洲人的普遍关注，这在很大程度上反映了城市工薪阶层和商业人士对平等代表权越来越强烈的要求。1776年，美国《独立宣言》宣布人民拥有自我治理的权利，不受任何国王和贵族的约束，当然这种愿景直到大约90年后随着奴隶制的废除才完全实现。1789年的法国大革命为欧洲吹响了建立民主制度的号角。1791年的波兰-立陶宛联邦宪法要求民众和贵族享有同样的政治平等权利。有的历史学家说，凡尔赛宫使法国的领主们不去关心如何改进治理，其结果是，只有在国家失控之后，创新才最终出现。

代议制民主其实会给经济发展造成某些负面风险，这种制度比君主继承制更容易短视，并可能出现多数派主导的暴政，需要用宪法对此进行限制。代议制民主使一些家境贫寒的人能进入政府，他们比贵族参政者更容易被贿赂。但总体而言，这种政治制度有利于鼓励创新。

很久以来，人们已认识到人民的自治权通常有助于实现经济繁荣。有理由相信，自治权能给经济活力的焕发创造有利条件。例如，代议制民主可以促进某些经济制度和经济政策的制定，而独裁者通常会拒绝或镇压。民主政权会为了中下层民众的利益而推动某些公共部门的建设，如鼓励商业活动和促进公共教育，从而保护和培养个人的主动性。创新高度依赖草根阶层的灵感、探索和实验，完全可能受益于民主制度的这一特征。相反，独裁政治更容易利用公共部门为独裁者自身的利益服务，如增强国家权力或增添光环。当然事情的另一面是，民主也可能导致议会中的投票交易，为社会上代表各个阶层的特殊利益集团服务，其结果会导致公共部门过度膨胀，给创新造成弊大于利的结果。但这种情况在 19 世纪还不易发生，除法国外，其他国家的政府部门的规模都非常小。

代议制民主会很自然地支持现代经济所需要的各种制度和文化，而独裁政体则不那么情愿。如果政府通过立法确立了保护经济活动运行的制度，尽管还存在各种不确定性、变化、运气、盈亏不定等，有潜力的企业家和创新者的信心还是会得到增强，至少相信自己的公司不再会被某些政府部门或社会团体敲诈，不会受到债权人或员工在合同订立后违约的威胁，以及被暴徒们打砸工厂、商店而得不到警察保护的威胁。这样说的根据是，如果一项制度是由代表各方利益的投票人共同制定的，那以后由于观念改变而被废除的可能性比较小，而独裁者因想法改变而修订政策的可能性要大得多。这种情况也符合统计学理论中著名的大数法则。

这一观点涉及的议题是，法治能否有值得依赖的足够的稳健性？人们普遍认为，独裁者只有在符合其自身需要时才会选择法治，即使是《大宪章》这样的宪法也无法保证法律不会被国王用各种手段进行规避。民主议会也会修改或者增补法律，以规避原来的法则。但上述讨论表明，与独裁者不同，广泛和多样性的民主建立的立法机构不太容易违反或规避现有法律。可以认为，“民治”增强了“法治”的可靠性。

民主的另一个方面同样有利于创新。法国人托克维尔在1835年穿越美国的旅途中发现，自治有助于培养商业生活中的自立和自我实现精神。美国人在自治中获得了宝贵的经验（从参与市政会议到担任公务员职务），这些经验有助于他们进行合同谈判、与雇员共同开展工作，以及拟订建立新企业所需的合同。按照同样的逻辑，美国人在经济生活中较为自立的经验也给他们提供了进行政治自治所需的技能，如自信和社交能力。在托克维尔的理论中，自愿结社是美国“伟大的免费学校”，这在当时的欧洲并不多见。

民主还有一个特征对现代经济的出现非常重要。与独裁制相比，代议制民主是一种能让各种声音都得到表达和关注的制度，政治家要想获得选票，就必须迎合选民。独裁制度则容易忽视很多社会需求，尤其是新出现的需求。因此，在现代社会萌芽的几十年时间里，代议制民主更容易对社会出现的新制度需求做出反应。

如果承认民主制度的政府组织形式对发挥创新活力有利，那么还需要回答一个历史问题：代议制民主是不是在恰当的时间和地点开始运转，从而让各个国家的经济活力得以焕发？英国、美国、比利时、法国和德国的现代经济是在代议制民主建立后发展起来的，还是在其之前？英国古老的国会在1688年的“光荣革命”后成为新财富和新城市的代表，1832年的《改革法案》把下议院的投票权扩大到没有财产资格证明的男性，并增加了城市的代表席位。在美国，1788 年宪法所设立的众议院和参议院的代表性都远高于英国的两院：投票权对所有具备财产资格的男性开放，占成年男性人口的 1/3~1/2，而且不限定是否为美国公民。美国的选举权此后逐步扩大，到 1812 年扩大到没有财产的男性，1870 年扩大到非白人男性，1920 年又扩大到女性。民主和经济活力出现在法国的时间更晚，法国大革命后并没有形成民主制度，而是建立了拿破仑王朝，1815 年君主制复辟，直到 1830 年革命，之后到 1848 年是路易·菲利普的统治。明确男性拥有普选权的民主制度直到 1848 年革命后才建立。经济发展也与之类似，在拿破仑之后出现了少量创新和一定程度的繁荣，并在路易·菲利普统治期间逐步壮大，但直到 19 世纪下半叶，法国才真正出现了生产率起飞和相对活跃的创新。比利时的情况同样比较曲折，其民主也经历了漫长的等待：1815 年前被拿破仑执政的法国控制，之后直到 1830 年又被荷兰统治，然后通过革命建立了议会民主制。比利时创新活动的兴起似乎早于民主制度，但直到民主体制替代外国统治后才获得了更好的表现。其实早在 1830 年之前，比利时人在讲法语的瓦隆地区所表现出来的采矿和冶铁方面的进步就超过了法国的任何地区。1830 年之后，比利时的创新活动继续前进，特别是橡胶工业的形成，直到 1914 年，比利时一直是世界工业化的领先国家。德国则是例外，在整个 19 世纪，除了最基层以外，民主建设鲜有成就，但创新活动却在 19 世纪下半叶风生水起。这个事实使我们得出结论：如果有民主制度，德国人可能做得更好，而大多数先进国家的社会结构则使它们必须依靠民主制度支持创新。不管怎样，我们能得到的合理推论并不是现代民主制度带来了现代经济，或者现代经济确立了现代民主制度，而是它们都源自同样的价值观和信仰、源自同样的文化。

经济文化：差异和改变

什么是现代经济？从以上视角来看，现代经济的特性是给商业创意的构思、开发和推广提供回报，包括物质回报和精神体验，从而鼓励人们对资源的利用进行创新探索。从本章的角度来看，任何社会的经济都在一定的制度和文化背景中运转，这种文化是社会传承的生活态度和信仰。当然，不是所有的社会成员都继承了同样的文化，文化也不包括国家的经济政策或任何道德哲学的内容。因此我们可以认为，一个经济体包含了经济制度、经济文化或其他方面的文化。经济文化是对产业和经济事务的态度和信仰，某种类型的经济要正常运转，必须有某种作为支撑的文化。不过，并不是所有行为都属于“文化”，很多行为可能是结果而非原因。

在历史学家们（多数是 20 世纪的学者）试图解释现代经济在 19 世纪的起飞和繁盛前，18 世纪的某些杰出人士就开始思考引人注目的商业经济在 16 世纪和 17 世纪崛起的原因。亚当·斯密解释了对英国商业的崛起：侵略性、掠夺性的政府被终结，促进了“货车和交易”的兴起，商人们不断地追求更好的价格。人们因财富所有权而产生了更强烈的安全感，养成了节俭储蓄的习惯。同时，随着财富的积累，贸易规模也在增大。于是在商业时代，物质主义流行起来。不过斯密看到的对物质财富的需求是普遍和长期现象，并不是商业时代或英国特有的，因此它并不是促进发展的原始动力。他在《国富论》中写道：“推动我们储蓄的是改善处境的愿望，这种愿望与生俱来，在我们进入坟墓前从不离开。”马克思当然也认为对商品和财富的“拜物教”并不是商业经济兴起的原因，他说过这只是一种结果。商业经济也展现出其他一些行为特征：保持诚实、尊重法律、兑现承诺、交换好处，以及其他所有与信任有关的商业道德等。然而大卫·休谟和亚当·斯密都不认为这种资产阶级的可贵品质是商业经济发展背后的动力。休谟在1740年的《人性论》中提出，这些商业行为准则源自人们的利益，包括声誉给予他们的利益。此观点对如今的经济学家们来说应该并不陌生。斯密在1763年的《法学讲稿》中说，商誉对商人们的好处是其带来的利润，而不是自豪感；在1776年的《国富论》中，他则把商业道德视为商业经济发展的结果，而非先决条件。

我们的关注点是现代经济的起源，而非商业经济。这里的核心观点是，即使如韦伯所说，努力、储蓄和财富的增加是文化转变（崇尚勤奋、节俭和资产阶级身份）的结果，我们也很难理解这一文化转变如何激发现代经济在19世纪取得空前的成就，因为增加工作时间、提高储蓄率以及尊重法律和契约都是在17世纪和18世纪早期就已经出现并被斯密和休谟观察到的现象。如果新兴现代经济国家的工作时长和储蓄率达到了更高的水平，那我们有理由认为这是由快速的经济增长和较大的投资需求引起的，是现代经济活力得以充分发挥的结果。但目前我们最多可以认为资产阶级道德是现代经济发展的必要或者支持条件，与它们对之前的商业经济发挥的支持作用一样。

不过，还有另外一些重要的文化变迁可被视为现代经济出现的原因。很明显，西方国家（其中有些国家更突出）最后形成了一种社会风气或者精神，其中各种精神要素结合起来，最终为现代经济特有的经济活力提供了原动力。这种社会风气的形成是人文主义精神的一部分，而人文主义的范畴更宽泛。在这种风气被某个国家、地区和城市的足够数量的民众接受后，就促进了现代经济的诞生。很自然，这种新思潮或新文化的很多元素在数世纪前就已经出现，其他一些要素则产生得晚一些。这种社会风气可恰如其分地命名为“现代主义”。

在今天的语境中，“现代”的定义是人们所熟悉的：现代女性、现代城市、现代生活，非传统的、新奇的、具有破坏性和颠覆性的“现代”。现代社会的内部时刻发生着变革，现代经济参与者的新观念则是变革的主要来源。保罗·约翰逊在《现代的诞生》（*Birth of the Modern*）中提出，首批现代社会发端于1815年。但根据雅克·巴尔赞在《从黎明到衰落》（*From Dawn to Decadence*）中对“现代”的广泛考察，现代思想起源于1500年前后。我们今天理所当然地归类于“现代主义”的某些思想在古代社会就已存在，但并未得到广泛传播，有些曾在中世纪受到压制。

在西方国家，现代价值观（态度和信仰）在今天已成为主流，但各国的程度差异很大。现代价值观包括为自己着想、为自己工作、自我实现，还包括对待他人的态度，例如准备接受他人带来的或他人期望的变革、愿意和他人一起工作、愿意与他人对比及竞争，以及愿意采取主动态度、争当先行者。（这些文化要素对商业经济时代的生产、贸易和积累来说并不是必要的。[12] 如前文所述，从斯密到年轻时的马克思都抱怨说，商业经济并不包容他们主张的这些文化要素。）其他现代主义生活态度还包括创造、探索和实验的愿望，欢迎需要克服的障碍，愿意进行智力上的参与，以及希望获得尊重和发布指令等。在这些愿望背后是一种深层的需要：进行自己的判断，根据自己的观察采取行动，发挥自己的想象力等。这种态度并不代表喜欢风险、喜欢通过投硬币赌运气，而是代表一种探索精神，将走向未知的、具有不确定性的旅程视为宝贵的经历，而不是负担。自我发现和自我发展是活力主义的重要价值观。[13]

现代主义信仰则包括是非标准的独特观念：要获得更重要的职位，必须与他人竞争才具有正当性；更高的生产率和更大的责任意味着更多的回报，这具有正当性；由承担责任的人发布指令并由他们对结果负责的正当性；提出新创意的正当权利；设计新的做事办法和找到新事情做的正当权利等。所有这些都与传统主义对服务、义务、家庭和社会和谐等领域的看法形成鲜明对比。

这种新思潮的最初迹象出现在文艺复兴时期。在中世纪，人们注意到参与社会事务可能获得丰厚的回报（不仅是对君主而言），注意到并不是所有事情都是已知的，注意到人类的想象力可以发掘出从未探索到的更多知识。处于文艺复兴运动核心的人文主义者乔瓦尼·皮科·德拉·米兰多拉（1463—1494）借助他从小就熟悉的宗教概念提出，如果人类是上帝按照自己的样子创造的，那他们必然在一定程度上秉承了上帝的创造力。在米开朗基罗的丧礼致辞中，米兰多拉说，人类好比雕塑家，必须从大自然赋予的材料中塑造出自己的形象。就这样，米兰多拉描述了“个人主义者”的形象——人们必须塑造自己的发展轨迹。[14]颇具影响力的人文主义者德西德里乌斯·伊拉斯谟（1466—1536）说“追求不朽的愿望、新抱负的加速出现和对无尽可能的联想，导致了个人空间的扩张”，他将这些归功于“基督教精神”。[15] 马丁·路德（1483—1546）要求罗马教廷的成员根据“基督教自由”的精神自己阅读和解释《圣经》，是将人们从无效和失常的政府控制中解放出来的标志。

地理大发现时代是另一个成长时期。一股深刻的活力精神在短短 70 年的时间里从意大利横扫法国、西班牙和英国。活力主义是对伟大航海家们的英雄主义精神的反映，还是说这些探索之旅其实是新活力主义的另一种表达形式，这其实无关紧要。出生于 1500 年的伟大雕塑家本韦努托·切利尼在其自传中把自己描述为一位无拘无束、追求探索的艺术创新者，醉心于成功和作品的被解放的自由主义者。出生于 1509 年的约翰·加尔文称赞人们从事的职业是在扩展上帝的工作。出生于 1533 年的蒙田在《随笔集》（*Essais*）中详细记录他本人的内心生活，描写他称为“成为”的个人成长经历。生于 1547 年的塞万提斯·萨维德拉则在《堂吉诃德》中讲述了骑士和仆人桑丘的故事，他们被困在一个缺乏挑战的地方，只能从幻觉中寻找充实生活的活力。生于 1564 年的威廉·莎士比亚则在《哈姆雷特》和《李尔王》中描述超越现实生活的主角的内心斗争和勇气。

另一个改变标志是 1550—1700 年出现的名为科学革命的探索浪潮，它证明可以依靠观察和推理发现大自然的运转规律，例如威廉·哈维提出的有关血液循环的理论。人们从中得到的启示是，通过研究和思考可以发现事物的运转规律，并调整事物的运转。

18 世纪的启蒙运动代表了下一个发展阶段。当时的哲学家和政治经济学家看到商业经济中敢于冒险的商人们积累了巨额财富，认识到创新活动具有个人意义和社会价值。法国对企业家采取完全欢迎的态度，哲学家孔多塞认为，企业家们对生产率的贡献比政治寻租者的行为高尚。让-巴蒂斯特·萨伊称赞企业家在追求更高回报的过程中经常会带动经济创新。伏尔泰热情称颂个人奋斗和经济独立的生活方式，而不是安于传统和随波逐流，其代表就是 1759 年的作品《老实人》（*Candide*），他说“我们必须打理好自己的花园”。[16] 在美国，托马斯·杰斐逊等人倡导通过小企业主参与草根阶层的创业活动，让经济生活的参与者都积极“追求幸福”。此类思想带来的必然推论是，广泛的个人创业将改变世界的面貌。这一过程并不意味着世界将变得完美无缺，也不代表着不会犯错误，只是说社会可以逐步消除某些缺陷，培养某些方面的能力。从这些角度来说，人文主义及其活力主义分支在当时已成为西方国家的核心信仰的组成部分。

启蒙运动还首次揭示了对创造性来自何处的认识。第一位现代哲学家休谟观察到，想象力是所有类型的知识取得进步的关键。在 1748 年的《人类理解研究》（*An Enquiry Concerning Human Understanding*）中，休谟解释说，新知识并不是来自对世界的单纯观察和现有知识，人类的知识从来不是完全封闭的系统，可以靠原创性取得突破。新知识的起源是对还没有深入研究的体系如何运转展开想象，这样的想象有可能是新资料触发的，但并不一定依赖新资料。后来到哈耶克才指出，如果没有对这些观察和思想的足够熟悉，也很难产生新的想象。

启蒙运动还产生了其他非常重要的影响，但这方面的人物很少，其中表达得最巧妙而简洁的人莫过于托马斯·杰斐逊。借助其不朽名言——“生命、自由和追求幸福”，杰斐逊给当代美国人灌输了两个观念。第一个观念是，每个人都有寻求自我实现的正当权利。这样的观念在当时并不广为人知，同过去的传统甚至完全相反，因为传统上认为生命应该奉献给他人，包括家庭、教会和国家等。奉献的过程当然也会使人产生幸福感，但杰斐逊所强调的是人的成长之旅。他认为美国充满了各种生活必需品和安逸品，因此“追求”必然意味着更高的层次。第二个观念则是一种存在主义思想——现实生活只能通过个人的努力实现，这一思想后来又被索伦·克尔凯郭尔和弗里德里希·尼采深入阐述。其含义是，我们最终或许能找到“幸福”，也或许找不到，但我们仍需要“追求”它。这两个观念浓缩了我们常说的现代主义，它们与传统社会的个人服从于群体的观念对立。

这些革命性的观念改变了生活的整个面貌，对此今天没有人表示怀疑。在启蒙运动后，某些欧洲国家对知识的巨大进步的浮士德式可能性感到兴奋不安。农业和非农业的商业人士逐渐注意到自己身上被激发的创造力，其政治代言人可以鼓吹建立一种有助于发挥创造力和洞察力的新经济。活力主义成为现代经济的火花，成为其不竭活力的长生灵药。在 19 世纪的现代经济中，参与者表现出了强烈的信心，憧憬创新的威力及其成功回报。人类历史上首次出现了对新工艺、新产品的激动人心的广泛参与，并分享由此实现的收入增长。在英国，越来越多的人被卷入主要集中在城市的快速发展的新企业。美国的企业也一派欣欣向荣的景象，托克维尔于 1831—1832 年游历美国时就观察到了这样的自信和决心。“美国的边疆”（不断拓展的西部定居点的边缘）可以被视为工艺和产品进步的象征。

不过，托克维尔确实也怀疑美国出现的是不是一种新的活力主义，但即便是也和法国的情形有所不同。

> 在占据我头脑的各种思考中，有两点尤其突出，首先是美国人是世界上最幸福的人民之一，其次是美国的巨大繁荣主要不是源自其个性和品质，或者比其他国家优越的政府制度，而是其独特的自然条件……每个人都在工作，但这里的矿脉是如此富饶，使所有劳动者都能很快获得实现满足的必要资源……支持繁荣的是永不停歇的精神，财富是常见的诱惑之源……如果我没有判断错的话，大西洋两岸的人并没有显著差异，只是所处的位置不同而已。[17]

在几乎两个世纪之后的今天，托克维尔的观点显得与事实完全相左。在 19 世纪上半叶，我们还可以把美国经济的喧嚣和驱动归因于某些特殊条件，特别是有大片荒地可以开发的机遇。到 19 世纪末，美国的荒地几乎开发殆尽，而实验、探索和创造的推动力在整个 20 世纪都没有完全停止。如果说美国人是因为进入了“伊甸园”而成为世界上“最幸福”的人群之一，那他们在 1920 年步入城市化进程之后，就可以说已经失去天堂了。

托克维尔的重大失误还在于，他认为（至少对西方国家来说）各国的经济文化基本上相同。今天我们拥有很多托克维尔不知道的资料证据，例如对态度和信仰的研究显示，大洋两岸和各个国家的人是存在“差异”的。世界价值观调查的数据就表明，不但个人之间存在态度和信仰的差异，各国的普遍态度和信仰或者说平均数之间也存在差异，其中许多差异是系统性的，不是简单的随机因素干扰或者偶然事件的冲击造成的后续影响，很难想象这种差异在托克维尔的时代会有什么不同。如果活力主义高涨的 19 世纪表现出了与 16 世纪甚至 18 世纪不同的特征，不太可能是因为所有国家的普遍态度和信仰都同步发生了改变。有的国家紧随文艺复兴和启蒙运动带来的新价值观的步伐，发展显然快于其他国家。

最后，托克维尔还有一个错误，他认为美国的某些“独有价值观”（我们先不管与法国的价值观是否相同）对其 19 世纪 30 年代的巨大发展的推动作用不及其他因素（如制度）——美国当时的大发展要快于欧洲和其历史发展速度。但最近开展的对当时的生活态度调查数据的研究表明，经济文化因素对美国的经济表现确实发挥了作用：影响到生产率、失业率以及工作满意度和幸福程度。各个国家在这些指标上的差异对经济发展结果产生了非常重要的影响，就是在西方各领先国家之间也存在巨大差异。这些将在第八章展开讨论。[18]

家庭调查所报告的对工作和职业的态度，有些可以解读为活力主义的某些方面的反映：对新观念的欢迎、工作的重要性、对工作的自由和主动性的要求、追随先进的意愿、对竞争的接受以及对成功的渴望等。有必要指出，这些态度中大约有一半对解释国家之间在经济发展指标上的差异具有显著影响。当然，发展指标很多，只有最恰当的因素才能充分解释所有发展指标上的差异。与此相对应，在近来的两项研究中，态度调查中发现的各种态度被划分为几个群组。总体来看，活力主义这个态度群组对于解释各国之间经济发展指标的差异最具说服力，其次是反映消费主义或物质主义的态度群组。反映传统态度的群组（测算社会信任度）同样重要，此外还有反映自立程度的群组。

剩下的问题是，经济制度的差异能否对经济发展的表现产生可比的影响。最近的两项研究表明，一个国家的大多数经济制度（暂不考虑政治制度）无助于我们目前对各国经济发展排名的解释。在解释各个国家的排名原因时，似乎仅用文化类的指标就能得到很好的结果，因为经济制度都是经济文化的表现形式。但有个例外，即经济制度所允许的“经济自由”度很关键，包括投资、创新、竞争和产业进入的自由等。[19]

我们以上利用很短的篇幅进行了广泛的讨论，这里对主要观点做个小结：与活力主义不同，对财富的追求并不是与现代经济几乎同时兴起的新文化潮流的要素。我们只能说，在中世纪的黑暗年代，财富曾被视为不洁之物。在商业经济时代之后，追求财富以及从中获得愉悦才被社会接受，并鼓励商人们不断扩张市场、承担更大的风险。但对现代经济的勃兴来说，还需要有财富积累之外的、对生活的更多可能性的新感觉，并要求建立相应的经济和政治制度。

缺失的拼图：人口和城市

本章讲述了某些国家如何建立起对本土创新至关重要的文化和制度。有充分的理由表明，这些国家的经济自由权利扩大、活力主义文化兴起和民主制度发展是现代经济崛起道路上的里程碑。如果没有公司制的引入，特别是具有争议的有限责任制的股份公司，现代社会很可能不会取得那么显著的进步。更广泛地说，如果没有各种制度和政策为人们提供更大的经济空间，现代社会也无法立足。

不过这些论述还有所遗漏：为什么与相邻的 19 世纪（尤其

是前 25 年的频繁战争之后的时期）相比，整个 18 世纪的创新显得微不足道？答案可能是，进入 19 世纪后，某些因素增强或放大了创新带来的微弱冲击，充分发挥了在 18 世纪最后 25 年已经达到较高水平的民主制和活力主义的潜力。但产生这些放大效应的因素到底是什么，经济史学家们似乎还没有找到。为什么创新出现的时间在英国、美国和比利时要早于法国和德国？我们无须借助托克维尔关于各国文化背景相近的观点也可以猜到，如果上述讨论的各种影响因素（包括公司、民主、活力主义和经济自由）在各国具有不同的强度，能否完全或部分解释法国和德国的发展相对落后于其他国家的现象。

一旦我们想到这个被遗漏的因素就会恍然大悟，那就是人口密度，特别是一个国家（除偏远地区以外）的劳动适龄人口。如果参与思考的头脑太少，一个国家的文化和制度再好，也很难促成大量的创新。有人会问，为什么冰岛虽然人口稀少，却并不贫穷落后？答案在于他们对英语和斯堪的纳维亚语的熟悉实际上已使该国融入了美国和欧洲的大经济体中。如果人口较多，又受到活力主义精神的激励，加上民主制度对政府权力的限制带来的鼓舞，即使平均每个人可以产生的创意数量不变，新创意的总量也肯定会增加。此外，如果新产品和新工艺不是只为开发者个人服务，而是扩散到整个国家，那必将促进创新的增加：各公司开发的新产品将随着人口数量的增加而增加。在同质性较高的国家，如果以必要的制度和文化为基础，参与构思、开发、推广和尝试新创意的人数越多，人均的自主创新期望数量就越大。那么有人会问，中国的人口远超过英国和美国，为什么在 19 世纪或者更早时期没有产生多少创新成果？爱尔兰经济学家理查德·坎蒂隆在 1755 年的研究中指出，在 18 世纪的中国城市里有着数量众多的企业家，但严重缺乏开发自主创新或外来创新所需要的经济制度和经济文化。如果西方国家在今天的人均创新率高于 100 年前，那主要是因为有更多的人参与创新活动，并不表明给定数量的任何小群体能创造更多的新产品和新工艺。[20]

人口增加的好处不但包括创新数量的增加以及能够被更多人利用，还在于在新观念和新产品冲击一个国家时，人口密度越大，创新在经济中传播的速度就越快，好比人口规模越大，疾病的传播速度越快、距离也越远。思想的传播与疾病的传播非常相似，人越多，受感染者越多。而且更多的人意味着更大的市场，甲壳虫乐队可以在汉堡这个足够大的城市演出 1 000 场，但在利物浦就做不到。

有了足够的人口就能形成城市，仅仅依靠聚集效应，大家集中到一起会产生各方面的好处。人口继续增加还会催生第二座城市，如果土地不能成正比地扩大，随着人口的增加，城市不但会扩大规模，而且数量也会越来越多。我们现在很清楚，除了在较大空间内聚集头脑和增加密度外，城市还能带来某些特殊的好处。城市经济学家简·雅各布斯在面对纽约市的规划巨头罗伯特·摩西的推土机时，提出了下面这些深刻的思想：

> 人们聚集到城市这种规模大和密度高的地方来应该是件积极的事情……他们的存在本身就说明了问题。
>
> 大城市是多样性的天然创造者，是新企业和各种新思想的孵化器。大城市还是数量众多、业务广泛的小企业的天然的经济庇护所……依靠其他各种类型的企业，它们进一步增强了经济多样性，这是我们需要牢记的最重要的一点。城市的多

样性本身就容纳和激发了更多的多样性……如果没有城市，这些小企业不可能继续存在……城市带来的多样性的基础在于，城市中有大量的人紧密地聚集在一起，其中又存在那么多不同的品味、技能、需求、供给和奇怪的念头。[21]

塞缪尔·约翰逊评论说“厌倦伦敦就意味着厌倦生活”，这说明只有在城市里才能发挥创造力。不过雅各布斯的观点更进一步，指出只有城市才能孕育新的多样性和原创性，从而产生创新的可能。

历史上的人口数据对此能提供什么启示？它们能否支持以上论点，即人口增加如何积极影响新创意的产生和交流？它们能否帮助解答上述疑问，即为什么英国、比利时和美国的创新直到18世纪的最后25年依然十分贫乏，完全无法与19世纪中叶的创新热潮相提并论？人口规模的数据非常贫乏，我们只找到三个参考年份：从1700年到1820年再到1870年，西方国家（西欧及其衍生国家）在这三个时点的人口总数分别是8 300万、1.44亿和2.08亿。相比之下，西方国家在1600—1700年的人口增长慢得多。人口的迅速增加对英国有巨大的促进作用：从850万增长到2 100万，再到3 150万。美国在此期间更是成为西方世界人口最多的国家，从100万增加到1 000万，再到4 000万。比利时的人口增幅超过100%，从200万到350万，再到500万。德国的起步较慢，但后来的总增幅也超过100%，从1 500万到2 500万，再到3 900万。法国的人口增幅不及100%，从2 150万到3 100万，再到3 850万。

同样令人印象深刻的是19世纪的城市发展。当时人口超过 10 万的城市已经算规模较大的，以这个级别为例，选择的对比时点分别是 1800 年左右与 1846—1851 年。在这段时间，英国的大城市从 1 个增加到 9 个，美国从 0 增加到 6 个，比利时从 0 增加到 2 个，普鲁士也从 0 增加到 2 个，法国则从 3 个增加到 5 个。[22]

社会发展的历史不是绝对可预测的，但我们有理由相信，即使与本章的分析完全相反，促进 19 世纪创新发展的各种文化和制度在 18 世纪都已成型，也没有足够多的人构思足够多的新创意，创新的起飞必须等西方国家的人口达到某个关键规模才能实现。[23]

第一部分小结

卡尔·马克思和马克斯·韦伯都写过世界近代史，他们观察到 1600 年后的西方国家出现了封建领地之外的商人财富的积累，并由此产生了资本家。这些人建立了庞大的工厂，在越来越多的城市人口中雇用工人。封建领主也很快把以前分配给农奴的部分农产品销售到城市里，这种相互运动成为把劳动力从农场推向城市的另一种历史动力。以上是对工业化的描述，而不是一种因果分析。不管在农村是否存在封建社会的体制，随着 18 世纪早期人口的迅速增加，城镇、城市、商店和工厂都蓬勃发展起来。

马克思和韦伯对于工业化后果的分析也并不是特别高明，他们认为当时的工业化是现代化的第一阶段，对此抱有复杂的感情。马克思宣称，尽管生产效率和资本存量在提高，工资却呈现下降趋势。但这个曾经是工人运动坚定信念的说法已悄然退出舞台，多项研究发现，工资水平在 18 世纪并没有下降，在 19 世纪更是快速提高，并延续到 20 世纪。马克思本人在 1848 年与恩格斯合著的《共产党宣言》中也承认，他观察到的现代资本主义具有推动社会进步的作用。

继而，马克思和韦伯都认为，19 世纪的现代化给经济生活带来了枯燥的理性化和无情的官僚主义化趋势。但如果他们的意思是封建领主制度下的传统经济给工人提供了很多自由活动的空间，那难免过于荒谬。曾在农村和城市两个地方有过生活和工作经历的人大部分都不会认为农村的情况好于城市。人口向城市转移在多少个世纪以来一直是历史的常态。

直到今天，他们思想的传人才看到希望，“知识经济”（尤其是服务业）能创造期盼已久的可以充分“发挥才能”的工作机遇。后工业时代的现代化将把人类的发展提升到工业化从未到达的高度。[24]

本书的前四章采取了不同寻常的视角，讲述了不同寻常的故事。19 世纪兴起的现代经济在物质和非物质领域都取得了杰出的成就：智力参与、个人发展以及持续的经济增长和内在的包容式发展。杰出的成就来自新力量的崛起——经济活力。焕发这种经济活力的因素是新的经济文化，其必要的滋养物则包括代议制民主以及多次文化革命，如起源于文艺复兴时期的人文主义、巴洛克时代的活力主义和启蒙运动时期的现代主义。代议制民主确保了财产权利，促进了自立精神和社会参与。利他主义、活力主义和现代主义则促使人们走向世界，通过创新活动寻找生活的意义。由此建立起来的文化和经济制度催生了人们从事创新的愿望和能力。最后一个必要（而非充分）条件是有足够数量的人口。

但发端于英国和美国的现代经济似乎很随意地停止了扩张的脚步，德国成为最后一个现代化国家。为什么现代经济没有发展到瑞典和其他北欧国家、日本、意大利和西班牙？毫无疑问，自主创新在这些国家的某些产业的确有所发展，但困难在于这些国家的广泛活力的迹象表现得太晚，在很大程度上，可能是它们追赶领先国家的创新的结果。现有的证据尚不能证实它们有充足的自主创新活力。类似的持续争论会涉及中国香港、韩国、新加坡、中国台湾、如今的中国大陆以及印度，它们的经济发展有多少源于自主创新，而非通过模仿和应用来追赶？这些经济体也取得了某些显著的创新成就，但很难测算其中的创新活动的广度和密度，当然对任何经济体都是如此。

显然，新兴的现代经济（至少是 19 世纪的新兴经济）与资本主义制度有关。不过现代经济与商业经济相比有很大的不同，商业经济实现了重要的贸易扩张和财富积累，但在生产率、工资水平、工作满意度和人类精神层面却鲜有进步，在创造就业数量方面可能也缺乏贡献。当然，所有在 19 世纪兴起的现代经济都代表着对 16 世纪和 17 世纪的资本主义制度的改进，例如金融机构能够更好地遴选和促进推动创新的投资项目。但从根本上说，现代经济是属于现代社会的，现代社会有着更基本的贡献：这样的社会建立了促进资本主义经济的政治制度和经济文化，由此产生了现代资本主义社会。最早焕发活力的世界上第一批现代经济体是资本主义和现代性结合的产物。

现代资本主义经济是现代经济的第一种模板，但并不代表会是最后一种模板。进入 20 世纪以后，西方国家爆发了激烈的争论，关于一个国家能否建立非资本主义性质的现代经济，继续拥有活力、致力于创新。创造了资本主义制度的欧洲人在讨论：是否有其他一种或多种社会制度，也能在其基础上建设有足够活力的现代经济？他们还要探讨，在考虑到经济现代性的各种成本之后，现代经济是否依然具有正当性？现代经济是否值得拥有？有关资本主义和现代性本身的正当性的问题，不但把欧洲变成了争论的舞台，还在一定的时间和地点将其变成了战场。

第二部分

鲜花与荆棘

有多少旧事物必须消亡，才能确立新事物！

——雅各布·布克哈特，

瑞士欧洲文化史研究专家

第五章

社会主义的诱惑

我确信只有一种消除资本主义的严重弊端的办法，那就是建立社会主义经济……这是一种计划经济，根据社区的需要调节生产，分配工作……并安排好每个男人、女人和儿童的生活。

——阿尔伯特·爱因斯坦，《为什么是社会主义？》

共产主义就是苏维埃政权加全国电气化。

——列宁

要想理解某个事物，你必须能够构建它。

——克雷格·文特尔对理查德·费曼振幅的解释

世界上首批现代经济所依赖的经济制度和社会规范（或者说经济文化）并不是由那里的人民选择的，不管是通过民主议会的投票还是司法机构的判决。有时的确需要议会和法院决定赞成或反对这套制度的某个细节，但从来不曾对采取何种制度进行过公共选择。

英国和美国是最接近例外的情况。到 1800 年，已有太多人脱离传统经济，追求商业社会和大城市的生活，其中很多人已事业有成并获得了回报，这就使资本主义制度及其社会规范（私有财产和追求利润）以及现代经济（自由、探索和冒险精神与不确定性）得到了广泛的支持。在美国宪法和英国司法裁决中，资本主义和现代性的精神是不言自明的，几乎没有其他选择。很少有人愿意退回封建社会的时代。

不过在现代经济的高潮期，从 19 世纪中叶到 20 世纪，参与成熟的现代经济的人们有了不同寻常的体验，这种体验与商业经济时代相比变化巨大。即使少数人的处境比在商业时代可能更差，他们也只能跟想象中的可能性进行比较。运气较好或掌握优势的人不太关注现存制度的无效和偏颇之处，不考虑这些缺陷会带来多大的潜在损失。运气不佳或处于劣势的人有理由责备现有制度的某些后果，指出这种或那种“缺陷”，留待学者们判断其真伪，如果真的是缺陷，最终又是否会造成不良影响。相比之下，俄国的农奴和东欧国家的农民对社会的不满肯定更强烈，他们是在现代经济未能惠及的环境中工作，但欧洲国家的工人对收入和财富分配不平等、对失业和经济动荡的抱怨，毕竟是这一时期在欧洲兴起的社会主义运动的起源。

现代社会中的不满

现有证据并不支持当时的普遍说法，即现代化造成了工人阶级（马克思所说的无产阶级）的工资水平下降（相对于经济中的中位数工资而言）并把他们排挤到社会主流之外。也没有证据表明，由于很多人被抛入无产阶级，中等收入者的人数下降。实际上，从现代经济诞生到 1913 年的“一战”前夕，工人阶级的人数一直在萎缩，而中产阶级不断壮大。工资收入不平等在工人阶级内部并没有恶化，这个术语当时甚至还没有出现。同样没有证据显示劳动在收入中的份额减少，第二章已对此做过介绍。不过，现代经济对收入模式和财富水平的确造成了其他方面的革命性影响。

现代经济给个人带来了下高额赌注的机遇，他们可以数月甚至数年全身心地投入，追求高度不确定的回报前景——可能获利丰厚，也可能倾家荡产。这导致经济活动的结果将出现巨大差距，同时，也没有任何能借以避免今天的盈利或早或晚将被亏损抵消的规律。有人可能遭受长期失业的痛苦，而与他差别不大的另一个人却需要加班；有人可能误入夕阳产业，而别人从事的行业却方兴未艾；有人的收入可以在几十年里翻一番，别人的收入却可能在相同的时间里翻两番。被别人抛到后面的人可能会对社会制度产生偏见，这并不奇怪。虽然当时还没有较为全面的记录，无法提供我们今天常见的各种统计数据，但人们留下的观察和零星的历史记录都证明，收入和财富的不平等程度显著提高。产业巨头和金融市场投机家的人数大量增加，他们积累了可观的财富，有人喜欢炫耀，有人谦逊低调，还有人则深居简出——尤其是在镀金时代。通过税收分享这些财富产生的收入（还不是夺取全部财富），即将成为各种社会主义纲领的重要议程。不过，这些还不是对现代经济最严重的不满，因为巨额财富并不是新事物，新鲜的是致富机会的大量涌现。很多人可以勉强接受少数贵族掌握的古老的继承财富，这些财富的起源是尘封已久的往事，但他们不易接受从意想不到的地方冒出来的“新贵”们。

对现代经济最主要的不满是工作和收入的不稳定性，人们在职业生涯中总是面临失去工作或者收入下滑的危险。对当时的现代经济而言，经济总体出现高失业现象或者特殊产业出现高失业现象是一种新特征。诚然，在重商资本主义时代也出现过严重的投机泡沫和企业崩溃的案例，其中包括1637年荷兰的郁金香事件、1720年的英国南海公司事件和法国密西西比泡沫，但这些冲击并不足以推高或压低社会总体的就业水平。战争也会促进繁荣，之后形成衰退，例如在1815年（现代社会的切入点）拿破仑战争的终结就导致很多国家（法国除外）陷入衰退，英国更是进入很长的低迷期。虽然19世纪的世界局势总体来说较为和平，但现代经济兴起造成波动的频率和幅度增加，衰退接踵而至：1792年在美国爆发金融恐慌（华尔街的首次危机），1796—1797年在英国和美国、1819年在美国、1825年在法国之外的欧洲国家、1837年在美国、1846年在全欧洲，以及1857年、1873年和1893年在美国，此外，还有若干次程度较轻的衰退。由于现代经济中的产业与金融业的联系远比过去紧密，金融恐慌对就业的影响也比过去严重得多。当时的资料表明，工作的不稳定性总体上比18世纪严重得多。（19世纪上半叶的不稳定性有部分原因是公司在财务上的脆弱，尤其是小企业，这方面的不利影响在几十年后显著减弱。）[1]

此外，随着金融业在现代经济中的份额扩大，过度投机和盲目融资对宏观经济的副作用增强，足以导致严重的衰退。19世纪40年代中期，铁路的过度建设将整个欧洲带入衰退，触发了席卷欧洲大陆的1848年革命。更严重的衰退接踵而至，1873—1879年爆发了“大萧条”（现在已更名为“长萧条”），美国的失业率连续数年超过10%，此后还有更严重的1893—1898年萧条，美国的失业率连续4年超过12%。当时的观察家必须回答，如果这些破坏是现代经济的本质特征之一，为什么各国还要坚持这个制度？尚未走入现代经济的各国也必须回答，它们是否愿意建立这种制度？

人们体验着完全不同的工作生活，同时，城市居民的背景也越来越多样化。大量的中国人、爱尔兰人，稍后是来自东欧的犹太人和南部地区的意大利人涌入伦敦、纽约和旧金山等地。虽然现有的资料还难以准确量化，但与1800年甚至1850年的自耕农、商人和业主相比，这批新移民似乎更习惯蕴含公有制性质的行为方式，例如分享成果的习惯、平均主义的正义观以及同资本家的疏远。在这些新移民眼中，资本家和他们故乡的那些顽固的世袭地主和业主似乎没有差别。许多甚至大部分本地居民可能早已抛弃了委身行会或工会的念头，但多数新移民却认为不加入组织并非正确选择。

有关社会主义的议题也正是在此时兴起的。第一章中曾谈到，生活体验和背景的日益多样化推动了商业创新的繁荣，也促进了对社会制度和规范的新元素的创意。早期社会主义者圣西门[2]抨击周围的新兴经济制度是不科学和非理性的，造成了资源浪费，他首先提出这个制度不利于贫困的工人。马克思和恩格斯在1848年1月革命爆发前夜首次发表的《共产党宣言》也对欧洲不断高涨的失业浪潮进行了强烈的批判。

1848年革命把人们对工资、就业和工作条件的诸多不满推向了顶峰，当然，这些起义中有很多其实是反对贵族阶层的民主运动，例如，法国“二月革命”是为推翻路易-菲利普王朝，柏林和德国其他州的“三月革命”是要求促进国家统一和成立全国性的议会。马克思此后抱怨说，工人们还没有清晰的目标和计划，工人运动自然也未能取得成果。此后几十年里，全面的社会主义纲领才被提出并引发了激烈的讨论。

社会主义的理想

准确界定社会主义理想并不容易。社会主义所追求的系统目标从未得到完整的表述，某些人心目中的社会主义宗旨可能与其他人心目中的相互矛盾：

> 社会主义的相互矛盾诉求包括，要战胜资本主义，同时又要改进资本主义；人人平等，但无产阶级必须是领导阶级；金钱是罪恶之源，但工人需要更多收入；资本主义注定失败，但资本家的利润达到了空前水平；宗教是人民的鸦片，但耶稣是最早的社会主义者；家庭是资产阶级的阴谋，但需要保护家庭免受汹涌的工业化浪潮的侵害；个人主义应受到谴责，但资本主义的异化把人们变成毫无个性的原子；要求采取政治运动，而不是寄望于几年一次的选举，但又要求实行普选制度；消费主义是对工人的欺骗，但所有人都应该拥有彩电、汽车和海外度假的机会。[3]

因此，“社会主义”是个含糊的概念，有很多不同的主张存在，包括基督教社会主义、马克思主义社会主义（共产主义）、国家社会主义、市场社会主义、基尔特社会主义和费边社会主义（进化社会主义）等各种派别。

从1860年左右开始，欧洲大陆以社会主义者自居的人们对一系列核心价值观和权利达成了一致意见——主要是通过工会的会议、知识分子的期刊以及德国社会民主党的代表大会。未来的社会主义国家将由这些社会主义伦理规范来指导，它们不同于现代资本主义经济中对个人产生激励作用的现代主义精神和资本主义伦理规范。

在社会主义伦理中，参加工作成为一种权利，这不但因为就业是工人的生活来源（即使在社会主义制度下，身心健康的人如果不参加工作，也无权索取参加工作的人获得的报酬），还因为工作是保证人们的自尊的必要条件。因此，必须战胜失业这种痼疾。

社会主义伦理规范的另一个部分，是关于公有企业或私营企业给工人提供的条件和机遇。参加工作的权利意味着参加有尊严的工作，因此，雇主滥用职权是不可接受的，不经过听证或不发放赔偿就宣布解雇也不可接受。值得赞许的是，马克思在这方面提到并深入思考了人们对于精神生活的正常需要：

> 亚当·斯密不曾提及克服工作中的困难本身就是一种解放活动……因此，完成自我实现、主体意识的客观化以及获得真正的自由所需要的正是劳动。[4]

其他许多社会思想家（包括有些不以社会主义者自居的人）也有过类似表述。

社会主义价值观还包括，一个社会的财富和权力绝不能过度异化，以至让某些成员失去发挥潜能的机会。在社会主义制度下，不允许大规模的财富积累，在机会平等方面，根据按贡献分配的原则制定工资标准。[5]如果所有的汽车工人在生产汽车的过程中都是必不可少和可以互相调换的，那么他们的工资水平就应该相等。而农民的贡献也可以解释为与汽车工人相当。如《共产党宣言》所述："每个人的自由发展是其他所有人自由发展的条件。"

社会主义伦理认为，不管经营结果是盈利还是亏损，只知道赚钱的私营企业都没有吸引力。在资本主义伦理中，个人成长至少在一定程度上意味着艰苦地向上攀爬，为职业生涯争取更好的结果，如更高的工资和更多的经费。而在社会主义伦理中，个人成长来自对工作的热爱，或掌握和精通所需的技能。

社会主义伦理还谴责积攒和持有巨额财富。社会主义的目标是培养"新人"，他们具有为他人服务的本能，而非"逐利社会"的浅陋价值观。激情的社会主义者瓦格纳在19世纪60年代用4部歌剧讲述《尼伯龙根的指环》这一诅咒故事，其中生动地表述的道德含义是，如果将财富和权力置于友爱之上，那我们就注定了自己的毁灭。观众们，尤其是那些知道瓦格纳的忠诚社会主义者身份的人，理所当然地将该剧解读为资本主义的贪婪无度同社会主义的田园安宁景象的鲜明对比。当然，同样被瓦格纳的音乐触动的企业家和投资人事后还是会回去继续享受作为企业家和投资人的人生。

社会主义价值观还包括：资源配置的原则是用到最需要的地方，而不是完全由资本主义的利润动机控制。中央集中协调要优于分散竞争和个人行动，这一原则简单来说就是"为需要而非利润生产"。

不过，经济的有效运转还需要实现目标的手段，即以经济制度和经济文化为形式的各种手段，这包括规范、规则、制度和法律等，以吸引参与者，便于他们掌握技能和经验，激励他们积极采取行动，并且像新古典经济学所说的那样，把土地、劳动和资本配置到各个企业和产业，以及设定收入或产品的分配规则。那么社会主义经济在这些方面是如何运转的呢？

众多社会主义者虽然在最终目标上远未达成一致，但在实现目标的手段上本能地走到了一起，他们或许认为，这些手段可以解决的最终目标问题可以稍后再予以解决。不管是公社层面还是国家层面，一个主要手段就是建立对主要投资活动的某种中央集中控制机制，不再由资本家或私营企业家决定投资项目；另一个主要手段是向工人（包括矿工、护士、技师等）支付工资，国家还以“社会红利”（也就是资本主义制度下属于利润的部分）的方式提供补助。企业的生产方法和工人的职位分配将通过集体合作的方式决策，既要考虑工人的满意度，也要考虑生产效率。工人受到的激励大小由工作的刺激性质决定，而不是因为担心被解雇之后会遭遇多长的失业期。最后，劳动和资本在企业和产业之间的配置将通过工人代表用政治手段决定，而不像市场机制中那样追求最低的成本、最高的价格和最大的价值。

不同流派的社会主义有不同的主张。彻底的、正统的社会主义者（包括马克思主义者在内）主张对所有的资本进行中央控制，并可以决定所有产业和大大小小的企业的定价，从农业到电影业全部包括在内。较为温和的社会主义者主张将经济中的制高点交由国家控制，包括重工业等。市场社会主义者主张国有企业和私营企业并存，允许在开放的市场中自由买卖最终产品和中间产品，当然会经常采取高额税收进行调节。英国的费边社会主义者则主张谨慎行事，寻找合适的改良机会。费边社会主义者希望对资本主义进行某些改革，但对共产主义者而言，资本主义不可改革，只能推翻。

理想的社会主义有可能建成吗

在两次世界大战间歇期的20世纪二三十年代发生的经典争论并不像今天我们所有人料想的那样是针对社会主义价值观的正确与否，而是针对能否设计出社会主义者主张的经济制度。社会主义者能否成功实现自己的目标？对实用主义者而言，它完全是实证意义的问题，坐观社会主义实验的结果即可。但是在20世纪20年代，只有苏联在开展这项实验，德国或法国也有尝试的可能性。因此实际结果的说服力并不强，与少数几块试验田里进行的农业种植结果相比，理论具有更重要的意义。苏联的社会主义经济在今后的岁月里不论是完全成功还是彻底失败，都不能保证其他国家的追随能得到同样的结果，也不能保证苏联的成果在今后不会发生变化。

路德维希·冯·米塞斯在此时登上了历史舞台，他是位性情急躁的维也纳经济学家，他和他的学生弗里德里希·哈耶克共同创立了奥地利经济学派。对俄国革命和德国社会主义政策有近距离观察的米塞斯可以说是社会主义创建过程的见证者，从1920年到20世纪30年代早期，他忘我地投入关于社会主义的争论。[6] 米塞斯观察到，社会主义的尝试是一场缺乏理论支持的实验："在他们脱离现实的幻境中，烤好的鸽子将通过某种途径飞进同志们的嘴巴里，只是他们没有展示这种奇迹发生的具体过程。"他继而指出，社会主义经济难以维持——不只是缺乏创新，而是从根本上就不可能成立。

米塞斯反对社会主义的依据是，在他周围的现代经济中，参与者不停地寻求突破常规方法的创新，希望对自己出售的产品制定更高的价格，而在购买时寻求更低的价格，并在这个过程中尝试新工艺，以期获取经济收益。包括马克思在内的社会主义者主张，产业工人、农民和手工业者应该在一定程度上参与这个追求更高效率的必要的实验过程。但米塞斯认为，在任何人都不掌握任何私人财产（包括本人的劳动力）的社会主义经济中，人们无法获得开展实验或突破常规所需要的激励和信息，市场上的价格和工资无法反映产品和劳动在不同用途下的成本和价值。

> 在社会主义国家出现理性行为依然是有可能的，但总体而言不可能再进行理性的（指高效的）生产，因为没有办法判断什么才是理性的选择，所以生产决策者将不再从经济角度考虑。在一段时期内，依靠从竞争经济中获得的经验的记忆可以阻止整个经济的完全崩溃……但过去的做法的合理性也将逐渐弱化，不再能适应新环境……作为对“无政府状态”的经济的替代，需要某个荒唐的机构做出愚蠢的决定。轮子将继续运转，但不会产生任何效果……社会主义国家的经济管理机构可能知道对某些产品的需求旺盛，但就算这样，它也只能找到经济计算所必需的两个必要条件中的一个，没有办法掌握另一个必要条件——对生产手段的价值评估……因此在社会主义共同体中，所有经济变革能取得何种成果，都难以在事前或事后得到清晰的证明。

米塞斯举的例子是，是否应该修建一条新铁路的问题。他认为，市场经济可以估计铁路将实现多大幅度的运输成本的节约。就算社会主义国家对此也可以进行较为准确的估计，但如果建设铁路所需要的劳动力、能源和铁矿石等各种资源的价值不能用统一的货币单位计算，那依然无法评估铁路可节约的成本是否足以弥补建设成本。用经济学术语来讲，社会主义经济的管理者无法了解各项投入的“机会成本”或“影子成本”，即这些投入在其他用途中的价值。相反，市场经济给企业家提供了可以观测到的资源价格，在米塞斯看来，价格就是机会成本的充分近似值。

米塞斯本来可以给出一个更简单的案例。在社会主义经济中，普遍采用工资均等化的做法，没有人会尝试比其他人更加用心和勤奋能否得到奖励。由于所有人的工资待遇都相同，所以工人不会得到涨工资的回报。此外，由于工作不存在任何风险，所以工人也没有被激励用勤勉的态度对待工作机会。这就导致没有工人愿意把更多的心思和精力用于工作，不管这样做是否对社会有利。即使每个社会成员都有相似的能力和偏好，这个制度也使市场无法“发现”什么才是合适的工作努力标准以及与之对应的普遍工资水平，因为没有任何市场试错过程。[7]最后的结论必然是：只有允许私人占有自己的劳动成果，才能开展和鼓励实验，否则一个经济体中的工资和价格结构将无限延续，不会出现纠错的趋势。

米塞斯的分析对他的大多数读者而言可能过于抽象，但历史给他的观点提供了鲜活的诠释。苏联的人事制度不能给关心工作的人提供奖励，不能给展示才能的人提供升迁机会，肯定会导致一种无所事事的感觉，这绝对是苏联时代末期的数十年里酗酒现象严重的重要原因，是对人们努力工作、做好工作、为自己而工作的自然天性的浪费。这种制度造成了工作情绪的严重低落，对效率产生了重大影响。有个故事说，20 世纪 80 年代住在莫斯科的某个外国人进行了一项实地调查，跟踪离开制砖厂的大型卡车，结果发现那些卡车在街道和高速路上一路颠簸，到达目的地前几乎沿路掉落了一半的砖块。如果工人拥有个人收益权和可以增加个人收益的投资自由，那他们的努力、工资和自尊都完全可以提升到更高的水平。由于这些洞见，米塞斯被尊为产权理论的鼻祖。

米塞斯的另一项质疑针对“利润动力”。他专心研究苏联的做法，认为与利润驱动的企业相比，把企业作为官僚机构的分支经营的做法不会产生高效运营的效果。

> 整个过程背后的动力会对生产要素的市场价格产生影响，因为资本家和企业家为了追求利润最大化而不停地采取行动……如果没有这些私人所有者，市场将失去前进和运转的主要动力。

社会主义制度下的经理人则缺乏这种动力，他们没有相应的激励措施来捕捉增加利润的机遇而忽略各种麻烦或政治代价。即使企业利润增加，中央政府也不会知道原因，经理人未必能得到赞扬。如果利润下降，上级有可能怀疑企业经理人的能力不如其他人。如果经理人和工人都清楚没有办法保护自己的创意不被他人窃取，他们当然就不愿意思考创新。另外，即使企业有了较好的创意，也没有合适的途径能让企业表达对这个创意的信心。而且，社会主义制度下的经理人在很大程度上是不需要被激励的，他们总是重复官僚主义的循规蹈矩，到处装模作样。他们会为晋升而展开竞争，但那种激励只会让他们回避任何可能失败的风险。由于这方面的洞见，米塞斯也可以被视为公共选择理论的鼻祖——专门研究政府部门这样的官僚组织中的个人权衡决策过程。

米塞斯的警告引发了经济学历史上著名的论战之一，对手是20世纪30年代在西方声名鹊起的杰出经济理论家奥斯卡·兰格，他在“二战”后回到了自己的祖国——已由共产党执政的波兰。对米塞斯提出的彻底的社会主义经济必然走向崩溃的观点，兰格站出来发起挑战。[8]兰格认为，如果一个国家希望建成社会主义经济，又不至于走向米塞斯所预言的失败结局，则必须找到给劳动力、铁矿、铁轨乃至所有生产成果正确定价的办法。社会主义可以利用资本主义经济所使用的同样的市场机制。与之前所说的一样，企业基本上依然是国有制，这些社会主义制度下的企业可以把所有产品供应到市场上，而其他企业和家庭也可以通过市场反映其需求。与资本主义的情况类似，一些市场可以采取拍卖的形式，另一些市场可以采取其他形式。通过这种安排，价格水平就可以由市场决定。工资也可以用类似的办法决定，企业支付成本，个人提供服务，竞争机制可以确保类似技能的劳动力在标准工作周获得相同水平的报酬。如果有的企业向表现更努力的员工支付了更高的工资，其他企业也必须跟进。根据努力程度的不同，可以有两个乃至更多级别的工人。兰格对自己的主张非常自信，他开玩笑说，欧洲每个奉行社会主义的小镇都应该给米塞斯树立一座讽刺雕像，感谢他激起的这场论战最终证明社会主义并非“不可行”。事实上，波兰和匈牙利在20世纪80年代的确开展了这种“市场社会主义”的尝试。

然而，大多数兰格理论的研究者认为，市场社会主义在现实中也不能有效运转。与苏联采用的僵化体制相比，它可能是个改进，但并不能逃离彻底的社会主义体制的局限性。米塞斯的利润动力理论指出，社会主义企业没有动力对任何给定的市场价格做出反应，提供社会实际需要的产品数量，因此在供给不足问题较为严重的地方，产品价格会被推到很高的水平。米塞斯还指出，或许可以指望政府激励社会主义制度下的经理人“扮演”利润最大化的生产商，有人也可能做得很好，但希望政府给经理人授予投资决策的责任，则是另外一回事。没有哪位经理人愿意为了促进整体经济的“效率”而使自己的企业缩小规模。那些社会主义者并不会对竞争性的社会主义的构想感兴趣，他们实际上都反对这套做法，因为他们希望接管此前由市场掌握的权力，在他们眼中，社会主义的根本点就是用计划改造国民经济。

当时还算年轻的哈耶克也把注意力转向了这场有关社会主义的论战，他对“社会主义计算”的话题提出了新见解。[9]米塞斯关注的是激励，而哈耶克的观点则是从知识的角度出发。哈耶克首先提出，任何复杂经济体（复杂的原因是极强的现代性或多样性）中的技术知识必然分散在各个部门的参与者手中。任何想要制订计划（例如把资源如何配置给各个产业部门的计划）的个人或机构都需要知道所有部门的技术知识，从而设计出最适合各个部门的生产工艺。让所有掌握技术知识的人都集中起来为计划服务，成本将高得无法承受。即使能把所有技术知识的掌握者都集中到一座体育场里，过于庞杂的细节也将令计划者无所适从，无法将各种知识结合起来。因此中央计划不可能有效运转。

哈耶克喜欢找捷径证明同样的结论。现代经济具有独特的制度和文化，以及独特的生产工艺和资本品，不可能由某个人、某家企业或某个形式的组织独立建立起来，因为这个工程过于复杂。所以，它不是哪个国家的政府建立的，现在也同样没有这个能力。

社会主义国家或许可以在初期成功地照搬某些类似的外国经济体系，并对其进行某些社会主义改造，但随着该国的经济运行步入自己的轨道，各个地方的产品需求将发生改变，年老者走向退休，年轻人走上工作岗位，资源配置无效率的问题将日益突出。从哈耶克的现代资本主义经济视角出发，某些产业或职业的相对价格或工资的提高，会提示其他领域的参与者搜集和学习这些先进产业或先进职业的技能。但在社会主义经济中，人们并没有太多选择产业或职业的激励，即使想调整自己从事的产业或职业，也可能受制于官僚体制形成的障碍。由于无法给个人提供激励，以继承和学习所需要的技术知识，社会主义经济中的某些产业最终可能丧失对生产技能的掌握。

哈耶克的另一个观点是，正确的商业决策通常需要熟知技术诀窍的实际参与者的加入，这是一种从长期工作经验中获得的洞察力，能帮助他们克服启动投资项目和新产品开发中遇到的困难。此类问题在自由市场经济中同样存在，如何生产一种新产品、需要投入多大的成本，这些问题事先是未知的。如果由政府决定是否在某个产业启动一个项目，任何人也不知道这个项目会给其他产业造成多大的机会成本，各行业的专家也只能做出大致的估计。从哈耶克的角度来看，与社会主义经济下的经理人相比，先不论价格透明度如何，在生意中打拼多年的私营企业家在决定是否新建一条铁路时，通过与工程师和投资人等多方会商，对投资成本做出的估计通常很准确。哈耶克在1935年发表的经典论文中对社会主义计算议题做了如下评述：

> 在中央计划社会中，只有当所有技术知识都能被考虑进中央政府的计算时，才可能从已知的技术工艺中选择最合适的类型……很难否认这是一种非常荒唐的奢望，因为它需要包括任何时点可能“存在”的任何知识。事实上很多实际应用的

> 知识并不以这种预备的形式“存在”，其中大多数只存在于人们的技术意识中，使工程师个人在遇到新的环境时能尽快找到新的解决办法。[10]

许多年过去，越来越多的普通民众被米塞斯和哈耶克反对社会主义经济的观点说服，当然，其中某些人是在看到20世纪80年代苏联经济的无能和停滞后才真正确信无疑的。但说服他们的主要不是经济学家的观点，即社会主义经济的局限性会使其逐渐陷入无效率，而是人们从字里行间感受到的主题观念，即运转良好的现代经济如果走向社会主义将丧失其创造性，这样的经济会被越来越陈旧过时的产品和工艺拖垮。看起来，与枯燥的效率概念相比，人们更在乎现实的经济增长。

事实上，众多社会主义国家最后都致命地丧失了经济活力。苏联解体后，东欧国家出现了大规模私有化，从前的社会主义国家的经理人的创新才能由此接受现实的检验。这些经理人担心，如果不能成功实现创新，就会被竞争对手替代，或者坐视企业倒闭，于是疯狂地开发和推广新产品。但他们几乎都遭遇了彻底的失败。至少在走投无路时，他们都希望成为企业家，但他们并没有这样的能力。这段历史表明，社会主义经济的演化过程并不是为了挑选有企业家才能的经理人，所以成功转型的经理人凤毛麟角。[11]

米塞斯对有关创新的议题似乎有所准备。他曾暗示，掌控社会主义企业的人会怀疑创新活动能否给自己加分，并担心失败导致巨额损失，因此与私营企业主相比，这些人尝试创新的意愿显然弱得多。而对私营企业主来说，成功意味着自己直接获益，失败也会因为有限责任制的保护而不至于全部赔光。米塞斯还认识到，对利润的“无休止的追求”具有把不合格的人从各个岗位中淘汰出去并不断试用新人的功能。与运转良好的现代经济相比，在缺乏盈利动力的社会主义经济所任用的经理人中，很多并不具备构思和开发新产品的才能。不过，米塞斯没有明确提出这样的观点。

哈耶克的现代经济概念本来可以推导出有关创新的此类观点。在他的自下而上的草根理论中，现代经济在新产品和新工艺的开发过程中要求体制内的个人拥有发挥原创性的自由，并充分发挥其由环境和知识塑造的个性。哈耶克开启了自主创新模型的大门，这是一种来源于本土的、基于个人的各类观念的创新。相反，社会主义经济并没有赋予个人为创新项目申请资金支持的权利，人们最多可以向社会主义企业的经理人提出创新建议，而经理人可以较为自由地向国有银行申请贷款，以便将创意开发成新产品。从哈耶克的视角来看，社会主义经济终究难以发挥其创新潜力，因为各类型的企业家并不能自由地通过新产品和新工艺争夺市场份额，各类型的投资人不能自由地根据个人判断决定支持何种创意的开发，各种创新项目也不能自由地追逐企业家来推动开发过程。

创新的损失在知识经济中会变得更为突出和严重。有些企业的大多数员工都具有独特的天赋和能力，如建筑设计所、足球队、剧团、石油钻探队、知名餐厅、芭蕾舞团和葡萄种植园，这些机构如果被政府接管，将难以为继。因为就像哈耶克所说，政府并不具备专业知识，不知道该投资哪个领域。此外，政府指派的经理人通常会拒绝行动、新人和创意。那些有创新梦想的人会失去曾出现过的机遇。现代经济中有很多公司职工持股计划，这些企业的大多数员工本身也是股东，但它们很少能像由所有者管理的竞争对手那样成功。社会主义国家在知识经济领域尤其难以焕发创新活力。

那么，为什么米塞斯和哈耶克没有提出这类涉及创新的观点呢？一个原因是，对米塞斯以及 20 世纪 30 年代中期才开始写作的哈耶克来说，他们在思考创新的话题时依然是熊彼特主义者。如果他们警告说选择社会主义经济的国家会严重缺乏自主创新，那么敏感的读者可以回答，与现代资本主义经济一样，社会主义经济也能够自由地引进全球的科学家和发明家的技术成果。现代经济的概念（具有原创性且能够成功开展自主创新）在他们写于 20 世纪二三十年代的论文中尚未出现，即使在哈耶克 1944 年的知名著作中也未提及。[12] 另一个原因是，如果有人提出，像沙皇俄国那样后来选择了社会主义道路的国家，如果简单地回到私有制就能焕发经济创新活力，那种结论似乎也很荒诞。如果是美国、德国、匈牙利和法国那样的国家，现有的创新活力会在转向社会主义之后消失——其中某些国家随后的尝试很快证明了这一点。俄国毕竟与它们大不相同。

几十年之后，包括许多左派学者在内的大多数经济学家都承认，奥地利学派是那场关于社会主义的论战的胜利者。奥地利学派让经济学家们相信，社会主义经济将导致严重的效率恶化问题。奥地利学派不必宣扬现代资本主义经济不存在效率方面的问题，因为金融危机所引起的混乱和浪费在当时显而易见。他们只需要证明，资本主义经济在进行社会主义改造之后，效率下滑的问题将越来越严重。

不过，奥地利学派输掉了另一场论战。他们似乎认为，任何抛弃资本主义、迎接社会主义经济的国家都将因为效率恶化而很快变得更加糟糕。然而，一个高度复杂而成熟的经济体需要长时间的制度和文化演变，才能达到现代经济或知识经济的层次。将这样的经济体进行彻底的社会主义改造会造成严重的效率损失，这是一个命题。但如果说任何一个国家，不管其先前有多么落后，在走向社会主义之后都会变得更糟，那就是另外一个命题了。如果说任何程度的社会主义，不管其态度多么温和、指向多么明确，都会造成比其他选择更糟的效率结果，则又是一个命题。社会主义运动完全可以继续！事实也的确如此。

社会主义运动在一些不够发达的、尚未通过现代化跨入先进行列的国家夺取了政权。如果跟俄国人讲，社会主义的效率不如运转良好的资本主义经济，这对他们毫无意义，因为他们历史上未曾经历过良好的资本主义经济。如果告诉他们社会主义不像有高度活力的经济那样具有创新性，也不会产生影响，因为他们同样没有那样的经历。事实上，苏联在 20 世纪 20—60 年代取得了惊人的熊彼特式的创新成就，电气化和其他很多先进成果被快速引入。没有人希望再回到过去的沙皇时代。

社会主义还在其他国家的少数产业部门取得了控制权，其中很多的确是不发达国家，但也包括某些较为发达的国家。有一种观点的影响逐步增强，即社会主义所有制和国家控制可以在经济中的“制高点”部门有效地发挥作用，包括能源、电信、铁路、港口和所有重工业部门。中国政府领导人于 2010 年 3 月在北京的一次讲话证明了这种思潮的意外回归：社会主义制度的优越性使我们能够做出正确决策、有效整合资源，集中力量办大事。[13]

有关社会主义的讨论（尤其是在较发达的国家），从社会主义经济的可行性转向了对一个或多个产业部门实行国家所有制和控制的可行性，还转向了对私营部门的监管和税收政策。当然，奥地利学派的观点对这场争论同样适用，哈耶克的观点依旧显示出不容小觑的威力。在过去的 10 年里，当西方各国政府采取措施鼓励用生物燃料取代传统化石燃料（煤炭和石油）、鼓励农民把土地从传统作物种植转向大豆种植以生产大豆燃料时，又出现了典型的哈耶克式的案例。土地的重新配置导致各种谷物价格出现灾难性上涨，数十万人因此死于饥饿，同时也是亚马孙河流域的森林遭受进一步破坏的诱因。最严重的是，研究者后来发现生产出来的大豆燃料在总体的温室气体排放指标上并不优于传统的化石燃料。[14]“计划”的失败具有极大的讽刺性，因为不论社会主义者还是一般的政府规划者总是坚持说，具有理性思考优势的社会主义比短视的资本主义更看重长期效益。但实际上正是资本主义随着引进股份制度的进步，解决了业主个人不能永续存在的问题。容易被继承人问题困扰的主要是独资企业和更早的封建领主。

具体来说，走向社会所有制的渐进行动会产生如下问题：为什么政府应该通过国有化兴办私营企业里的行家本来会拒绝的项目？米塞斯提出的社会主义国家的政府没有合适价格作为参考的观点在此处并不适用，因为社会所有制和国家控制的经济成分可能规模较小，不足以改变整个经济的价格形成机制。但是从哈耶克的视角来看，社会主义国家的政府由于缺乏必要的技术知识，可能走向错误的决策方向，即使方向选择正确，最后也可能失败。

不过奥地利学派把观点过分概括了，认为他们的理论适用于所有情况，绝对优于其他理论。现实中也有这样的可能，没有多少政府工作经验的商人也不知道只有政府才清楚的很多事情。因此，政府在某些产业掌握的知识可能使国有制和国家控制在总体上优于私有制。于是在对某些具体生产项目是否应进行国有化的议题上，哈耶克提出的私有制的优越性可能被过分夸大。当然，哈耶克正确地看到了对经济极权主义控制（不管是被国家还是个人）的危险。他并不是其他人所理解的那种极端主义者，从未主张国家完全不参与生产活动。在“二战”时期发表的著名小册子《通往奴役之路》（*The Road to Serfdom*）中，哈耶克提到了需要政府发挥作用的若干领域，包括支持延长寿命的研究等。[15] 哈耶克并非空想家。

社会主义奇怪的一面

在很久之后的今天，我们清楚地看到两次世界大战间歇期有关社会主义的论战中有些奇怪的现象。奥地利学派提出了社会主义的目标是追求经济效率的奇怪假设，而社会主义者却并没打算对资本主义经济进行革命性的结构变革，以便用更好的控制减少经济浪费。西欧国家的人均产出在1820—1920年增长了3倍，因此，即使最热心的社会主义者也能够承受现代经济伴随的偶然危机和失业给产出造成的所有消极影响。

实际上，大多数社会主义者把稳定、平等、尊严和满足这样的目标放在很高的位置上，他们并不打算摧毁个人，但是在鼓励个人积极加入社会事务时，是通过与国家的协调实现的。这套目标所代表的价值观与（可以追溯到古希腊时期的）西方国家的核心价值观存在本质的差异。

这些社会主义目标被狂热的情绪推动。从列宁到卡斯特罗，社会主义的实验都沉迷于执行严格的平等主义、用“完全就业”的名义控制人口，事实上禁止经济生活中的擅自行动。于是，这些参与实验的国家除极度没有效率外，还变得缺乏个性、令人窒息和毫无生气。

有些奇怪的是，米塞斯和哈耶克一开始并没有攻击这些目标。他们给人的印象是，效率是选择经济制度时的决定性因素。看起来，如果能够说服他们，社会主义不会造成总产量或经济效率的损失，那他们完全可以接受社会主义的很多主张，包括限制财富总量、禁止开办企业、由工人投票决定经营决策等。经济学家们把那场辩论的胜利授予奥地利学派，主要是因为奥地利学派在少数问题上的回答。假如接下来还有一场辩论导致大家都认为，在充分考虑各方面因素后，社会主义由于能够避免失业和就业的大幅波动，带来的产出效益将大于效率损失的消极影响，米塞斯和哈耶克就可能输掉这场辩论。

后来，在《通往奴役之路》中，对于意大利和德国自20世纪30年代极权主义上台后丧失自由的后果，哈耶克表达了悲痛之情。人们对于他对人文精神的感情自此不应该再有任何疑问。如果阿玛蒂亚·森的解读正确的话，在哈耶克的思考中，自由其实是实现其他目标的一种手段。不过《通往奴役之路》并没有指出，除了效率之外，还有哪些目标会因为极权统治导致经济自由的丧失而受到影响。他只是警告说，如果商业自由受到独裁者的束缚，产出或者效率将下降。那本书的主要篇幅是讨论政治自由的重要性。

事后回过头来看，我们会发现那场有关社会主义的论战所缺失的部分正是社会主义价值观与西方人文主义价值观之间的争论。我们后来逐渐看清楚，不管是现代经济的拥护者还是反对者（包括社会主义者和社团主义者），都需要阐明自己支持的制度符合重要的社会价值观，才能证明其合理性。

对社会主义的恐惧

对很多害怕社会主义到来的人而言，问题不在于社会主义可能失败，而在于社会主义可能取得成功，并能够运转下去。人们并不清楚自己国家的大多数人对待社会主义的态度，例如在意大利，那里的资本主义经济与美国、英国和德国相比显得虚弱无力。1919 年，就在布尔什维克革命爆发一年多之后，好几个国家（意大利、德国和美国）都陷入了“红色恐惧”。

此时在德国和法国，一种渐进社会主义取得了某些进展，主张社会主义经济的德国社会民主党领导的联盟在 1919 年控制了国会。社会主义者成功地组建了工厂委员会，使企业员工对各种企业事务拥有了发言权，另外还建立了调解劳动纠纷的仲裁制度。私人资本依然保持着企业的所有权，但失去了某些控制权。每天的工作时间缩短到 10 个、9 个，最后是 8 个小时。许多本来应该在社会上充分讨论的社会改革，本来应该由希望实行改革的纳税人负担的成本，最后却要求企业界承担。西方国家开始走向加强监管、批准和收费的方向，这些都会增加投资和创新的成本。

西方国家在 20 世纪 20 年代出现了有关经济发展前景的强烈预兆：一场革命已经拉开序幕，没有人知道是否会呈燎原之势。

第六章

第三条道路

社团主义不是一场满足我们每个人自我利益的内部改革……它代表着社会和经济的个人主义的终结、一种新的社会和经济制度的到来，它将迎来由需要相互支持的个人组成的有组织的国家。

——乔治·瓦卢瓦，《国家各派力量的合作》

在各现代经济国家，除了现代制度和现代文化的兴起外，也有多个世纪之前就已出现的各种社会习俗和价值观的并存。19世纪下半叶，欧洲大陆出现了广泛的现代化，包括法国和德国，传统生活方式受到了巨大冲击。社会主义者在继续批判资本主义（当然也包括现代资本主义经济），其他社会批评家也纷纷站起来揭露现代经济的其他弊端。到20世纪20年代中期，这些批评汇聚成20世纪对现代经济的标准控诉。除了继续声讨社会主义者所抱怨的失业和工资问题以外，新的控诉还直指现代经济的思想和道德根源。

对现代经济的社团主义控诉

如前所述，现代经济是由文艺复兴时期人文精神的利他式个人主义、巴洛克时期的活力主义和启蒙时期的现代主义共同推动的。最后这次思潮与前几次叠加，成为启动现代经济的决定性力量。现代主义的核心是，个人应该有追求幸福的自由，并以规则保证个人利益。在艺术和文学领域，创作活动被解放出来，不再为外面的道德或政治观念服务。就像奥斯卡·王尔德和爱德华·摩根·福斯特宣扬的那样，“为艺术而艺术”。在商业活动中，企业家也应该从为社会服务的信条中解放出来，为商业而商业。[1]

在社会生活中，“现代女性”应该从传统中解放出来，甚至打破原有的禁忌。普通人从相互保护的依赖者的状态，变成外面世界的冒险者，迎接职业挑战或者前方的任何机遇。男性和女性都可以成为大大小小的英雄，比斯密看到的商业时代的懦弱形象要强悍得多。在某些国家，一些重要的政治领袖和活动家是这种社会在早期的成功人士，他们很少谈论或支持国家要追求的社会目标，而是关注让所有人实现个人发展和繁荣的议题。在1776年首次出版的小册子《常识》（*Common Sense*）中，托马斯·潘恩为美国从英国独立出来的辩护就是基于促进美国人的经济繁荣的目的，看不出来他是否主张其他社会价值观。杰斐逊在1775年7月起草《独立宣言》第二稿时写道，美国的制度“给每个国家的那些不幸但渴望进取的人创造了……获取和自由掌握财产的机会”。这段话表明，自立、职业和财富是人们追求幸福生活之路的标志，也是他们来到美国的原因。在1925年当选后的演讲中，卡尔文·柯立芝总统指出，美国人依然在潘恩和杰斐逊所设想的道路上前进，因此，他的政府毫无疑问也应该朝这个方向努力。他说："美国人的主要事业毕竟是做生意，他们非常热衷于买卖、投资和赚钱等话题。"更惊人的是，早在林肯的第二任就职演讲中，他就说美国人有着"对新事物的狂热"。

现代主义的核心还包括这样的观念，即享受现代社会的合法权利，却很少注意到拥有这些权利的每个人都负有相应的义务：尊重法律和别人的权利，不能欺骗他人，以及保持独立的义务，承担自己所犯错误的后果，不要成为他人的负担。这些义务意味着个人、联合体乃至国家都不能侵犯个人或公司的财产权，不能巧取豪夺，不能依靠政府妨碍竞争对手引入新产品，或者向政府申请补贴、划拨或保证。现代国家可以为创新或企业项目投资，就像从法国购买路易斯安那时所做的那样，也可以采取行动，防止外来因素冲击创新和企业活动（如果判断采取这些行动的成本不是太高的话）。政府还可以采取行动，打击经济生活中通过联合获取不正当利益的现象。然而，现代国家的任务并不包括阻碍创新产品的开发或妨碍新的投资项目，以保护现有的厂商不受新的竞争威胁，或者在来不及保护的情况下提供补助。在现代社会中，正义的政府也不会给社会提供全方位的综合保险。

促成现代经济诞生的现代主义绝对是一场文化革命，注入现代主义元素的现代经济本身形成文化冲击，尤其是在欧洲大陆。19 世纪下半叶，所有歌剧表现的主题都是在依然以传统为主导的社会里寻求现代的自我发现和自我表现所付出的代价，其中包括马斯卡尼在 1890 年的《乡村骑士》（*Cavalleria Rusticana*）、瓦格纳在 1868 年的《纽伦堡的名歌手》（*Die Meistersinger von*

Nürnberg）及威尔第在 1853 年的《茶花女》。威尔第在写给一位朋友的信中说，这是“我们时代的主题”，当然为了吸引观众，他把剧中场景换成了“1700 年的巴黎及其周边”。现代主义和现代性同时激起了这些欧洲大陆国家的反对浪潮，现代主义的攻势猛烈，但传统势力依旧强大。最重要的反对浪潮出现于 19 世纪的德国，并最终形成了被称为“社团主义”的经济制度。为什么现代主义必然会引起反击呢？德国社会学家斐迪南·滕尼斯发表了关于传统生活的健康性质的经典论文，成为此后数十年社团主义思想的源泉。他指出，由罗马法创造的“契约”所武装起来的商人给出的报价，挤掉了其他人的生意。在滕尼斯看来，这些商人就是破坏传统社会的力量，而不是马克思所强调的由工厂带来的“劳动分工”。[2] 社团主义对现代主义的很多抨击都是说城市生活不如传统的社区生活，更普遍地说，社团主义对现代性的很大一部分指责都是说现代经济的特征和本性背离了传统。

在之后的几十年里，对现代经济的社团主义批评风起云涌。其中一种批评是，现代经济没有领导力，也就没有路线方针，其发展是千百万各行其是的个人决定的综合结果。社团主义认为，在过去的中世纪，创新活动受到经济体中权威的指引，其结果通常来说符合社团所需要的方向。如果产业部门中的个人或企业采取不公开的、不为外人觉察的、不可理喻的混乱行动，会使社团的目标在很大程度上受到干扰，那整个经济的发展就会失去方向，自然产生混乱感。而这种混乱无序的感觉，在 19 世纪末到 20 世纪初的那些年里，毫无疑问是西欧人普遍的不安情绪的根源。对方向（或者法国人所说的“dirigisme”——国家干预或管制）的需要，成为社团主义思潮的一条主要线索。

许多社团主义者认为，资本主义的不协调状态是混乱无序的另一个根源。他们寻求一种能协调行动的制度：在微观层面，只有在获得雇员这样的“利害相关者”的首肯后，企业所有者才能采取行动，比如后来的“劳资协同经营制度”；在宏观层面，立法行动需要社会的主要参与方达成一致，例如资方和劳方，后来这被称为“社会伙伴”。

保守的社团主义者不但追求秩序，而且追求旧秩序。他们看到，现代文化及其对变革的渴望动摇了传统社团的经济秩序。在传统社团中，成员们有一种为传统文化的共同目标而努力工作的情感。社团主义者为团结精神的丧失而悲痛。弗洛伊德认为，现代与传统的交锋最终成为“个人主张与集体主张之间的斗争”。[3] 对传统文化的怀念不但表现在社团主义学者们的著作里，还反映在 20 世纪 20 年代从现代主义分化出来的一群古典派艺术家的作品中。从阿里斯蒂德·马约尔的雕塑《法兰西岛》（*Ile-de-France*）、毕加索古典画时期的绘画，以及雷妮·瑞芬舒丹的纪录片《奥林匹亚》（*Olympia*）中，都体现出回归古典秩序的和谐和完美的倾向。[4]

许多社会评论家（大部分来自欧洲大陆）看到，缺陷与周围社会中弥漫的物质主义有关。他们指责说，社会的生活品质被泛滥的金钱追逐降低了。他们抱怨经济上的不平等，有人充分利用了物质上的优势，有人却严重缺乏。他们还抱怨企业主和员工之间爆发的暴力冲突，双方似乎都为了实现物质收益的目标而不择手段。这些成为罗马天主教会关注的主题和后来被称为“天主教社团主义”的纲领。为减轻这样的苦难，教皇利奥十三世于 1891 年发布了《新事物》（*Rerum Novarum*）通谕，呼吁雇主支付给员工足以养家糊口的工资——这在今天会被称为履行企业的社会责任。我们还想知道，教会的经济学家为什么不寻找一种不会导致就业减少的做法，例如可以通过税收给雇用工人的企业提供补助。那篇通谕还表态支持建立工会以谈判改善劳动条件。教皇比约十一世则在 1931 年发布《四十年》（*Quadragesimo Anno*）通谕，赞同社团主义创造的职业群体和商会的做法。这些教谕都没有攻击私有制，而是呼吁私营业主发善心。在那个时期，和很多知识分子一样，教会已不再认同社会主义提出的国有制可以达成所有良好目标的主张。弗洛伊德在《文明及其不满》（*Civilization and Its Discontents*）中就说，"如果没收私有财产，无疑会使人们失去展示侵略心理的手段"，例如比邻居家积累更多的财富，"然而我们没有办法改变人们的权力和影响力的差别，这会被侵略心理滥用，此外我们也无法改变人们的这种本性"。苏联社会快速出现的令人震惊的等级差别应验了他的预言。

当然，对现代经济的很多不满并没有表现出对新秩序的渴望（不管是怎样一种新秩序），甚至也没有表现出对旧秩序的怀念（不管是怎样一种旧秩序），它们反映的主要还是社会地位乃至生存受到威胁的不同社会阶层的担心和怒气。现代经济正在分解社会等级制度，改变权力的分配格局。在中世纪的欧洲社会，各阶级都被纳入一种共同保障的体制。例如，在别人的行动导致自己成本增加或收入减少时，农民可以要求庄园主这样的权威提供保护；制造商之间的竞争可以通过皇家许可证规定的产量限制来约束；商人们组成商会，以控制食品、服装这类必需品的销售，发挥一定的垄断效应；技术工人和手工业者组成行会，用规范标准的办法限制产业进入。这给人的感觉是，各类经济团体所要求的条件都通过一份不成文的社会契约来规定，当然，这些条件不见得就符合某些理论家所设想的“恰当的价格”。

相反，现代资本主义并不提供这样的社会契约，因为这不符合它所依赖的社会价值观。于是，各种类型的制造商、贸易商、手工业者和其他人都经历了一个新出现的无助期，其中当然有很多人处于上升期，在物质上并没有什么损失。在某些国家，新兴产业的制造商往往会得到进口关税的保护，但随着经济活动的演化和进步，已很少有企业能像传统社会那样面临可靠和稳定的市场需求。此外，很少有制造商能长期拥有垄断权。这样的结果导致，无论单个厂商还是厂商集团都只能在很狭小的范围内设定自己的条件，它们从价格制定者变成了价格接受者，同时失去了设定标准和维持影响的一部分权力。各类贸易、产业和职业遭遇的这种无助感可能使很多人陷入了严重焦虑，抵消了从工作中获得的满足感。如果他们热爱自己从事的行业和职业，就更希望通过设定条件维持自己的社会地位，无助感给他们造成的损失可能更大。20 世纪 20 年代，欧洲的社团主义做出承诺，反抗现代经济的无止境创新，防止顾客被抢走，他们后来把这种保卫行动命名为“社会保障”。即使产品在市场上卖不掉，农民也可以继续生产。即使之前的观众已失去观影兴趣，制片商也可以得到补助。人们所熟悉的这种广义的“社会保障”是社团主义最后出现的思潮之一。

在欧洲大陆，这些思潮及其代表的政治势力在 20 世纪 20 年代汇流。在慕尼黑和罗马这类城市的精英阶层中，很多人是民族主义者，他们要求回归社会团结，确立统一的发展目标；知识分子希望建立经济秩序；农民、手工业者和其他在现代化进程中受损的利益群体要求得到保护；科学家和艺术家希望政府为研究和创作提供经费支持；基督教社团主义者则主张重建传统社团和职业，限制资本流动和逐利世界中的商人精神。[5]的确，社会主义者早已开始谴责对社会地位、金钱和权力的追逐，其中最突出的作品就是同情社会主义的瓦格纳的歌剧集《尼伯龙根的指环》。为争取选票，社团主义者重拾社会主义的批判议题和一部分行动纲领，例如某种形式的劳资合作制，又抛弃了社会所有制这样的包袱，也没有树立工资平等和充分就业这样的目标。

所有这些派别都希望找到某种方法，以约束和控制现代经济及现代主义文化带来的各种变化趋势与冲动，其结果就是社团主义经济，其核心主张是在公共控制下保留私人所有制。这样做的主要目的是什么？那就是让政府引导投资、实现产业和平与团结，并履行社会责任。社团主义者对经济增长也有很多思考。在现代社会外围的很多经济体增长很慢，其生产率同美国和德国这样的先进国家的差距越来越大。在生产率竞赛中，意大利和西班牙当时正被其他许多国家超越。包括墨索里尼在内的某些社团主义者，把意大利面临的问题归咎于遍布全国的小型家族企业的怯懦无能，而其他一些社团主义者和社会主义者则将责任推到大企业的卡特尔联合与垄断上。社团主义的理论家们提出，在全社会的协同努力下，尤其是在科学家群体的帮助下，国家将取得更快的科技进步。而且政府可以采取行动，引导科学家们关注那些能促进实用技术发展的研究项目，工程师和其他专家也应加入并积极配合，这样就可以产生新工艺和新产品。这就是理查德·纳尔逊命名的“技术民族主义”，它是名为“科学主义”的更普遍信仰的一种表现。这种主义认为，科学家们将科学研究作为武器，可以更有效地促进新产品和新工艺的繁荣发展，并可以超越散漫而缺乏指引的自由市场经济的创新效果。就是在时任总理墨索里尼的领导下，意大利早在 1923 年就建立了国家研究委员会，比美国的国家科学基金会早了整整 27 年。

社团主义制度还把网罗对象瞄准艺术家。把社会的重要性提到个人之上，很自然会要求保护和促进民族文化。于是一种名为“文化主义”的信仰流行起来，它认为艺术进步可以促进国家的经济发展，就像科学主义把科学进步视为发动机一样。意大利宪法的第九条就规定，政府有责任保护和宣传国家的文化遗产。这种文化主义一直延续至今，当米兰的史卡拉歌剧院 2011 年的预算被政府削减时，某些歌剧爱好者称这是违宪行为，只有增加预算才符合宪法，绝不能减少。

所有这些控制措施都意味着必须把私营企业置于政治控制之下，当然这不是回到封建领主制度，而是通过某种政治治理形式达成。社团主义者认为，如果经济发展的主题或方向是通过政治活动来决定的，就会出现他们所预想的进步。那么应该通过何种方式实施这种政治控制呢？整个经济将被组织成大大小小的群组，比如企业的群组和工人的群组。人们的印象是，不管是工人还是其他类型的人群，从出租车司机到药剂师，都因为相互之间的竞争而受损。有的社会主义思想家此前就提出，工人的工资因为资本的分化和破坏而被压低。工人们担心，涨工资会推高其所在企业的产品价格，最终会因其他企业或行业的竞争而丢掉自己的饭碗。但如果成立一个具有广泛代表性的工会，最好是全国性工会，工人们就会发现自己拥有了梦想中的垄断力。在倡导这种工会主义时，人们并没有考虑到涨工资会造成工作岗位的减少。奇怪的是，社团主义的思想家认为，把厂商组织成大型卡特尔可以解决这个问题，其含义是，随着卡特尔的组建，劳资之间的力量平衡就会恢复，工会和卡特尔的组建都不会造成工作岗位的减少。这样的论点似乎没有注意到，工资上涨会导致供给减少，而允许企业联合涨价将造成供给的进一步收缩。对此，社团主义提出了最后一个观点：由劳资双方在密室里谈判，将产生一种团结和有目标的新经济，雇主就不再需要采取停业和大规模解雇的威胁手段，工人们也无须通过旷工、停工和大罢工达到目的。这种新的产业和平景象将改善企业运作的效率，最终实现在工资和利润双双提高的情况下，就业岗位还能增加而非减少的愿景。[6]

不管社团主义者的信仰、目标和手段到底具有怎样的价值，他们对欧洲人的吸引力绝对不容小觑。社团主义的学说很快被付诸实践，并席卷欧洲和世界其他地方。

20世纪早期的社团主义

意大利可以说是第一个按照社团主义的思想路线建立经济制度的国家。生于1883年的墨索里尼（与熊彼特和凯恩斯同年）来自弗利省的一个贫苦家庭，他成为社团主义经济在意大利最强有力的拥护者，最终成为其“首席运营官”。做了很短一段时间老师后，墨索里尼成为政治新闻人，编辑马克思主义性质的报纸《前进！》（*Avanti!*）。在认识到企业私有制比工人所有制或工人控制更能促进经济发展之后，他在“一战”来临时脱离了社会主义，创办《意大利人民报》（*Il Popolo d'Italia*）并将其作为他的宣传机器。意大利在“一战”中同奥地利进行了代价高昂的战争，最后却没能因此得到回报，因此急需一位领袖满足人民在世界上彰显重要性的愿望。作为出色的演讲家和精明的策略家，墨索里尼很适合扮演这个角色。他把很多社团主义者和昔日的社会主义盟友招募起来，成为法西斯党的领袖。在赢得广泛支持后，墨索里尼于 1920 年当选为议会代表。他在 1922 年年初组织了“向罗马进军”的大游行，很快被国王维托里奥·伊曼纽尔三世任命为总理。1925 年，墨索里尼削弱议会权力，成为独裁者。当时的意大利乃至欧洲其他国家并没有宪法，缺乏对这样的行动采取司法审查的程序。[7]

在那些年，墨索里尼的计划对意大利的资本主义持批判态度。1919 年的《法西斯党宣言》要求对资本征收重税、工人参与公司管理、实施最低工资法等。另外对生产效率也非常重视。在组建政府后，墨索里尼很快把工作目标放在经济复兴上，然而试行的政策却导致他的思想再度发生变化。

墨索里尼政府看到，美国和英国的经验表明，19 世纪的自由主义开创了 100 年的增长，于是开始废止过去 10 年制定的很多社会主义性质的法律。例如，1923 年终止保险业的国有制，1925 年终止电话网络的国有制，同样在 1925 年，他取消了社会主义者给工会的授权，甚至减免进入意大利的外国投资的税收，对外缔结贸易协定。就像今天某些资本主义国家的政府一样，墨索里尼政府在 1926 年爆发货币投机事件后向银行提供救助。但最后，意大利对于世界性重商资本主义的尝试没能带来显著的经济增长，也未能保护民众免遭严重衰退的影响。墨索里尼得到的结论是，放任自流的古典自由主义难以支持快速的经济增长。

此时，墨索里尼的思考逐步转向了社团主义经济的概念。他所追求的不只是增长率的提高，还要通过对制度、价值观和信仰进行根本性改造，使意大利经济快速现代化。墨索里尼很痛苦地记录了他对"超级资本主义"的不满——大规模生产同质商品，他同样不喜欢社会主义卡特尔或垄断资本主义——缺乏创新活力以及严重的官僚主义。墨索里尼对资本主义的不满无疑是真实的，当然他并不是社团主义思想家，该角色的扮演者是乔瓦尼·秦梯利——1932 年发表的《法西斯的教条》(*The Doctrine of Fascism*)的真正执笔人。墨索里尼尽管不是思想家，却是社团主义经济的创建人，他所建立的制度与现代资本主义有着天壤之别。

墨索里尼在他自己的书里描述了社团主义经济的框架。[8] 这个制度的分子是被称为"社团"的实体，按照产业划分为 22 个类别，包括粮食业、纺织业、钢铁业、宾馆业、艺术业和信贷业等。1926 年的《工会法》要求，每个产业的社团都要组建一个雇主协会和一个工会。

> 马克思主义所说的工人群体和雇主群体之间的阶级斗争被不同产业的生产商参与的具体问题的讨论取代……不同产业的工人之间、不同产业的雇主之间或者雇主和工人之间有可能出现争议，但这些是人类的冲动乃至生活的一种不可避免的表现形式……
>
> 社团可以作为经理人和工人相互接触、达成合作的机构。在 1934 年 2 月的法案之后，社团作为一种合作机构最终成型。[9]

这与"一战"前的社会主义流行期相比有了巨大转变。20 世纪初，意大利已成立大量工会，有些还在不久前得到了社会主义政府的承认。1910年又成立了具有广泛代表性的雇主协会——意大利工业家联合会，以便同工会合作，并成为游说组织。然而在“一战”后，工人阶级的战斗意识增强，冲突愈演愈烈。1919—1921年，各工会发起了“工厂委员会”运动，要求劳资双方分享企业管理权。重新组建的意大利工业家联合会则为保护雇主的控制权而行动。法西斯体系此时加入进来，建立了法西斯主义工会，把其他工会组织边缘化。历史学家们把意大利社团主义的确立时间定在1925年，工业家联合会和新工会在维道尼·卡法瑞里府邸达成协议，相互承认对方是劳资双方的唯一合法代表。[10]

但墨索里尼的社团主义并非真的想重建私营业主的控制权。1926年7月颁布的法令的第四十三条宣布“社团不是民间法人，而是政府机构”，第四十四条补充说“社团组织有权调解下属组织可能出现的冲突”。[11]1927年4月颁布的《劳动宪章》在肯定私人“所有权”的同时，确认政府有权干预企业雇用工人之类的事务。因此，意大利政府可以自由否决雇主和雇员之间的约定，直到内容令其满意为止，也可以对企业的雇佣决策指手画脚。墨索里尼在1934年1月的演讲中谈到这种干预权，他解释说，只有在意大利的爱国雇主和爱国雇员由于某些失误或协调失败而陷入困境时，才会动用干预权。

> 社团组织在经济生活中引入了秩序……这种秩序应该通过何种方式发挥实际效用呢？应该通过相关各方的自律。只有在各方不能达成协议或者实现恰当的平衡时，政府才应该进行干预。当然，政府始终拥有不容置疑的干预权，因为它是经济生活另一方的代表，即消费。[12]

在这段话中，墨索里尼表现得有些天真或者讽刺。事实上，正是意大利的社团主义制造或者加剧了社会问题，然后需要政府出面解决。社团主义理论家们荒唐地把私营企业引入了比资本主义卡特尔规模更大、掌握更大定价权的雇主协会，同时又创建了比传统工会规模更大、有时影响也更强的工人辛迪加组织，由此增大了很多机构和联盟的垄断权，以至必须靠无处不在和侵略性的政府干预行动来约束。不过，我们还不能就此得出结论说，社团主义经济的表现在总体上注定不如现代经济，至少不如那些运转相对良好的现代经济。

这种三方体系从1926年起开始逐步运转，到1935年形成了具有一定规模的系统。这种制度在当时是新鲜事物，获得了很多人或羡慕或嫉妒的关注，包括温斯顿·丘吉尔、萧伯纳和约翰·凯恩斯等。自20世纪30年代起，完成经济制度设计的墨索里尼转而追求他的帝国梦，向埃塞俄比亚和亚得里亚海地区扩张，然后利用国家力量对同性恋者、吉卜赛人和犹太人等群体展开迫害，最终使其政府遗臭万年。不过在20世纪30年代前期，意大利的社团主义经济制度建设却吸引了世界上很多人的注意，并显然对其他国家走上社团主义道路发挥了激励作用。

其中之一就是德国。早在意大利的样本完全实现之前，德国就有了自己的社团主义思想。事实上，德国社团主义的发展还早于意大利，甚至在利奥十三世发布关于社会责任的通谕之前，德国就出现了对资本主义的社团主义批评：斐迪南·滕尼斯在1887年的论文中提到，社区和行会被摧毁；法国社会学家埃米尔·迪尔凯姆则认为资本主义增加了没有规则约束的冲突。在20世纪20年代，德国政治生活中逐渐出现了对意大利实践的社团主义思想元素的回应，包括对个人主义的反感、对自由放任经济政策的摒弃以及对小资产阶级的蔑视。不过其他各种思潮在德国更流行，社会主义在德国的根基比意大利更牢固，因此要建立意大利式的社团主义经济，过程将更复杂，需要的时间也更长。

阿道夫·希特勒发挥了同墨索里尼非常相似的关键作用。作为生于奥地利的一位艺术类学生，希特勒在1919年为慕尼黑的德国军队工作，他被派去当间谍，监视“左派”的德国工人党（与老牌的德国社会民主党竞争的新兴势力）的活动。希特勒随即发现自己与德国工人党的主张不谋而合，倡导德国民族主义和反犹太主义。作为一名善于蛊惑人心的演说家，他获得了德国工人党的全力支持，还招募了一批武装力量。1920年，他建议把党名改为“德国国家社会主义工人党”，后来被称为纳粹党，这个名字凸显了民族主义立场，并希望继续利用社会主义的号召力。

纳粹党在20世纪20年代及以后所奋斗的一个主题是希望重新恢复德国经济的良好发展势头——他们关注“效率”，这与墨索里尼的政党关注生产率如出一辙。1920年的工人党的第一份纲领（所谓“25点”）与意大利1919年的《法西斯党宣言》类似，都是反对资本主义的内容，要求废除不劳而获的收入、对企业托拉斯进行国有化、开展土地改革以及培育“健康的中产阶级”等。此外还表达了近乎仇恨的对自私行为的反对：

> 个人行为绝对不能与整体利益冲突……而是要为整体利益服务……我们要求与所有给共同利益造成损害的行为进行无情的斗争……包括高利贷者、其他投机商、犹太物质主义……党组织坚信，只有坚持共同利益高于个人利益的原则，我们的民族才能保持内在的永远的健康。[13]

纳粹党在国会获得了多数席位，希特勒也于 1933 年被任命为总理。胜利的推动力是 1929 年的德国经济萧条，加上纳粹党攻击魏玛共和国政府在处理战争赔款等问题上软弱无能（其实魏玛政府已经两次通过谈判降低了赔款额，而且实际上几乎没有支付任何款项）。从 1933 年开始，民族社会主义者着手建立包含三个组成部分的社团主义经济制度：资方、劳方和政府。1934 年的《全国劳动组织法》建立了若干产业群体，每个群体中都由各级“领导”统率成员。1935 年，工会受到监管，要求它们寻找非商业性的动力来提高生产率。卡特尔组织几乎遍布整个经济，加入组织成为强迫行为。然后国家经济商会成立，以领导所有协会，它有权发布法律和指令。整个制度带来的结果是，政府的干预程度可以完全取决于自身的需要。

有一段时间，德国政府试图直接指挥很大一部分经济的运转：要求企业招募指定数量的工人，安排企业生产产品的类型和数量，并对工资和价格进行管制。但是到 1937 年，政府开始后退：国家经济商会得到指示，不要进行更多的价格和市场管制，重新通过卡特尔制定价格和工资。纳粹政府的关注点当时已转向外交政策，企业在很大程度上能在市场上较为自由地争夺顾客和政府订单。然而，不受限制的政府权力已足以保证没有哪家企业敢过于违背政府的意愿。企业还可以成为政府的臂膀，争夺政府的合同和补贴。哈耶克在发表于 1944 年的《通往奴役之路》中说，德国的商业人士被迷惑了，误以为自己还保留着经济现代程度较高时所拥有的不受政府约束的自主权。

与意大利一样，社团主义的元素在德国出现的时间远远早于两次世界大战的间歇期。商业行会、手工业行会和职业人士行会等组织从12世纪起就在德国具有相当重要的影响力，它们试图控制产品的价格和标准，而且还对各省乃至全国的统治者和立法机构发挥着影响。然而，资本主义带来的竞争浪潮削弱了这些组织，拿破仑更是在整个帝国范围内禁止这些组织的活动，因此它们的影响力至少在19世纪的现代经济中被大大削弱。1866年，德国各州同奥地利帝国的联盟被普奥战争终结。1871年，德国历史迎来了转折点，俾斯麦把整个德国统一到威廉皇帝领导的普鲁士下面。历史学家乌尔里希·诺肯把德国社团主义兴起的时间确定在1871年，凡尔纳·阿贝尔斯豪塞则认为1879年标志着"现代社团主义利益协调制度的诞生"。[14] 德国新兴的现代经济在某些方面走向了社团主义，名为工商业"商会"的雇主协会兴起，承担了政治游说、价格谈判、制定工资标准等职能。大多数规模较小的产业工会也发展起来，相对于"一战"时期和"二战"之后的德国工会而言，其实力还较为薄弱，尤其是在1879年反社会主义法律制定到1890年废止期间。雇主协会和小规模的工会都成为政府的重要合作对象，这是威廉统治时期的经济特征。在1871—1890年担任帝国首相的俾斯麦未能复制约束普鲁士议会的普鲁士经济委员会，建立一个拥有对议会的否决权和建议权的国家经济委员会。虽然不得不与国会分享某些经济事务的权力（这点不同于希特勒），但这位铁血宰相还是拥有巨大的影响力，并借此为19世纪八九十年代发展钢铁产业的融资铺平了道路。因此，19世纪后期的德意志帝国可以说已经发展出了历史学家们所说的自愿的或协商的社团主义，但与20世纪30年代出现的强制性和全面的社团主义并不相同。德国自愿性质的社团主义在1919—1924年魏玛共和国早期仍继续受到工会的青睐，而雇主协会在“一战”期间不得不屈服于强势的工会，被迫与对方平等地坐到谈判桌前。

在两次世界大战的间歇期，社团主义受到普遍欢迎：大量的集会和广泛的支持，当时的观察家们的直接报道，还包括艺术家们时代情绪变化的间接反映。人们在很多领域有了新道路和新发现的感觉。社团主义得以流行，其背后的推动力很容易看到，那就是公众对于资本主义和社会主义的日益排斥。社团主义成为“第三条道路”，用历史学家泽夫·斯坦贺尔的话来说，就是“既不左也不右”——至少不属于传统的“左派”或者“右派”。越过当时所处的时代，可以说“二战”后的新社团主义也是“新右派”和“新左派”之间的中间道路。因此，社团主义既可以吸引被资本主义损伤的利益群体，也可以吸引恐惧社会主义的利益群体。前者可以通过社团主义避免现代主义和现代经济造成或可能造成的损害，如市场竞争的威胁、工作的不稳定以及产业发展的盲目性；后者可以把社团主义作为对社会主义经济的替代，避免被剥夺财富和快乐，包括被禁止创办企业和难以发展个人事业等。社团主义政治家可以声称，这种社会结构能够重新鼓舞人们追求共同目标，并由政府进行协调补充，从而彻底解决资本主义的劳资冲突和社会主义的无产阶级同其他群体的冲突。政治家们无法在实验室中建立一个社团主义经济模型与实际的资本主义经济对比，这给了他们借口，要求直接砸碎资本主义的框架，用新的社团主义经济取而代之。他们的首要目标是使国家摆脱资本主义经济，把社团主义经济调试到最优状态成为次要任务。世界经济在1929年陷入危机，“大萧条”笼罩前方，使他们更容易把现有的资本主义经济描述成应该尽快抛弃的制度。最后，纳粹政治家们吹嘘说他们即将采取行动，而当时议会中主张改造资本主义的党派和主张建立社会主义的党派势均力敌，因此是做不到的。他们如果掌权，必将大有作为，绝不像其他人那样一事无成、只求不把事情搞得更糟。于是在若干有着社团主义元素的国家，大众激动地期盼新时代的到来。

社团主义并没有止步于意大利和德国。1936 年政变后，弗朗西斯科·佛朗哥终结了西班牙共和国的社会主义路线。不过社团主义思想在西班牙未得到普及，社团主义的上层建筑也从来不像意大利那样广泛。葡萄牙的独裁者安东尼奥·萨拉查（科英布拉大学的经济学教授、查尔斯·莫拉斯及利奥十三世的崇拜者）在 1932—1968 年担任总统期间主要依靠社团主义思想，他的实验在法国引起了强烈的关注。在 1934 年，奥地利随着恩格尔伯特·道夫斯担任首相，也采纳了塞佩尔牧师的某些社团主义学说。社团主义在爱尔兰则兴起于 1937 年，被新芬党这样的反资本主义党派推崇，并得到了教会的支持。

法国的情况如何？ 20 世纪初，巴黎的沙龙里满是好斗的知识分子，希望把终结个人主义的社会主义同民主制度结合起来，其中包括莫里斯·巴雷斯、乔治·索雷尔和查尔斯·莫拉斯等人。然而法国在两次世界大战的间歇期并没有采纳墨索里尼和希特勒引入的社团主义制度。在德国士兵于 1940 年进入巴黎后，组建于 1941 年夏天的维希政府很快建立了社团主义精神的经济计划体系。几年之后维希政府垮台，戴高乐将军领导的战后政府在 1946 年引入了计划指导，1946—1958 年的法兰西第四共和国采纳了五年计划，这借鉴了 20 世纪 30 年代意大利和德国执行的四年计划。法国政府希望通过这个办法指引法国工业向他们期待的方向发展。

在南美洲，社团主义的元素在热图利奥·瓦加斯统治时期进入巴西，尤其是在1937—1945年的独裁时期。巴西的劳动法一字不差地照搬意大利法律，建立了卡特尔以控制主要产品的生产，政府还希望掌控工业化的发展方向。不过态度较为温和的瓦加斯与萨拉查一样镇压了法西斯和纳粹党派，还取缔了普利尼奥·萨尔加多领导的激进的天主教党派。[15] 另一种颜色的社团主义则在1943—1955年胡安·庇隆的第一任总统任期来到阿根廷，产业工会成为庇隆主义党派的基石，对工业和农业进行广泛干预。

在亚洲，日本的大型垂直垄断企业（财阀）通常由某个大家族控制，它们自19世纪最后几十年的明治时期起步，在"一战"之前已变得非常显赫，与中央政府保持密切联系。社团主义制度发展起来，日本帝国政府既没有与其保持距离，也没有将其拆解。在1945年摆脱日本殖民统治后，韩国也形成了社团主义结构，韩国政府把日本人留下的工厂和其他好处送给少数韩国企业，以换取利益回扣。

对盎格鲁-撒克逊国家来说，如果说它们也在两次世界大战的间歇期建立了类似于意大利和德国的社团主义制度，那是很大的歪曲。在20世纪二三十年代，美国和英国的工会的规模和影响力都显著增强，而这些组织在意大利和德国却受到束缚。在欧洲大陆各国都忙于建立卡特尔时，美国人继续坚持进步主义时代的反对态度。但问题在于，美国经济和英国经济是否也或多或少带有类似于意大利和德国的社团主义特征？在1929—1933年可怕的经济衰退直至"大萧条"之后，美国也出现了政府对经济的广泛干预。富兰克林·罗斯福以巨大优势当选总统，于1933年开始执政，各种新政的立法也随即推出。根据 1933 年的《全国复兴法案》，美国成立了国家复兴署。在各个产业都组织了领导团队，设定价格和工资标准，以防止螺旋式通货紧缩，因为罗斯福相信这种紧缩加剧了失业问题。加入这种团队不是强迫性的，但是每家执行行业标准的企业都能得到政府的认证，必然给其他企业造成社会压力。电视观众至今还能从马克斯兄弟（Marx Brothers）的电影《鸭子汤》（*Duck Soup*）的第一帧画面中看到这样的认证印章。许多被认为颇有思想的评论家都把国家复兴署视为走向“集体主义”的社团经济的令人忧虑的一步：

> 这个制度的关键本质是，每个加入标准的产业都能获得对美国市场的近似的垄断权，其垄断利润使其足以支付高工资。但为了保护垄断权，必须排除竞争对手的进入。于是在更“先进”的标准中，对新企业和新工艺设置了障碍……通过国家权力完全禁止任何进口，把整个老牌产业都保护起来。[16]

然而对大多数观察家而言，新政的干预力度不能与毫无约束的欧洲大陆社团主义相提并论，那些国家的干预不需要立法，议会权力被剥夺，没有法院执行司法审查的权力。而在美国，国家复兴署在 1935 年最高法院审理谢克特家禽公司诉合众国案（Schechter v. United States）中被一致裁定为违宪。罗斯福很快要求增加最高法院人数，希望使其更加听话。但国家复兴署最终还是没有重启，法院的声誉得到了提升，而非下滑。

随着新政的施行，美国的社会思潮（虽然并不总是反映在社会行动上）与 19 世纪的自由主义出现了很大差异。国家复兴署领导人唐纳德·里奇伯格的一份声明非常引人关注：

> 我们没法回到戴着“粗俗个人主义”面罩的镀金时代的无政府状态。如果各产业的私营业主和经理人不能充分组织起来，使这些至关重要的产业的运营能承担与巨大的公共利益相称的公共义务，那就不可避免地要对这些私人产业进行政治控制。[17]

然而，实际行动似乎没有口号那么可怕。“大萧条”时期，美国政府采取了一系列不常见的甚至比较激进的措施，并创造了一些新职业。例如，美国民间资源保护队雇用摄影师和纪录片导演记录美国乡村的画面和声音，以备这些景象会走向消失。美国公共事业振兴署启动了重大的建筑工程，联邦政府此前曾经提供借款支持铁路建设，州政府也曾参与运河建设，但胡佛大坝这样的巨型联邦水坝项目还是很罕见的。这些新措施与德国采取的某些做法类似，不过在公众看来，这些新措施主要是临时安排，而不是从资本主义文化向社团主义文化的根本转变。这就好比维斯康蒂的经典影片《豹》（*The Leopard*）中，萨利纳亲王说：“要想维持现状，必须有所改变。”

新政当然引发了其他一些永久性的变化。佩科拉委员会披露了银行业和证券业的利益冲突的泛滥和不利现象，美国国会于是在 1933 年通过了《格拉斯-斯蒂格尔法案》，要求商业银行和投资银行实行分业经营，颁布于 1933 年的《证券法》规定可以对股票发行中的错误信息提起诉讼，颁布于 1934 年的《证券交易法》创建了负责证券交易监管的美国证监会。1935 年，美国又创建了国家劳动关系委员会，以防止和纠正“私人雇主和工会的不当劳动处理行为”。不过这些措施也很难说是对现代资本主义的致命打击，它们给潜在投资者和潜在雇员提供的保护促进了市场信心的极大恢复。

向社团主义方向前进的重要一步是颁布于1935年的《国家劳动关系法案》，它承认雇员享有组织或加入现有工会的权利。美国国会认为，雇主和雇员之间的“不对等谈判权”造成了“经济不稳定”，公司拒绝谈判会引起罢工，这些都会影响商业发展。该法案是个新动向，以前的政府没有鼓励劳工联合，而是分拆卡特尔或其他类型的垄断组织。西奥多·罗斯福20世纪初领导的进步运动的目标是打破垄断。伍德罗·威尔逊总统的态度也同样如此：“我支持大企业，但我反对托拉斯。”在1923年的蒂波特山油田丑闻曝光联邦官员的贿赂事件后，政府更加注意同产业界保持距离，不给它们提供更多的法律照顾。产业界和华盛顿的关系在20世纪30年代较为疏远。

这些变化以及其他措施并没有让美国人感到他们抛弃了这个国家的传统价值观。我们可以认为富兰克林·罗斯福对社团主义做了某些妥协，但最后保留了现代资本主义，而不是被社团主义彻底取代。有证据表明，社团主义真正在美国扎根并对现代资本主义产生致命威胁是在罗斯福去世后很久才发生的。

欧洲大陆（尤其是德国和意大利）的新兴社团主义经济的表现如何？能否与美国和英国这样延续现代资本主义的国家匹敌？意大利的社团主义经济是在20世纪20年代后期成型的，希特勒的体制成型于1933年，而“二战”很快就在30年代末爆发。因此，这样短的历史没有太多可以借鉴的“自然实验”，其中一项实验是在发生严重衰退的初期——英国是从1926年开始，其他国家则在 1929 年爆发。而希特勒和罗斯福都是在 1933 年年初上台的。

人们普遍认为，希特勒采取的社团主义措施在短期内让德国经济走出了衰退，而罗斯福则受制于大多数国民的自由放任思潮，不得不坐视经济滑坡，并陷入延续 8 年的“大萧条”。[18] 然而，德国和美国的产出数据向我们揭示了另外一番景象：

> 到 1936 年，德国的实际国内生产总值几乎恢复到 1929 年的水平，这无疑算是很快的复苏，但与采取完全不同的政策组合的美国相比，在相同的时间跨度内，德国的复苏并不比美国强劲。同时在增长率方面，纳粹德国的表现也并不比魏玛共和国在 1926—1927 年冬季的首次复苏出色，那 12 个月的增长率高于第三帝国的任何时期。因此，如果采取完全不同的政策，也可能出现类似的迅速复苏。从这种严格假设的意义上讲，不能说纳粹党的经济政策是德国经济复苏的原因。[19]

假如罗斯福及其前任赫伯特·胡佛扩大了资本项目的建设，也不会使美国经济彻底走向社团主义或者接近于社团主义，但可能使美国经济的复苏步伐加快，快于德国经济的复苏速度。这种情况只是可能，因为促进总就业的政府措施能否如愿发挥作用，并不像用杠杆和支点撬起重物那样肯定。如果仔细分析四大经济体衰退（英国从 1926 年开始，其他国家从 1929 年开始）后的复苏过程，可以发现其产出都在大约 6 年内逐步回升。[20]

如果分析以单位小时国民产出或其他更复杂的指标测算生产率，会得到更惊人的结果。美国的生产率在 1930—1941 年实现了创纪录的高速增长，甚至快于上一个 10 年，而意大利和德国的生产率增速在 20 世纪 30 年代远远落后于美国，与它们在 20 世纪 20 年代的水平相比也只有微小的进步。有一种解释认为，美国在 20 世纪 20 年代出现了创新高潮，其中很多都涉及与电气化有关的新产品和新工艺的开发。这些创新到 20 年代末还没有完全渗透至整个经济，但是给新产品和新工艺在 30 年代的进一步普及铺平了道路。后来的创新普及导致许多工人失业，加上美元价值高估和其他国家抵制美国扩大出口，他们的处境堪忧。

生产率差距的扩大在希特勒那里起初并不引人注意。在“饭桌谈话”中，他曾抱怨说德国汽车厂商在 20 世纪 30 年代几乎没有缩短制造一辆汽车所需要的工时，而美国的福特公司则将其压缩到了之前的很小一部分。历史学家们后来注意到，美国杰出的生产率使其制造出了成千上万的坦克、卡车和战斗机，这才是它在“二战”中最终击败德国的原因，而不是依靠对德国城市的狂轰滥炸。生产率喷涌带来的波动不安在 20 世纪 30 年代给美国的现代资本主义造成了短暂的威胁，但最终把它从社团主义思潮的侵略威胁中解救了出来。[21]

轴心国在“二战”的失败推翻了意大利和德国以及它们占领的各国的极权政府，并做好了回归过去的民主政体的准备。1947 年，意大利通过了第一部宪法，纳入了对行政机构的政策和议会通过的法律进行司法审查的条款。德国随后于 1949 年通过的宪法在精神上也更接近于魏玛共和国宪法的社会民主目标，而不是俾斯麦在 1871 年制定的帝国宪法。

“二战”后，某些激进的右翼政党生存下来，并出现了新的党派。他们在重复法西斯主义的一些主张：“担忧堕落和衰败，强调民族和文化的同一性，担心不能归化的外国人对民族认同的威胁，要求有更大的权威处理这些问题。”[22] 但为了获得足够的选票以取得代表资格，这个派别的多数政党不得不赞成较为温和的右派纲领，并且用“后法西斯主义者”这种含糊的称呼掩饰自己，并不管这个词的含义到底是什么。即使是极右翼的党派也不再攻击民主制度和法治。

德国和意大利出现的这些政治方面的进步提供了一个机遇——重新检讨在两次世界大战间歇期形成的国民经济制度的性质和效果。这样的检讨是否会使欧洲国家在制度、政策和思想上淡化社团主义色彩？还是说社团主义总体上会在此后几十年继续扩大？社团主义的哪些规则会被抛弃，是否会出现新规则？

社团主义在“二战”后的演化

在人们通常的印象里，社团主义思潮的影响在“二战”后消退了，因为支持这些思想的力量已被削弱。这些支持力量之所以被削弱，是因为困扰两次世界大战间歇期的社会紧张局势（包括战争造成的创伤、疯狂的通货膨胀和经济大萧条）已成为历史。还有，如今的民主制度如此稳定，人们可以通过选票争取保护，不像过去那样只能通过工会、游说集团和强力政府来实现。然而，社会民主制度和社团主义经济并不是相互对立的观念，我们不能确认它们无法共存。欧洲有少数严肃的经济学家曾经在 20 世纪六七十年代提出，他们的国家并没有认识到未能保持企业的相对自由会造成怎样的持续伤害，包括德国的赫伯特 · 吉尔施、法国的雷蒙 · 巴尔以及意大利的路易吉 · 埃诺迪和保罗 · 赛洛斯-拉比尼。然而，对 20 世纪下半叶的社团主义迄今并未做出过系统性的研究。

在“二战”后的几十年里，德国和意大利的各种指标是否显示它们摆脱了社团主义的阴影，发展出了更现代的制度、政策和文化？还是表明它们依然保留、复兴甚至强化了社团主义？英国和法国是什么情况？美国又如何？这些问题都很少有人研究。

在“二战”后的最初几年，西欧大陆（尤其是德国）的确进行了一些自由放任或者可以称为新自由主义的改革，这与两次世界大战间歇期的社团主义政策相比是很大的转变。欧洲各国的经济对外贸易开放度大幅增加，首先是双边贸易或易货贸易，其次是多边贸易。后来各国又逐步对资本流动开放，取消了各国政府把私人资本禁锢在本国境内的限制权力。最后，各国允许金融业和其他产业进行跨境竞争，甚至转移公司总部。这些工作的组织有很多是由欧洲经济委员会负责的，它是联邦德国、法国、意大利及比荷卢经济联盟在创建欧盟时建立的机构。

在德国，政策急剧转向的先兆是 1948 年由经济和劳动部部长路德维希 · 艾哈德领导的经济改革，宣布 1949 年建立的联邦德国的“社会市场经济”将执行新自由主义原则，而非社团主义模式。在 1957 年出版的《大众的福利》（*Prosperity through Competition*）中，艾哈德认为，联邦德国的国民产值在1949—1956年几乎翻番，应归功于竞争的重生以及重建了控制通货膨胀的信心，不会再剥夺债权人。艾哈德坚信，联邦德国既抵制了影响个人激励的社团主义倾向，又抵制了干预财富分配、超出生产率提高所允许的幅度的社会主义倾向。

艾哈德的分析非常明智，但在无意中也显示，在 1949 年，当联邦德国的国民产值重新回到1936年和平时期的水平时，已经没有被破坏的资本项目需要重建，因此后来的国民产值翻番应该归功于竞争的强化和信心的增强（与希特勒时期相比），以及由此带来的投资的增长和生产率的进步。当然，这里显然忽略了事实上出现过的资本项目建设，如铁路和工厂还需要修复，这些项目有很大的产出收益需要在未来若干年里逐步实现，与竞争是否增强无关。这个重要的省略迷惑了所有欧洲国家，让它们以为自己已经进入罗斯托所说的永远“持续增长”的快车道。当时的人们并未意识到，欧洲大陆的生产率增长在很大程度上是因为企业可以寻找、借鉴和采纳已经在美国使用的新产品和新工艺，不需要太高的成本，就能使生产率和利润提高。它们的借鉴对象在一定程度上也包括英国和少数非欧洲大陆国家。主要是在20世纪二三十年代，鉴于政治形势剧变以及社团主义导致的封闭经济转向，这些成果没能及时被欧洲大陆采纳。对这种出色的“追赶”增速，新自由主义带来的竞争和信心不足以给出合理的解释，真正的原因是大西洋对岸有大量现成的果实可以摘取。[23]

那么在工厂和铁路重建之后，社团主义是否卷土重来？1949年之后呢？如果我们要在这个问题上通过统计学测算社团主义回归的程度，那就需要一系列指标的列表：年度或者10年期指标，有关社团主义的强度，如对政策的影响。这些指标应该包括政府对生产的干预：监管规定（法令和裁决）的数量、官方审批（许可证等）的数量、对产业和职业进入的限制、“产业政策”以及税收政策等。相比之下，社会主义更关心做事的手段，而不是做事的内容。另外一套指标则是反映收入的转移或控制：社会保险补贴、产业和工会对工资的“协调”、政府不尊重股东产权导致的股票价格缩水，以及大量不让出售或解散的僵尸企业的存在等。公共部门的大量就业岗位是另一个指标，因为对私营部门的干预总是需要人手来执行。此外还有反映价值观（期望和信仰，符合或反对社团主义思想）的影响的可量化指标。在接下来的两章，我们将利用反映社团主义影响力的指标测试社团主义的一些说法。

不过在本章，我们主要采用历史学家的视角，关注重大事件：高潮或者低谷。有两个发展趋势表明，社团主义的回归不需要等待很长时间。在德国因为“韩国繁荣”而遭遇的一次危机中，阿贝尔斯豪塞写道：“德国产业中有影响力的部门开始重建两次世界大战间歇期的国家社团主义体制。”不同雇主协会的合作在 20 世纪 50 年代早期重新出现，让一位学者看到“历经考验的德国传统在纳粹经济制度被终结和 1948 年改革后依然完好无损”。[24]

另一个发展趋势是社团主义框架内部的资本和劳动之间的权力转移。从一个角度来看，社团主义导致政府与产业部门结合，很多产业活动的开展是通过与政府协商而非通过市场决策，当然其中有很多同时也要受市场力量的影响。劳工组织与政府的联系是否紧密则是另外一个问题。到 20 世纪 60 年代末，劳方在欧洲国家的发言权增大，甚至使传统社团主义学说中的“三方合作”实际上变成了“两方合作”。

劳方的新力量的表现之一是在大公司监事会中的席位。这种情况的出现在德国并没有被当作大事，因为那里对大企业的社会主义的敌意从未完全消失。直到 20 世纪 90 年代又取得了新进展，工会在公司的投资委员会也占有了一个席位。这次德国人感到害怕了，他们担心这项变革会阻碍有利可图的投资项目，或者妨碍公司为生存开展的改革。只有企业生存下去，部分工作岗位才能延续。但经济学家其实不需要担心。有关丑闻在2005年被披露出来，德国汽车厂商大众公司给工会领导人提供贿赂已经有十几年的历史。

德国经济部在1967年明确了“三方合作”的办法，启动了一个“协调行动”，将劳方、资方和政府聚到谈判桌前。虽然这种正式的三方合作机制仅延续了10年时间，但非正式的三方合作机制却延续了下来，得到了工会和雇主双方的“自由派”社团主义者的配合。同样是在这段时期，意大利也发展出自己的三方合作机制，并开始使用“会商表”（Tavola di concertazione）这个术语表示劳方、资方和政府之间的正式协商机制。欧洲国家“二战”后的这种三方合作机制究竟是口头的表演，还是的确产生了影响？

三方合作有过辉煌的时刻。1982年，当欧洲经济处于衰退期时，荷兰的劳方和资方组织达成了“瓦圣纳协议”，开启了一个控制工资水平的新时期，似乎还创造了某些就业机会，但这两方面的成果是否长期持续则证据不详。从经济合作与发展组织（以下简称“经合组织”）搜集的成员国数据来看，20多年后的2004年，荷兰的失业率处于经合组织成员国的中游，居于英国和美国的失业率之间，雇员的平均工作小时量却几乎是最低的。因此，当初的协议对劳动力市场的持续影响仅从表面上很难分辨。另外在2003年，经社会民主党的格哈德·施罗德总理的劝说，德国达成了一系列名为“2010年日程”的协议，以压缩工资成本，增强劳动力市场的弹性。产业部门的劳动力成本在这个 10 年持续下降，并被认为是德国近年来实现出口繁荣的重要原因。然而今天的德国劳动力市场数据看起来并不出色，如果暂不考虑受到危机困扰的意大利和西班牙，德国近年来的失业率与欧洲平均水平接近，雇员的平均工作小时量仅比荷兰和挪威略高。如果人均工作时间更长，德国的失业率可能就不会这么低。然而前文的讨论已经指出，正式或非正式的社团主义措施的影响远不止工资谈判这一个方面。

有人或许会猜测，渐进地走向三方合作，或者更普遍地说，“社会伙伴”在公司监事会中的重要作用预示着社团主义在德国和意大利迎来了第二春，甚至还包括大多数其他欧洲大陆国家。那么前文介绍过的反映社团主义程度的统计数据能否证明这种趋势？在“二战”后的数十年中，有数据表明公共部门的地位在几个国家有所提高。两次世界大战间歇期的德国也有这方面的普查数据，1933 年，德国的公共部门雇员占全国雇员总数的 9%，到 1938 年提升至 12%，很大程度上是因为军队的扩张。到 1960 年，这一数据依旧为 8%，但是到 1980—1981 年，却已增长到 15%。公共部门的规模已经高于 20 世纪 30 年代和平时期的社团主义经济的水平，这非常引人关注。另一个反映社团主义的惊人数据是政府总支出的增加，包括购买消费类产品和服务以及购买资本品（如厂房和设备）的支出，在同一时间跨度内，政府支出占国内生产总值的比重从 1960 年的 32.5% 提高到 1981 年的 49%。意大利的公共部门雇员比重从 9% 增长到与德国相当的 15%，政府总支出从 30% 增长到 51%。[25] 德国当时的数据几乎达到了峰值，到 2006 年，在经济严重下滑前，德国的公共部门雇员比重下降到 12%，政府总支出的比重降至 45.5%。而在意大利，这两个指标反映的政府规模到 20 世纪 90 年代早期达到新的峰值，到 2006 年，公共部门雇员比重依然在 15% 左右，政府总支出的比重则减少到 49%。至少在西方国家，这些统计指标显示政府干预达到了前所未有的水平，似乎证明欧洲大陆的社团主义非但没有消退，反而更具影响力了。此外我们应该很想了解，与某些参照国家相比，这些欧洲国家的社团主义性质是否更显著。

法国的社团主义可以追溯到路易十四的财政大臣让-巴普蒂斯特·柯尔贝尔的时代，从现在来看，以各种反映社团主义的统计指标测算，法国与意大利或其他一些欧洲国家没有多大区别。法国的公共部门雇员比重也在上升，从较高的起点 13% 提高到 1981 年的 16% 乃至 2006 年惊人的 22%。法国政府总支出的起点也更高，在 1980 年达到和意大利相近的 49%，到 2006 年更是进一步提高到 52.5%。

这三个国家在反映社团主义的另一个指标（政府审批）上的表现如何？根据 1999 年的调查，法国在这方面与意大利相当，超过其他国家。德国的审批较少，但明显多于英国和美国。[26]

法国和意大利的劳动关系在外国观察家们看来依然充满冲突，而工会则抱怨说它们并没有公众想象中那么大的权力。法国在 2008—2009 年危机中爆发了大量“绑架老板”运动。法国的大罢工（令人恐惧的示威活动）有时会造成经济瘫痪，意大利与之类似，只是程度略轻。至少在公开的议论中还没有哪个欧洲国家比法国更反感“市场社会”、对商业活动更为疏远。

回溯这三个国家“二战”之后的历史，影响最大的社团主义发展现象似乎是工会的崛起，其政治权力的影响已经和产业利益集团相当。劳方的势力并没有超过企业或公司的势力。在产品市场上，总体的垄断程度甚至显著增强。工人和投资者可以通过工会、公司和商会等非市场渠道发挥作用，对经济行为和发展方向产生复杂而深远的影响（通常是保护自己的既得利益），这种观念深入人心。由此导致公共部门的活动大幅增加，监管规定越来越多。这里需要回答的问题是：这种新制度及其伴随的文化在多大程度上，以及通过何种途径限制了变革和创新？为保持稳定和维护现状，给产业活动的回报造成了多大的影响？

在英国也出现了与法国类似的社团主义趋势，直到20世纪80年代早期才转向。公共部门雇员的比重在1960年已达到15%左右，高居欧洲之首，到1981年更是迅速蹿升到惊人的23%。英国的政府总支出规模在1960年与意大利和德国相当，到1981年提高到47%，略低于意德两国。然而到2005年，英国已降至45%，明显低于意大利的48%和德国的47%。近年来对20世纪80年代英国发生的变革的研究越来越多，那场使英国分裂了整整10年的关于经济问题的争论并不是针对“社会主义”的，因为英国的国有企业在总产出中所占的比重是所有发达经济体中最小的，从“二战”结束到今天，一直维持在1.3%左右。那场争论其实是针对社团主义的，在1979年玛格丽特·撒切尔出任首相之后爆发。

> 如今很难想象撒切尔夫人在1979年当选给雇主们和工会带来的冲击，她给出的令人振奋的自由市场和放松管制的药方使英国在“二战”后的历史上出现了最活跃兴奋的时期。
>
> 英国工业联合会在当时被撒切尔政府边缘化，由于高利率和强势英镑加剧了20世纪80年代早期的衰退，很多制造企业陷入困境，很多会员感到恐惧。但随着经济改革措施和严厉

的工会法开始生效，社会上的态度出现软化。与撒切尔关系良好的詹姆斯·克莱明森爵士做了很多工作，以消除工业联合会总是寻求政府扶持的嗷嗷待哺的原有形象。他在1985年说："产业界人士开始承认，要求政府做的事情中有4/5其实是可以自己做的，他们希望政府做的就是铺好道路而已。"在很大程度上，这种态度延续至今。[27]

在这段时期之后，英国逐渐改变了社团主义立场，脱离了以法国为首、意大利紧随其后的传统阵营。根据1999年的统计数据，在西方七国中，英国阻碍企业发展的官方审批数量远远少于其他国家。

最后，我们来看看社团主义对美国的影响。1960年，尽管经历了战后的大规模裁军，但美国的公共部门雇员占全体劳动力的比重仍高于英国水平，是西方七国中最高的。到1980年，美国的这一指标虽然被英国超过，但依然高于法国、德国和意大利。相对而言，在政府总支出占国内生产总值的比重这一指标上，美国在1960年仍居中游，仅为27.5%；到1980年更是西方七国中最低的，为35.5%。在官方审批数量方面，美国在1999年显著低于意大利、德国和法国。

在刚过去的10年中，社团主义在美国的影响肯定有所上升。联邦要求的监管规范的数量持续快速增加。有证据表明，某些新的监管规定降低了企业从事具有不确定前景的新项目的意愿，如《萨班斯-奥克斯利法案》要求首席执行官为公司提供的会计方法承担法律责任。

政府对资源配置的干预在个人所得税法中表现得尤其突出。

1981年的里根减税法案消除了各种税收征管漏洞，给政府增加了数十亿美元的收入，以弥补税率结构下调的损失（涉及从最低到最高的各档边际税率）。然而，税收漏洞以及使特定个人和企业受益的法规却越来越多，美国的税法长达16 000页，而法国税法只有1 900页。

美国的另一个惊人发展趋势是诉讼的大量出现和随之而来的对诉讼的恐惧。虽然与20世纪30年代相比，美国人可能没有那么多工会保护自己，但他们今天能够借助庞大的法律体系和法院系统保护自己在社会对变革和进步的不懈追求中不会被他人置于不利位置。对于诉讼的担心给个人的行动和判断造成了显著影响，并涉及创新活动：

> 我们创造了一个被诉讼恐惧搞得瘫痪的社会。医生们疑心重重……校长们碌碌无为，教师们甚至没有维持教室秩序的权威。在没有人负责的情况下，最安全的做法就是避免任何可能的风险……在美国上方矗立着一个巨大的未知起诉人的纪念碑，使我们每天的行动选择都笼罩着阴影。[28]

因此，我们很难说社团主义对美国经济的影响在“二战”后有所削弱，更大的可能是其影响力逐渐增强。

上述证据指向的结论是，总体而言，“二战”结束后的几十年，社团主义对欧洲国家的影响扩大，至少是得到了巩固。有人认为美国的变化不明显，但某些证据表明那里的社团主义同样在扩张。英国是个例外，社团主义的影响在1980年以前一直在增强，此后有所减弱。战后数十年来社团主义的主要演化趋势显然是工会势力的增强，在某些国家已足以同产业界的势力抗衡，甚至还有超越的时候。

与之相伴的一个深刻的观念变化是：永远不能假定市场是正确的，资方、劳方、职业人士和其他群体的声音应该通过游说等非市场渠道发挥作用。自 20 世纪 30 年代以来仍没有解决的一个大问题是，社团主义通过对市场活动的限制，是削弱还是激发了实现自主创新所需要的经济活力？

新社团主义

前文提到，在一定程度上可以认为，两次世界大战间歇期的经典社团主义过去半个世纪在若干国家延续下来。尽管在大多数国家，社团主义都或早或晚接受了工会成为与产业组织平等对话的“社会伙伴”，但它们仍然属于经典社团主义。相对于 18 世纪的自由主义而言，这种思潮要求扩大政府权力，形成由国家引导的经济发展。这种经典社团主义追求一系列目标：以秩序取代无序，以团结精神取代个人主义，以社会责任取代反社会行为。“二战”后，这种基本版的社团主义还加入了以劳资协同取代所有者控制、以利益相关者取代公司自身利益的主张，不只是关注实现所有者和工人共同利益最大化的目标。这些观念极大地增加了政府可能以国家利益之名给利益集团输送的好处，拓宽了政府干预经济的空间。今天，社团主义又出现了新内容。

最近几十年来，一种新型的社团主义发展起来。这种新社团主义或者改变了权力格局，或者提供了双向流动机遇。政府不再是选择方向的向导，而更像是在扮演驾驶员的角色，由乘客付钱，把乘客带到他们想去的地方。某些权力被转移给巨额财富的拥有者和企业重要岗位的掌控者，即使这些人都是分散的个体，政府也不得不关注债券市场和其他市场的风云变幻。政府可能在某些领域保留经典社团主义的特征，当全社会或绝大部分人陷入困境或出现期望时，还会主动采取一些措施。

这种新社团主义还接受了社会契约的观念，超越了经典社团主义的各种群体——包括那些参与集体谈判的群体和加入“协调行动”的群体。社会契约观念的含义是：社会中的每个人都是心照不宣的契约签署者，这种契约的内容是所有人都了解的，而且根据契约，任何人的利益都不能在没有赔偿的情况下受到侵害。[29]这种民粹性质的社团主义产生了深远后果，在过去，只有律师、药剂师或服装工人等组成的群体可以获得社团地位，掌握垄断权，而现在所有类型的群体都可以要求发出声音，要求维护自己的权利，或者寻求政府的保护。社团主义的这种新元素超越了经典社团主义用国家控制改善社会状况的范畴（例如通过政府指导促进增长，或者通过协商实现产业和平），它们要求任何时候的社会发展都不能在促进某些人进步的同时忽略另外一些人。这种新思潮呼吁政府采取行动，保护所有人不受其他任何人的损害，至少是尽可能做到。覆盖所有人的社会保障就是新社团主义的座右铭。

于是，政府获得了全套的新职能，可以为那些由于经济发展、外国竞争乃至暴风雨而受损的人提供补偿，可以为各个地区和城市提供花样繁多的资助，当然，这样做的潜在功能（这是罗伯特·莫顿的术语）是以这些资助换取政治或资金上的支持。游说集团受到鼓励，向立法、监管和法律解释机构提出各类要求，提供贿赂尤其受到欢迎。对产业界的监管被强化，以保护企业和员工免受竞争威胁。通过对修建新机场、垃圾场等工程颁布禁令，保护有政治影响的社区的环境。社区、非营利组织或政府敲诈企业，索取捐助或其他好处。集体诉讼把收入从合法受益人那里转移到接受补助或赔偿的人那里。其结果并不必然导致政府规模的扩张，但使得政府不受约束，这才是关键。第十章还将讨论新社团主义的另外一些特征。

因此，新社团主义经济中充满了对政府、利益相关方、工会以及大量提起诉讼的个人和企业的敲诈的担忧。我们已经知道，在一个劳动和资本无法自由竞争的经济体中，企业将永远重复生产过时的产品，投资活动会萎缩。而且，社团主义社会中对现有企业产生威胁的各种势力将对这些企业的利润前景和股价产生严重影响，从而减少投资活动、缩小就业规模。[30]另外需要补充的是，如果贪得无厌的利益集团要求对任何创新都分一杯羹，令潜在创新者深感忧虑，那普通人就不能指望获得兴旺发达的生活。在这种情况下，整个经济都将逐渐过时，陷入越来越严重的萧条。

社团主义的阴暗面

接下来的两章将进行一些经济学分析，以验证有关社团主义经济的核心观点。当然，只需要借助一些常识，我们不用经济学知识也能看到社团主义的一些弊端。

理想化的社团主义制度取消了个人主义和竞争，它们被妖魔化为丑陋的、非人性的事物。但这个制度只是把个人主义从市场移植到了政府，那里的人也在为争夺权力而斗争。这个制度可以终结厂商之间争夺众多市场买家的竞争，但取而代之的是厂商和职业人士争夺政府订单和政府扶持的更阴险的竞争，而且此时只有一个买家——一个全能的买家。这个理想中的制度消除了劳资双方的冲突，但“二战”后的体制最后只是给工会和大企业授予了垄断权，授权双方进行协商。有人说这个制度重建了物质主义和文化发展的平衡，但它并不符合大多数伟大的文学和艺术作品的主题，因为那些作品都宣扬个人主义。与它取代的现代社会的混乱相比，这个制度被赞誉为科学的制度，但它只是用政府创新活动的不确定性取代无数个人创新者要面临的不确定性，由此造成的不确定程度可能更大。社团主义者攻击现代经济赋予了富有的产业巨头或金融投机商权力，把它们的新制度描述为全社会的公仆，但这个制度最后却让少数政治巨头及其经济支持者掌握了更加可怕的权力。

可以理解，在早期资本主义社会，市场力量会让参与者感到自己像羔羊一样听任环境的摆布（当然在这方面，市场的仁慈之处在于，它是让人们自愿做那些为改善资源配置必须要做的事情），因此重商资本主义时代可能不够美好。但随着现代社会的发展，经济参与者第一次能够普遍地参与到构思和探索新产品和新工艺的过程中来，开辟新的职业生涯。这样的个人机遇意味着精神激励、职业投入以及从挑战和个人发展中获得回报。社团主义压抑了这些个人机遇，很多人甚至要靠献媚取宠才能获得批准，才能进入某个产业、争取成功。这无疑是一种压迫式的制度。社团主义观念激发了各种类型的极权主义（这是墨索里尼的说法），把大多数社会成员真正变成了任人宰割的羔羊。

第七章

新社会主义与新社团主义经济

母鸡是最聪明的动物，因为它在下完蛋以后从不高声炫耀。

——亚伯拉罕·林肯

作为现代资本主义的挑战者，社团主义和社会主义的表现如何？上文提到，俾斯麦领导的德国拥有某些社团主义要素，经济表现不错，当然这一成功应在多大程度上归功于社团主义还很难讲。墨索里尼和希特勒领导的社团主义经济从危机中复苏的表现也并不比美国和英国出色。不过，从 20 世纪 60 年代中期延续至今的新社团主义或新社会主义呢？下面我们就探讨一下它们在过去半个世纪产生的后果和影响。

本章将分析新社团主义和新社会主义经济是否取得了预期的效果。在后面几章则将继续讨论，根据一个重要标准，完全不同于社团主义经济和社会主义经济的现代经济具有显著优势。但首先我们需要证明，为什么说社会主义经济没能实现各项社会主义目标，为什么社团主义经济也没有带来其鼓吹的好处。

社会主义——主张和实际表现

社会主义的内涵很丰富，其核心是对一系列企业实行社会所有制：人们通常认为国有制较为普遍的国家比国有制较为少见的国家的社会主义程度高。在最基本的社会主义形态中，国有企业主要限于医疗、教育和某些保险产业，在社会主义程度较高的经济体，国有制的范围则更广泛。

因此，我们希望用数据检测社会主义关于国有制能促进经济发展的主张。幸运的是，从 20 年前开始就有关于国有企业规模的统计，1995 年世界银行发布的一项研究估计了国有企业产出在国内生产总值中所占的份额。在我们重点关注的发达国家中，1986—1991 年法国、德国、意大利、西班牙、英国、美国的国有企业产出在国内生产总值中的比重分别为 10.0%、7.1%、5.6%、4.0%、3.0%（撒切尔夫人执政之前是 5.9%）、1.0%，另外两个小国奥地利和葡萄牙分别为 13.9% 和 14.2%。1989 年，布兰科·米拉诺维奇在其著作《自由和企业家精神》（*Liberalization and Entrepreneurship*）中做了范围更广的估计，另外除产出的比重外，还加入了某些国家的国有企业在全部雇佣关系中所占比重的数据。这些计算表明，在 1978—1983 年，法国仍然位居榜首，意大利和奥地利紧随其后，其次是瑞典和芬兰，再次是德国和英国（在撒切尔夫人削减国有企业之前），再次是挪威和加拿大，再次是澳大利亚和丹麦，最后是西班牙、荷兰和美国。完整的数据见表 7–1。

大多数支持组建一定规模的社会主义经济组织的人（所谓进步人士，不管他们的收入是否属于中低阶层），都强调社会主义可以提供就业机会并稳定就业。在提供就业机会这方面，他们认为，社会主义企业比资本主义企业更倾向于雇用和挽留处于长期失业危险中的边缘工人，也更愿意在面临经济下滑时留住工人，从而可以避免就业周期的大幅波动。但这两点即使成立，也不能推导出最终结论，因为在萧条期，现代资本主义中新创立的企业可以提供大量就业岗位，弥补老企业裁员造成的就业减少。

表 7–1　部分经合组织成员国的国有企业和国有部门的比重①（%）

国家②	占产出的比重	占就业的比重
高比重（>15%）		
法国（1982）	16.5	14.6
中等比重（10%~15%）		
奥地利（1978—1979）	14.5	13.0
意大利（1982）	14.0	15.0
法国（1979）	13.0	10.3
新西兰（1987）	12.0	n.a.③
法国（1973）	11.7	9.3
土耳其（1985）	11.2	20.0
英国（1978）	11.1	8.2
联邦德国（1982）	10.7	7.8
英国（1983）	10.7	7.0

（续表）

国家②	占产出的比重	占就业的比重
联邦德国（1977）	10.3	7.9
英国（1972）	10.2	7.8
瑞典	n.a.	10.5
芬兰	n.a.	10.0
低比重（5%~10%）		
葡萄牙（1976）	9.7	n.a.
澳大利亚（1978—1979）	9.4	4.0
丹麦（1974）	6.3	5.0
希腊（1979）	6.1	n.a.
挪威	n.a.	6.0
加拿大	n.a.	5.0
极低比重（<5%）		
西班牙（1979）	4.1	n.a.
荷兰（1971—1973）	3.6	8.0
美国（1983）	1.3	1.8

注：①不包括政府的直接服务，只包括国有企业的商业活动。
②根据产值中所占的份额排序。
③n.a. 表示无数据。
资料来源：Milanović, *Liberalization and Entrepreneurship* (1989)。

社会主义程度高的经济体更有利于创造就业，这个观念在20世纪50年代中期到20世纪70年代中期的辉煌增长时代得到了一定印证。利用经合组织计算的“标准化”失业率，我们可以看到：美国的平均失业率在1960—1973年为4.4%，而普遍认为社会主义程度较高的欧洲国家的失业率明显更低：德国为0.8%，挪威为1.3%，法国为1.8%，瑞典为1.9%。那段时期，欧洲经济共同体成员国总体上的平均失业率仅为 2.6%。但在随后的几十年，这个美好印象被打破。到 20 世纪 80 年代中期，所有西方国家的失业率都大幅提高。欧洲能够从外界借鉴的新产品和新工艺已经不多，劳动力供给和企业投资双双收紧。美国则因为不同的原因遭受了较温和的收缩，创新活动从很高的水平急剧下降——这将在第九章和第十章中详述。到 1995 年，较大的几个国家中，失业率最低的是美国（5.6%）、荷兰（6.5%）、英国（7.0%，1997 年）和德国（8.2%），失业率最高的是西班牙（22%）、意大利（11.7%）和法国（10.3%）。因此，不能就此认为社会主义程度较高的国家表现出了失业率较低的普遍趋势。它们完全可能导致较高的失业率，只不过通过积极干预相对控制了这个趋势。大多数社会主义程度较高的经济体（德国、芬兰、法国和瑞典）都有宏大的旨在减少失业的政府项目，因此在一定程度上掩盖了高失业的倾向。相反，大多数社会主义程度较低的国家（美国、英国、加拿大、澳大利亚和挪威）几乎很少采取此类干预措施。

在传统上，社会主义除了保证劳动者的低失业率以外，还有利于劳动力的高参与率。然而劳动参与率（劳动者占全部适龄人口的比重）的数据并没有显示社会主义和参与率有什么关系。经合组织 2000 年 6 月的《经济展望》（*Economic Outlook*）估计了一些重要国家在 1995 年的劳动参与率：美国为 76.9%，加拿大为 75.8%，英国为 75.3%，德国为 71.2%，法国为 66.7%，意大利为 57.4%。另外两个国有制比重小、劳动参与率高的国家是丹麦（80.2%）和荷兰（77.7%）。因此，不能证明社会主义经济具有提高劳动参与率的作用。这个命题的反命题似乎更有可能成立，只有两个国家例外：国有制比重较高的奥地利的劳动参与率较高，为 76.5%；米拉诺维奇的数据没有覆盖的西班牙的国有制比重较低，劳动参与率也非常低，只有 61.5%。

在失业率和劳动参与率两个指标上令人失望的表现说明欧洲国家的社会主义完全没有实现大多数社会主义者经常提到的经济包容性的目标：把适龄人口纳入主流经济活动，以便他们正常参与社会生活。某些社会主义领导人抱怨说，这是因为他们需要克服“多元文化主义”造成的障碍，但并不只是社会主义程度较高的欧洲大陆国家才面临文化、种族和民族多元化的问题，美国社会的多元化问题显然更严峻。社会主义在这方面失败的原因可能是，引发社会主义运动的对商业活动的厌恶本身就会导致劳动参与率下降。还可能是因为，在工作环境盛行官僚主义的国家（典型的就业类型就是待遇平平、较为枯燥的邮电局内勤工作）容易出现低劳动参与率和高失业率。这些国家的大量劳动适龄人口宁可在家里忙家务，或者到非正规部门或地下经济就业。赖纳·维尔纳·法斯宾德的电影《玛丽亚·布劳恩的婚姻》（*The Marriage of Maria Braun*）就生动地反映了当时的场景，在“二战”后期和之后的岁月里，德国女性逐渐加入经济生活，但是在她们的收入足以负担子女、厨房和教堂的需要之后，社会主义无法阻挡她们回归家庭。

对于某些国家在失业率和劳动参与率方面令人失望的表现，还有一种可能的解释是，相对于可支配收入来说，这些国家的居民拥有较高水平的家庭储蓄。以 21 世纪初为例，在经合组织的大经济体中，储蓄较多的国家包括比利时、法国、意大利和西班牙，而劳动参与率由低到高依次为意大利、法国、比利时和西班牙；储蓄率最低的国家包括美国、加拿大和英国，而劳动参与率最高的则是加拿大、德国、英国和美国。最直接的因果关联是：高储蓄促成高财富，导致休闲需求增加，人们因此较晚加入劳动队伍和较早退休。不过只有西方七国才有居民财富方面的数据。一个间接的因果关联是：居民财富较多，给福利国家制度提供了必要的基础，由此可以免费提供很多福利，削弱了工作激励。欧洲中央银行行长马里奥·德拉吉就曾引用已故的经济学家鲁迪·多恩布什的话说："欧洲人太富有了，所有人不参加工作也可以得到工资。"

在就业领域，社会主义者声称的其他优越性还包括：社会主义经济中的工作稳定性更高。他们的理由是，由于缺乏创新，换工作的现象较少，因此更稳定。然而大多数社会主义者却不愿意接受缺乏创新这个假设来证明社会主义在就业上的优越性。我们其实可以设想社会主义经济有大量创新甚至做得更好，给企业的创新项目设置了某些障碍，但同时可以更好地开展长期项目。不过，大多数观察家在社会主义程度较高的国家看到的都是缺乏活力的现实。社会主义经济的崇拜者会说，由于制度本质不同，社会主义经济拥有资本主义所缺乏的平息周期波动的关键工具。

20 世纪 30 年代的美国给人的印象是，资本主义的确缺乏此类政策工具。美国经济急剧下滑，然后是漫长的"大萧条"，政府的货币工具却由于需要维持黄金价格而捉襟见肘，直到 1933 年金本位制最后崩溃。当然，这些货币工具在任何情况下也不足以对抗结构性的变革力量，例如，将劳动力从建筑业和农业转移到汽车制造和其他耐用消费品的生产上。而在 2008—2009 年的危机中，美国吸取了上述教训，各国的货币当局并没有通过出售黄金阻止金价上涨。20 世纪 30 年代的政府也没有什么财政工具对抗失业率上升。工程师出身的胡佛总统从未想到要接管私营产业，只是寄希望于大规模的水利和水电项目建设。不过，保守主义还是制约了美国政府在全国范围内广泛兴建大坝和岸堤。就业问题最终被扔回给现代经济的基础——现代资本主义。相反，社会主义经济中的中央政府在面临衰退时可以命令国有企业维持甚至扩大投资，似乎花再多的钱也没有关系。中国在前不久的全球经济衰退中就做出了这种反应，要求地方政府打开资金阀门，为更多的建设项目注入资本。

然而，最近几十年的经验并不能证明社会主义经济对经济波动有更强的抵抗力。从 20 世纪 70 年代末期到 1985 年，欧洲大陆社会主义程度较高的经济体经历了剧烈的就业波动（其他经济活动指标同样如此），简直称得上“第二次大萧条”。[1] 不过欧洲人并没有广泛求助于财政工具，面临类似衰退（程度先不论）的美国却动用了胡佛时代不为人知的财政工具——增加投资税收扣除和降低公司所得税，并推出了一些新工具，例如，保持收入中性的边际税率下调和增加工资所得税扣除。保罗·沃尔克领导的美联储的货币工具则将目标放在控制通货膨胀上。在全球经济下滑的 2008—2009 年，社会主义程度较高的国家在对抗衰退方面又一次表现得极为谨慎。目前还很难判断到底哪边遭受的衰退冲击更严重，是社会主义程度较高的欧元区国家，还是美国。

如果说有一个维度，人们普遍认为社会主义程度较高的国家具有优越性，那应该是在缩小收入分配差距的措施及其产生的效果方面。经典的社会主义主张实现完全就业和缩小工资差距，而后期的社会主义则关注缩小收入差距。社会主义程度较高的国家

（如法国、芬兰和瑞典）和程度普通的国家（如德国、丹麦和荷兰）都采取了向所有人提供免费服务、缩小消费水平差距等办法，降低了社会不平等程度（如缩小最下层的 30% 与最上层的 30% 的差距）。[2] 然而，这些国家的工资收入差距相对较小并不是政府通过支出和税收进行再分配的结果，而是之前的差距就相对不大，例如它们的税前收入的差距远远小于盎格鲁-撒克逊国家，而且北欧国家的居民同质性很高。剩下的还需要解释的大部分可能是因为缺乏创新机会，从而较少人致富。从伊曼努尔·康德到约翰·罗尔斯，各种派别的道德哲学家都反对以所有人的成本为代价缩小差距的做法。然而，这些争论并没有抓住最关键的环节。

20 世纪 80 年代，西方国家（不管是社会主义、社团主义还是资本主义经济体）普遍出现了经济包容度下降的现象，尤其是低技能工人。德国、法国、意大利和瑞典对此做出了强烈的政策反应。20 世纪 70 年代后期到 20 世纪 90 年代中期，德国和法国的低技能工人的相对工资实际上还有所提高，意大利和瑞典则下降了 1%~2%。荷兰则是另一个极端，没有采取太多干预措施，放任低技能工人的相对工资下降了 10.5%。英国和美国低技能工人的相对工资也分别下降了 8% 和 6%。令人惊讶的是，逆势而动地推高相对工资水平的国家付出了高昂的代价，它们的低级能工人的失业率在 20 世纪 80 年代的增幅远远超过其他发达国家。基本上控制了相对工资下降的意大利和瑞典付出的代价要小得多，美国在一定程度上也是如此，荷兰的失业率增幅最小。最明显的失败案例是社会党领导的法国以及向"社会市场"求助的德国，它们采用了愚蠢的应对策略，例如用法令或者工会运动强迫企业给低技能工人提供更高的待遇。受社会主义影响较大的意大利和瑞典也采用了类似的办法阻止相对工资明显下滑。这些粗糙的策略产生的副作用是，企业能雇得起的低技能工人的数量减少，在工资水平上取得的社会主义的成果被就业人数的减少抵消了。[3]

社会主义的支持者普遍认为，社会主义程度越高，生产就越科学，因为国有企业和其他企业能得到更好的组织。人们还认为，社会主义能提供一套更好的教育制度，向社会的中下层群体提供参与经济事务所需要的人力资本。如果这些主张成立，那我们应该看到社会主义程度越高的国家将展示出越高的生产率——单位劳动产出以及单位劳动和资本的组合产出（即全要素生产率，又名多要素生产率）。实际上，国际上开展了对某些社会主义程度较高的欧洲国家的教育制度的评估，显示其效果远不及预想，令这些国家吃惊不已。除此之外，我们还可以让生产率数据自己说话。我们采用跨国数据分析了员工平均产出的增长率与国有企业在国民产出中的比重的关系，这可能是对社会主义制度效果的第一次统计研究，结果显示它们存在负相关关系。[4]简而言之，国有企业在国民经济中所占比重太大会影响国内生产总值的增长。但这并不意味着即使最出色的社团主义经济也永远赶不上先进国家，只是说如果能赶上的话，要花费更长的时间。

但现象背后可能有更多原因。有种可能是，国有企业比重高和增长率低都是第三种影响因素所致，例如不重视保护财产权利或者对私有财产持敌视态度，这可能导致想进行冒险创新的富有的投资者担心遭到剥夺。在这样的国家，有国有企业比完全没有企业要好。当然这种可能性并不会改变以上结论：如果一个国家由于社会主义思潮的影响而对企业私有制持反感态度，经济发展必然会因此受损。

社团主义——主张和实际表现

经典社团主义（例如墨索里尼领导的）试图通过对资本主义经济的改造加快经济增长——生产率的提高和国家实力各方面的增长，希望远远超过欧洲大陆资本主义的不佳表现。这意味着公共部门开展更多项目，私营企业接受更多指导，对企业所有者来说变成了“没有控制权的所有权”。不过，追求增长速度和国家实力的增强还需要服从社会团结（尤其是“社会保障”）方面的考虑，它意味着政府与“社会伙伴”开展合作，更广泛地说，还包括给各个地区和产业提供的补贴。同样是在经典社团主义中，政府可以借助团结和保护的名义随意采取行动，只不过在增长率下降太多和低迷期太久的情况下，还需要采取措施重新推动发展。

在这个制度中，政府原则上可以根据自己的意志进行干预，不受任何限制，由此会带来严重的道德风险。如果政治家们陷入这种风险，他们的胡作非为也将成为这个运转系统的一部分。宪政民主制度有能力和意愿限制这样的干预，但也存在失败的可能。即使在民主制度下，自私的立法委员也会在某些时候利用自己的选票，自私的部门领导者也会利用自己掌握的权力换取利益集团的支持，以便继续保有职位。在这个政治过程中，“增长”虽然还会在口头上被提到，但实际上可能被放到次要位置甚至完全被忽视。由于政治家们关注的主要是赢得政治支持，“社会保障”也就不再是真正的原则。政治家中还有可能出现腐败，给某些地区、企业或工会提供庇护，以换取私下的好处（回扣等）。例如在20世纪90年代的意大利，贿赂活动泛滥成灾，意大利人感觉住进了“贿赂之都”。

社团主义的危害不止于此。如果只有关系良好的人能成为政治家的座上宾，这个制度就会保护内部人、排斥外部人。政府官员的座上宾和亲信掌控的企业如果能获得垄断权，甚至不需要争取用稀缺的税收收入支付的政府合同。内部人的收益就是外部人的损失，不管能否得到医疗、食品和取暖的补贴“保护”，他们可能难以创办新企业、进入某个产业或者开创有回报的职业生涯。这些现象是极端社团主义的弊病所在：它剥削了少数人或很多人，剥夺了他们的职业生涯等基本需求，这些损失在道义上无法以少数或很多得利者的收获来弥补。

要评判社团主义程度较高的国家是否实现了它们预定的目标，我们首先需要标准和证据来判断哪些国家的社团主义程度高，最好是能找到社团主义程度的测算方法。我们可以首先找到一个聚焦点，很多人认为，政府在经济中能发挥多大的作用，可以用政府的规模大小衡量，然而结果不见得完全一致。尽管社团主义程度很高的经济需要大量的官僚机构操作，但膨胀的公共部门事实上并不是反映社团主义程度的良好指标。例如，1960年，美国是西方七国中公务员占比最高的国家，达到15.7%，美国可能最具备推行社团主义的能力，政府雇用了大量的士兵和教师，但很少有人会认为美国的社团主义精神最盛行。实际上，其他国家的官僚机构的能力也的确在迅速增强。到1980年，英国和加拿大的公务员占比超过了美国（16.7%），法国、意大利和德国也接近了美国的水平。显然，公务员的规模并不能很好地显示发达国家在社团主义上的差异。

反映政府影响力的更好的指标之一是政府的全部购买（不仅限于雇人），加上为鼓励某些项目而发放的补贴，以及给特定人群的转移支付。政府购买和补贴是反映经济资源的用途改变的标准指标，在某些情况下，转移支付也可以是追求社团主义目标的社会谈判的结果。根据这个更广义的指标，高收入国家在 1995 年的确出现了很大的分化。一个极端是瑞典，该指标在 1995 年占其国内生产总值的 65.2%（55.0%）[a]，法国是 54.4%（53.3%），意大利是 52.5%（48.1%），比利时是 52.3%（52.1%），荷兰是 51.5%（44.8%）；另一个极端是美国，在 1995 年只有 37.1%（36.3%），英国是 43.9%（44.1%），西班牙是 44.4%（38.4%）；在中间地带的有德国 48.3%（46.8%）和加拿大 47.3%（38.0%）。[5] 在规模较小的国家中，芬兰为 61.5%（50.1%），丹麦为 59.3%（52.6%），瑞士为 34.6%（35.0%）。不过，在确认瑞典是社团主义最盛行的国家（比利时排第三）之前，最好再做些更广泛的调查。

在较大的高收入国家中，法国、西班牙和意大利的阻碍产业进入的法律壁垒最严格，西班牙和意大利有阻碍创业的严格壁垒，意大利、法国和西班牙实行广泛的产品市场监管，西班牙和法国在竞争法规及执行上表现最差，荷兰、西班牙、瑞典和德国在就业保护法律方面最过分。总体而言，意大利、法国和西班牙在这些方面的表现是最不友好的，而英国、美国和加拿大最好，中间的是瑞典、荷兰和德国。在规模较小的高收入国家中，瑞士在总体上位居中游，爱尔兰对企业较为友好，丹麦的得分更高。有一个从经合组织的数据中得到的反映产业干预程度的综合指标，在

a. 括号中的数据为 2005 年的数据，下同。——译者注

1999 年 7 月被《经济学人》杂志命名为“官僚作风指数”（red tape），也得到了类似的结果：意大利和法国的得分是 2.7，比利时是 2.6，德国是 2.1，西班牙和瑞典均为 1.8；英国的表现最好，为 0.5，其次是美国的 1.3 和荷兰的 1.4。该指数未包含加拿大和奥地利的数据。上述所有结果主要是用于判断对整体经济产生作用的控制杠杆和障碍，而不是反映具体的干预和指导措施，但仍然具有启发意义。[6]

上述指标是描述社团主义经济的干预工具。另一项测量维度则是，工资标准的设定在多大程度上利用了政府、工会和产业商会的三方合作机制。这个机制目前依然是意大利社团主义的核心，它既是墨索里尼宣传的结果，也是“二战”后的现实。斯蒂芬·尼克尔创建的“工会与雇主协调指数”显示，美国和加拿大只有极少的采用合作机制的迹象，英国也非常少（尽管英国工业联合会依然存在），合作程度最高的国家包括瑞典、奥地利和德国，其次是法国、意大利、比利时和荷兰，美国、英国和加拿大同处于最低水平。[7]

另一个反映社团主义的维度是私营企业经营的竞争环境的危险和不公平程度，这方面的具体指标包括公共部门的腐败案件数量、私营企业财产被没收的风险、政府不承认合同的风险等。各国在这方面的排名可以帮助我们判断它们的社团主义的程度。虽然并非只有社团主义才存在这些弊病，但这并不影响把它们作为判断社团主义程度的信号。然而，对这些指标的测量通常都涉及财产信息，现在能得到的数据是这三个指标和其他两个指标（法律和秩序，官僚机构的行政质量）的平均值。把平均值再与反映外贸开放度的指标进行平均，得到的数据可见，发达国家从高到低的排序为：瑞士、美国、加拿大、德国、冰岛、丹麦、挪威、法国、比利时、奥地利、英国、日本、澳大利亚、意大利、西班牙、葡萄牙、爱尔兰、韩国以及新西兰。[8]从表面上看，这个排名显示：在我们重点分析的国家中，西班牙、意大利、英国、比利时和法国的社团主义色彩较为浓厚。

有关发达国家的社团主义程度的证据还不能完全令人满意，除非我们还能找到有关中央集权经济统治的范围的证据。我们需要有数据反映政府在多大程度上规避了资本主义制度和市场竞争，以发挥对产业和企业的影响，例如因给某些活动或群体提供方便和特权而限制其他活动或群体。为此，我们可以利用游说活动和政府合同方面的数据，以及政府对产业界施加的非正规压力的数据，例如提供或拒绝提供某些政府职位。法国就存在这样的“政企旋转门”，企业高管在私营部门和公共部门之间来回变换位置。我们还可以分析各国宪法的规定，宪法是否只允许政府在经济中发挥“有限”的作用。某些国家的宪法利用最高法院的司法审查机制，限制政府对产业界发号施令，某些国家的宪法禁止政府干预产业发展方向，而某些国家的宪法缺乏此类规定。[9]已有的统计数据可以反映某些企业拥有超越竞争对手的特权，这个指标就是资本在某个产业的收入中所占的相对份额。如果某家企业被政府树立为某个产业的龙头企业，就可以提高产品价格，这可能诱使竞争对手跟随涨价。资本在国民收入中所占的份额也可以提供一些线索，1995—1996年，意大利和法国的这一指标在大经济体中居首，资本的份额分别占42%和41%；德国和比利时居中，为37%；比重较低的国家有美国（34%）、加拿大和英国（32%）。[10]在规模较小的国家中，比重最高的是奥地利（41%）、西班牙和荷兰（40%），瑞士和瑞典最低，分别为 31% 和 33%（1996—1997 年）。

这些数据显示，世界上几乎所有国家的政府都在对产业界发挥影响，同时还表明，虽然人们通常认为这些国家有着类似的经济组织形式，但政府的干预程度在各国存在很大差异。综合以上这些证据可见，意大利和法国的社团主义程度较高，美国和加拿大的程度最低，英国和德国处于中间位置。社团主义的影响在西班牙、荷兰、比利时和爱尔兰也比较明显，在瑞士、丹麦和挪威的影响较小。经常被大家讨论的瑞典是个混合案例，干预主义强烈，但政府对产业界比较友好。

在对最近几十年哪些国家的社团主义较活跃有了一些直观印象后，我们现在可以回答本章的主要问题：从“二战”结束时的 20 世纪 40 年代中期到 20 世纪末，这些国家实施社团主义措施的效果如何？粗略来说，我们可以认为西方国家这半个世纪的生产率水平基本上是收敛的，但收敛的程度到底如何？在接近收敛后又发生了什么情况？

首先来看员工平均产出，根据经合组织的计算，意大利、爱尔兰和比利时的员工平均国内生产总值在 1996 年已接近美国的水平。意大利达到 62 500 美元，而美国的数字是 67 500 美元。指标较低的国家包括法国、挪威、加拿大和荷兰，位居中游的有德国、奥地利、瑞典和丹麦。

如图 7-1 所示，这个结果似乎并不能证明社团主义实验获得了成功：在 50 年后，只有三个社团主义程度较高的国家超越了加拿大，没有一个超过美国。

有必要指出的是，经合组织还测算了平均工时创造的国内生

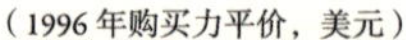

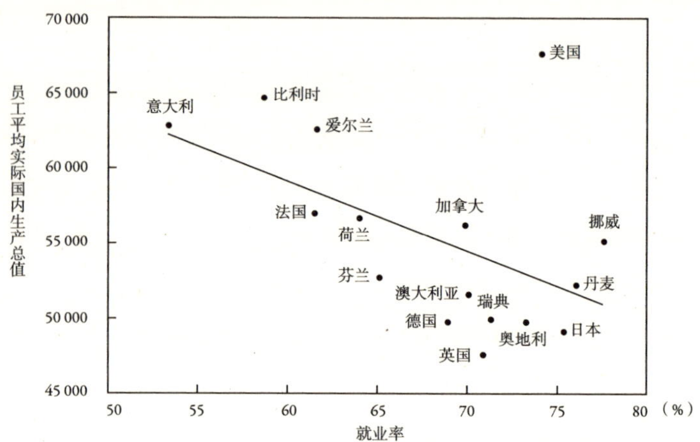

图 7-1　员工平均实际国内生产总值和就业率（单位适龄人口的受雇人数）

资料来源：OECD。

产总值，如图 7-2 所示，截至 1996 年，意大利、爱尔兰和法国已接近美国的水平，德国和加拿大略低，英国和瑞典则更低。但由于如下几方面的原因，这些表面现象不能说明太多问题。首先，欧洲大陆上有很多国家，因此出现少数尖子生（如荷兰和挪威）的现象并不奇怪，它们甚至有着比美国更高的平均工时产出。如果对美国的 50 个州进行细分，也会发现加利福尼亚州和马萨诸塞州的数据大于其他州。其次，在很多就业率低的社团主义国家，雇员只占劳动适龄人口的很有限的一部分。例如，意大利在 1996 年的平均工时国内生产总值接近 39 美元，远高于美国的 36 美元，这是因为意大利的正规经济中只留下了生产率较高的岗位和生产率最高的员工，因为法律不允许工资太低的岗位存在。如果意大利像美国、挪威和丹麦那样有 75% 的劳动适龄人口参

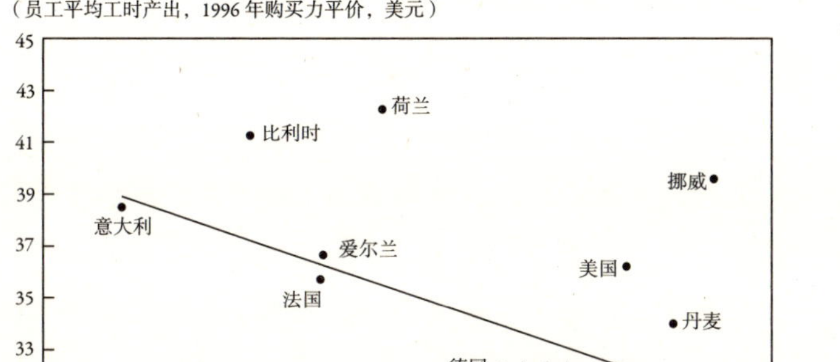

图 7-2　劳动生产率（员工平均工时实际国内生产总值）和就业率（单位适龄人口的受雇人数）

资料来源：OECD。

加正式雇佣工作，平均工时国内生产总值会降到 32 美元，明显低于挪威（40 美元）、丹麦（34 美元）和美国（36 美元）的水平。欧洲和美国的劳动参与率的差距破坏了 20 世纪 70 年代中期到 20 世纪 90 年代中期生产率对比的意义。最后，在美国、加拿大和英国这些社团主义色彩较淡的国家，由于人们的工作时间更长，也会压低单位工时产出的数据，而社团主义程度较高的意大利、法国和西班牙则相反，人们每年的工作小时数要少得多。[11]

因此仅凭这些证据，我们不能说社团主义经济显示了它们宣称的在生产率上超越其他现代经济体（美国、加拿大和英国等）的优势。结果完全相反，从以上讨论中可以看出，美国的相对现代的经济依然保持了生产率的领先，加拿大和英国在过去 20 年也有所进步。

我们从图 7–2 中还能得出一个更强的结论：图中的每个国家点与斜线的最短距离可以大致反映这个国家在就业率（社会主义的关注点）和生产率（社团主义的关注点）两方面的表现。在较大的经济体中，社团主义程度较高的法国、意大利和德国都位于斜线的下面（规模较小的奥地利和瑞典更是如此），而包括美国在内的较现代的经济体则位于斜线的上面。加拿大虽然也位于斜线下，但与瑞典、芬兰和澳大利亚的位置不远，它们的经济受社团主义影响的程度都存在争议。

而且，意大利和德国的生产率在 1995 年似乎赶上了先进国家，但后来证明是暂时现象。1995—2005 年，这两个国家的劳动参与率回升，自然导致新增岗位的生产率下滑。当年的剑桥学派经济学大师丹尼斯·罗伯逊在发表关于收益递减的演讲时，为生动形象起见，设想了一个由 10 人组成的建筑队，最后一个人没有生产工具，但还是有资格去喝啤酒。而同期在美国，生产率较低的工人或生产率较低的岗位则都减少，使得美国的员工平均产出提到更高的水平，单个员工平均工时的产出同德国和意大利的差距又拉大了。

本章已经重点分析了经济发展方面的多个维度（高度物质主义的部分），这些都是社团主义和社会主义关注的内容。我们还可以看看离物质主义不太远的其他维度的表现。在过去 20 年，法国出现了引人注目的年轻人向外移民的现象，这可能具有启发意义。在一定程度上，这种现象反映了欧洲大陆的社团主义在提高生产率和创造就业方面的失败。2007—2008 年全球金融危机后出现的高失业浪潮暂时缓解了这个移民现象，但并不代表社团主义经济有所改善，或者非社团主义经济的情况恶化，只是显示对外移民目前可能面临更大的风险。不足之处在于，移民现象只表明社团主义和社会主义存在某些缺陷，却没有明确到底是何种缺陷在产生影响。这些缺陷可能是非物质方面的，例如压迫式的企业或压抑的经济文化。

工资差距（或者更准确地说不合理的工资差距）可以作为反映社团主义表现的另一个维度。回顾前文介绍的工资差距的数据，我们可以准确地指出，与现代经济的模范国家加拿大、美国和英国相比，社团主义盛行的意大利和法国的工资差距更小，西班牙、荷兰、比利时和爱尔兰也要小一些，但不那么显著。[12] 然而这可能只是表明加拿大人、美国人和英国人参与冒险的频率比欧洲大陆的人更高，而且这些国家在民族和种族方面的高度多元化也可能对不合理的工资差距产生某些影响。无论如何，本章的目的是分析社团主义是否实现了其宣称的目标，而消除工资收入差距从未被列入社团主义的日程。例如，某些社团主义色彩浓厚的国家对人数众多的少数族裔未能融入主流毫无作为。如果像社团主义主张的那样，国家层面的成就和行动才是重要的议题，而非个人自由、个人抱负和个人收益，那么在这些领域也就不存在经济正义的意义。实际上，在较大的社团主义国家中，意大利、西班牙和德国确实也都没有通过大量培训项目或就业补贴缩小工资差距。在欧洲大陆，只有荷兰和法国为提高低端劳动力的工资投入了较多的资源。相反，长期以来建立起提高低收入工作待遇的成熟机制、为低收入劳动者提供工资补贴的国家反而是英国和美国，它们都是社团主义色彩较淡的国家。

创新的贫乏

从直接的观察来看，在2007—2008年危机之前的30年里，欧洲大陆4个大国（法国、德国、意大利和西班牙）的经济增长推动力明显来自外部革新，主要（但不绝对）是美国的技术进步。这些国家追赶美国的步伐并没有让人感受到自主创新重生带来的加速度，这种自主创新在19世纪70年代到20世纪30年代才在盛行于欧洲大陆。社团主义经济主要是通过模仿才接近美国经济的发展水平的，如果增长依靠外部动力，就业也会依赖于此，美国的创新如果完全停止，欧洲大陆将陷入长期衰退。

然而，这些欧洲大陆国家的社团主义制度究竟因哪些行动妨碍了创新，或者未能促进创新？我们能想到的内容包括：社团主义色彩浓厚的经济体会设置各种限制，如产业进入壁垒和创业壁垒（经合组织采用的指标），这些壁垒会阻止或延缓生产率提高。当然，我们最好找到相关证据，表明到底是哪些壁垒和缺陷限制了创新或未能促进自主创新。

我们找到的其中一种机制是，一个国家的股票市场是反映其经济活力的线索，在创新经济中，有潜力但尚未开发的商业创意的存量是一种重要的产业资本，这个存量在近期或中期的预期规模，再加上新出现的创意，是企业价值的重要影响因素：创意的存量越大，企业价值就越高。可以推论的是，资本市场对企业的估值也越高。在新兴企业起步之初，这种估值可能是它们的唯一价值，但对其他企业则不尽然。企业价值中还有其他组成部分，包括它们拥有的厂房设备等，即物质资本。因此，企业的市场资本化价值（即所有股票的价值加上债券的价值）与企业的物质资本的购置成本的比例可以设计为一个指标，反映尚未开发的商业创意的预期价值与物质资本存量的相对大小。这个比值被称为“托宾的Q比率”，由詹姆斯·托宾发明，他将该比率视为反映投机狂热或恐惧的指数，以预测某个国家的投资活动的兴衰。从我们的研究目的出发，可以用一个国家的年产值作为物质资本存量的大致的替代指标，构造出市场资本化价值比率，将其解释为商业创意的预期收益同经济规模或产业规模的相对重要性。从理论上讲，这是非常自然的反映经济活力的指标。从图7–3中可以看到这样的猜想得到了很好的实证支持。我们看到一个国家的市场资本化价值–产出比可以非常好地预测若干年后劳动生产率的变化。

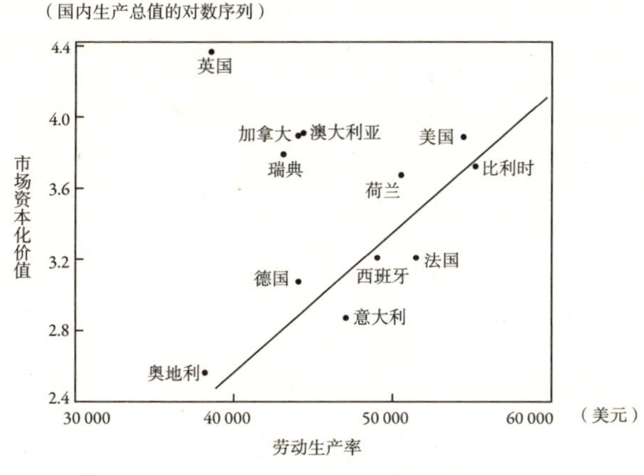

图7–3　市场资本化价值与劳动生产率

注：市场资本化价值测算的是1988年公司部门的股票价值。劳动生产率测算的是以美元计算的员工平均产出。

资料来源：Morgan Stanley International; OECD。

这个出色的指标甚至能更好地预测一个国家若干年后就业水平的变化，见图 7–4。[13] 引人注目的是，1990 年的市场资本化价值–产出比可以让我们非常准确地预见到，哪些国家能赶上 20 世纪 90 年代后期兴起的互联网革命浪潮。从直觉上说，较高的创意产生率很可能催生较高的创新率，从而推动生产率的进步，但读者们可能会质疑，高创新率与高就业率之间是否存在可靠的因果关系？如果创新摧毁的工作岗位比其创造的岗位还多呢？这种情况可能发生在任何时间和任何地点，20 世纪 30 年代出现的惊人的生产率进步，对走出"大萧条"产生的负面影响可能超过其

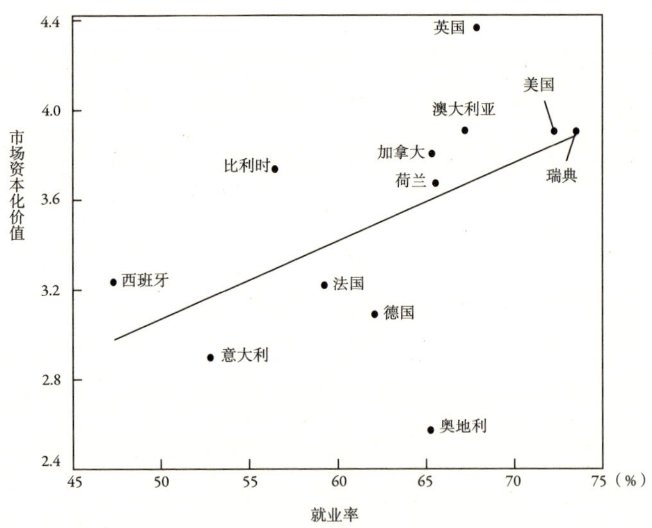

图 7–4　市场资本化价值与就业率

注：市场资本化价值测算的是 1988 年公司部门的股票价值。就业率是总就业人数与适龄劳动人口的比率。

资料来源：Morgan Stanley International; OECD。

正面影响。但是在大多数案例（也是研究最深入的案例）中，我们看到有两种正面机制在起作用：首先，新型消费品的发明或现有消费品的工艺创新（往往是资本密集型的）会降低消费品的价格，从而提升生产资本品的企业的价值，也会提高这些企业的边际雇员创造的实际价值，从而产生新的就业岗位；其次，生产率的进步会带动工资提高，员工的财富存量会相对减少（相对于上升后的工资而言），于是他们的工作意愿、换工作意愿、尝试其他职业的意愿都会增强，创新带来的劳动力节约需要足够大才能抵消这些促进就业的效应。[14]

接下来我们要分析，以上讨论过的某些社团主义要素是否会对上面构建的市场资本化价值–产出比产生不利影响。一个要素是作为社团主义经济的象征的孪生组织——工会和雇主协会，以及它们联合制定工资标准的体制。如图 7–5 所示，工会和雇主的协调程度提高会导致市场资本化价值–产出比下降。另一个要素是极端的劳动保护立法。学术界对劳动保护立法的好处和坏处有广泛研究，但得出的共识很少。不过，图 7–6 相当有说服力地表明，尽管保护对象可能会很感激，但它对市场资本化价值–产出比有负面影响，这会导致实际和预期的创意存量下降。当然还有其他社团主义要素与市场资本化价值存在明显负面关系，但已没有必要再做相关分析，我们可以进行总结了。

对于我们提出的问题——社团主义要素如何阻碍各国的发展，使其未能达到美国那样高的生产率和就业率的水平，本章给出的回答是，某些社团主义要素阻碍了新的商业创意的注入，创意的减少拖累了生产率的提高，进而裁减了雇员，导致就业水平相对较低。因此，社团主义程度较高的国家失败的原因是，它们缺乏支持、刺激和促进创新活动的机制以推动实验、探索和尝试。这些国家缺乏达到先进生产率从而实现高就业率所必需的要素。

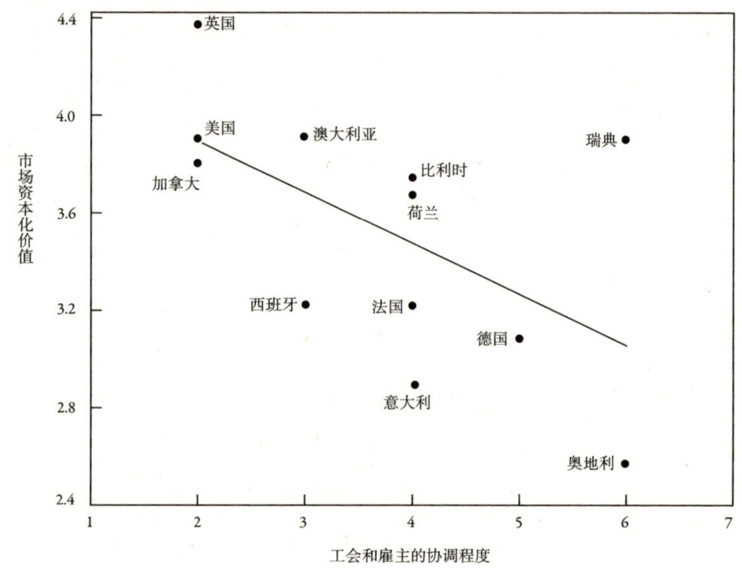

图 7–5　工会和雇主的协调程度与市场资本化价值

注：市场资本化价值测算的是 1988 年公司部门的股票价值，协调程度变量是 1989—1994 年的尼克尔的工会与雇主协调指数之和。

资料来源：Morgan Stanley International; Layard and Nickell, *Handbook of Labor Economics* (1999)。

还有一个未解的谜题：如果像我们讨论的那样，欧洲大陆的三个大国（法国、意大利和德国）严重受制于本土创新的贫乏，那它们（法国除外）如何能够在生产率和就业率方面一度达到和美国如此接近的程度？我们猜想，假如这些国家的生产率进步是由于它们落后于领先国家，所有的创新都来自向外学习，那么一

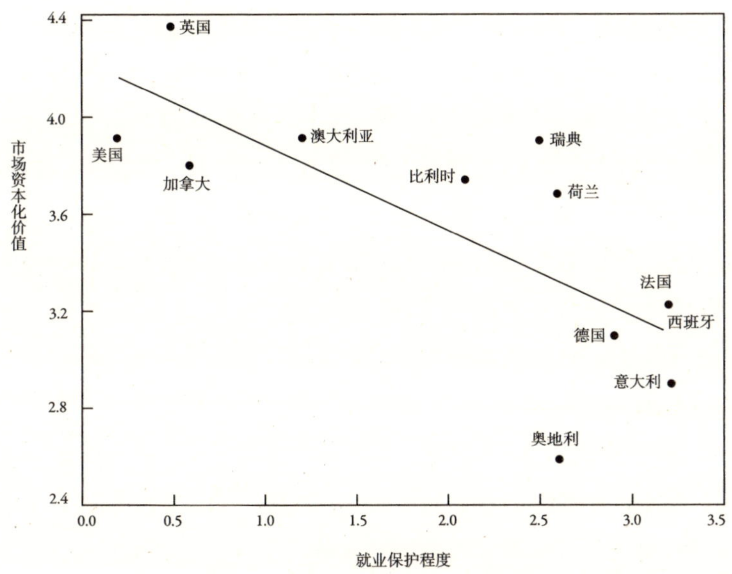

图 7–6　就业保护和市场资本化价值

注：市场资本化价值测算的是 1988 年公司部门的股票价值，就业保护程度变量是指强制性遣散费相当于多少个月的工资。

资料来源：Morgan Stanley International.。

旦赶上先进水平，其增长就会停止，就像在比赛中的灰狗如果发现前面没有兔子就会停下来一样，它们并不是因为跑步本身的乐趣而奔跑。

这个猜想非常符合实际情况。在 20 世纪 70 年代中期，美国经济就像兔子一样停止了前进，而在之前的 20 世纪 50 年代中期到 20 世纪 70 年代中期，美国的增长率一直维持在 4% 左右，其中 3% 是生产率进步，1% 来自劳动力增长。20 世纪 70 年代中期以后，美国的生产率增速大幅放缓，1975—2005 年，每年的产值增长率在 3% 左右，其中在 20 世纪 90 年代较快，在 21 世纪头 10 年较慢。随着增长发动机失效，美国成为世界其他国家追赶的对象，领先者的减速造成了普遍的收敛趋势。

美国是世界主要的创新发源地，特别是在 20 世纪二三十年代和 20 世纪 50 年代中期到 20 世纪 70 年代中期。随着美国的创新走向停滞，缺乏自主创新的欧洲也只能减速。而且速度一旦降下来，欧洲国家变得更为脆弱，世界其他新兴经济体的竞争对欧洲的影响力远超过“辉煌 30 年”时期（1955—1980 年的 26 年）。由于借助财政赤字缓解增速放缓的影响，欧洲国家的公共债务负担越来越沉重。

到 21 世纪头 10 年后期，整个西方世界发现，通过大规模减税、新的权益和新的补贴刺激增长的复苏计划最终失败，经济增长率和就业水平下降成为必然的结果。

第八章

各国的满意度

欠缺的重要方面是对事实的专业解读，哪些地方起到了作用，哪些地方没有。

——比尔·盖茨，引自《纽约时报》

第七章从物质层面分析了社团主义和社会主义的影响，讨论的重点是就业和生产率。但现代经济乃至整个现代社会生活还有很重要的非物质的含义。人们参与现代经济所能获得的特殊价值中，很大一部分是经常能面对挑战和有所感悟，会被激发出直觉和创意，而不仅仅是其生产的物质产品和服务。本书一开篇就强调，现代经济具有广泛的想象域，是一个能够激发和尝试各种创意的虚拟实验室。文学艺术作品的现代主义革命反映了现代工作生活中追求和普遍存在的新体验。居民调查则为现代经济的非物质回报提供了实证数据，受访者纷纷表示，除了工资带来的物质收益外，他们还追求其他类型的回报。

本章讨论的问题也是本书一直在讨论的主题，即与社团主义或社会主义色彩较浓厚的国家相比，现代资本主义经济是否提供了更多非物质层面的回报？要直接回答这个问题可能需要对每个国家进行分解：这个国家有 1/4 属于现代资本主义，3/4 属于社团主义；那个国家有 2/3 属于现代资本主义，1/3 属于社会主义等。这种做法具有很强的主观性，因此我们必须采用间接的方法。在某些国家发现的某些特征可能是社团主义或社会主义最重视或者最普遍的，而其他一些特征则是现代资本主义最看重的。然后我们将讨论社团主义、社会主义和现代资本主义经济的一些标志性特征，以分析它们对非物质回报产生的有利或不利影响，这些特征包括社团主义高度的就业保护、广泛的福利制度、缩短工作周的监管规范以及集体谈判机制，社会主义庞大的公共部门，社团主义和社会主义共有的官方审批，资本主义关注的个人自由，等等。例如，由于无法准确估算各个国家现代资本主义的程度，我们采用数据测算通常会对经济活力和包容性发挥积极作用的“现代”元素的规模，然后观察它们与非物质回报之间的关系。

不过我们必须承认，尽管制度和政策非常重要，但每个国家都有自己独特的文化或者文化组合，不仅仅由政策、法律和制度构成。一个国家的经济文化包括对待产业、工作和其他经济事务的主流的态度、规范和设想。这些文化要素可能通过对制度和政策的作用间接影响非物质回报，也可以更直接地作用于社会成员的动机和期望。一个国家的灵活性（迅速接受并应用新技术或新产品）可能取决于经济文化中的某个或多个要素。一个国家的经济活力（成功激发人们的创造力以实现自主创新）可能取决于文化中的其他要素。至少在某些情况下，政治文化也可能影响一个国家的创新。文化差异非常重要，因此在比较各个国家非物质回报方面的差距时，不能用太粗略的分类（如现代资本主义、社团主义或社会主义）解释，也不能只看少数制度或政策的规模和力度，或者只看各种制度的单个特征，而是要综合评估文化中的多种要素，它们是现代资本主义、社团主义或社会主义中的关键力量。

在大卫·李嘉图和约翰·斯图亚特·穆勒以来的主流经济学中，都不存在文化的概念，仿佛西方文明只有一种文化存在，托斯丹·凡勃伦和马克斯·韦伯这样的学者被归入异类。但在主流经济学之外，人类学家却发现，并不是所有社会的文化都一样，而且其差别有重要影响。克劳德·列维–斯特劳斯认为，每个社会的文化都值得尊重，因为它们反映了特殊的需要；鲁斯·本尼迪克特则坚持认为某些社会文化并不是最适合当地的；精神病学家埃里克·弗罗姆认为某些文化相当糟糕，而不尊重个人自由的文化会沦为法西斯主义。

但在过去 10 年，文化受到了经济学研究的重视。越来越多的人提出，文化是一种黏合剂或不可或缺的一环，以独特的方式将一个国家当今的经济状况与古老的过去联系起来。“苹果永远不会落到离树太远的地方”，不管这棵树是好是坏。[1] 许多观察家注意到，某些国家在遭遇各种挫折之后，不用费力就能回到原来的高位，例如大多数欧洲国家都大致回到了战前的地位。[2] 然而，新体验和新观念可以改变一个国家的文化，这一点毋庸置疑。20 世纪 30 年代，德国纳粹党反对女性参加工作，这一理念产生了长久影响。但是在过去 10 年，德国女性的工作参与率已经反弹。玛格丽特·撒切尔在20世纪80年代的改革运动中消除了英国企业对竞争的反感，给大多数观察家留下了深刻的印象，但英国目前却出现了重新制定“产业政策”的呼声。中国的历史学家认为，邓小平领导的经济改革之所以能成功，要感谢可以上溯到1500年的深远的文化背景。正如前文曾多次讲到的那样，西方的现代化带来了新思想，以及在不同程度上的新的行为方式。

工作满意度的国别差异

人们普遍认为，经济发达国家在非物质回报方面不存在显著差异：由于这些国家的生产率相近，所以它们必然采用类似的生产方式，工作体验也必然是类似的。主流经济学会假定，理论模型中的完全自动化经济不包含任何文化。然而，这其实是一种严重而且影响深远的误解。

事实上，各个西方国家在工作满意度方面存在惊人的差距。这在1991—1993年的世界价值观调查数据中可见一斑，该调查收集了很多反映个人满意度和“价值观”（态度、规范和信仰等）的信息。图8-1描述了各个西方国家在平均工作满意度上的差距。

很自然，人们会提出疑问：工作满意度是不是工资或财富的另一种说法？实证数据表明，一个国家国民财富和工资水平的高排名并不代表工作满意度的高排名。戴维·布兰弗罗和安德鲁·奥斯瓦尔德评论说，在20世纪90年代的样本中，爱尔兰（最穷的国家之一）的工作满意度非常高，而地中海国家的工作满意度普遍偏低。人们还会怀疑，工作满意度的国别差异是否只是暂时现象。然而1999—2000年的世界价值观调查所搜集的工作满意度数据显示的排名与第一次调查的结果并没有太大差异，如图 8-2 所示。不过，第二次调查竟然遗漏了美国。

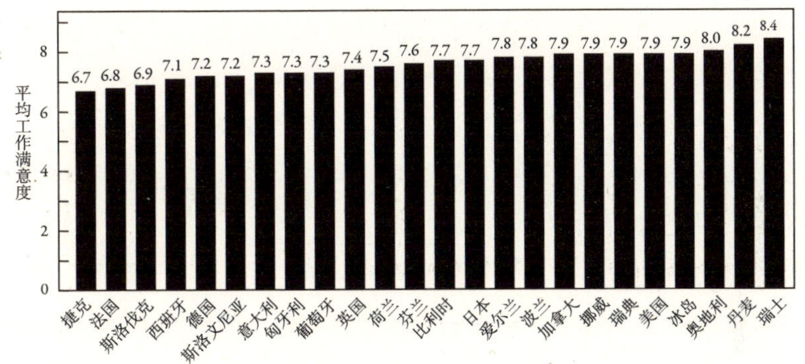

图 8-1　平均工作满意度（1990—1991 年）

资料来源：World Values Surveys。

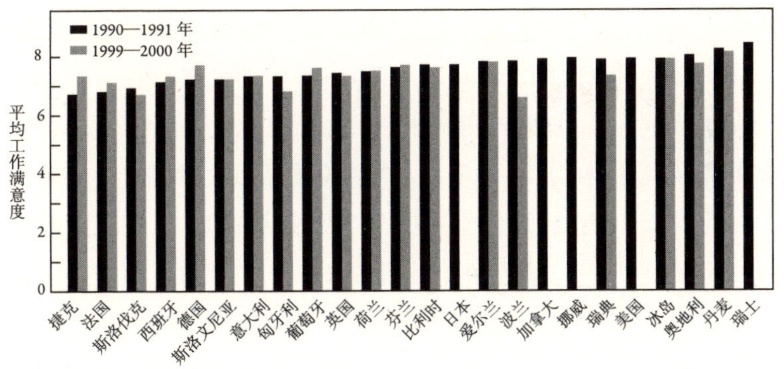

图 8-2　平均工作满意度

资料来源：World Values Surveys。

有人还会质疑，研究工作满意度有什么意义？为什么不直接采用“生活满意度”这个更全面的指标？答案是，通过对工作满意度的研究，我们才能更好地理解生活满意度的决定因素。在分析综合性质的生活满意度时，不能忽视对其成分的分解研究：工作满意度、家庭满意度、经济状况满意度等。如果我们可以分析人们对工作而非其他方面的满意度，以及经济制度和文化对这种满意度的影响，为使研究更加清晰简单，我们也应该把分析聚焦在较小的范围内。

还有一个紧要的问题，传统观点认为，如果一个国家的经济倾向于创造充满挑战、回报较大的工作岗位，则会影响家庭满意度，需要付出不菲的代价，例如配偶会因此感到焦躁不安，不能安心照顾子女等。传统观念认为，现代经济在总体上是否提升了生活满意度还是个未解之谜。然而，实际证据表明现代经济是有益的，敬业、能够在餐桌上谈论有趣话题的父母显然有助于子女成长。因此，虽然繁忙的工作可能会占用一部分家庭时间，却可以提高其余家庭时间的价值。在 10 多年前的一次调查中，孩子们明确表示，希望父母不要为了子女而在事业上做出太大牺牲，希望父母能过他们自己的生活，解决他们自己的问题。[3] 世界价值观调查也支持这种现代主义观点，其数据表明，工作满意度最低的国家在家庭满意度上的得分也最低，而工作满意度较高的国家（如丹麦、加拿大、美国和爱尔兰）的家庭满意度也较高。这在图 8–3 中得到了直观的展示：生活满意度与工作满意度呈正相关关系且联系十分紧密。[4]

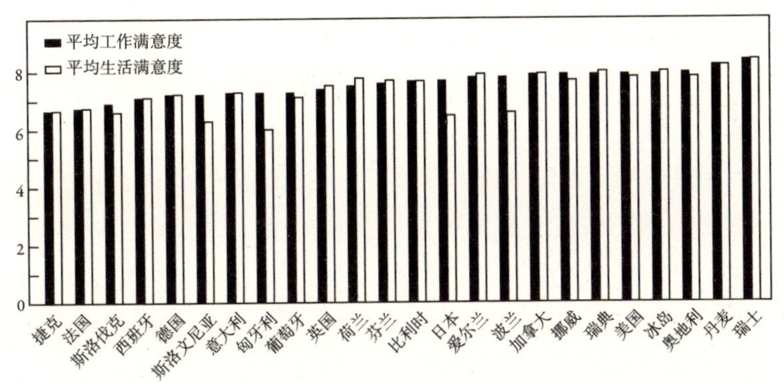

图 8-3 平均工作满意度与平均生活满意度（1990—1991 年）

资料来源：World Values Surveys。

最近几十年的工作满意度的大量数据曾被误解和误用。如某些观察家指出，瑞典的工作满意度很高，这证明瑞典的经济制度（资本主义和福利主义相结合的缺乏活力的特有混合体）是“最好的制度”。其他人则指出，丹麦的得分更高，因此丹麦的制度才是最好的，例如灵活保障制度及其他有吸引力的制度。这种利用数据的方法很荒唐，从“例外”样本而不是整体数据中得出结论，这是在统计学入门课程中才会出现的低级错误。有人可能会说：“这至少可以证明美国的制度并不是最好的制度。”但这种说法同样犯了方法论上的错误。某个国家在某次考试中取得第一的成绩，完全有可能是出于偶然，例如外界因素的冲击，或者制度上的一次不可持续的改善。最出色的网球选手面临很多对手的冲击，其中有人会意外地在巡回赛上折冠，但我们都知道冠军未必是最好的球员。在对手众多的情况下，最佳选手夺冠的可能性或许并不大。实际上，大家刚赞美过丹麦，国际社会普查项目

2002 年的资料就表明，丹麦的工作满意度显著下降。世界价值观调查发布的第二轮数据（2000—2002 年）显示，瑞典也出现类似的下降。[5]

还有一种常见的误解，即报告中显示的工作满意度主要反映报酬的高低，而非家庭调查希望测算的是非货币类型的满意度。对此，我们需要弄明白以下事实：首先，由于西方国家工资水平之间的差距较小，我们不能将工作满意度的差距归结为工资的差异；其次，如果收入是影响工作满意度的主要因素，那我们会问，为什么英国人的工资水平相对于其财富存量来说很低，报告显示的工作满意度却较高，而德国的工资水平相对于财富存量来说很高，报告显示的工作满意度却仅为中游水平，意大利和奥地利的情况也与之相似；最后，工作满意度高和收入高之间存在细微的关联，在很大程度上可能是因为高收入者的态度和信仰使他们容易获得更高的非货币满意度。

对工作满意度的解释还可以从工作满意度的特殊指标上得到证实，即工作在从业者眼中的自豪感或者重要性。从表 8-1 中可以看到，自豪感和重要性这两项工作满意度指标排名的结果与各国的整体工作满意度非常接近。在西方七国中，美国是平均工作满意度最高的国家之一，在自豪感和重要性方面的排名也是最高的，甚至超过瑞典和丹麦；平均工作满意度垫底的法国在自豪感和重要性排名上也垫底。北欧人心目中的工作的重要性、自豪感乃至工作满意度或许主要是因为路德派倡导的严肃生活态度和加尔文派对工作的重视，而不是挑战和测试自己的才华和远见所带来的个人喜悦。因此，工作满意度的评分主要基于受访者对各种非货币或非物质回报的感受。

表 8-1 平均非物质回报的指标（10+2 国的数据）①

国家	平均工作满意度	自豪感	重要性	净移民迁入②（%）	移民率（%）	男性参与率（55～64岁）（%）	女性参与率（55～64岁）（%）
加拿大	7.89	2.70	0.15	2.6	19.5	58.31	36.22
法国	6.76	1.74	0.04	1.0	10.6	36.08	27.12
德国	6.98	1.79	0.11	4.6	12.9	53.92	31.06
意大利	7.26	2.03	0.08	1.4	5.2	46.50	14.07
日本	7.66	2.20	n.a.③	−0.1	1.6	84.83	48.54
英国	7.42	2.80	0.07	0.4	9.7	62.46	40.76
美国	7.84	2.87	0.17	2.8	13.0	65.99	49.23
西班牙	7.02	2.31	0.05	0.0	10.7	55.39	19.78
荷兰	7.48	2.16	0.07	1.8	10.6	42.26	18.60
瑞典	7.93	2.63	0.11	2.0	12.3	70.92	63.91
奥地利	8.03	2.03	0.18	1.5	14.0	44.71	19.07
瑞士	8.40	n.a.	n.a.	3.9	22.3	82.56	46.77

注：①工作满意度的评分为 1~10 分，对“是否为工作感到自豪”的回答是 1~3 分，对“工作是不是生活中最重要的事情”的回答是 0~1 分。表中显示的是平均值，数据来自 1990—1993 年的调查。

② 1981—1990 年的净移民数据是指占 1981 年总人口的百分比。

③ n.a. 代表没有数据。

资料来源：Inglehart et al., Human Beliefs and Values (1997); Stock of Immigrants per Person (2005); United Nations Development Program, Human Development Report on Mobility (2009)。

有一种相反的观点认为，一个国家的工作满意度较低或许更多地反映了受访者的期望较高，而非目前的工作非常乏味。例如在法国和意大利，人们的工作满意度较低是因为手里的财富较多。然而美国和加拿大的财富水平并不低，即使是在 2001 年的互联网泡沫之后，它们的工作满意度排名依然靠前。此外，图 8-2 还提醒我们，爱尔兰在由穷变富的10年中，其工作满意度一直位居前列。而且，如果工作满意度高并不反映实际情况，那我们无法解释为什么外国人会大量迁入这些满意度较高的国家，包括加拿大、美国、瑞典和德国。（当然，迁入德国的移民较多部分原因可能是在地理上靠近主要的迁出地——东欧。）

国别差异的制度原因

对最近几十年西欧国家经济发展不同维度的比较研究表明，这些国家的基本经济制度，即大企业、大工会和大政府（加上其他有影响力的特殊利益集团）对市场运转拥有否决权的社团主义制度，在实现若干目标方面与现代资本主义制度有着类似的效果。这些研究者认为，欧洲国家不断地向市场中注入各种障碍，显然是因为它们相信由此造成的成本并不大，或者是值得的。某些经济学家曾推测，就业保护法有助于解释18~22个西方发达国家中有几个国家的经济表现相对较弱的现象。[6]其他人则猜想，某些国家因过于重视由工资税支持的高失业保险导致其经济表现不佳。[7]还有研究认为，大工会和大产业协会对工资和其他很多事务开展的集体谈判具有显著的破坏作用。[8]有人认为，增值税税率和劳动收入的平均所得税税率也是可疑因素——其测算手段是税后工资的降低幅度，或者工资需要负担的社会保险福利的规模。[9]还有的研究者关注了缩短工作周和工作年的课题，[10]以及对进口的保护主义干预措施。[11]一个更明智的假设是，拖累欧洲国家的并不是社团主义经济，而是它们继承的罗马法传统不如盎格鲁-撒克逊国家的普通法传统有效。[12]问题在于这一假设目前没有结论，很多证据具有欺骗性，相关关系只是偶然事件，缺乏因果联系。我们感兴趣的课题是社团主义经济同现代资本主义经济在经济活力上的差距，及其对工作满意度的影响，而就业保护法、失业保险福利和增值税在这个背景下可能没有什么说服力。

本书的主题是，与相对现代的资本主义国家相比，采纳就业保护法和其他社团主义制度的欧洲国家最初的制度环境更落后（至少不算先进）。社团主义国家和现代资本主义国家在制度结构和经济文化上的深刻差异是其经济活力差距的主要原因，并影响到人们的工作满意度：社团主义经济的工作满意度较低，主要是因为未能充分发展出高经济活力所需要的现代资本主义制度和文化。该结论与大多数经济研究的结论形成了鲜明的对比。那些研究者认为，社团主义国家通过采取就业保护法、失业保险福利以及高增值税等措施，给它们原本很完美的经济体制加入了破坏性因素。经过从芝加哥大学到麻省理工学院的学院派经济学家们的宣传，此类观点成为新自由主义的原则，认为一个国家只要能防止政府和市场参与者等破坏自由市场、价格和工资体系，就能成功实现经济发展。消除和避免对竞争的干预就足以实现理想的发展，这有一定的可能性和合理性。亚当·斯密及之后众多的经济学家也都持这种观点，在他们的时代，经济表现（甚至最理想的经济表现）只关系到生产率和就业。然而，这些新自由主义制度是不适合现代社会的。自现代社会开始在首批现代国家播撒并点燃创意的火种，培养出具有自主创新意识和能力的经济体之后，如果不具备高度的经济活力，一个国家就谈不上拥有出色的经济发展。如果没有相应的制度和经济文化鼓励新商业创意的构思者，推动企业家开发这些创意，勉励员工长时间地认真工作，并保护愿意给企业投资或借款的金融家，保护愿意尝试新产品的消费者或其他最终用户，就不可能有充足的经济活力。许多这类制度（保护合法权利和程序的无形的基础设施）在17—18世纪的重商资本主义时期就开始形成，但它们也起到了支持创新的作用。

在我们看来，19世纪出现在各国的现代资本主义拥有这些旨在鼓励和促进创新的新制度，例如设计精巧的专利和版权保护体系，还拥有其他旨在鼓励参与者承受探索未知世界的不确定性的制度，例如有限责任制度、在企业失败时对债权人和所有人的保护，以及保护经理人免受股东诉讼的制度等。与之类似的是，现代经济的某些文化要素也起源于更早的时代，例如古希腊对美好生活的定义。而现代道德观在巴尔赞提出的"现代时代"来临后才萌芽并成长起来。这就是我们提出的理论，它能否在一定程度上解释工作满意度以及经济活力的差异？

我与吉尔菲·索伊加在2012年开展了一项广泛研究，分析资本主义制度中的哪些方面决定了经合组织成员国的平均工作满意度。[13] 我们首先注意到，在若干制度类型的强度和广度方面，各国存在差异。某些资本主义法律制度在爱尔兰、加拿大、英国和美国得到了较大的发展，而在其他国家则相对薄弱。例如，弗雷泽研究院从20世纪90年代中期开始对很多经济体进行排序，反映各国在"法律建设与产权保护"领域的评分。一个国家的评分是这个领域内的若干制度测量值的平均值。结果显示，爱尔兰和加拿大在1995年分别排在第8位和第11位，英国和美国分别是第14位和第15位，排名靠后的有比利时（第24位）、法国（第25位）、西班牙（第26位）和意大利（第108位）。排名靠前的多为北欧国家：芬兰（第1位）、挪威（第2位）、德国（第

5位）和荷兰（第6位）。[14]当然产权制度只是能够解释工作满意度差异的制度之一。

资本主义的核心还包括三类金融制度：第一类的代表是资本进入指数，由米尔肯研究院编制，依据的是反映“资本市场宽度、深度和活跃度”的指标；第二类是选择在有组织的股票交易所公开上市的公司的数量，以在整个经济中占全部企业的百分比表示；第三类是在交易所交易的股票的市场价值，称为股票的市场资本化价值，以市场价值与国内生产总值的比率表示。鉴于近年来出现的所谓公司治理问题，这些制度对于创新的作用可能会受到质疑（从第九章开始要对现行制度的某些严重缺陷展开讨论）。不过，即使是非常不完善的制度，如果能同时帮助新旧企业通过上市或增发股票筹集资本，那就远远超过没有公共资本市场的制度。起步时规模很小的新企业在开发某些新创意时往往具有重要优势，而由家族控制的永远长不大的企业通常只能靠利润再投资或借款维持，时不时地还要申请破产保护，占用了原本可以用于创新型企业的宝贵资源。那么数据的分析结果如何呢？我们通过分析统计数据发现，这两类历史悠久的资本主义制度（资本获得和证券交易所）的衰退会影响工作满意度。杰斐逊倡导的创办小企业的自由对社会有益，而支持这些企业成长的制度也是至关重要的。

现代制度（如现代资本主义诞生时的制度）的普及和运转效果是否也会影响工作满意度？尽管对许多制度（例如专利法）的运转效果的测算存在一定的挑战性，但答案是肯定的。因为通常来说，激进的新观念更容易在新企业产生，打破封建时代和商业时代中创立新企业和形成新产业的各种障碍，是建立有效运转的现代资本主义的重要制度准备。美国是在摆脱乔治三世的严厉压制、实现独立后才取得的这些成果，所以在概念上，取消政府审批制度的进步（如果有这方面的测量数据）可以帮助解释现代资本主义国家的高工作满意度。这个领域的很多制度具有离散性和异质性，很难用量化指标测算。因此我们通过一些案例说明也不算太离谱。易贝（eBay）的创始人皮埃尔·奥米迪亚在 2005 年对法国普罗旺斯区埃克斯市的听众说，他不可能在法国创建公司，但他没有说明原因，或许是因为不太方便讲。另一位著名企业家告诉时任英国首相卡梅伦，由于英国缺乏某些关键制度，因此不可能在那里创办企业。

现代资本主义运转所需要的一项基本制度是公司法：给公司提供面向债权人的破产保护，为公司提供防止经理人内部交易的保障，为公司提供防止雇员玩忽职守的保护，以及限制公司对雇员的苛刻要求等。历史上曾以“产业自由”的名义在一定程度上描述过这些概念，例如在前现代时期的原始资本主义中，土地所有者也可以通过雇佣合同请人收割作物。在现代资本主义中，公司和个人需要开展合作，各自投入资金或时间，很多工作任务是他们事先无法预见的，有些是紧急情况，有些只会在将来出现，因此雇员和雇主不可能在合同中把所有可能性都考虑进来。于是在合同未能覆盖公司经营中遇到的所有问题时，就需要法律对冲突的解决做出规定。如果缺乏这种法律支持，企业家或投资者可能会对新产品的开发举棋不定，因为发展前景的不可预见性需要他们招募或解雇员工，用更优秀的人才替代不合格的经理人，而法律不完善会给这些操作增加麻烦。创新并不总是会产生破坏作用，但回避破坏的做法会增加获取创新资源的难度。

最后，一个国家的经济政策也是显著影响致力于创新的企业家精神的制度因素。保守主义者依靠有限的数据和特定的理论跳跃式地得出结论：除极少数情况外，任何给政府赋权的经济政策的成本都高于收益。理论上可能有过这样的推测，认为政府对产业部门的各种干预（如多生产谷物、少生产布匹）对重商资本主义时代的田园经济是有害的，但从来没有人认为，教育投入的增加或减少会使创新偏离最佳均衡状态，或者会完全妨碍创新。我们其实并不清楚，某些具体的政府行为对经济活力乃至工作满意度会产生积极还是消极的影响。对于此类问题，往往有条件开展研究，并可能得出引起我们反思的结论。例如，前文提到的工作报告就显示：旨在促进弱势群体就业和提高自立程度的向低收入者提供的补贴（如美国的所得税抵扣政策）可以提高工作满意度。原因可能是，使这些边缘人群融入商业社会，有助于发挥一大群人的创造力，他们的天赋在以前通常找不到用武之地。

福利国家制度也是这方面的例子。我们还发现，在社会保险方面（医疗和养老，不含教育）政府支出水平较高的国家并没有压低工作满意度的迹象，当然这一发现可能是受了某些特殊国家的数据的影响，如石油资源丰富的挪威和音乐传统深厚的奥地利。[15] 18 世纪末到 19 世纪初的法国经济学家让-巴蒂斯特·萨伊曾在 1803 年的论文《政治经济学概论》（*Traité d'économie politique*）中分析了大政府引发的问题。他的大意是：

> 企业家们的心思本来是用在产品和工艺的改善上，以促进收入增长，但如果政府采购渗透入整个经济体，那企业家们就会不可避免地转向，去考虑如何发挥政治影响力，以争取政府的新合同，进而战胜竞争对手。因此，政府消费水平过高

会使一个国家丧失部分经济活力，从而也会降低工作满意度。

然而，这份报告并没有发现，所有旨在保护雇员和产业的社团主义干预都能够提高工作满意度。社团主义者相信，增强人们的安全感有助于增加满足感，这似乎是个错觉。研究数据表明，监管制度对工作满意度有显著的抑制作用，尤其是信贷市场监管（如利率控制）和产品市场监管；集体谈判制度以及对雇用和解雇的监管也降低了平均工作满意度。其他一些社团主义制度（如希望保持较大的出口盈余，以负担对外国债权人和投资人的利息和分红）可能有助于这些国家吸引外国投资，并引入外国资本和外国技术。但如果证据属实的话，这些社团主义政策依然会造成工作满意度下降。

国别差异的文化原因

前文提到，一个经济体包含经济文化和整套制度，对现代经济而言尤其如此。熊彼特在 1942 年的著作《资本主义、社会主义与民主》（*Capitalism, Socialism and Democracy*）中说资本主义经济在本质上是一种文化，他强调的是由此而来的习惯和标准，而我们提出的命题是文化的基本要素（即主流态度和信仰）对人们与他人合作中的敬业投入和效果会产生影响，这两方面都关系到工作满意度。此类态度和信仰经常被称为价值观。经济文化还包括在企业里形成的态度等，例如经常有人谈论谷歌这类优秀公司的企业文化。

什么样的价值观能够塑造经济活动满意度较高的经济？我们还是需要通过人类学家、民族学家和社会学家搜集到的各种有关态度、规范和信仰的数据，分析这些文化价值观的流行程度和深度的国别差异，看它们是否有助于解释工作满意度的差别。这一分析暂时未考虑的问题是：雇员、管理者和顾客的价值观产生的影响是以间接方式、通过制度的改变发挥作用，还是产生直接影响？无须改变制度，除非制度本身会做相应的调整。

提及经济文化，很多社会科学家首先会想到“信任”这个议题。普遍来说，如果人们从小就习惯于遵守法律和相互礼让，社会的发展状况会更好。这种观念始于 1970 年左右，当时社会学家理查德·蒂特马斯出版了《礼物关系》(*The Gift Relationship*)，哲学家托马斯·内格尔随后出版了《利他主义的可能性》(*The Possibility of Altruism*)。我当年组织的一次研讨会及随后的论文集对这些议题进行了深入讨论。[16] 不过我们目前需要先把信任议题放下，这主要是出于两方面的考虑。把利他主义和文化混为一谈是非常令人困惑的，好比把道德和伦理分开一样。道德探讨的问题是，哪些是通常有利于公众的应该做的事情，如无私的奉献行为；伦理探讨的问题是，假如从自身利益出发，一个人的明智做法是什么。最近有关经济文化的影响的研究似乎已不再考虑利他主义的因素。暂时忽略信任议题，更重要的原因还在于，目前没有合理的假说表明利他主义对经济活力具有促进或者制约作用。即使有这样的理论，也没有可信的假说认为利他主义是现代资本主义国家特有的而不属于社团主义国家，或能证明相反的假说。因此我们的研究最好不考虑利他主义。

法国商人菲利佩·布吉尼翁的职业生涯几乎在美国和欧洲之间平均分配，他说这两个地方有着完全不同的文化。[17] 根据他的分析，这种差异起源于儿童成长的迥异的环境。法国母亲会在游戏场内密切关注自己的孩子，提醒他们注意安全，而美国母亲对此则不怎么担心，也不会警告孩子。结果是，美国人的成长过程经常伴随着很多失败的经历，他们不太害怕较高的失败风险。

另一位观察者发现，对于商业生活的价值观的传统描述，欧洲大陆国家与美国、加拿大、英国和爱尔兰经常使用的概念存在很大差异。记者斯蒂芬·泰尔开展的调查表明，法国和德国采用了与英美完全不同的伦理观来看待私营企业和市场运转：

> 法国高中采用的三卷本的历史教材《20世纪历史》在不同地方分别用“残酷”、“野蛮”等词汇描述资本主义。它说，新兴企业是“草率的”，有着“不确定的前景”。德国的高中教材也有类似的描述，其重点是灌输社团主义和集体主义传统。它们都是从资方和劳方、雇主和雇员、老板和员工的冲突视角进行教育……图解和说明中的老板和企业主的形象往往是嘴叼雪茄的懒惰富豪，有时还会涉及童工、互联网欺诈、手机上瘾症、酗酒和不公平解雇等话题。我们可以想象，在如此教育背景下长大的欧洲人看待世界时自然会选择一种居中偏“左”的、社会民主党式的视角。欧洲的学校教育中存在的这种偏见的强度和深度实在令人惊讶。[18]

泰尔的调查表明，人们看待世界的视角在不同国家有巨大差异，甚至超过被观察的世界本身的差异。调查还显示，造成这种差异的原因是人们的价值观存在巨大差异，或者他们对某些共有价值观的排序存在巨大差异，例如布吉尼翁观察到的对安全保障的重要性的重视程度。

前文提到的世界价值观调查的结果显示，几乎每项价值观

（规则、态度或世界观）的流行程度在各国都有巨大差别。此外，对个人问卷调查的统计分析表明，国别差异与随机样本中个人特性的影响几乎无关，国别差异远远超过观测差异的预期水平。这些调查中的某些价值观在现代资本主义国家比社团主义国家更强势，而社团主义国家则流行其他一些价值观，这是意料之中的。

本书的一个核心命题是，有若干价值观对一个国家的杰出经济表现产生了重要作用，这个命题到目前还是一个有待证明的假说。某些价值观可能影响了构思创意、开发和尝试新产品的能力和愿望，其他价值观可能影响了支持或破坏创新前景的经济环境。通过这些渠道，西方国家（不管其属于现代资本主义还是社团主义）的很多价值观都可能影响到工作满意度，包括直接影响工作场所的激励和挑战，或者通过促进经济挑战和回报的新制度产生间接影响。现在，我们需要用调查数据直接验证这个假说。

哥伦比亚大学资本主义与社会研究中心最近开展了一项研究，监测了西方文化中的问题解决、好奇心、实验、探索、新奇和变革等因素对经济表现的影响（最终关系到对工作满意度的影响）。第一批结果已在2006年威尼斯研讨会的论文中发表，主题是欧洲经济受束缚的原因。[19]这篇论文探讨了经济文化的价值观，从世界价值观调查中选取了9种关于工作的态度，逐一分析其对经济表现的影响。某些价值观与一个或多个维度的经济表现显著相关。例如，某个国家的受访者如何看待“工作的趣味性”与多维度的经济表现有关；对新观念的接受度也是一项很好的预测经济表现的指标，还有主动采取行动的意愿；不太情愿服从的指标（这在某些欧洲国家很突出）对一个国家的经济表现有显著的负面影响。准备接受变化和愿意参与竞争的指标对经济有帮助作用，达到目标的意愿的影响不大。这些结果表明：人们希望获得体验，看重生活的过程，而非特定的目标。

研究结果表明，我们假定的各种文化要素的影响是普遍存在的。世界价值观调查结果证明，较为成功的价值观是现代资本主义的价值观，而社团主义色彩较浓厚的国家（法国、意大利、荷兰和比利时等）在这方面不及比较对象（美国、加拿大和英国），也不及海洋贸易比重大的国家（丹麦、爱尔兰和冰岛等）。不过那篇论文没有涉及本章特别关注的经济表现指标——工作满意度。我们可以借助这些数据验证对传统经济表现指标（劳动参与率、相对生产率和失业率等）有显著影响的态度是否对工作满意度也有显著影响。结果当然是没有疑问的。设计一个更精巧的方法也是一件有趣的任务。

本书所介绍的历史显示，有另一个办法验证经济文化对工作满意度（还包括更广义的经济满意度）的重要性。历史进程证明了现代伦理（要求通过发挥想象力和创造力实现自我）和现代道德（摆脱家庭、社区、国家和宗教义务的传统束缚，进行创造性追求的个人自由）的重要性。本书第二部分讲述的世界历史都是现代主义和传统主义之间的较量，是从 19 世纪早期延续至今的没有尽头的伟大斗争。在现代主义占上风、传统主义后退的地方，例如英国和美国，现代经济和现代社会开花结果。即使在强调平等和博爱的法国和德国，传统主义（和社会主义）依旧强大，它们也建立了相对现代的经济制度。但随着传统主义在 20 世纪的复兴并占据欧洲的主导地位，这些国家经济的现代性质有所消退。

如果历史的实际进程的确如我们描述的那样，那么在现代文化价值观较为盛行的国家，我们应该能看到更令人难忘和更加广泛的繁荣景象，以及更高的工作满意度。传统主义的很多要素也在发挥作用，在传统价值观影响小的地方，我们也应该看到更高的工作满意度。

在我与拉查·博吉洛夫在2012年完成的一篇工作报告中，我们研究了一个国家的现代主义价值观对平均工作满意度的促进作用。我们测算了多个国家对世界价值观调查中的某些价值观的认同程度，作为其具有或缺乏现代主义文化的标志。[20] 这些指标的测算是根据若干是非判断题的回答进行的：

向生产率更高的员工支付更多报酬是否公平？

公司的管理层是否应该受公司所有者的控制？

你是否认为竞争是件好事？

此外还包括要求回答者给出评分为1~10的问题：

一个人是否应慎重对待生活中的重大变化？

你是否担心新创意？你是否认为经受过时间检验的观念通常更好，还是说新创意值得开发和尝试？

你是否担心变革可能带来的困难，还是欢迎新事物带来的任何可能性？

通过量化分析每个国家对这些问题的答复数据，我们可以测算该国在这些价值观上的平均认同度。利用这6个量化指标，我们得到了一个现代主义指数。

我们也用类似办法构造了一个传统主义指数，选择的调查问题与高度关注对家庭和社区的责任有关。如果经济发展可能使儿童脱离家庭或社区的照顾，则不能被接受。世界价值观调查的4

个问题覆盖若干传统价值观：

给他人提供服务对你的生活来说是否重要？

儿童是否应该尊重和喜爱父母？

父母是否对子女有责任？

无私是不是你的子女需要具备的一项重要品质？

我们并不是说对父母或子女十分严苛的人就会成为出色的创新者，而是说如果过分关注家庭或社区、忽视个人则会抑制创新的发展。

数据分析的结果如何？人们通常认为，传统价值观是联系社会的珍贵纽带，可以间接地提高工作满意度和参与经济生活的其他收益。还有人可能认为，稍微有些现代主义要素就可以了，过于强烈的现代主义会削弱合作、引发焦虑、失去古代手工业者拥有的那种深刻的工作满足感。欧洲大陆的政治家们在每次演讲中都会赞美这些珍贵的信仰。然而我们的研究明确显示，以上这些偏见都不成立。

数据结果显示在图 8–4 和图 8–5 中，其依据是表 8–2 中的现代主义指数和传统主义指数的数据。如图 8–4 所示，传统主义制约了工作满意度，芬兰、丹麦和美国这三个国家的传统主义指数得分很低，而平均工作满意度却很高，这些国家的经济活力也经常被大家关注；葡萄牙、西班牙和法国这三个国家的传统主义指数得分很高，平均工作满意度很低。还有，样本总体上呈现出明显的负相关关系。瑞典、加拿大、爱尔兰和丹麦的工作满意度较高，这与它们的传统主义指数得分不相称，但它们有其他国家不具备的一些特性，图 8–5 会进行解释。

表 8-2　现代主义指数和传统主义指数

国家 / 地区	现代主义指数	传统主义指数
奥地利	0.55	0.49
比利时	0.50	0.49
加拿大	0.61	0.50
丹麦	0.58	0.44
芬兰	0.62	0.38
法国	0.49	0.59
德国	0.58	0.45
冰岛	0.63	0.54
爱尔兰	0.54	0.59
意大利	0.56	0.58
日本	0.42	0.48
荷兰	0.58	0.49
挪威	0.53	0.44
葡萄牙	0.50	0.71
西班牙	0.47	0.62
瑞典	0.62	0.51
英国	0.56	0.54
美国	0.59	0.44
平均	0.58	0.51

如图 8-5 所示，现代主义对工作满意度有强烈的促进作用，现代主义指数得分高的国家在工作满意度上的得分也较高，现代主义文化最明显的国家（冰岛、芬兰、瑞典、加拿大和美国）在工作满意度上的表现都很出色。不过在 2001 年，瑞典的工作满意度大幅下降。

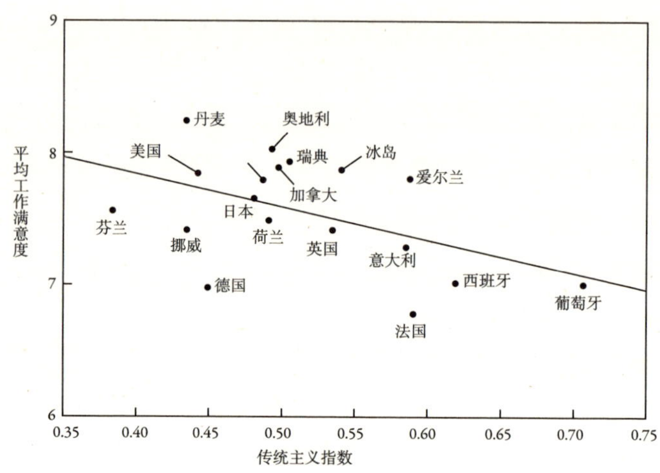

图 8-4　传统主义指数和工作满意度（1991 年）

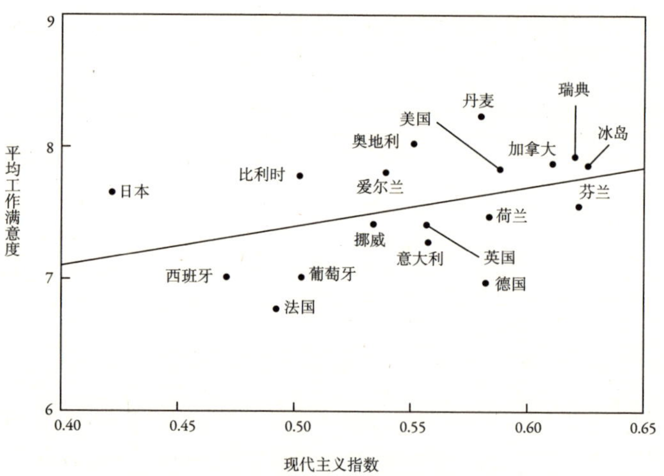

图 8-5　现代主义指数和工作满意度（1991 年）

把图 8-4 和图 8-5 结合起来可以看到，意大利的工作满意度低可以归咎于其传统主义指数得分高，其高于平均水平的现代主义指数未能完全抵消这一负面效应；法国的工作满意度低是因为传统主义指数高于平均水平，同时，现代主义指数又低于平均水平；德国的工作满意度低和奥地利的工作满意度高却不好解释，很显然，价值观也不是万能的。

让人吃惊的是，从最近的数据测算来看，有如此多的国家的现代主义指数得分都高于美国，而美国应该是现代主义在 19 世纪和 20 世纪大部分时间里表现得最突出的国家。这是不是因为近来发生了什么变化？如图 8–2 所示，在 10 年左右的时间里，一个国家的文化发生重大改变是很不寻常的事情，不过在几十年的跨度内发生改变就不那么罕见了。美国经济在最近几十年是否失去了活力？其背后的原因是不是现代主义文化的衰落和传统主义的复兴？这些是第九章要回答的问题。

第三部分

衰败与重生

只有当新鲜、原生、真正有创造力的浪潮在黄昏拍击海岸时，我们才重新发现西方。

——雅克 · 巴尔赞，文化历史学家

第九章

衰败的里程碑

在迷幻药的癫狂中……有天早上我让希尔伯曼来取……于是就有了“破碎的美国梦”这样的东西，我想，最好的办法就是观察政治。

——亨特·汤普森，美国记者、作家

与19—20世纪大多数时期成就辉煌的现代经济相比，今天的美国经济有巨大差距，这从经济表现的几个核心维度（工作满意度、失业率和相对生产率）上能清楚地反映出来。数据显示，早在20世纪70年代中期，这三方面都出现恶化，只有工作满意度在最近的互联网繁荣期有过短暂的回升。其他西方国家也或早或晚出现了类似的恶化趋势：德国始于20世纪80年代，意大利和法国则从20世纪90年代后期开始。由于美国经济也逐渐显现出增长乏力，这些严重缺乏自主创新的国家便再也不能通过搭便车的方式维持繁荣。

美国经济的长期恶化一开始显得很神秘。从 20 世纪 60 年代后期到 80 年代后期，由于大量女性和年轻人加入劳动力大军，失业率有所上升，工资有所下降。但人口结构对生产率增长的冲击显然是暂时现象，经济的持续恶化表明其构造板块正在发生变化——一种系统的、本质的变化。

经济衰退的早期数据

虽然直到 20 世纪 70 年代早期美国生产率增长的严重减速才充分显露出来，但实际上这种趋势早在若干年前就已出现，只是被繁荣的就业市场掩盖了。1962 年秋天，约翰 · 肯尼迪在总统竞选中提出了“让美国再度前进”的口号。讽刺的是，现有数据表明，明显的生产率减速正是从 1964 年左右开始显现的，之后一直断断续续地恶化，直至 20 世纪 70 年代中期。1993 年之前，美国的生产率增速都非常低，进入互联网繁荣时期后有显著回升，此后又回到 20 世纪 70 年代的蜗牛速度。

剖析生产率减速有助于我们看清真相。生产率有两种类型，人们较熟悉的一种是产值与工作量的关系，被称为劳动生产率。劳动生产率的增速如图 9–1 所示。[1] 在 1972 年之前的几十年里，美国劳动生产率的增速都维持在每年 2.33% 的均值附近，但 1972 年之后，均值下降到 1.57%。有一段时间，人们以为从 20 世纪 70 年代早期到 80 年代早期的工作小时数的迅速增加导致劳动报酬递减。然而伴随着劳动生产率增长的减速，资本平均产出的增速下降得更快，这就很难归咎于劳动投入的增加。我们还可以把这两个要素的生产率进行综合，观察全要素生产率或多要素生产率的增速变化（这个概念在第七章已介绍过，相当于单位资本和劳动的组合产出）。全要素生产率的增速参见图 9–2：1972 年之前约为 2.26%，此后约为 1.17%。全要素生产率的减速比劳动生产率的减速更严重。如图 9–1 和图 9–2 所示，在互联网繁荣时期生产率出现了加速，趋势逆转，但泡沫破灭之后，增长率下降的情况更为严重。

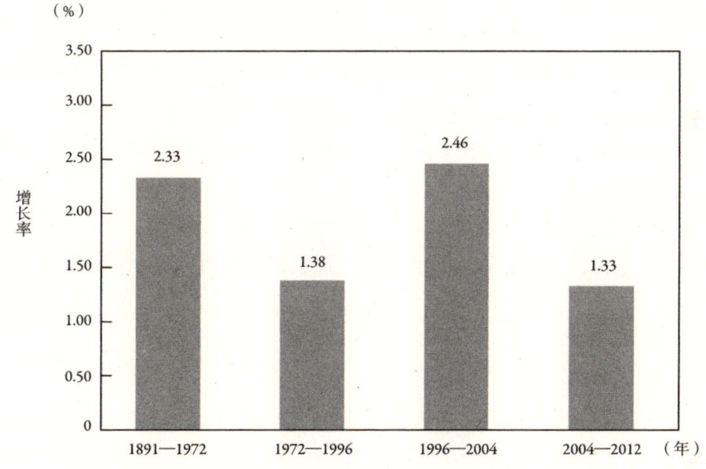

图 9–1 美国的劳动生产率平均增速（1891—2012 年）

资料来源：Robert J. Gordon。

1973 年，当生产率增速下降已非常明显（并将继续恶化）时，失业率开始大幅上升，从 1968—1969 年多数月份 3.4% 的低谷，提升到 1975 年 5 月 9.0% 的高点。1972—1981 年平均失业率为 6.6%，而此前 20 年的平均值仅为 4.6%，1900—1929 年和平年份的平均值为 4.95%。1973 年后的城市骚乱尤其严重，石油价格在1973年和1979年的急剧提高更是火上浇油，不过这种效应是暂时的（特别是经过通货膨胀调整后）。在1973年之后的30年里，平均失业率为6.3%，其中1982—1991年为7.0%，1992—2001年为5.4%，2002—2011年为6.5%。欧洲国家在此期间也出现了类似的失业率上升。在所有西方国家，生产率增长减速带来的严重失业问题已成为整个时代的标志。

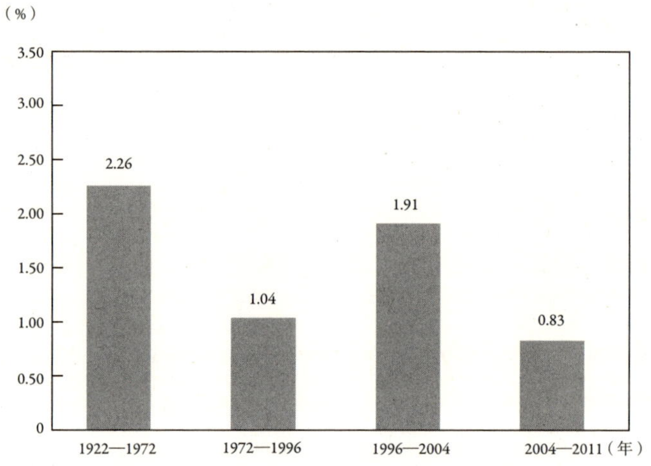

图 9–2　平均多要素生产率（1922—2011年）

资料来源：Robert J. Gordon。

生产率增速放缓和失业率提高之间是因果关系吗？对不同类型经济体（某些依然基本保持现代性质，某些已不再是现代经济）约20年的观察表明，生产率增长减速与失业存在系统性的联系。经合组织职业研究的结果显示：英国的失业率一开始比美国还低，但在20世纪80年代早期已超过美国，法国的失业率也在 80 年代超过美国，德国则于 90 年代中期超过美国。与之相对应的是，生产率增速下滑幅度较大的依次是德国、法国、英国、美国。因此，生产率增长减速会规律性地带来更多失业，我和胡恩在 1997 年的一篇论文中首次阐释了这个现象。[2] 其实很多记者对此早就心知肚明，他们甚至开始用“增长”作为高就业的同义词，直到 2010—2011 年的“无就业复苏”才打破了这种约定俗成。值得注意的是，尽管欧洲增速放缓的原因与美国不同，但增长率同失业率的直接联系依然很紧密。当然，美国在 20 世纪 30 年代出现过生产率迅速增长但就业不振的现象，即“大萧条”时期。经济学家提醒过我们，创新活跃会造成某些摩擦性失业。不过，大规模失业似乎难以归咎于快速的生产率增长，应该是其他货币和非货币因素推高了失业率。如果当时没有生产率的快速增长，没有人修建跨越全国的电缆，美国的失业情况可能更严重。

就业与创新率之间有三种机制联系。第一种是直接作用，企业如果感到来自竞争对手的新产品和新工艺的威胁降低，常常会提高价格、减少雇员数量。

第二种是企业的雇佣人数和自身创新前景的关系。如果企业认为自己的生产率增速会放缓，那么对新增雇员的产值期望就会降低，此时，生产率下降的作用就和利率上升一样，将导致企业减少雇佣人数。

第三种机制通过工资和财富的关系发挥作用。最简化的理论模型是，某个经济体的产出完全由劳动创造，不存在任何物质资本，这个社会的资本都被企业用来把新员工培训成技术熟练的员工，正如我和胡恩的论文中假设的那样。此时，劳动生产率的提升会增加劳动力需求，提高雇主愿意支付的工资，从而提高就业率和工资水平。在长期一成不变的情况下，如果技术突然得到改进，人均产出突然增加，那么会出现什么结果？工资可能上涨，就业率会在一段时间内提高，但增幅究竟多大呢？工资与财富（家庭的财产价值）的相对比值对就业具有重要影响。随着生产率水平和收入水平的提高，每年的储蓄也会相应增加，财富会不断增长。家庭财富的增加会导致劳动供给下降，因为员工所要求的工资会提高，从而压低就业量，推高工资水平。然而，只要财富增速还没赶上工资增速，财富的增幅就不足以使就业量绝对下降。如果生产率和工资的增速持续提高，财富的增长将永远赶不上工资的提高。在这个阶段，财富虽然也在增加，但相对于工资却在减少。只有在工资财富比足够高之后，财富的增速才能最终赶上工资，这个阶段才能宣告结束。[3]

所以，美国和其他国家的生产率增速下降会对就业和失业产生两种不良影响。首先，生产率增速下降时，储蓄并不会停止增长，因此财富增长在初期不会减速。其结果是工资财富比在1968年达到“二战”后的新高（0.38）后，20世纪70年代出现下跌，1980年降至0.32，1990年为0.29。很多人对工资水平不满，要求更好的待遇，否则就更换工作甚至不再工作。财富工资比的膨胀也促使消费与收入的比例提高：消费占国内产出的比例从1970年的62%提高到2001年的69%（见图10-2a和图10-2b）。其次，预期利润率增速降低使经营性资产（包括员工和顾客）的价值随之降低，股票价格在1968年狂跌，企业业绩不佳导致预期更加悲观，股价直到1974年才恢复平稳，由此也导致就业率下降。消费品行业的员工发现，他们在雇主心目中和经营性资产一样贬值了，他们不得不接受实际工资的降低，因为只有这样才能保留原有的岗位。然而，许多员工考虑到实际家庭财富仍在增加或者没有显著减少，因此不愿意接受降低实际工资的现状。与此类似，资本品行业的员工也发现其产出的市场价值下跌，如果要保住饭碗，只能降低实际工资。在相对财富减少时，经济通常会出现某种程度的逐步复苏，但工资和就业水平要想从这一结构性调整中完全复苏是没什么指望的。[4]美国企业的股票价格最终在 1992 年恢复到了 1968 年的水平，但是到 1992 年需要用于生产增量资本的劳动机会却增加了，也就是说，用于资本品生产的劳动的机会成本更大了，而且员工们在 1992 年的家庭财富远远多于 1968 年，企业需要支付更高的工资才能把他们留住。

这些是否意味着“储蓄是件坏事”？当然不是。储蓄行为是支持投资和创新项目的必需品，现有的资本存量和来之不易的知识积累都是储蓄的“丰功伟绩”。然而，财富也会降低人们的储蓄和工作意愿，从而增加新投资等创新活动的难度。通常来说，储蓄带来的生产率增长可以使产出的增幅超越储蓄带来的财富增量。但是当创新陷入枯竭时，储蓄能带来的生产率增幅越来越小，经济活动的产出就会低于储蓄带来的财富增量。[5]因此，衰退和相关问题的根源是全要素生产率持续而普遍的增长减速，而这种减速只能归咎于自主创新的萎缩，因为草根创新（而非科技成果）是 19 世纪 30 年代到 20 世纪 60 年代美国创新的主要源泉。

创新减弱的另一个影响是创新带来的包容性影响的逆转。当某个地区开始繁荣时，边缘位置的工人和资产能获得最大收益，甚至从零收益转向正收益。与之类似，衰退给社会边缘群体造成的伤害最大（按比例衡量），而非强势群体或富裕群体。这种现象将成为下文的重要话题。

总之，各种投资活动（对新设备、新员工等）及其支持的创新是维持高就业和劳动生产率增长的核心动力。创新萎缩是1972年之后失业率上升和工资水平下降的主要原因。

政策措施和其他反馈

增长率下降和失业增加的政策反应（及其失败）是后续的重大历史事件。到20世纪80年代，生产率增速仍然低迷，看不到任何重现快速发展的迹象。产业界人士不再指望生产率能像以前那样，今天的员工也不指望成为将来的超级雇员。经济学家和政治家知道，要实现全要素生产率的持续提高、抑制下跌，需要愚公移山般的努力，但没人知道究竟该移动哪座大山。不过，他们可以采取一些能够缓解问题的措施：抑制失业率的不断上升，向受打击更严重的弱势群体提供帮助。

1981年，热衷于供给经济学药方的新任美国总统罗纳德·里根希望普遍下调所得税税率，以此增强人们参与劳动、通过努力工作获得更高收入的动力，从而增加就业。他还建议对企业的投资费用进行税收抵扣，厂房设备的投资增加虽然不能提高全要素生产率，但有助于提高单位劳动力的产出。不过，当时的美国国会对财政责任的要求并没有21世纪头10年那么宽松，肯尼迪当年的减税法案是在他遇刺后才在充满哀悼情绪的国会会议上通过。非常相似的是，里根也是在遭受枪击事件后，其减税法案才最终通过。但政府同时也填补了一些逃税漏洞，希望尽可能弥补税率降低造成的税收收入损失，实现所谓的税收中性。但随着里根减税政策的推出，美国的失业率进一步提高，1982 年达到 10.4% 的顶峰，直到 1989 年年底才回落至 5.4%。

1989 年，对供给经济学（曾被称为“巫术经济学”）心存疑虑的新任美国总统老布什却希望维持财政赤字。然而在 1990 年，民主党人拒绝削减政府支出，国会表决通过了 20 世纪 90 年代的增税法案，由总统签字生效。这导致美国失业率在当年年中开始提高，1992 年达到 7.5%，1994 年回落到 6.1%。当比尔·克林顿在 1993 年入主白宫时，美国政府的想法又改变了。克林顿的顾问们认为，财政盈余在未来数年内能够创造的就业机会将多于其破坏的就业机会。不管怎样，20 世纪 90 年代后期出现了互联网革命和互联网泡沫。当 2001 年失业率再度飙升时，新当选的小布什总统再度求助于供给经济学理论，在 2002 年推出了所得税削减法案，随后在 2003 年发动了伊拉克战争并扩大福利，最后还出台了鼓吹房地产泡沫的政策措施。然而这一繁荣未能长期持续，失业率飙升到更高的水平。另外在这段时期，婴儿潮时期出生的大量人口开始参与经济活动，这使就业人数占总人口的比例从 20 世纪 70 年代的 58%~60% 提高到 80 年代的 60%~63%，再提高到 90 年代的近 64%，这也表明美国的劳动力市场制度依然非常有效。[6]

显然，即使在公共债务水平较低的初期，凯恩斯主义的刺激消费政策和供给经济学的刺激劳动供给政策都未能逆转生产率下降和失业率上升的趋势。这并不是说所有政策都毫无价值，而是强调这些行动只能带来暂时的缓解，而没有可持续的效果，而且即使能取得收益，也不足以弥补成本。

辐射作用：包容性、不平等问题和工作满意度

20 世纪 70 年代末，美国又出现了另一种退步，而且持续恶化到 90 年代早期：经济包容性的下降。这里的“包容性”通常是指弱势群体的相对失业率和相对工资等指标。长期观察得到的一个常识是，弱势群体的失业率大约是其他群体的 2 倍，其相对失业率的上升在这个时期并不明显，然而，低端劳动力与中等水平劳动力的工资收入差距逐渐拉大，差距的幅度可以用“10–50 比率”反映：收入排名最低的 10% 的工人的工资与收入排名在 50% 的工人的工资（中位数工资水平）的比例。结果表明，低收入群体的经济状况严重恶化。20 世纪 40 年代，低收入者相对于中位数收入者的状况有明显改善，经济增长产生了显著的包容作用。但低收入者工资水平提高的美好时代于 20 世纪最后 25 年宣告终结，全职工作的低收入者在 70 年代与中位数收入者的收入差距扩大了 9%，到 80 年代又扩大了 10%，90 年代依然以同样的速度滑落，直到 1995 年才稳定下来。其结果是，低收入者的相对工资到 90 年代中期约比 1975 年的水平下降了 20%。

由于工资差距是从 70 年代后期（增长率下降几年之后）开始显著增大的，我们很自然地就会怀疑生产率增长减速是工资差距拉大的原因。两者之间的因果关系目前还存在疑问。本书用很多篇幅指出，创新活动可以推高对资本品的价值评估，从而把生产率、工资水平和就业率推向更高的轨道，另外还可以直接创造就业机会，因为产品开发、推广和评价往往都是劳动密集型的工作。然而这里要讨论的是低收入者相对于中等收入者的工资水

平，答案可能与高技术产业体系的出现有关，因为通信技术提高了大多数商业创新对技能的要求。史蒂夫·乔布斯必须对相关技术有所了解，才能判断哪些新产品是可行的。新出现的高技术体系对负责其运转的员工也提出了更高的技能要求。简而言之，快速创新是问题的根源。然而生产率增速放缓的数据表明，从整体经济情况来看，创新率从 20 世纪 60 年代中期开始下降，只在 1996—2007 年稍有回升。假如创新活动恢复到当年的高水平，那会造成怎样的就业悲剧！因此，更符合实际的假设是，参与和采用创新的企业往往可以降低其生产成本，当创新停滞时，其价格也不再下降，这会给弱势群体和大多数工人群体造成较大的损失。[7]

从 20 世纪 70 年代开始，美国政府就积极采取措施，试图扭转或控制差距的扩大。约翰·罗尔斯的《正义论》（*A Theory of Justice*）具有预言性地出现在 70 年代初，他认为经济正义的概念要求政府用补贴或者其他手段进行干预，尽可能提高最低工资率。几年之后，众议院的威尔伯·米尔斯领头并通过了 1975 年的《所得税抵扣法案》。该法案规定某个年度的低收入者将获得未来的税收抵扣，700 美元可能变成 1 000 美元。这个措施恰逢其时，因为最低收入者的工资从 70 年代后期开始下滑，并延续到 90 年代早期。1985 年的里根减税法案对该法案进行了修正，比之前更加照顾有未成年子女的工作家庭，其性质由此变得更类似于儿童抚养补贴，而非工作补贴。但不管怎样，这方面的年度支出从未接近国内生产总值的 1%。

这些缩小收入差距的措施的主要目的并不是增加收入从而鼓励人们通过继续工作改善自己的生活——斯密所说的“自助”，

而是向低收入者提供经济帮助，不管他们是否参加工作。来自税收抵扣的微薄收入远远比不上低收入者从其他补贴项目中获得的好处，包括食品券、医疗补助计划、低收入者住房项目、未成年子女的母亲补助、残疾人福利以及其他较小的项目。与低收入者所能得到的工资相比，从这些项目中获得的收入加起来更可观。经合组织的数据显示，美国的“社会性转移支付”在国内生产总值中的比重从 1960 年的 7.26% 提高到 1970 年的 10.21%，并于 70 年代飙升到 15.03%，几乎与英国的水平相当，然后在 80 年代进一步提高到 21.36%，远远超过英国。随着生产率增长减速的延续，社会福利依然呈现扩大趋势。美国人口调查局的数据表明，获得某种形式的政府福利的家庭人口在总人口中的比重从 1983 年的 29%，直线提高到 2011 年的 48%。当低端劳动力的工资收入增长停滞时，非工作性质的收入大幅增加：

> 最底层的 10% 的群体在 1990 年的收入仅为 150 亿美元，人均约 1 200 美元，而整体经济中的劳动力的平均收入在当年约为 2.5 万美元……这点儿收入（1 200 美元）怎么维持生计呢？在很大程度上，这是因为大规模的福利支出，尤其是（但不限于）在岗员工和潜在员工有资格获得的福利……当年，针对在职员工的各项福利，如医疗补助计划、食品券、住房福利和补充收入保障计划的总公共支出高达 1 500 亿美元。从现有的补助项目中获得的收入，远远超过最底层的 10% 的群体的工资收入。我们这里有一个对其依赖度的测算：他们的工资收入在全部收入（现金和实物收入）中只占一小部分。然而，取消福利制度并不会增强他们的独立性……他们还是会依赖，只不过依赖对象会转移到亲属和慈

善机构。[8]

这样一来，工作被严重贬值。愿意从事全职工作乃至任何一种工作的低收入者越来越少。

政策制定者在最近几十年采取了另一种应对措施，即对收入最低的 40% 的群体（几乎是总人口的一半）接近于取消税收。选择工作的人（多数是工资较高的人）面临的税率也几乎低于西方其他国家：非常名不副实的所得税、零住房税收以及零联邦增值税等。于是，美国政府为收入较低的一半人口负担了巨额的财政赤字，使人们的税后工资、财富和消费基本上保持在相对收入没有下降的水平。然而，这些政策对于鼓励低收入者重新融入社会、增强他们因为贡献而获得收入的自立精神毫无裨益。以前，美国收入较低的那一半人口虽然不能为政府提供税收，也不能影响政府，但至少还有自己的事业和工作，而如今他们没有自己的事业，对政府事务有了发言权却依然不负担任何成本。

面对各种问题，政府采取的所有措施在一定程度上都只有表面作用，美国经济已经发生了根本性改变。此外，即使税收抵扣、社会福利支出和减税能够持续有效地把失业和工资差距缩小到以前的水平，还是会有问题。如果创新萎缩继续拖累经济发展，经济生活的满意度也很可能下降。从本质上讲，政策措施无法解决经济生活的结构问题和体验的退步。

此外还有关于工作满意度的损失和工作安全问题。在增长率增速放缓时，工作满意度的确出现了显著下降。从理论上说，20 世纪 70 年代早期以来，新产品和新工艺的创新速度大为减慢，尤其是本土的草根创新带来的新产品和新工艺，我们可以推论，在产业界从事工作的收益将很快下降，因此，工作满意度趋势的数据可用于检测经济发展形势的严重恶化。结果并不令人感到意外，在涉及工作满意度问题的多次家庭调查中，虽然某些调查显示70年代早期以来工作满意度并没有下降，但总体而言，工作满意度呈显著下降趋势。例如，盖洛普咨询公司的一份调查问卷中有一个问题："你是否很享受工作，把工作推到一边时感觉很难熬？"对这个问题做肯定答复者在1955年占51%，1988年为33%，2001年只有23%。吉孚富凯罗普顾问公司曾提出这样一个问题："工作是不是最重要的事情，休闲的目的是给工作充电还是纯粹娱乐？"回答工作最重要的比例在1975年为48%，1985年为46%，1995年为37%，2000年只有34%。最后，盖洛普咨询公司在调查中问道："对你从事的工作或岗位是否满意？"回答"满意"的人的比例在1966年平均为86%，1973年为77%，1984年为70%，1995年为73%，到2001年仅为70%。[9]

布兰弗罗和奥斯瓦尔德对美国综合社会调查中工作满意度数据的分析也得到了类似的结果：这一时期出现了"幅度较小但系统性的"下降趋势。作为工作满意度研究方面的权威经济学家，他们还指出这个结果，因为在最近几十年中，工作的物质条件实际上在不断改善。另外，男性和女性在这个趋势方面的差异并不明显。[10]

或许有人会问，工作满意度的下降趋势是表明工作士气出现了问题，还是说生产率增速下降和失业率上升导致员工和雇主的地位发生了变化？毕竟，美国的失业率曾经在1982年11—12月达到10.8%的高点，那正是对抗通货膨胀过程中最艰难的时期。然而，即便我们把研究范围缩小到失业率较低、与20世纪70年代早期的水平相近的年份（但这样的年景也越来越罕见），仍然可以看到工作满意度的显著下降。[11]

工作满意度下降的现象并不限于美国。源自内部的自主创新曾经是西欧国家工作满意度的重要源泉，但这种创新在20世纪40年代出现停滞，到50年代已彻底消失，只是依靠从海外（主要是美国）引进的新产品和新工艺弥补这个缺陷，从50年代后期到70年代后期，引进一直占主流地位，给劳动者提供了一定的工作满意度。然而，随着美国的生产率在70年代的减速，到80年代，欧洲国家能引进的海外创意大量减少，那里的工作满意度和就业数量开始显著下降。从理论上我们可以推断，欧洲国家的工作满意度会在80年代略有下降，下降幅度不大是因为其基点原本就不高。事实上，从世界价值观调查在80年代搜集的早期数据可以看出，英国的工作满意度在1980—1991年严重下滑，1991—2001年也出现了类似情况，意大利在1980—1991年下滑，德国当时的下滑幅度较小。最后，欧洲国家自身的生产率增长也必然减速，意大利和法国的生产率增长分别从1997年、1998年开始急剧减速。法国的工作满意度虽然在1991—2001年略有上升，但在21世纪头10年再度下降，德国则是从1984年开始就陆续减速。

许多人认为，工作满意度的下降标志着工作稳定度的下降。不仅专注于安全保障的人可能会这样想，就连一些涉猎范围更广的人也是如此，例如，一些家庭调查专家就提出：工作稳定度是工作满意度的一部分。但按照他们的逻辑，如果你能从自己的工作中感受到巨大的满足感，但某些东西使你担心失去这份工作，你就会说对这份工作不满意，那么说你对自己的经济状况感到担忧岂不是更准确？至少有一个调查引导受访者把工作稳定度纳入工作满意度，并将其列为工作满意度三要素或四要素之一。那么，在工作满意度和工作稳定度之间是否存在统计相关性呢？如果把各种干扰因素清除，的确能看到这样的相关性，但相关性并不一定代表两者具有因果关系。工作满意度低和工作稳定度低可能只是经济中有大量低收入岗位存在的特征。工作稳定度也不是工作满意度的充分条件：例如匈牙利人的工作稳定度很高，但工作满意度极低。不管怎样，生产率增长减速时期的历史数据并不表明工作稳定度出现了显著的下降趋势。盖洛普咨询公司的家庭调查报告显示，美国的在岗员工对工作稳定度表示“完全满意”的比例从 1989 年（调查初年）的 45% 提高到 2002 年和 2006 年的 55%（这些信息来自美国的工作满意度数据汇编，没有更早的年份）。美国综合社会调查的报告指出：感觉“完全不可能”或“不太可能”在未来 12 个月内失业的人口比例明显下降，从 1977—1978 年的 91%（最早的数据）到 1990—1991 年和 1994—1996 年的 89.5%；感觉“非常容易”或者“比较容易”找到报酬相当的另一份工作的人口比例从 1977—1978 年的 59% 提高到 1990—1991 年的 60%，1994—1996 年又下滑到 57%。[12] 这些数据表明，经济活力下降并没有增强不安全感。

因此，没有什么实际证据能够证明经济活力的丧失会导致工作不安全感增加。随着生产率增速放缓，人们会推论出熊彼特主义的“就业破坏”与“就业创造”现象同时减少，而实际数据也证实了这个推测。据估计，1989 年有 8% 的工作岗位被破坏，这个数字在 1992—2002 年下降到 7%，在 2002—2007 年降至 6%。[13] 这个结论看似不可思议，但实际情况确实如此。工作的不稳定程度在经济衰退时期通常会升高，然而 20 世纪 90 年代和 21 世纪头 10 年工作的长期稳定都发生在某次衰退之后。即使经济衰退加剧了失业问题，在经济复苏甚至平稳期，工作岗位也不太容易被破坏，因为危机及其破坏已经过去。活力丧失、解雇浪潮等破坏虽然在经济复苏期未能逆转，但在可预见的未来也不会轻易再爆发。

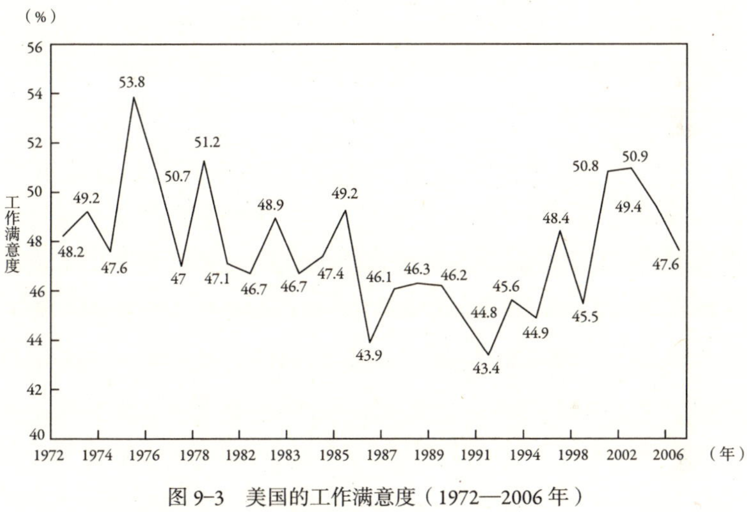

图 9-3　美国的工作满意度（1972—2006 年）

资料来源：David Blanchflower and Andrew Oswald。

生产率增长减速时期的一个新现象是始于 20 世纪 90 年代从制造业向服务业和金融业的结构性转变。美国的重工业（耐用品制造业）就业人数在 90 年代初期和末期均为 1 150 万人，非耐用品制造业的就业人数则从 720 万人下降到 2000 年的 670 万人。由于制造业属于劳动密集型产业，其员工大多是没有接受过大学教育的劳动力，因此其他部门的增长无法创造足够多的新劳动力需求，也就无法弥补原需求的减少。就业的完全恢复要求总产值有更大幅度的增加。产值的增长不足以完全实现就业水平的恢复，这在今天被称为“无就业复苏”。制造业下滑在21世纪头10年加剧，当然部分源于从中国的进口增加。不过在一段时期内，建筑业的繁荣很快弥补并超越了制造业的就业损失。在国内储蓄不变的情况下，从购买美国的国内产品转向购买从中国进口的产品，增加了用于国内投资（建筑业）的资源总量。在储蓄减少和投资持续繁荣的情况下，外贸赤字必然扩大，出口越来越少，从中国的进口越来越多。

最后但同样关键的一点是，在生产率减速时期，就业波动越来越大。我们已经介绍了失业率上升的趋势，但还有其他经济表现维度，包括离职及其带来的混乱感。这个时期，在30多年内就发生了5次衰退：1975年（月度失业率达到9.0%）、1982年（10.8%）、1992年（7.8%）、2002—2003年（6.3%），以及2008—2009年的大衰退（10.1%）。因此客观地说，1972年之后的经济变得更易受到衰退的影响。我们可以用骑自行车来做个类比：在不得不低速前进时，骑行者往往更容易偏离路线。创新的削弱可能是生产率和就业减速的原因。最近的一篇论文指出，企业考虑放弃某项创新项目，担心新产品遭遇失败，首先是害怕新产品会使自己的产品被市场淘汰，其次也很担心市场需求会因下一次衰退而变弱。[14]

2008—2009年的严重衰退是一个特例，这不是因为其下降幅度最大，而是因为这只是长期衰退的序幕，美国经济直到现在才勉强摆脱。相比之下，1933—1937年从“大萧条”中的复苏创造了复苏速度的纪录。低谷也往往代表着矫枉过正，而非基本面的因素，低谷之后通常会出现高速复苏。然而，前文提到的多次衰退之后的复苏期都非常规地延长了。再以骑自行车为例，我们的解释是，快速增长的经济对抗衰退的能力更强，就像快速前进的骑行者回到正轨的速度也更快。在1949年的衰退中，当美国经济回到过去的快速增长轨道时，失业率在达到7.9%的峰值（一年前为3.7%）后一年内又回落到4.2%。但在1975年的衰退中，在达到9.0%的峰值（一年前为5.1%）后，花了3年时间才回落到6.0%。由此我们可以推断，与1950—1972年的黄金时代相比，1972年之后美国经济的复苏步伐要慢得多。即使在1920—1941年的高增长期，美国经济也几乎不受衰退的冲击或长期处于波动状态，只是在20世纪20年代后期的投资过剩之后遭遇了沉重的打击，而政策的失误又加剧了衰退。

如今，人们已普遍认识到引发2008—2009年严重危机的一系列错误行动：政府试图扩大住房所有权的政策，房价会不断上涨（至少有时间卖掉）的幼稚判断造成的鲁莽行为，抵押贷款发放者的欺诈行为，大银行通过大量借款提高资本杠杆率然后把抵押贷款做成资产包卖给海外银行（打包和分销）的做法等。[15]

然而，我们所分析的这一时期的多次衰退（包括1975年和2008—2009年的衰退）却显示，许多家庭靠大幅减少储蓄维持收入水平，整个国家通过向海外大量借款维持财富规模，政府通过大量借款和各种刺激投资、产出和就业的措施维持其财政收入，而这些做法最终被事实证明是不可持续的，其效果令人失望。总体来说，人们顽固地否认生产率下滑时代已经到来，拒绝对未来可以承受的国内消费水平进行冷静判断。这必然导致一个病态的社会，政治领袖在选民面前不敢讲出真相。大减速之后并不必然会陷入这种状态。从理论上讲，生产率增长减速会使社会陷入狂躁状态，不可避免地导致过度投机的假设难以成立，因为它更有可能使整个社会跌入衰落和瘫痪的深渊。但不管怎样，很重要的一点是，我们必须弄清楚这种减速的原因并积极寻求最好的解决办法。

第十章

经济为什么会衰落

过去的生活总是关于做点儿什么事情，今天的生活则是要做什么样的人。

——玛格丽特·撒切尔，

引自电影《铁娘子》（The Iron Lady）

在某个讲述美国衰落的故事中，“二战”后的几十年曾经是黄金时代。联邦政府为劳工阶层提供社会保障（如养老保险和残疾保险），各州政府则提供失业补贴。这些保障了员工和消费者的安全，并防止人们的储蓄受银行倒闭的牵连，保护其投资免遭欺诈。各类大型企业给员工提供事实上的终身岗位，使他们自愿保持忠诚。工会为反对裁员和争取工龄权利而斗争。除广泛的经济保障外，失业率较低且平稳，经济增长势头强劲。

接下来，故事中的黄金时代结束了。企业脱掉了可贵的父爱主义外衣，成为高效的管理资本主义的典型：把股东利益置于员工利益之上，为推高股票价格不择手段。业绩不佳的经理人成为公司并购和私人股权收购的猎物，只有大幅裁员才能保住剩下的岗位。被这种新精神俘获的政府通过削减税收激励企业，如果政府收入减少，则会削减社会项目支出。工会被私营企业排挤。结果是，失业率上升，员工安全感降低，企业感觉不确定性增强，投资人找不到有吸引力的投资项目。

这个为获得效率而牺牲稳定性的故事的寓意是，重返“二战”后的社团主义道路对美国是有利的。某些认同该故事的人对其含义有不同的解读，认为黄金时代建立的各种保障项目只有在美国经济运转良好时才是可持续的：

> 在左翼阵营，一直以来的看法是……20 世纪中叶的模式是可持续的，贪婪的私人股权“秃鹫”可以被控制，当欧洲成为废墟、半个地球推崇马克思列宁主义占领时，仍然能在美国有效运转的体制到了全球化时代同样能发挥作用。[1]

然而大多数经济学家认为，即便重建了社团主义–共产主义模式，也不能摆脱各种外部和内部因素造成的工资水平停滞状况，这些因素包括国际竞争、国内人口结构、就业的社会福利缴费等，更不用说创新萎缩了。

这种民粹主义的叙述存在根本缺陷。首先，“二战”后那段时间并不是真正的黄金时代，其增长率远不及两次世界大战的间歇期，失业率和劳动就业率与 20 世纪 20 年代乃至更早期相比也并不突出。50 年代的工作场所的杂乱无序也成为社会学家大卫·理斯曼的《孤独的人群》（*The Lonely Crowd*）一书的主题。其次，虽然全球化造成了间接破坏，但任何严肃的分析都能发现这些成本背后的显著收益：世界市场的比重扩大（从 80 年代到 90 年代表现得越来越明显）对美国的创新只有促进作用；中国提供的低利率的资金对创新也具有激励作用，或者说，假如美国的经济政策没有把这种激励导向投机者和次级抵押贷款借款人的住房投资，本来是可以用以激励创新的。最后，虽然通过提高效率增加利润的动力会破坏某些工作岗位，或者迫使工会放弃某些权力，但削减职位有助于继续保留剩余职位，从工会控制下释放的新自由只会有利于创造新的工作岗位。美国产业界“二战”后的社团主义精神保证了创新活力、创造了工作机会的观点缺乏确凿的实证根据。新保守主义重新确立了在产业界的地位、恢复了所有者的控制，导致企业界丧失了经济活力和就业创造能力的观点同样站不住脚。

在关于美国衰落的另一个故事中，历史更久远但内容不同的黄金时代开始的时间要早几十年，并一直持续到 20 世纪 60 年代。自由企业从公众和政府那里获得了强有力的支持，对应的监管措施很少且易于实施。美国的大多数税率处于较低水平，大学入学率是全球最高的，医疗产业和教育产业不时有新的私立医院和私立大学加入，它们能看到盈利的前景。即使像杜邦和 IBM（国际商业机器公司）这样的大企业也颇具创新力。随着社会偏见的减弱，少数族裔开始闯进专业领域和产业界。另外，经济增长率处于高水平，除 30 年代以外，失业率也较低。那是一个创业的时代。

这个故事接下来说，黄金时代已经过去。大量出现的监管规范对投资机会的限制越来越多，功能失常的公立学校和家庭环境剥夺了大批民众获得最新科技知识的机会。据说，很难找到能胜任办公室工作的人，公司雇用的大学毕业生只能打杂跑腿。对储蓄和投资的税收政策更加苛刻，小企业也不得不寻求有限责任的保护。企业缴纳公司税后只能留下65%的营业收入，再扣除15%的红利和资本收益，只剩下55%。另外，增长率下降，失业率上升。

保守主义者的推论是，如果回到教科书中的标准资本主义，美国就可以恢复活力：经济中需要的监管越少越好、越简单越好；企业税率应大幅降低，以刺激就业和增长。某些青睐资本主义的观察家质疑美国当前的社会环境还能否做到这一点：

> 大多数共和党候选人称，我们所需要的似乎只是放松监管、降低税率……然而这些措施本身并不能帮助……40%出自单亲家庭或失去社区支持的人获得他们所需要的竞争技能……以便成为高素质的劳动力……奥巴马可能不得不选择其他政策。[2]

不过，经济学家或许会说，即使社会制度和“社区支持”能提供必要的技能，也还需要克服制约工资提高的市场因素，尤其是影响创新的因素。

上述推论的根本错误在于，尽管低税收和高竞争可能是实现高就业与高效率的必要条件，[3]但这样的经济治理规则并不是高就业率和高工作满意度所需要的经济活力的充分条件。前文已经讨论过这一观点：削减政府支出、减少工资税和雇主的工资支出会增加私人储蓄和私人财富，最终抵消工资收入提高的效应。由于这种作用，改革最终不会带来就业水平的提升。

第三个故事版本说，由于“二战”后几十年里不再重视企业和个人的责任，在弱势群体和家庭中形成了一种功能失常的文化，从而加剧了社会问题，威胁到这个社会支持自由企业甚至维持自身的能力。这种观点不属于“左”、右任何一派。我在《有益的工作》（*Rewarding Work*）一书中支持对企业提供分级补贴，以鼓励它们雇用低技能工人。这种做法可以增加就业、提高工资，迅速提升社会包容度。今天，许多人赞成改善教育、抚养子女和社区支持等方面的措施，旨在大幅减少下一代弱势群体的数量。但有一点很明确，即改善弱势群体待遇的补贴和提高其素质的投资都不足以使其就业率和参与率回到衰退之前的20世纪60年代的水平。原因在于，回归过去的自立、教育、抚养习惯和其他社会规范并不能大幅提高整体经济的活力，也就无法降低总体的失业率并实现快速的生产率和工资增长。

本书对于现代经济的观点不同于以上各种流行说法。我们关注的是现代经济中核心机制的退化，这种退化必然导致经济活力显著下降，随之降低经济包容性。我们并不把问题归咎于企业面临的人力资本退化（比如学校教育年限减少）或者税率的小幅提高，而是通过证据指出，今天的少数现代资本主义经济体的活力被制度-文化体系中的某些缺陷削弱了，政治上的不恰当应对措施则使情况进一步恶化。

我们并不要求更多的政府支出和监管，也不是更广泛地推行自由主义，或者对教育和就业进行更多的干预（先不管其中的具体措施有多么受欢迎）。我们强烈呼吁，应该从社会价值观和制度两方面清除制约经济活力的障碍，以真正复兴现代资本主义。

衰落之源

到底是哪些缺陷导致美国现代资本主义经济活力被显著削弱，从而失去自主创新的愿望和能力？进步时代充满了对美国资本主义的批评，其中的一些批评催生了有效的行动，例如对垄断现象的反制。当时的反对理由是基于静态的资源配置：垄断力量可以限制产量，提高相对于成本的价格，获取垄断利润。如果是所谓的“自然”垄断行业，由单一企业进行生产能获得最高的经济效率，就将其改组为接受价格控制的公共事业机构。进步时代还把批评指向原始的自由主义教条，比如不应该给予工资补贴、利息收入不应该征税等。然而在当前的历史条件下，我们试图寻找的缺陷是制约创新能力的因素，这也是本书的主题。

大企业、共同基金和银行的结构性缺陷

美国产业界和金融界的老手们早在20世纪30年代就发现了严重的缺陷。某些缺陷已经扩散，过去能够提高生产效率的一些企业组织办法，如今都需要从创新的立场出发重新检视。

杰出的商业史学家艾尔弗雷德·钱德勒用“管理革命”这个鼓舞人心的说法描述“专业管理”的崛起，它们可以把“多重产品线”纳入由中高层经理人组成的层级管理体系。

> 到20世纪中叶，这些企业雇用数百甚至数千名中高层经理人监督几十甚至几百个经营单位，员工总数达到数万甚至数十万……世界历史上很少有一种组织能在如此短的时间内发展到如此重要和普及的程度。[4]

这种新型管理方法得到了广泛赞誉，它能找到最节约成本的生产方法，从而提高经济效率。这种新型管理方法本身就是杰出的创新，它改变了全世界的经营实践。此外，新兴企业的规模之大，使其可以依靠自有资金开展小型企业难以承担的创新项目。然而不利于创新的因素也随之出现：在传统的小型企业里，即使是最底层的员工，只要他们有新奇或与众不同的想法，就有机会传递到较为高层（就算不是最高层）的管理者那里。因此，企业员工会更留意自己灵光一闪的瞬间，从而更容易获得创意。但是在管理层级极其复杂的大企业里，员工看不到这样的前景。

有人或许会问，为什么企业所有者不进行干预以控制公司规模、改善内部沟通？原因在于，大企业（包括那些成功进军甚至开创某个产业先河的大企业在内）都容易有所有大型层级组织共有的内部交易的弊病。即便公司的首席执行官本身就是最大的股东兼董事长，情况也是如此。有关微软公司的报道就是典型案例。

> 在我任职初期，我们工作组的绘图专家发明了一种在屏幕上显示文字的方法，名为超清晰显示技术……电子书已经采用了这种技术，而且该技术几乎对任何带屏幕的仪器都有价值，因此称得上微软拥有的潜力工具。可是这种技术让微软公司的其他工作群组感受到了威胁和不快。视窗群组的工程师们虚伪地宣称，这种技术在展示某些色彩时会出现故障，办公软件产品部门的负责人则说这种技术让他头疼，便携设备部门的副总裁更直接，声称只要我把这个项目和程序员转移到他手下，他就会支持和采用该技术。最终的结果是，尽管这一技术获得了广泛赞誉和内部推广，并申请了专利，却花了整整 10 年时间才在视窗操作系统中推出完整的实用版本。

> 内部竞争在大公司里很普遍，激励创意的竞争是明智之举，但是在竞争失去控制甚至带有破坏性时，问题也就来了。微软公司形成了一种有功能障碍的企业文化，大型既得利益集团可以猎捕那些新兴团队，蔑视他人的努力，不公平地和他人争夺资源，不断排挤对手……微软公司的未来堪忧。[5]

首席执行官即使同时兼任董事长（甚至本身就是公司创始人），手握强权，类似的问题依然难以避免。很多创始人并不具备管理一个复杂组织所需要的才华，或者不愿意投入必要的时间。脸书（Facebook）富有远见的创始人马克·扎克伯格就很明智地招募了一位首席运营官谢丽尔·桑德伯格。不过公司随着组织越来越复杂，就需要分权给中层经理人，麻烦也在不断产生。各种问题虽不足以完全阻碍公司创新的步伐，但肯定会拖累前进的速度。

对大公司而言，即便最优秀的领导人也难免管理不当，如果公司控制权掌握在创始人和控股股东以外的职业经理人手里，情况可能更糟。在职业经理人阶层出现后不久，就有人指出把大公司的治理交给这些人可能存在严重的缺陷，例如阿道夫·伯利和加德纳·米恩斯在《现代公司与私有财产》（*The Modern Corporation and Private Property*，1932 年）一书中的评论就是非常经典的批评。股票工具可以使公司的股权持有人迅速获得资本收益，哪怕公司从事的项目在很多股东都已去世的遥远未来才能产生利润，这种做出长期承诺的妙招屡试不爽。然而，大公司经理人也由此产生了背叛股东利益的想法（当然未必都会付诸行动）：青睐那些会在他的预定任期内产生回报的项目，而放弃时间跨度更大、前景更远大的项目。为防止此类行为，给经理人制定薪酬标准的董事会明白，在股票价格上扬时可以给经理人提供奖励，某些时候还可以在股票价格下挫时收取罚金。然而经理人（尤其是有年幼子女的经理人）会要求更高的固定工资，以弥补罚金损失。此外，这些做法还会迫使经理人回避所有给自己带来风险的投资项目，特别是成本较高的长期项目。注重长期回报的精神依然很难成气候。有时，强势的大股东可以帮助解决公司治理问题，而某些与经理人同样短视的法人股东则会使问题雪上加霜。

近年来，大公司的短视行为随着共同基金的兴起愈演愈烈——这是路易斯·洛温斯坦及其儿子罗杰·洛温斯坦的研究课题。对冲基金的利润在很大程度上依赖于那些较为忠实的、不经常换手的投资人，因此会高度规避股票价格有大幅下挫风险的公司。共同基金会宣告其投资的公司下个季度的盈利目标，并给公司施加相应的压力。于是，这些上市公司的经理人被迫把很多精力放在实现季度盈利目标上，而不是思考长期投资和创新战略。

共同基金还造成了更多缺陷：它们进行极为广泛的分散投资，使财富所有者丧失了利用自己独有知识的动力，他们不再需要分析特定企业、产业和技术的情况，只需要简单地把财富委托给一家或多家基金即可。新古典经济学家保罗·萨缪尔森认为，用科学的资产组合分散投资能带来可观的经济收益，但实际上正如阿玛尔·毕海德发表于1993年的《股市流动性的隐含成本》（The Hidden Costs of Stock Market Liquidity）一文中指出的那样，这是现代资本主义的巨大退步。对我们目前的议题来说最重要的是，由于共同基金对各种类型的公司保持相对稳定的投资权重，这会使发现特殊机遇的公司几乎看不到其股价的相应涨落，以至错失投资和创新良机。此外，人们把投资决策委托给专业机构，这也会削弱他们了解公司实际情况的动力。

最严重的是，现代经济的各种缺陷集中表现在大型投资银行内部。金融市场的许多不完善之处目前已被修补，资产流动性大大增强。于是，大型投资银行将其很大一部分资金（及金融业的大量专业人才）用于货币和政府债券的投资，而不是用来评估各公司和产业、判断新的发展方向的价值。此外，这些银行的风险水平也大幅提高。很多过去一直采用合伙制、由合伙人承担重大责任的银行如今已改组成公司制，在股票市场上市，而股东们对它们的控制力却很弱。在遇到麻烦时，股东将蒙受损失，而不再是合伙人身份的经理人却无须对任何错误的投资决策承担个人偿付责任。从这个角度来讲，它还称不上“赌场银行”（casino banking），因为赌场不存在这种道德风险。讽刺的是，银行却宣称可以通过大数定律科学且精确地管理风险。

银行的投机行为还加剧了整个经济遭遇资产价格大幅波动和严重冲击的风险。在利率较低时，银行倾向于借入短期资金、贷出长期资金，因为在通常情况下长期利率的下降幅度没那么大，银行轻轻松松就能从中获利。虽然从概率上讲这很有利，但也容易导致“赌徒破产”的结局。如果短期利率意外回升，引起长期利率提高，使其价格相应下跌（就像长期投机泡沫之后房屋价格下跌一样），银行将在借款中遭受巨额损失。大多数资本主义国家长期以来并没有要求投资银行必须靠长期借款进行长期贷款，因此在债券到期之前，银行还有挽回损失的机会。这种无约束的金融投机的另一种社会效应是，迫使各国实施资本管制和其他民粹主义的限制措施，这有利于已经掌握资本的既得利益者，却增加了新兴企业的融资难度，并使它们担心能否在下次危机来临之前完成项目，总之不利于创新。当然，这并不是说应该全面禁止个人、企业和银行的任何投机行为。

在很多方面，美国的商业银行（为家庭和企业提供储蓄服务的银行）受到了1933年的《格拉斯–斯蒂格尔法案》的限制。之前1929年的危机曾致使美国1/5的商业银行倒闭，前任检察官费迪南德·皮科拉在国会举证说，银行在过度投机中推波助澜。该法案禁止商业银行从事证券发行承销业务、为顾客买卖股票债券的经纪业务，以及通过自身账户买卖股票债券的自营业务。然而到1999年，该法案被取消。随后几年，花旗和摩根大通等银行纷纷建立或收购投资银行，通过大量短期借款提升资本杠杆率。

人们所说的“恶性竞争”给银行业和航空业造成了严重的问题，不过这个术语已不再流行。航空公司不断开辟新业务，银行不断向外发放贷款，都是考虑到企业管理费用可以分摊到越来越多的航线和资产上，从而提高利润水平。可是，当所有航空公司都大肆扩张之时，它们之间的竞争会破坏彼此的盈利机会。2005—2006年之所以出现疯狂的“打包分销”贷款浪潮，也是因为银行考虑到如果不把新资产卖掉，损失就只能自己承担。但它们没有考虑到竞争对手也在做同样的打算，从而导致整个产业过分膨胀。结果就是，这些产业不断爆发的危机造成了就业和利润的损失，也波及其他经济部门。

银行业违背了现代经济的基本概念，它们投入巨额资产参与赌博，而没有形成现代经济良好运转所必需的远见和判断力。

金钱文化、自负心理、做和想

曾于20世纪80年代担任法国总统的弗朗索瓦·密特朗的夫人丹尼埃尔·密特朗在去世前不久接受RTL电视台采访时批评了法国的经济文化："众所周知，今天的制度建立在金钱的基础之上。金钱是导师，金钱决定着一切。"这一论断不但明确指出如今比过去有着更强烈的"向钱看"的倾向，而且意味着资本主义是靠金钱驱动，而密特朗、贝当或考伯特（法国路易十四时期的政治家）主张的社团主义则不是。然而在社团主义经济制度中，寻租和庇护行为也在追逐金钱，与前现代资本主义和现代资本主义一样。但与社团主义不同，现代资本主义经济的主要推动力除了人们对利益和金钱的追逐外，还在于他们想创造不同的愿望：为社会做出贡献，让自己青史留名或者参与激动人心的事业。

即便在美国，金钱在公共领域和私人领域也颇具诱惑力。收入最高的1%的群体十分在乎少交税，而剩余的99%的群体十分渴望政府对高收入者严加看管——如果媒体上的议论准确的话。这些景象实在令人印象深刻。我们在探究经济活力下降的原因时需要解决的问题是：与20世纪60年代或20年代相比，金钱在今天的影响力是否更大？知名哲学家约翰·杜威曾深入观察过金钱在20年代的美国的地位。他注意到，除经理人外，其他员工对业务都没有发挥想象、思考或投入感情，于是希望通过雇员联合体培育一种"新个人主义"。他的巨大贡献是，把员工的想象力、思考力和情感引入公共议题：过程同样重要，目标的正确并不代表手段的正当性。杜威在1929年写道：

> 我们生活在金钱文化中……人生的价值由在金钱游戏中展现出来的能力决定……工薪阶层的父母最大的梦想就是让他们

的孩子进入商务阶层或专业阶层……最受赞誉的个人品质是对自身利益的清晰判断，以及不惜任何代价进行捍卫的决心。[6]

杜威继而分析了这种新“金钱文化”可能的来源：

工商界追逐利润并不是什么新鲜事……而是古已有之。然而机器的发明赋予它们前所未有的强大力量和影响范围……机器和货币的最新组合形成了当代文明的金钱特征……这颠覆了个人主义观念的以适应金钱文化的现实。

杜威的说法可以朝不同的方向解读。市场规模的扩大刺激了高层经理人要求更高薪酬的欲望。里根时代下调高层经理人、银行家和投资人的高端所得税税率，也促成了20世纪90年代对金钱的疯狂追求，而这种疯狂又被小布什在21世纪头10年的减税政策继续放大。[7]用杜威的观点来看，随着20世纪七八十年代的全球化进程和90年代的信息技术革命，金钱文化在世界范围内再度被强化：从上海到慕尼黑再到硅谷。企业走向世界、个人成为亿万富翁的壮丽景象很自然地点燃了许多企业和个人的激情。股票市场在60年代的巨大收益，私募股权机构在80年代通过并购积累的财富，以及90年代的互联网投机热潮，都证明了获得永无止境的超级回报的可能性。

本章要回答的问题不是“贪婪到底好不好”，这是下一章的话题，现在的问题是，对金钱和财富的欲望升温，与70年代早期以后美国经济增速显著放缓有没有关联——导致增长率下降、失业率上升、工作满意度下滑以及大规模财政刺激、监管机构的失职和投机热潮？答案是肯定的。追求财富与追求创新之间存在冲突，很多人因此离开了创新之路。而且投资人和经理人对挣快钱的兴趣提高了，金融业通过增加资金杠杆在其熟悉的领域投入巨额赌注（对居民家庭贷款、从事政府债券和外币交易等），并进入没有太多经验的领域（资产抵押证券和信用掉期交易等）。而实业部门的扩张和投资则被挤压。由于可观的金钱回报，越来越多有天赋的年轻人选择投身金融业，而非产业部门。大量资本也从产业部门转移到金融行业。由于这种趋势是全球性的，不能完全依靠外币存款提供资金，本国的产业投资必然会受到影响。

对金钱的过分痴迷无疑是美国社会好讼的一个重要因素。有些羡慕他人才华，但对此几乎无可奈何，转而嫉妒他人财富的人可以抓住（必要时甚至故意制造）机会起诉对方。诉讼文化必然使创新经济失去某些活力，因为人们把宝贵的时间和精力用于相互间的诉讼，而非创新。硅谷的一位企业家评论说，当下的新兴企业需要的律师数量和工程师数量一样多。

还有几位观察家分析过当代社会主流文化发生改变的其他原因，其中撒切尔夫人的观点与我们颇有共鸣：她发现，过去人们更渴望做成某事，而不是获得某个社会地位。在社会地位或身份为主导的文化中，人们为压倒他人而战，只想着往上爬，而不是创造财富，杰出的成就反而得不到承认。这种文化会贬低有成就的人通常具有的品质（如意志力、判断力和关怀），却对他们平时的习惯和小毛病吹毛求疵。近年来，许多描写杰出人物的传记，通行的写法都是关注主人公的失败之处和违法乱纪行为，包括埃德温·哈勃、爱德华·霍普和艾尔弗雷德·希区柯克的传记等。最近有关托马斯·杰斐逊的传记更是如此，书中描写他赞同奴隶制，实际上他对于奴隶制的厌恶在他的公职活动中表露无遗。某些评论家把更多的篇幅用于指责批判，而不着力描写他们作品的主人公因为哪些贡献受到后世的认可和崇拜。讽刺的是，最近有人评论撒切尔夫人的传记电影《铁娘子》，说这部影片是在“讲述她个人生活的痛苦”，而电影实际上追溯了她的整个职业生涯，并用大量镜头记录现场活动、演讲、政治谈话、政治经济状况和她周围的社会，包括她想“做成某事”的评论。

然而，美国的社会分歧已滑落到更低的层次。最近几十年，一种自我中心或自以为是的文化发展起来。许多曾经不断尝试新观念的学者如今自视甚高，从来不做研究却到处指手画脚。打进陌生电话和发送垃圾邮件的人给他人的印象仿佛是有紧急情况让他们有充足的理由打扰别人的生活。十几岁就像养育宠物一样生育小孩的女生强调自己的重要性。这种自以为是的感觉的不断增强，有助于解释社会安全网络的费用不断上涨，它人为地增强了私人财产无法提供的经济独立性，使企业更难找到忠诚和愿意努力工作的员工。这种生活态度也使新兴企业更难招募到具有主动精神、愿意帮助他人、拥有专注力和判断力的员工，这些都是成功的重要基础。自以为是的文化也是诉讼泛滥现象的一个原因。

美国的许多观察家都讨论过所谓的青春期文化崛起的现象：年轻人通常都愿意冒险，许多金融企业也一直在拿老本当赌注。这些观察家发现，人们的储蓄意愿有所减弱，但一个国家的高储蓄并非高水平创新的必要条件，因为可以从外币储蓄或者其他投资活动中把资源转移过来。然而，开发创造性的新产品却离不开愿意献身的企业家。不管这些创新项目有多么吸引人，如果企业家把开发项目需要的资金用来给自己发工资，项目还是很有可能失败。不幸的是，19 世纪的新兴企业通常具有的这种可以在一两年甚至更长的时间内为了事业而勤俭节约的精神，如今已经萎缩。投资社交媒体的风险资本家彼得·蒂尔在和初出茅庐的新兴企业的首席执行官会面时发现，这些年轻的企业家都给自己发 10 万美元以上的年薪——直到他遇到只给自己发很少工资的脸书的马克·扎克伯格为止。此外，原创性要求人们愿意并有能力在很长一段时间内保持高度的专注力。最近几十年，这种能力也在减退。一位教育专家告诉著名作家埃利·威塞尔，莎士比亚的《裘力斯·恺撒》（*Julius Caesar*）已经没法儿在纽约州的高中讲授了，因为学生们没有足够的专注力把作品读完。很多人已注意到，今天的年轻人独处的时间总体而言比上代人要少。在 20 世纪 40 年代后期到 60 年代中期，进入劳动力队伍的人里有很大一部分当时还是少年心态，他们从成长中学会了独立思考和追逐梦想。自那以后，这种保持童心的人变得越来越少。有时间独立思考的人如今还会受到社交媒体的吸引——这是一种通过网络实现自我满足的经济。今天的年轻人需要通过博客、电子邮件和推特（Twitter）等工具保持密切联络，这占据了思考的时间，强化了人云亦云的风气。越来越多的人愿意接受其政党、宗教或朋友的安排，而不是通过工作努力争取自己的位子。这种循规蹈矩之风不对产业界的创新造成消极影响才怪。

随着美国经济中群体现象的兴起，人们或许会认为群体的支持会增强安全感，而感到安全的人会愿意冒险、创新。然而，群体的运转也可能导致人们更加不愿意失去群体利益，例如收入水平和雇佣状态。

除上述的新价值观外，某些传统价值观也开始复兴，从另外一个方向破坏经济活力。例如，重新关注家庭价值观的风潮给企业增加了压力，允许员工在家办公，目前很多员工也的确获得了这种权利。大批员工离开办公室肯定会减少员工之间的交流，这不但会弱化远距离办公员工的创新能力，而且会影响留在办公室的人。这不仅仅是猜测。一篇头版的新闻报道就描述说，雅虎公司近年来在家办公的员工比例增加到令人担忧的程度，以至新任公司负责人玛丽萨·迈耶在 2012 年大胆采取行动，把在家办公的员工请回了办公室。[8]

总之，现代价值观依然可贵，依然有利于丰富生活和个人成长，这是本书倡导的主题的基础，而本书的主题是，草根活力和自主创新必须成为每个有能力做到的国家的发展目标！传统价值观并不都是有害的，一个能够包容现代价值观和部分传统价值观的社会才能开创创新生活。

政府和经济的更广泛联系

“左”翼和右翼对政府角色都提出了批评：政府的行动远远超出了弥补市场失灵和纠正经济不公的传统定位。政治家们利用政府权力分配利益，希望借此拉选票。政党接受来自公司、工会、政治基金和富裕个体的捐助，并为他们的特殊利益服务。在竞争选票和竞选经费的过程中，会出现某些经济上的低效和不公结果。然而人们还没有认识到，政府行为的政治化即便不会使静态的低效和不公现象恶化，也会使现代经济丧失部分活力。

社会上总是存在某些形式和某种程度的社团主义，它反映着政府同劳资双方的相互关系。但在目前，政府与产业经济的联系有了更大范围的拓展，其中很多发生在过去的 10 年。本书第六章回顾了美国社团主义在 20 世纪 30 年代的发展，工会在当时具有极大的影响力。在“二战”后的几十年里，随着美国公司像钱德勒观察的那样逐步被中高层经理人掌控，工会在私营企业的势力有所减弱，但从那时起，工会的影响逐渐扩展到公共部门。第六章还回顾了始于 50 年代的社团主义的发展趋势，实力雄厚的公司对政府产生了巨大影响。这些动向被德怀特·艾森豪威尔看得清清楚楚，他在 1963 年的卸任演说中特别提到了“军事–工业复合体”的概念。

近年来出现的“国会–银行复合体”的影响远远超过了以往的任何集团。人们原本以为，政府的职能之一是监管银行，因此两者应该是一种对立关系。然而，银行和政治利益集团为了共同利益却达成了新协议。银行与政府的关系之一是，银行持有大量美国政府债券。监管机构通常要求银行具备相应的资本金充足率，以免在资产价格出现轻微下跌时破产。政府债券并不是绝对安全的，政府可以破产，而且还没有破产法院保护债券持有人，但美国的银行持有的美国国债却没有相应的资本金要求，国际清算银行达成的多边协议也免除了所有银行持有各国主权债务的资本金要求。这给银行带来的巨大好处是节省了股本的资本成本。对政府的好处则是，债券发行价格可以提高（利率可以降低）。银行可以用持有政府债券节约的成本购买更多政府债券。政府也可以利用利率成本降低的好处销售更多的公共债务，以支撑越来越严重、越拖越久的财政赤字。可以获得更多更廉价的借款，这对各个政党的好处也显而易见：欧洲国家在 2011—2012 年挽救希腊债务危机的借款就直接送给了持有希腊债券的各家银行，以满足这些银行继续持有大量主权国家债券的愿望和能力。[9] 可是，给国债提供这样的特权对社会并没有任何好处，因为它会使产业部门的资本支出成本和创新项目的融资难度加大。劝诫和防止政府违约的干预措施则会破坏信贷市场的正常秩序，资金就会流入那些负债累累的国家，影响这些国家及其贸易与金融伙伴国的经济稳定性，加剧全球经济波动。对于风险已经很高的创新项目来说，这是沉重的打击。

银行与政府的另一种关系体现在住房贷款上。1970 年，美国国会授权当时的联邦国民抵押贷款协会（房利美）购买没有其他机构担保的私人抵押贷款，并创立了美国联邦住房抵押贷款公司（房地美），以便展开竞争。从此，银行业有了两家政府背景的企业。1992 年，老布什总统签署法案，要求这些所谓的政府支持企业将贷款范围扩大到“中低收入家庭”的“可负担住房”上。克林顿政府于 1999 年推动房利美进入次级抵押贷款市场，并放松了对次级抵押贷款借款人的信用要求。同年，美国国会要求这两家政府支持企业在各自市场上购买新建住房 30% 的抵押贷款，并要求银行加大购买两房抵押支持证券的力度。到 2006 年，房利美和房地美已购买了价值 2 万亿美元的抵押贷款，占美国当年国内生产总值的 1/7。当然，政府在此扮演的角色并不足以解释房地产投机泡沫的膨胀，因为在 2008 年，高端住房与低端住房的违约率一样高。政府的角色也不足以解释房产价格在大跌之前为什么会出现 60% 的增幅，其中肯定有投机狂热的因素，因为住房建设增长 30% 似乎不会导致价格暴涨 60%。

这些金融领域的关系只不过是冰山一角，背后是政府和私营产业形成的社团主义共同体，其盛行程度反映在第七章和第九章介绍的不断增加的监管规定上。集中议程网（Unified Agenda）上的资料显示，1997—2006 年，每年约有 80 项新的重要法规出台，每项法规每年需要 1 亿美元左右的成本。[10] 每年出台的重要法规的数量 2007 年后攀升到更高水平，2011 年达到 150 项，这已经不仅是预兆和趋势，1996 年以来积累的新法规可能已经对创新的投资和兴趣产生了显著影响，新兴企业需要越来越多的律师帮助其穿越不断扩大的监管丛林。

专利和版权领域也出现了类似的趋势。1704 年，当亲王和贵族们组成的“文学作品委员会”不再能满足公众对阅读的需求时，小说家兼经济学家、当时最重要的知识产权拥护者丹尼尔·笛福抱怨说，文学作品复制如此之快，以至没有人能通过写作谋生，这是典型的市场失灵。于是，英格兰在 1709 年安妮女王时期通过了《安妮法案》，首次在世界上建立了版权保护制度。早在 1623 年的詹姆斯一世时期，英国议会就通过了保护专利的《垄断法》。早期，专利保护对新工艺和新产品的鼓励作用显然大于其消极影响（担心其他人拖欠专利费和因为专利费争执而产生的法律费用）。对最早的专利拥有者而言，世界还是一片空白。然而，今天的经济生活已被专利挤满。在高技术产业，专利密度如此之大，以至新工艺的开发者必须请到与工程师数量相当的律师才能推进项目；在制药产业，过度的专利保护引发了诉讼和药价上涨。[11] 版权保护只是到最近才出现争议，文学艺术产业似乎还没有被版权保护挤满，以至要把很多作家、艺术家和设计师排挤出去。但我们有必要知道，越重要的创新，其用途也越广泛。美国国会在 1998 年通过的《松尼·波诺版权期限延长法案》将版权保护期又延长了 20 年（到作者去世后 70 年），以防范沃尔特·迪士尼的作品以及音像公司的很多表演作品被盗用。但版权保护的时间长度也可能阻碍创新活动，因为很多创作需要借鉴迪士尼公司或百代唱片的产品。美国的国会议员们在延长版权和专利权保护期的问题上是有私心的，他们可以从少数获益者那里分得一杯羹，让社会其他成员分担不起眼的成本。

政府成为重要的监管者或保护者，这使这些产业与政府接触密切，尤其容易索取过度补贴。路易吉·津加莱斯曾写道，产业界利用了新机遇：借助政治上的影响不但削弱了政府的作用，还可以为公司利益服务。[12] 这很好地总结了社团主义的一个重要影响渠道，成为公共机构与私营企业之间紧密联合的互利制度，这种制度形成了事实上的平行经济，其倡导者要求推行产业政策，其批评者则要求满足社团福利。

补贴本身不见得是坏事，但是对产业的补贴（拨款、贷款、担保和税收优惠，包括对农业的补贴）经常打着调整市场经济发展方向的旗号，其真实目的则是给议员们的支持者和亲朋提供好处。这些好处并不是小数目，在 2006 财年，公司福利性质的补贴达到 920 亿美元。一些重大补贴项目因为灾难性的后果而臭名昭著：20 世纪 70 年代的超音速客机项目和美国合成燃料公司项目，90 年代的乙醇补贴项目，以及过去几年房利美和房地美的补贴项目。当然，很多私营企业（例如好莱坞影城）也遇到过灾难。但问题在于，这些补贴项目由政治家充当经济创新决策者，他们缺乏深入的专业知识，与私营企业的业务脱节。而私营企业的决策是由创意者、企业家、金融家和市场专家负责，他们会综合考虑是否有更好的项目可以探索和开发。

广泛存在的公私部门之间的联结对某些特定产业的影响要深刻得多。政府对教育和医疗产业的控制直到最近才引起重视，这种体制已无法用监管、保护和补贴这样的词语描述，而是形成了有机的、颗粒化的状态。阿诺德·克林与尼克·舒尔茨的一篇论文对此类政府控制做了如下描述：

> 医疗和教育产业的政府主导程度越来越强。这种主导引发了两种不良效应，使产业的发展持续恶化：通过发放补贴，政府干预人为地扩大了对医疗和教育的需求；通过提供保护、阻碍市场竞争，降低了这两个产业的供给效率。[13]

效率不是唯一受到负面影响的方面，某些创新通路也被阻断。如今，私立中小学、大学和私立医院产业的进入空间很小，而这些机构曾在20世纪引领美国教育和医疗产业的进步。此外，医生脱离标准治疗程序、教师尝试新课程和新教学方法的空间也非常有限。

人们很容易在政治家所做的事情中找到其阴暗面，这是那些伪装成善举的行动的"潜在功能"。但我们也容易忽略一个事实：大多数监管、保护和国有化除了成本之外还有好处，否则这些措施很难通过。因此有人会问：社团主义思潮到底会给经济活力造成多大的制约？幸运的是，社团主义关系在经济中的扩张如果像上文所说的那样普遍和深入，那肯定会留下各种证据。我们知道，社团主义政府喜欢和由少数大企业组成的产业打交道，而不是由很多小企业组成的产业，官员们都保存着产业巨头的电话号码。还有证据表明，在过去的60年中，美国经济的产业集中度大幅提高。在金融业，大银行成为巨兽，小银行逐渐萎缩。在非金融产业，经济活动也急剧地从创新主要依靠的中小企业集中到大企业，这可以从2011年的官方数据中看到。[14]200家最大企业的总利润在全美企业总利润中的比重从 20 世纪 50 年代早期的 15% 提高到 60 年代中期的 26%，1966 年之前基本稳定在这个水平，然后持续提高，2004—2008 年提高到 30% 左右。销售收入也表现出同样的趋势。在某些零售行业，4 家最大企业的市场份额从 1992 年到 2007 年都基本翻番，达到令人震惊的水平，例如书店行业为 71%，计算机和软件商店以及普通商品零售店都达到 73%。由于政府监管和工会规则的影响，城市写字楼建设项目经常会被拖延。拖延的时间之长，会让很多新创意最后通通过时。

此外，如果在过去几十年不断扩张的大企业的地位相对安全，考虑到它们惊人的增长速度，我们会发现有越来越多的经济成分（企业和产业）处于稳定地带，它们不会招聘和解聘太多员工；在稳定地带之外，处于发展（新兴企业）、增长（成功企业）和萎缩（失败企业）地带的经济成分会越来越少。如图 10–1 所示，1989—2007 年出现了就业破坏的下降趋势，越来越多的员工安全地处于大型老牌企业的保护中，美国经济似乎进入了冰冻状态！在同一时期，就业创造也出现同样的下降趋势，越来越少的劳动力人口进入或离开新兴企业、成功企业和失败企业。[15] 简而言之，美国释放出员工流动率不断下降的信号，这是经济活跃程度下降的典型标志。

上述政府活动说明，曾经被视为促进社会繁荣和发展的政府角色出现了腐败趋势。1830—1930 年，美国联邦政府的工程项目和干预措施都是出于对资源和生产率的古典主义的考虑：修建运河和横跨大陆的铁路、购买路易斯安那、兴办公立学校等。后来把注意力扩大到产业界，如给工人、债权人和投资者提供保护等。当时没有旨在稳定或调整消费的措施和干预，如给私人保险

新企业创建越来越少……

新企业创建数量（千）

但新兴企业在就业创造方面至关重要……

（百万）

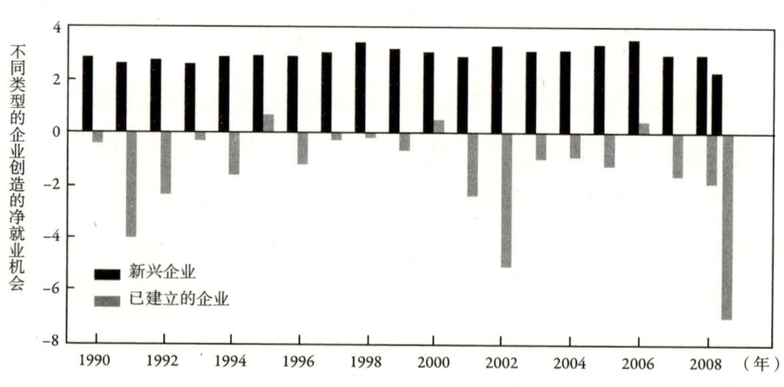

但依旧薄弱……

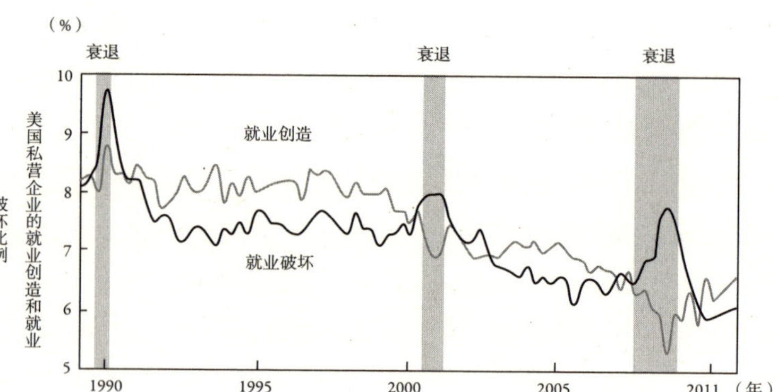

图 10-1　美国的新兴企业（1990—2009 年）

资料来源：*Financial Times*. © The Financial Times Limited 2013。

提供补充的社会保险项目。随着俾斯麦时期社团主义政府概念的复兴，这种情况开始发生改变。到20世纪40年代末，各种类型的社会保险制度已经在美国、英国和其他国家建立起来：养老保险和残疾保险（美国的社会保障）、医疗保险（美国的退休医疗保险），以及失业保险等较小的项目。到60年代末，各种类型的社会扶助项目层出不穷：为穷人的医疗需求（美国的医疗补助计划）、食物需求（食品券）和住房需求提供各种补贴。欧洲国家所说的“社会模式”是实现医疗的社会化，采用公立医院、由政府雇用医生的办法；而美国的模式则是把医疗服务完全社团化，通过各种措施监管服务、限制价格，为私人医生和私立医院提供报销服务。如今，这些社会项目全都过分膨胀，混乱不堪。

几乎没人知道这些社会福利项目的巨大规模。在社会开支方面，美国在20世纪80年代的确远远落后于欧洲国家，到1990年，欧盟21国政府的社会支出占国内生产总值的比重高达20.5%，而美国只有13.5%。美国此后逐渐缩小了这方面的差距，而德国和瑞典却在2003—2007年压缩了社会开支。2000年，欧盟的支出占比为21.5%，美国提高到14.5%；2007年，欧盟为22.0%，美国已达16.2%；2012年，由于失业救助力度的加大，双方的支出都有所提高，分别达到24.1%和19.5%。美国的社会支出水平如今已非常高，接近全国可支配收入的1/2，在可支配收入中与非工资收入（红利、利息收入、财产利润和土地收入）的份额接近。因此，美国人从所谓的社会财富中获得的收入已经和从私人财富中获得的收入相当。此外，社会财富带来的收益几乎不用缴税，而私人财富带来的收入却不能享受这种待遇。

在美国和法国（还有其他一两个国家，但程度稍轻），社会福利支出还将快速攀升。婴儿潮时期出生的大量人口达到退休年龄后，将大大增加社会保障和退休医疗保险的年度支出需求。而婴儿潮时期出生的人口退休之后并没有大量的劳动力补充进来。因此，或迟或早，政府必须通过增税应付这两项支出，通过削减政府的“随意”支出项目转移资金的做法将不再可行。这样一来，可支配收入将减少，福利收入会压倒工作收入。金融学家玛丽·米克尔通过研究发现，美国人福利权利的折现价值在2010年年底已达66万亿美元，相当于可支配收入的569%，远远超过约10万亿美元的公共债务总额。社会财富总额也超过了美国私人财富的总额。官方数据显示，2011年中期家庭净财富约为60万亿美元，相当于可支配收入的517%，其中资产为74万亿美元，负债为14万亿美元。因此，尽管人们普遍认为美国社会福利系统与欧洲的社会模式相比还差得多，但实际上已非常庞大。

在解释福利体系的膨胀时，有人认为，议员们之所以允许社会福利的扩张，是因为他们相信经济增长速度会为这些福利提供支撑，以免赤字恶化。然而，随着生产率大幅减速现象的延续，这种预期最终会被证明是巨大的错误。在城市和州政府的政治改革中充当斗士的理查德·拉维奇（曾任纽约州副州长）说：

> 美国政治一直都是在竞选时向民众承诺更多福利，但突然间，我们已没有钱支付所有这些强加在自己身上的福利了……[16]

当然，大多数承诺的福利是经过计算的。即使在过去10年，推出的新福利也主要是那些成本在后期才会出现，或者初期规模不大、不需要大规模增税的项目。这种做法导致福利的扩张能够从尼克松到小布什时代得到两党的共同支持。小布什总统于

2003 年签署的法案把退休医疗保险的范围从医院服务扩大到药品费用，这会使福利承诺的现值一次性地提高数万亿美元，法案得到了两党的共同支持。许多共和党议员发现，工人阶级的成员在里根时代加入了共和党，于是改变了他们原本对福利制度的厌恶态度。民主党则发现，其依靠的中产阶级希望尽可能借鉴欧洲的社会模式，自然也不会反对这类法案。

传统价值观对共和党和民主党的政策制定有着更激进的影响。众所周知，共和党不愿意动用政府的税收权力进行再分配：从本国人到外国人，从利润到工资甚至从高收入者到低收入者。根据他们的学说，收入应该用于公共服务。然而从 20 世纪 70 年代开始，从尼克松到小布什的共和党人都把各种形式的政府福利解释为公共利益服务，包括社会保险项目、抵押贷款补贴和教育补贴等。

对社会福利扩张的另一种理论解释是，公共支出会很自然地随着人们收入的增加而增加——瓦格纳法则。然而，1973—2007 年的收入增长速度明显慢于“二战”后初期的几十年。另外一种截然不同的理论则认为，福利的巨大扩张与大企业的扩张非常类似，是组织发展的自然现象，不断索取能实现其目标的资源，以尽可能地扩张并且持久。一旦去除对政府的传统限制，公共机构就会无情地扩张。

这种大肆扩张造成了严重的后果，其他政府项目被显著边缘化，如修缮破败的国家基础设施，或给低收入者提供就业和工资补贴。消费福利（以及更广泛的公共消费）对全国的劳动参与率的影响，在公共财政的经典理论中早已被确认。人们所熟悉的观点包括：提高收入增税以支付社会福利会打击工作积极性。政府提供的免费福利会使人们节省相应的开支，可以弥补多交的税收，但人们可以少做一些工作，减少自己的税负，并且不会减少政府福利。

福利和就业之间还有两种联系且都与税率无关。我们已讲过，财富增长的“财富效应”会降低劳动参与率（劳动供给），从而减少就业。当然，雇主支付的税后工资（或净工资）的提高会产生相反效应，吸引人们参与经济活动，导致就业增加。在很多经济模型中，净工资与财富的比例很关键，工资和财富同比提高的效应会相互抵消。随着20世纪五六十年代的生产率增长再度加速，这一比例在50年代早期到1965—1975年持续提高，这可以很好地解释就业水平在60年代达到顶峰的原因（见图10–2）。在生产率增速显著下滑后，工资增长减速，该比例也随之下降，这可以部分解释1979—2008年就业率普遍较低的现象。1995—1996年的就业率比较正常，也恰好对应着正常的工资财富比。20世纪90年代后期和21世纪头10年中期的剧烈波动可以用互联网泡沫和房地产泡沫解释。如果我们把社会财富的因素加入工资财富比中，使分母增大，则可以为2011—2012年后危机时期的高就业率和1995—1996年的正常水平的差距提供一半的解释。

另一种联系通过对劳动的需求产生作用。如果政府主要通过发行债券为将来的福利支出筹集资金，之后再通过增税偿还债务（与战争支出一样），那会产生未来甚至当前的利率上升的预期，并且可能会在某个时点提高税率。即便在今天，虽然储蓄者愿意以较低利率贷款（因为对未来发展的期望降低），利率提高的预期也会压低股票价格和企业资产评估，而企业需要这些资产开展

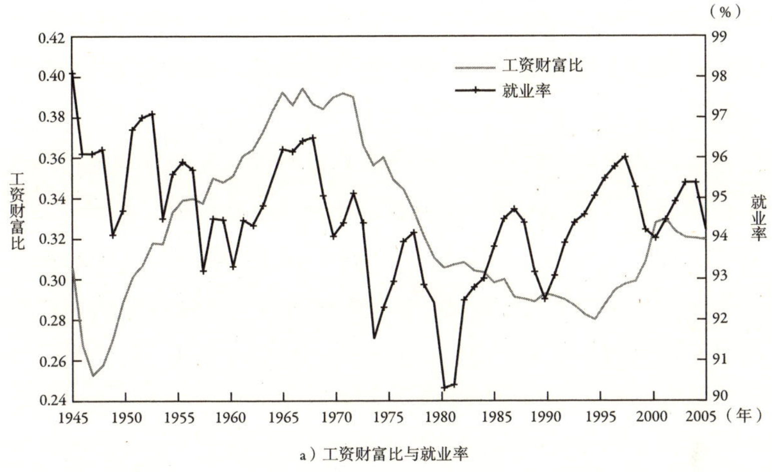

a）工资财富比与就业率

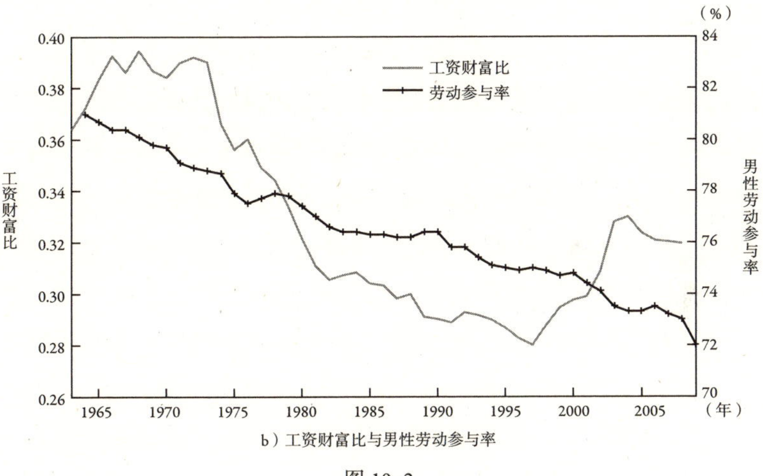

b）工资财富比与男性劳动参与率

图 10-2

资料来源：Gylfi Zoega。

经营活动，包括厂房、员工和海外顾客等。[17]

新增福利对就业的影响可以从所谓的“希腊病”中看到，它甚至可以被称为“美国病”。有效的财政政策应该是公布一段时期的财政收入增长情况，这会降低公共债务，进而减少人们的私人财富，减少数量相当于新福利带给他们的社会财富的增量。通过这个办法，新项目可以“中和”就业和储蓄的财富效应。这种策略是笔者首先提出的。然而在小布什总统任期内，政府采取了其他策略：在 2001 年和 2003 年实行减税政策。我曾在 2001 年 2 月的一篇专栏文章《不支持减税的理由》(The Unproven Case for Tax Cuts) 中断言：

> 减税将给未来带来负担，要么减少公共服务，要么增加公共债务。这些负担……表明不支持减税的依据有很多。其中之一是，小布什的减税政策造成的负担会永远存在，其激励效应（刺激劳动供给）的有效期则有限。随着时间的推移，激励效应会逐渐减弱，就业的结构性提升将消失，因为工人和经理税后工资的提高会使他们的财富增加……如果不削减公共服务，税率必然会提高，以应付公共债务的扩大。但据我们所知，未来的经济形势并不明朗……小布什的经济政策背离了美国人传统的用自己的努力让国家变得更美好的愿望。在 20 世纪 50 年代和 90 年代，这种改善精神表现在把税率定得足够高的政策上，以清偿政府债务，并提供在未来降低税率的可能性。在华盛顿大规模减税、更大的支出增长这一失败选择背后，有着深刻的、令人不安的经济哲学观的变化。

当然，议员们会让税收负担滞后于他们制造的福利项目，这并不奇怪。如果在推出新福利项目时就明目张胆地增税，这样的福利项目可能难以得到足够的赞成票。通过减税，他们给人的印象是，专家们认为未来并不见得必须增税，这也是对税收不足的一种解释。

最后还是会涉及创新的议题。我们已经看到，丰厚的福利减弱了人们获取收入的动力，进而削弱了市场的作用，其途径要么是提高税率（财富不会增加），要么是增加财富（税率基本不变）。这反过来会减弱市场上企业从事创新活动的动力。正如斯密所说，创新规模受到市场规模的限制。例如，假如每个人每周都只工作30个小时而非40个小时，创新存量的增速会减慢，这与资本存量是一个道理。

美国政府管辖范围和规模的显著增大还催生了一个副产品，即提高税收的需求。整个社会似乎达成了某种政治协议，即收入较高的一半人口向收入较低的人口提议说："如果你们同意让我们来决定你们可以从教育、公共项目中得到哪些福利，那我们会负担你们需要支付的税收。"其结果是，政府对教育和基础设施的支出不足：如果纳税人必须为自己的两个孩子以及不纳税家庭的孩子买单，那为什么还要给孩子们安排音乐课呢？这种政治协议的后果是，收入较低的那一半人接受了服务不到位的公共部门，以降低家庭间的福利不平等——但这种降低只是一种假象。

由于制度、价值观和经济政策方面的不利趋势，美国的经济活力严重退化，并导致创新乏力。尽管创新率有波动，但自20世纪70年代早期以来，大多数产业部门的创新率在大多数时间都呈现下降趋势。由于反对现代主义的价值观和政策的兴起，较为低端的劳动人口的现代价值观相对薄弱，而且其处境在初期较为不利，因此相对于其他人来说，其蒙受的损失更为突出，向上发展的流动性下降。

第二次转型

作为本书的叙述终点和高潮，我们在这里需要对主要现象和推论做一些总结。

美国经济的运行方式从 20 世纪 70 年代到 21 世纪头 10 年的变化可谓影响深远，其他现代资本主义国家（比如英国、法国和德国）在更早的时候也出现了这种变化。美国经济的新动向形成了第二次转型——在 1820—1930 年催生现代资本主义的大转型过去一个半世纪之后。现代资本主义的第一次现身并没有带来最小政府，它借助激进主义政府决定是否购买新国土、是否提供基础设施投资、是否收取用户使用费，以及最好通过哪些税收获取运转所需的经费等。资本主义的这一现代版本可以给企业提供低收入者工资补贴，以扩大包容性，同时不至于削弱现代精神。不过，尽管需要政府在政治领域做基本判断，但私人领域的最终决定权却在个人手中，比如由财富所有者（资本家）判断最好的投资方式是什么，如何利用有想象力的商业人士的创意和机智能干的企业家的热情。这样的现代资本主义在 19 世纪成为世界征服者，获得了惊人的自主创新的本土实力。愿意并且能够采纳这一制度的少数国家取得了空前的经济繁荣、较高的工作满意度、奇迹般的生产率水平，并在人类历史上首次结束了人民的普遍贫困。

第二次转型给美国经济注入了某种隐蔽的、有巧妙说法的社团主义。现代资本主义被捆住了手脚。（医疗和教育在某种程度上也是限制领域。）美国现有的制度没有墨索里尼或俾斯麦的制度那么原始和露骨，但它们的政治本质是相似的：在政府和市场之间没有明确的界限，制造出与市场经济抗衡的并行经济，并成为另外一种风险根源，严重威胁到创新。社团主义的管理型政府承担了各种责任，从中产阶级的收入到大企业的利润，再到产业发展方向。社团主义者认为，他们期盼的所有目标不需要付出代价就能实现。

那些曾经是现代资本主义表率的国家近期的经济表现堪称灾难性的，然而这并不能归咎于运转良好的现代资本主义（甚至缺乏监管的运转粗糙的资本主义）不可避免的缺陷，而是新社团主义的恶果：

> 这种新社团主义扼杀了经济活力，不利于培养敬业态度、加快经济增长、提供更多的机遇和包容性。新社团主义保护那些缺乏生产力却有背景的企业，排挤有活力的新企业和局外人；追求消费、社会保险、救助等目标，不重视培养敬业、创造和探索的生活态度。今天，航空公司、汽车制造商、农业公司、传媒公司、投资银行以及很多其他产业都在某种程度上被视为极其重要的部门，其命运不受自由市场主宰，都以"公共利益"的名义获得了政府援助。
>
> 社团主义的成本无处不在：破旧的企业尽管已不能满足客户需求，仍然可以存活下来；生产率增速下降导致经济僵化；缺乏敬业态度和工作热情；年轻人缺乏发展机遇；政府为解决这些问题导致自身破产；财富越来越严重地集中到少数能够在社团主义交易中占据有利位置的关系人士手里。[18]

悲剧的是，这种模式的经济制度在世界某些地区（尤其是北非）被普遍称为"资本主义"，因为资本主要归私人所有。然而，这种制度实际上是被政治权力集团（政府领导人以及通常由同一精英群体产生的政府扶持企业的领导者组成的联盟）所主宰，而不是由私人资本（即马克思所说的那种进行残酷竞争的、纯粹追求利润的资本）说了算。讽刺的是，在美国、英国和欧洲大陆国家，这种社团主义制度的辩护者和受益者竟然指责说，最近出现的各种问题都是因为“不谨慎”和“缺乏监管”，并认为“资本主义的未来”取决于更多的监管审查，也就是说更强烈的社团主义。

在所有关于政府和社会（政府和个人）之间的广泛联结渠道的数据中，没有明显证据显示企业、银行和个人在多大程度上是这种制度的推动者，政治家们又发挥了多大的推力。在 2012 年的一部纪录片《抢劫：谁偷走了美国梦？》（*Heist: Who Stole the American Dream?*）里，企业和银行被视为同一类型的煽动者：

> 1978 年，最高法院法官刘易斯·鲍威尔敦促美国的企业对政治和法律施加更大的影响力……同时在最高法院，他成功地为企业的政治捐款权进行辩护……自 1994 年开始，《北美自由贸易协定》鼓励开展劳务外包，1999 年废除了《格拉斯–斯蒂格尔法案》中关于商业银行与投资银行分业经营的部分内容；2000 年的《商品期货现代化法案》又放松了衍生产品的柜台交易，放纵金融机构的投机狂热。两个主要政党都推动了放松监管的热潮。[19]

这些指控需要结合背景具体分析。它们没有提到，最高法院很早以前就根据社团主义精神把政治捐款权赋予了工会，后来只不过是将这一权利扩展到企业，而且社会上并没有太大的不满反应。《北美自由贸易协定》是走向自由贸易的进步措施，这在美国和欧洲社会被绝大部分民众接受。它们也没有提到，使衍生产品的柜台交易合法化，对美国来说是为了追赶由意大利人发明和法国数学家分析的结构性金融产品。此外，是美国政府给银行提供了次级抵押贷款的工具，而没有关注创新与解决政府赤字，是美国政府诱使很多人追求超出他们支付能力的消费和休闲。

但这些内容其实并不重要。虽然今天的股东、债权人、财富所有者普遍比约翰·加尔布雷思生活的20世纪五六十年代具有更大的政治权力（加尔布雷思认为当时是大企业操纵局势，而国会却不能或不愿意批准促进社会进步的法案），但企业福利的膨胀、利己性质的规则、监管的放松以及庞大的社会保险都依赖于政府官员和议员们的意愿和热情，需要依靠他们保护既得利益，通过拉拢特殊利益群体换取选票或资金支持。这是一种紧密相联的社团主义制度：政府、产业机构和劳工组织。在劳工组织的力量较为薄弱时，前两者形成双方合作形式。这个制度的内在动力是自我中心和假公济私的政治经济文化。某些时候劳工组织占优势，产业界力量相对薄弱，某些时候则反过来。

现代经济自19世纪中叶到70年代早期的成功发展，以及对人类精神的提升是此前1 000年里其他事件不可比拟的。这是现代道德观和活力论的胜利，辅以少许古代物质主义的催化。然而，随着时代的发展，现代经济遭遇了政治腐败、文化衰落以及经理人的背叛。虽然如凯恩斯所说世界由思想主导，但现代资本主义这个新思想还没有被广泛理解，其伦理基础和道德基础还没有充分发展起来。社团主义则是一种古老的观念，其中的很多因素更令人感觉舒适。因此就像过去一样，观念之间的竞争即便到21世纪末也未必会结束。我们需要知道的是，在经历了100多年的辉煌发展之后，现代资本主义被削弱了，并且处于危险之中。

如果我们想开展改革，那么就必须详细解释价值观和目标：何种类型的职业和经济生活是最能产生回报的，何种经济制度能够创造美好生活，它又如何保障社会公平与公正？

第十一章

美好生活：亚里士多德和现代的定义

毋庸置疑，创造力是人类的本能，这可以由人们从自由创造中发现的乐趣证实。但同样不可否认的是，除了创作伟大的文学艺术作品，人们还可以通过其他方式开展自由创造活动，否则，绝大多数人都将与真正的幸福无缘。

——马修·阿诺德，《论今日评论的作用》

不久之后，你将慢慢变老，然后离开人生舞台……你的时间有限，因此不要浪费在别人的生活里。不要被教条捆住，那是照别人的想法生活的结果。不要让其他人的噪声淹没你内心的声音、心意和直觉，通过这些你才能知道自己真正想成为什么。

——史蒂夫·乔布斯，斯坦福大学毕业典礼致辞

社团主义和新社团主义的拥趸都习惯从物质主义的角度思考问题，例如低生产率、失业浪费和波动成本等。资本主义的传统拥护者也是如此。社团主义者认为，他们的制度在这些指标上面优于现代资本主义，通常可以带来更高的生产率、更少的失业浪费，还能通过就业保障提高个人财富、工资和就业的稳定性。实际上，在20世纪的最后几十年，运转较好的社团主义经济在这些指标上至多能与运转较好的现代资本主义经济相当。要在这两种制度中选择一个，我们必须从物质主义视角转向传统的政治经济学视角。本书对现代资本主义的很多溢美之词都是针对非物质层面的回报：挑战带来的刺激感，尝试和探索带来的满足感，以及成功带来的喜悦等。典型的运转良好的现代资本主义可以给社会成员提供机遇：发现生活的丰富多彩，促进自我实现和个人发展。社团主义则是一种冷冰冰的学说，为保护民众之间互不侵害而抑制创造性和主动性，打压创新的苗头。

运转良好的现代经济的强大活力是其独特回报的来源。对创造过程的参与本身就是一种回报：精神刺激的体验、解决新问题的挑战、尝试新事物的机会以及踏入未知领域的兴奋之情等。当然，它也有副产品：工作动荡不安、盈利前景不明、不断遭遇挫折甚至最终失败，以及上当受骗的可能性等。这些回报和危害是现代经济的正反两面。

当今的社团主义者会回应说，他们的制度也带来了美好的感觉和体验：团结、安全以及产业和平。他们经常提到，这些是美好社会的基本要素。那么要想理解现代经济的回报和危害对人们的意义，就必须对现代经济相对于社团主义经济或其他类型的经济的必要性或吸引力有所了解。许多马克思主义者（但不包括马克思本人）认为，非物质层面的影响并不重要。如果人们并不需要现代资本主义善于提供的东西，那么它就没有存在的正当性。因此，在回答美国需要做什么和值得做什么来扭转经济活力的减少趋势（这与解决工作满意度下降和其他麻烦有关）之前，在探讨银行改革和所得税改革这样的细节问题之前，从逻辑上讲还有更基本的问题要解答。

本章就是要探讨这个问题：就两种经济制度而言，到底哪一种才是人们真正需要的？致力于社会团结和其他目标的协作制度，还是致力于探索和其他目标的个人主义制度？是提供保护的制度，还是提供活力的制度？人们对现代生活的期盼是否出现在很久以前，是在现代主义文化发端的时期，还是在此之前？是否存在更高的反映美好生活的指标？是否只有充分达标的经济制度才能称得上美好的经济制度？涉及多样性和平等性的其他基本问题将是下一章的主题。

有关“美好的经济制度”和“美好生活”的话题，对政治经济学来说并不陌生。就像其他人抱怨的那样，社会主义思想并没有界定理想的经济生活的概念，即社会主义者支持的制度最适合创造的生活形态。社团主义思想也没有描述对个人而言的美好生活，而是关注国家产值和社会和谐，试图通过协作机制、社会保险普及财富以及培育团结精神。

社会主义和社团主义的经济视角的问题在于，它们忽略或者否认了手段对于其目的的重要性。这里的手段指的是经济制度的程序和特性，它们是产品生产和就业创造赖以进行的基础。手段造成的影响并不限于物质方面。选择现代经济会带来不同的路径和体验，以及现代社会特有的各种回报和危害。

有人会问，考虑到每个国家和各时代民众的不同选择，是否有可能找到一个精辟并获得广泛赞同的关于美好生活的定义？19 世纪，美国迎来了大批希望在新的冒险和事业中取得成就的人，其他许多人则选择留在欧洲。到 19 世纪末，乘船过来的人似乎对社团主义和社会主义运动产生了更大的兴趣，包括组织工会和分享利润等。到20世纪下半叶，各国人民都在谈论通过整顿资源的途径解决社会的“现实问题”。然而，选择的改变并不一定意味着价值观的改变。在大多数情况下，新诉求可能只是新环境或新技能的产物，例如财富增加和民主观念普及的各种影响。在最近几十年，越来越多的人说他们需要一个世纪前不曾想到的高度经济安全。但是，人们的这些愿望没有充分考虑到一个社会的系统适应问题，那会有意无意地减缓改变的速度。在评判21世纪经济发达国家的不同经济制度的优劣时，正确的标准应该是人们最基本、最深层的需求是否得到了满足。

人性（尤其是哲学和文学以及最近的心理学中探讨的人性）关系到最深层的愿望和收获。数千年来，人文主义者思索了能带来最深刻、最持久满足的各种生活方式，并积累了一些引人注目的深邃见解。他们对于美好生活的思索可以帮助我们理解一个创业型和创新型经济在条件成熟之后如何萌芽生长，而不受限于条件的存在。这些思索可以极大地帮助我们为创业型、创新型经济寻找合理性。政治经济学如果不能吸取人文学科的精华，就会在这个领域变得很贫乏：在关于现代经济的新一轮辩论中，依旧无法提供强有力的佐证。

美好生活的人文主义概念

“美好生活”的概念（或理念）起源于亚里士多德，[1]它指的是人们在拥有某些生活必需品（如食物和住房）之后，经过深思熟虑会选择的生活方式。在《尼各马可伦理学》（*Nicomachean Ethics*）一书中，他把美好生活同其他生活方式进行了对比：其他生活方式只是实现某个目的的手段，而美好生活不是实现其他目的的手段，它本身就是人们追求的目标（为生活而生活）。[2] 他大致的意思是：人们需要食物（自己生产或利用国内产品交换外国食品）提供体能，需要体能修建房屋，需要房屋保护自身和自己的物品不被风吹雨淋等。每种最终产品（美食、精美服装或者歌剧）都是一个程序或活动的终点。人们的各种活动最后都会形成某种最终产品，亚里士多德对这些活动的排序很感兴趣。他认为，有思想的人能够明白什么是"最高的善"（最高级的产品）。他的研究目标就是解释人们的排序，至少是有思想的认真的人在进行生活选择时表现出来的次序。

亚里士多德认识到，社会上必须开展一定的"赚钱"活动。这一认识可能意味着，他相信美好生活只有社会名流才负担得起，至少在他所处的时代，这不是底层人士所能奢望的，但他从未说过或者没有任何理由认为美好生活对底层人士来说永远是可望而不可及的。亚里士多德还提到，奴隶的身份通常是被别人强迫的（他的老师柏拉图就曾经差点儿成为奴隶），因此没有理由认为他们先天缺乏追求最高的善的需要和能力。

亚里士多德暗示，即便某人终其一生都在与世隔绝的岛屿（哪怕是富饶的岛屿）上追求"善"，通常来说，还是难以与人们在城市（或者说社会上）追求"善"相提并论。可见，他认识到了社会上人与人之间开展思想交流和互补的重要性。所以，在选择合适的经济制度和确定学校里传授的文化时，这个社会必须弄清楚美好生活到底包含哪些内容——"我们应该厘清'善'到底是什么，至少得到大致的概念"。他的这一思想暴露了自由主义认为美好生活就是自由生活的缺陷。某些社会可以有完全的自由，但犯罪、滥交和毒品泛滥的文化会让大多数人感觉不幸福。

亚里士多德有关哪些内容不属于美好生活的论述颇为精彩。他认为，美好生活并不是做“政治正确”的事情，那些是政治家的目标，并且“对我们要追求的东西来说太过肤浅，那些目标看起来更取决于授予荣誉的人，而不是获得荣誉的人，直觉告诉我们善是我们自己的东西，别人很难从我们手中拿走”。他接下来指出，善也不包括美德。要想追求美好生活，我们的确需要某些美德，但美德本身是不够的：如果你找不到通向幸福的正确道路，道德对你来说反倒是种痛苦。

对人们来说，总是有美好的生活方式存在。不管一个国家或民族对“美好”的概念有什么特殊理解，美好生活总是意味着内心的状况，即人们在生活方式中寻求的精神状态。对此，亚里士多德采用了希腊语中的“eudaimonia”（幸福），其准确含义如下：这种美好生活的概念表达了一种人文主义精神，它不是“神圣生活”的意思，如某些宗教里认为男人和女人拥有利用资源繁衍生息的能力，进而保障下一代的繁衍生息，如此循环往复，直到无限的未来。这两个概念的区别是，一种生活是对上帝的义务，另一种生活是实现自我价值。从这个角度看，在公元前 4 世纪从事写作的亚里士多德与公元前 14 世纪的犹太学者和后来的传教士们有着截然不同的立场。

为了防止被误解为享乐主义者，亚里士多德紧接着解释说，虽然美好生活是人们努力追求和满足自我的目标，但并不是某种消遣。“如果我们的目标是消遣娱乐，毕生的努力和忍受都是为了自娱，那将是非常荒唐的……娱乐是为了放松……以便能精力充沛地做些正事。”或许亚里士多德和与其学生年纪相仿的听众在一起会感到更有乐趣。显然，我们不必成为美好生活的奴隶，我们可以在晚上听歌剧或看电影，虽然这些与我们的生活目标无关。而且，你永远不知道未来，随着工作的开展，我们在其他地方获得的某些灵感在未知的将来或许能用得上。

我们看到，亚里士多德的主题是探讨人们选择的正确道路的本质。他并不认为美好生活就是自由生活，仿佛这与人们要利用自由做些什么无关。他也不把美好生活方式限定为社会已经给个人开辟的某条发展途径，仿佛自由空间的大小也与美好生活无关。不限制其他任何人自由的任何进步或许都可以得到亚里士多德的赞许。

亚里士多德心目中的美好生活

亚里士多德对美好生活的定义是什么？通过大量术语，他将其概括为对知识的追求："最美好的事情就是理解……这种活动是至高无上的，因为理解是我们身上的最强要素。"他认为"幸福来自某种形式的研究，研究是最高的善"，这主要是因为研究需要"理性"，而理性是把人类同其他动物区分开的主要能力。他补充说，这一概念也符合他的实际观察：其他动物感觉不到幸福。[3]

先撇开动物的议题，亚里士多德的核心观点是，随着理解能力的提高以及作为基础的财富的增长，一个人可以达到越来越高层次的满足，而不是在原有的层次上重复享受。从知识积累和知识追求中获得的满足是最高级的最终产品。收入水平越高，用于这些高层次追求的支出比例就越大。从这个意义上讲，它们是最高的善。

亚里士多德把“最高的善”和“至高活动”局限在获取知识上，这与现代价值观并不相符。他似乎把追求知识当成了纯粹的目标。脱离了手段，对知识的追求就成为一种苦修，只在密室里开展，只能从偶尔的团队研习或朋友之间的对话中获得灵感，采取这种行为方式的往往是数学家、理论物理学家、哲学家和历史学家之类的学者。毫无疑问，亚里士多德的这种狭隘看法与其社会背景的局限有关，他本人就是被封闭在由经典知识而非实际技能组成的世界里，只能通过苦修的传统道路获取进步。

对于美好生活的原始表述还有另外一个问题。如果“最高的善”只包括没有任何实际用途的理论知识，在社会的生产效率越来越高、越来越富裕时，可以用于追求此类知识的闲暇时间也将越来越多，但这些知识在市场上没有任何商业价值。根据这样的理论，随着劳动生产率的提高，从某个时点开始，产品的生产和销售规模将不再扩大，因为人们把更多的消遣时间都用来追求知识。这正是凯恩斯在《我们孙子辈的经济可能性》（Economic Possibilities for Our Grandchildren）一文中所做的预测。读了这篇文章，有的人十分推崇，有的人却感到害怕。但我们并未看到这样的结果。[4] 很明显，如果我们把知识的范围拓宽，并将人们知识之外的其他一些目标考虑在内，这个悖论自然会消失。

下面我们将介绍后来的思想家的贡献，亚里士多德还会被时常提及。

实用主义者的美好生活

后来的哲学家和作家并没有察觉到他们同亚里士多德的观念有了偏离，他们主要关注其他类型的知识和追求知识的活动，但继承了亚里士多德对需求层次的基本观点：对知识的需要和知识的地位是最有价值但也最昂贵的善。

亚里士多德之后的人文主义作家和哲学家引入了实用知识，这种知识显然不是因为自身就具有价值，其中很多并不系统，根本就没有文献记录。这些人文主义者还引入了在获取这些知识时开展的类型完全不同的活动，并且将获取这些知识的世俗背景考虑在内。

实用主义者就是其中的一种类型。他们得此名的原因是，关注实现目标的手段，注意到某些手段可能有价值，某些可能没有价值。他们其实并不是那么功利地只关注追求的目标。实用主义者关注知识的获取及其在生产或其他方面的用途。人们在工作生活开始时当然需要拥有一定的知识储备，在解决常见问题时又会获得更多新知识。为了取得成功，他们必须能够满足技术方面的要求：解决问题是成功的重要因素。在这个过程中获得的大量知识通常是令人愉悦的：无论其目的是不是追求知识本身，都会给人们一种掌控感和自立感。

实用主义群体的早期代表人物是古罗马诗人维吉尔，他生于公元前 70 年（比亚里士多德大约晚 300 年）的波河流域的农民家庭，在奥古斯都时期移居罗马。维吉尔的著名诗篇《农事诗》（*Georgics*）之前一直被视作关于农业的初级读本，实际上，它在更深层次上是在探讨人性和古罗马文化。[5] 这部作品用了很大篇幅赞美农民掌握和应用的丰富知识，包括耕地、植树、圈养牲畜和蜜蜂等，表达了农民对工作的热情和丰收的喜悦。这部作品包含了维吉尔的不朽名句：知其所以然，幸福自然来。

伏尔泰也属于这一群体，在他从事写作的18世纪后期的法国，封建领主的势力正在萎缩，工商业的发展机遇被打开，他表达了行动在生活和工作中的重要性。他在其不朽作品《老实人》中写道，行动不需要任何社会理由或者是非判断。伏尔泰建议我们把这些都忘掉，因为商业活动本身就具有意义，而且能带来丰厚的回报。在伦纳德·伯恩斯坦作曲的音乐剧《老实人》的最后一幕，作曲家斯蒂芬·桑德海姆借用伏尔泰的原作，用四句话提炼了伏尔泰思想的精华：

我们既不纯洁、聪明，也不善良，
我们只是尽自己所能做到最好，
我们要修建自己的房屋，砍伐自己的木头，
把我们自己的花园打理得生机勃勃。

伏尔泰认为，社会缺乏相应的智慧、专业知识和善意，因此无法设计、运行和维护可能实现的最佳经济结果。尽管对很多重要的事情知之甚少，但我们可以在社会允许的范围内专注于自己的事业，进而拥有美好生活，形成一个近乎完美的经济体。伏尔泰鼓励我们利用已经掌握的以及在前进过程中积累的知识和经验，使生活变得更有趣味、更有收获。我们也可以这么理解，是法国经济学家首先发现了企业家的关键作用。

在20世纪中叶，人们更加关注职业生涯带来的满足的性质，以及个人掌握和利用的知识对这些满足感的作用。这方面的思想先驱是约翰·杜威——美国实用主义哲学家和影响哥伦比亚大学几十年的学术巨头。杜威先于哈耶克认识到，普通工人掌握了工作过程中需要的大量专业知识，并强调人们需要在解决问题的活动中充分利用这些知识。[6] 即便是普遍教育程度的工人也可以参与其中并获得知识进步，通过解决工作中遇到的问题，或者完成其他人安排的适当任务，可以掌握某些技能（知识的一种类型）。此外杜威似乎还认识到，每个工人都可能知道其他人不知道的事情，因此，工人们完全可以围坐在会议桌前进行内部讨论，为当前的问题寻找最佳解决方案。[7]

心理学家亚伯拉罕·马斯洛在 1943 年发表的影响深远的论文中对人类的需求进行了分类，[8] 在分类时，他为精通某种技能或产业（通常是经过学习培训）的需求留出了位置。这种需求紧随最基础的生理需求和第二层级的安全需求。马斯洛还认识到了参与问题解决过程的需求，这是一种“自我实现”的需求。

约翰·罗尔斯在其关于经济正义的权威著作的结尾处，非常清晰地描述了实用主义流派关于美好生活的理念——他称其为“亚里士多德派”的观点。[9] 人们在职业生涯中通过发掘自己的天赋或能力获取知识，这是自我实现的本质。这种自我实现（或者我们能够做到的部分自我实现）是每个人都具有的核心动力。罗尔斯的论述清晰有力：

> 人类喜欢发挥他们的能力（包括天赋和后天获取的能力），能力发挥得越充分、复杂性越强，这种愉悦感就越强烈……这是一种激励规则，是许多欲望的根源……还有，它表现为一种心理规律，影响着我们的欲望组成的变化，而且意味着一个人的能力会随着时间的推移而得到提高……在人们培养

起这些能力并掌握使用技巧后，他当然愿意从事他的新技能能够胜任的更复杂的事务。他在以前能获得满足感的简单事务已不再有足够的吸引力……现在我们可以接受亚里士多德规则了，在考虑到其他假设的情况下，发挥和培养熟练技能通常是理性的选择……在环境允许的情况下，理性的选择可以使人动力十足，并且尽可能发挥其最大现有能力。[10]

阿玛蒂亚·森 1992 年和 1999 年的著作是对这个学说相对较新的补充。[11] 森指出，目前对于亚里士多德定义的美好生活的思考缺失某些基本内容。现在仍在讲授的新古典经济学理论（先不管是否排斥其他学派）把“效用”或幸福当作一系列产品和休闲选择的函数，这种幸福还可以被视为消耗的资源的间接函数。仿佛经济生活的参与者都参加了一场综合性的一次性大拍卖，将他们的整个未来投入交易。森对此表示反对。在他的“能力方法论”中，人们生活中获得的所有满足都要求具备相关的“能力”——做事情的能力。选择获取何种能力是获得满足的一部分。因此，他赞同马歇尔和缪达尔关于工作具有吸引力的说法（参见第三章）：

除了间接联系以外，能力与福利之间还有直接联系……福利直接取决于能力的发挥。选择本身就是生活中很有价值的组成部分。因此，从严肃的选项中做出真诚的抉择可以被视为一种收获……

至少某些类型的能力对福利有直接影响，能使人们的生活拥有更多选择机遇。[12]

森并不是在想象选择的乐趣，他指的是在环境改变时，有能力选择新道路所带来的深层次的满足。（“彩票中奖了，我将做出明智的决定，离开矿山，去上声乐课。”）

森的思想深处可能还隐藏着一些思考。罗尔斯的理论有一个新古典世界的隐含假设，即可能存在随机事件，但由于其概率是已知的，所以不会影响“自我实现”前景的清晰度：由于概率是已知的，个人发展的进步空间也是明确的。然而在现代经济中，在一代人的时间里，几乎肯定会发生经济形态的某些根本性的改变，而我们却完全不知道那将是什么。在这种经济里，人们在某种情景中发展的自我可能和在另外的情景中发展的自我存在巨大差异。人们在生活中“实现”的不仅是发展的程度，还涉及发展的方向。在这样的世界里，自我既不是固定的，也不符合固定的运动定律，所以自我的概念不具有解释价值。在电影《亨利五世》（*Henry V*）中，哈尔王子谈过人生发展中可能遇到的跌宕起伏，他在加冕两年后准备与法国的伟大战争时说：“我已经告别以前的自己。”

活力主义者眼中的美好生活

后亚里士多德的实用主义者突然停止讨论美好生活中的一些最重要的因素。这些讨论几乎都干巴巴地把最美好的生活描述成一长串解决问题的实用行动，鼓励我们保持投入，从掌控中获得满足感。这一美好生活的概念虽然也有价值，但没有涉及对新的可能性的想象、新的征服以及“美梦成真”的满足和激动，甚至在梦想未能实现时可能获得的满足感。得到完全实现的生活当然比实用主义者的描述更为丰富多彩。但奇怪的是，这个狭义的亚里士多德的美好生活版本曾一度流行，1920—1970 年，大量民众过上了更加丰富多彩的生活，这是前所未有的。在当时的经济中，很多人在发挥自己的创造力，构思新产品，想象其对最终用户的好处，各种团队在承担开发、尝试和应用的风险。[13] 那么是否有其他关于美好生活的视角能够更好地描述在那种社会中生活的感觉，表现现代经济中的成员对于参与经济过程的价值判断？

与实用主义版本平行，从古代社会起，就出现了另外一种完全不同的关于美好生活的概念。哥伦比亚大学的雅克·巴尔赞和耶鲁大学的哈罗德·布鲁姆将其命名为活力论。这个流派的主要人物和观点在本书第四章中已经介绍过，这里还要做更全面的分析。就在不久之前，欧洲国家的高中和美国的大学都在西方文学经典的核心课程中引入了活力主义文学的内容。最早的活力主义者可能是公元前 12 世纪的古希腊诗人荷马（《伊利亚特》和《奥德赛》的作者），他留下的史诗讲述了古希腊英雄的传说——他们的意志、勇气和耐心。

另一位早期的活力主义者是雕塑家本韦努托·切利尼——颇具传奇色彩的文艺复兴时期的人物，也是柏辽兹创作的同名歌剧的主人公。在其自传中，切利尼坦率地表达了对创造力的欣赏以及发挥创造力带给他的狂喜。即使在今天，年轻的读者也可能会为书中的远大抱负所震撼。

稍后，塞万提斯和莎士比亚登上历史舞台，他们描写的是关于个人探索的故事。塞万提斯的《堂吉诃德》讲述了梦幻骑士的不切实际的梦想，它想传递的是，充满挑战和冒险的生活是实现人生满足的必要条件；如果西班牙荒漠的枯燥环境不能提供这样的挑战，就必须靠自己创造挑战，在必要时甚至需要想象这种挑战。在莎士比亚的《哈姆雷特》中，王子认为如果想成为某个人物，就必须站出来反对国王，当然他很清楚可能遭遇失败并付出生命的代价。这部作品预示着国王的责任一开始就具有不确定性。这不禁让人想起专栏作家戴维·布鲁克斯说过的话：如今很多人知道自己说的可能不是事实，但极少有人会表现出来。剧本也展示了哈姆雷特初期的矛盾与彷徨，因为采取行动会有失去一切的风险——他的地位和奥菲莉亚。在《莎士比亚：人的发明》（*Shakespeare: The Invention of the Human*）一书中，布鲁姆称赞莎士比亚为纯粹的活力主义者——从他这面“巨镜”中我们都能看到自己的形象。

在 18 世纪启蒙时代，此类观点也得到了某些重要人物的回应。大卫·休谟在讨论法国的理性主义时，肯定了“激情”在决策中和“想象力”在社会知识增长中的关键作用。休谟可能算是第一位现代哲学家。如前文所述，伏尔泰鼓励人们从个人追求中寻求满足，倡导耕耘“我们自己的花园”。杰斐逊提出“追求幸福”的权利，并评论说人们到美国来就是为了追寻幸运。“追求”表达的意思是，获取财富比拥有财富更可贵，旅程本身就是目的。

在现代社会初期，浪漫主义作品中充满了对探险和发现的各种描写，及其所需要的意志和坚持。我们都能想起约翰·济慈的诗句：“或者像科尔特斯，以鹰隼的眼凝视着太平洋……尽站在达利安高峰上沉默。”还有威廉·欧内斯特·亨里的《不可征服》（*Invictus*）的磅礴：

无论命运之门多么狭窄，
也无论承受怎样的惩罚。

我，是我命运的主宰。

我，是我灵魂的统帅。

接下来是现代主义哲学家。在美国哲学家中，描写活力主义最热情的莫过于威廉·詹姆斯，他亲眼见证了时代的活力。詹姆斯于1842年生于纽约市，目睹了美国经济的巨大变革——从相对缓慢的爬升到爆炸性的创新。在他的伦理规范中，新问题和新体验带来的兴奋是美好生活的核心。[14] 如果说沃尔特·惠特曼是反映美国精神的诗人，詹姆斯就是概括美国精神的哲学家。

在19世纪和20世纪之交，一种观念悄然兴起：每个人都有一个固定的本我，但人们成年后并不是很清楚这个本我到底需要什么。这种观念意味着，生活之旅不仅是自我实现过程中一次又一次的前进，而且是一次“自我发现”之旅。通过一系列尝试，我们会发现“我们是谁”，答案可能和旅程初期的设想有很大不同。这样一种看待美好生活的态度，由当今一位成功的歌手兼词曲创作者嘎嘎小姐（Lady Gaga）非常清楚地表达了出来：

《天生完美》（*Born This Way*）这张新专辑是关于重生的各种思考……在一生中，你能够不断得到重生……直到你发现自己的内在身份，只有它才能最恰当地描述你到底是谁，并让你感觉自己是生活的成功者。[15]

在职业生涯结束前发现自我并不意味着个人发展的终结。马斯洛的自我实现和罗尔斯的自我实现都可以继续，由于完成自我发现，它们可以有更明确的方向。这意味着，没有必要假定自我在整个发现过程中保持不变。

自命不凡的德国心理学家、哲学家弗里德里希·尼采提出了大量的新观念，改变了我们对动机乃至生活本身的思考。他探讨了深入未知的探险、战胜困难、遭遇挫折、学习在逆境中坚持以及“一切不能杀死你的，都将使你更强大”等内容，并提出了许多箴言，尤其是他看清了以实用主义态度看待美好生活的缺陷。当我们为下次拍照节食，或者为创业项目省吃俭用时，我们并不是真正在为未来的收益做出牺牲，我们会很高兴参与那些能带来很多收获的项目，而不在乎需要我们付出很多。正如尼采所看到的那样，我们参与这些项目是出于内心的需要，而不是为了挣钱。他解释说，项目中遇到的障碍并不是实现物质回报需要的成本，相反，克服障碍本身就是满足感的源泉，因此这些项目本身就是回报——最有价值的回报。[16]

威廉·詹姆斯的朋友、法国哲学家亨利·柏格森也是19世纪高度现代性的见证者和活力主义的又一杰出代表。[17]柏格森继承了尼采关于人们需要挑战的思想，认为人民被生活的激流鼓舞，并自发组织起来进行“创造的进化”——这也是他的书名。柏格森讨论的主题是，深入参与充满挑战性的活动会改变一个人，使其不断“成长”。《创造的进化》一书认为，“成长”的重要性远大于“存在”。当然，除尼采之外活力主义的先驱还有很多，例如蒙田、易卜生和索伦·克尔凯郭尔等人都认为我们必须重塑自我，才算真正存在。

哲学领域关于个人创新的讨论很少见。尼采认为，人活着就是为了创造自身的价值，弄清楚善与恶之间的界限，但他并没有谈到创作一部交响曲、书籍或其他产品带来的巨大满足，尽管他本人是瓦格纳歌剧的忠实拥趸，也是业余作曲家。柏格森很清楚，如果我们进入决定论的世界，创造性将不复存在，但他并没有对创造性的人生进行描述，或者表现出对其内在回报的任何欣赏。

某些文学评论家和传记作家把创造性视为文学批评的核心主题。美国著名文学评论家莱昂内尔·特里林认为，文学是“对多样性、可能性、复杂性和困难进行最完整、最精确描述”的人类活动。本章开篇引用了马修·阿诺德的话：“除了创作伟大的文学艺术作品，人们还可以通过其他方式开展自由创造活动。”[18]其他一些作家也描述过创造性的人生，并在不同程度上进入了他们刻画的创造者的内心世界。阿瑟·库斯勒的作品就经常涉及这个主题，包括《创造行为》（*The Act of Creation*）和《梦游者》（*The Sleepwalkers*）描写的创建现代物理学的故事。此外还有两部被改编为电影的作品：欧文·斯通的《渴望生活》（*Lust for Life*）和乔伊斯·卡里的《马嘴》（*The Horse's Mouth*）。迈克尔·利的电影剧本《颠倒》（*Topsy-Turvy*）也探索了剧作家吉尔伯特和作曲家亚瑟·苏利文的人生境遇。

我们还是希望能从小说作家那里看到他们对个人动力的观察，尤其是当感觉到新生力量发挥作用或旧力量被重新激发时。两次世界大战的间歇期是个喧嚣时代，充满了各种结构性的调整和巨变。1870—1913年取得历史性的进步之后，美国没有任何减速的迹象，并于20世纪20年代重新开启了激动人心的创新进程。就连30年代的“大萧条”也没能阻挡前进的步伐，创新率空前高涨。某些作家试图反映在这一创造和发现进程中感受到的愉悦和兴奋，当时的一位顶级小说家就着重描述了探索的神奇和激动人心之处：

> 最后，卡特厌倦了日落大街和古老瓦屋中间的神秘小巷，可

他无法将它们逐出脑海。于是，他决定大胆地前往还没有人去过的地方，穿过黑暗中的冰原，挑战未知的卡达斯秘境：它隐匿在云层之后，映射在群星之下，诸神居住的幽暗隐秘的缟玛瑙城堡就坐落于此。[19]

30年后，这些语句中所表达的“大胆走出去”的思想成为美国国家航空航天局早期登月项目的颂歌。

实用主义者和活力主义者对待美好生活的态度差异之大令人吃惊。两个流派的词典中都收录有“障碍”一词，但其含义却截然相反。在活力主义者看来，人们要主动寻找需要克服的障碍、需要解决的问题，如果没有遇到任何障碍，就要改变自己的生活方向去找寻它们。而在实用主义者看来，人们从事某些最有希望成功的事业，在追求的过程中总会遇到障碍。实用主义者没有说明人类所追求的成功到底是什么，只是说不管一个人的职业目标是什么，除非运气非常不好，这个人总是会遇到数不清的问题，并解决掉其中的很大一部分。他们充分发挥自身才智，投入地解决问题，这本身就是美好生活的一部分，而由此带来的技艺精进是美好生活的另一个组成部分，可以称为“成就”。积极参与的价值和技艺精进的价值可以视为亚里士多德心目中的美好生活的组成部分，尼采所说的克服障碍和柏格森所说的成长也可以追溯到亚里士多德的源头。

在实用主义盛行了数十年之后，活力主义学说（先不管现代经济中的活力主义力量）正在复苏。在亚里士多德的《伦理学》（*Ethics*）的早期英译本中，人们就把“eudaimonia”解释为“happiness”（幸福）。这似乎是合理的，因为人们会认为，就像亚里士多德建议的那样，积极投身学习研究的人会因为获取更多的知识而感到愉快，会因为自己的博学而自豪。而且这种解释否定了把幸福作为娱乐手段的看法，虽然实际上也的确会产生笑话和欢乐。然而，约翰·库珀等后来的一些学者认定，希腊语中的"eudaimonia"的准确译法应该是"flourishing"（繁荣）。此看法也得到了托马斯·内格尔的认可。不过后来的译者仍然继续采用"幸福"一词。如果我们用"繁荣"解释"eudaimonia"，那么亚里士多德的《尼各马可伦理学》就是在说美好生活是一种繁荣的生活，同时必须承认这是个含糊的概念：

> 在所有行动中，"最高的善"是什么？从名义上讲，不管是受过教育还是没受过教育的人，几乎都会赞成，它是指繁荣，创造繁荣与实现美好生活或者成功人生是同义词。然而，不同的人对繁荣的含义却有不同的看法。[20]

如果我们把"eudaimonia"译为繁荣，会极大地拓展亚里士多德所说的"研究"的含义。他肯定认为，人们在阅读激昂的辩论稿时会感觉兴奋，在发现能驳倒对手的新证据时会感觉激动。他还会认为，追求知识的人生是非常充实的。而冷静的托马斯·杰斐逊在宣布人民有"追求幸福"的权利时肯定也有同感。因此，这样的解释有助于重新理解亚里士多德及其思想。虽然他并不是一个十分热衷于探索物质世界的人，但他支持对各个领域的搜寻、探索、调查和实验，涉及公元前4世纪所有可能的事物。就人类追求繁荣的欲望而言，他是一位开创性的思想家。

某些活力主义文学作品描绘了有兴趣为大众尝试或证明某些事物的探索者的形象。当然，成功的创新必然是公众事件，隐士的发明并不是真正的创新。但也有其他活力主义模式，阿玛蒂亚·森强调的“做些事情”就很符合活力主义观点，另外还有美国社会学家理查德·森内特近期的研究成果，他在调查中发现，许多美国人希望执行能“带来改变”的任务。例如，一位护士宁愿去大型城市医院的一线急诊室，也不愿做临时护士之类收入更多的工作。森内特认为，这些人有着对于“使命感”的深层需求。[21]

一部涉及这个主题的著作是心理学家马丁·塞利格曼在2011年出版的《繁荣》(*Flourish*)。[22] 他认为，人们追求的是“福利”，但和自由一样，福利也由多个元素组成，这些元素可以测量，但作为整体的福利却无法测量。塞利格曼说，家庭调查报告中的生活满意度反映了我们当前的印象，但很少反映我们的生活有多大意义以及我们对工作有多大投入。在他看来，构成福利的要素包括生活满意度、敬业程度、人际关系、生活意义以及有成就的生活（为成就而成就）。他认为，每个要素都对福利有影响，但本身都是追求的目标，并且可以测量。这种关于美好生活的组成要素的分类显然是深思熟虑的产物，但并没有反映出活力主义对于“福利”的看法或者人类的真正需要。尽管塞利格曼充满热情地采用了“繁荣”一词，他却没有认识到与活力主义有关的高层次的繁荣活动：尝试、创造和探索。

那么当代的主流伦理道德观包含活力主义的看法吗？从我们熟悉的人中得到的印象未必可靠。美国密歇根大学人种志学者罗纳德·英格莱哈特及其同事开展的世界价值观调查搜集了1991—1993年许多国家的家庭访问资料。针对“你在找工作时是否会寻找能发挥主动性的机会”这一问题，做肯定回答的受访者在美国占 52%，在加拿大占 54%。针对“是否寻找要承担责任的机会”这一问题，做肯定回答的受访者在美国占 61%，在加拿大占 65%。对亚里士多德伦理的实用主义解释也反映在这些调查中：“你是否在寻找有趣的工作？”做肯定回答的受访者在美国占 69%，在加拿大占 72%。相比之下，做肯定回答的法国人，对主动性占 38%，对兴趣占 59%，对责任占 58%。

大国之间的差异较大。那么与大国相比，小国是否更关注集体而没有那么强烈的成功驱动力呢？20 世纪 90 年代中期，经济学家吉尔菲·索伊加在被问及冰岛公众对于新企业家的态度时说：“人们对企业家没有坏印象，他们只是努力思索如何实现自己的成功。”因此，有关活力主义反映了重要的推动力，并深刻影响了我们在社会中的体验和实现程度的讨论，依然是个有生命力的命题。

如上文所述，亚里士多德认为，后来以他的名字命名的伦理观是普遍的人性。那么亚里士多德的观念（包括活力主义和实用主义两种解释）是不是社会的主流？这种观念从来都不缺乏对手。意大利经济学家帕斯夸莱·卢乔·斯堪蒂佐提出，沉迷于思考的人也喜欢追随者，这显然是在谈论他自己的国家。社会上总是有人拥有为群体或社会服务的愿望，例如无国界医生组织；或者拥有表现奉献精神的愿望，如巴赫创作的清唱剧；有人喜欢社会企业家的角色，如弗洛伦斯·南丁格尔；还有人醉心于追求和征服美色，如萨德侯爵和卡萨诺瓦。然而，这样的人生都不是活力主义的生活动力的反例，只是追求的方向不同而已。只是在大多数人心里，物质主义的美好生活概念同亚里士多德的观念旗鼓相当，并在某些国家占据主流地位。

从物质主义视角来看，大多数人的生活是由获取收益、积累财富或权力的愿望推动的。人们追求财富的持续积累，直到能支持高标准的消费或休闲甚至两者兼得。中国的主要改革者邓小平宣称“致富光荣”。在加尔文学说中，获取财富能得到上帝的祝福，一个人积累的财富数量是上帝眷顾的标志——财富越多，证明其越受上帝垂青。在美国，人们普遍认为财富积累的主要动力是造福社会。然而，有两个最常见的例子表明亚里士多德的解释依然成立，即人们的生活是由对知识的渴望推动的。第一个例子是，在微软公司积累了巨额财富后，比尔·盖茨成立了规模庞大的慈善基金会，为促进贫困国家的经济发展寻求新途径。第二个例子是，德国商人海因里希·施里曼致力于获取大笔财富，并明确宣称这主要是为他此后对特洛伊城的研究提供保障。许多企业家创造的财富，其实是他们痴迷于尝试某个新奇创意而收获的副产品，其中包括雷·克罗克的麦当劳帝国。麦当劳的所有加盟店都没有任何创新自主权，完全不符合哈耶克提出的现场决策和本书所关注的草根创新的原则。不过，克罗克的继承者们逐渐脱离了他的这个古怪念头。乔治·索罗斯和沃伦·巴菲特的生活动力也许只是希望展示他们对资产市场和产业投资的洞察力超乎常人。但大多数人的财富积累（包括巨额财富）可能不同于亚里士多德的目标，只是追求安全、舒适、优雅、自豪、尊严等。弗洛伊德的心理学中有个说法，高强度和高目标的职业生涯是某种伤口的标志，受伤者希望通过成就抚平创伤。更可悲的是那些获得了巨额财富却不知道怎样发挥其价值的人，新兴富豪阶层的高自杀率或许就能说明问题。[23]

不管人们的行为涉及多少复杂的动机，也不管到底是收获还是学习、创造还是积累，但很少人会否认，只有收获和财富积累的生活并不能像充满创造与创新的生活那样，提供更高层次的满足和骄傲。与韦伯及其之后鼓吹经济发展的经济学家的观点相比，亚里士多德、维吉尔、切利尼、尼采、詹姆斯和柏格森等人所赞美的“最高的善”（尤其是关于繁荣生活的体验）能更好地反映我们尊崇和期盼的生活方式。

在物质主义和其他观念之外，追求繁荣的生活伦理观即使在今天的西方国家依然鲜活。它的勃兴进程包括：1675 年前后科学革命爆发，1689 年的英国《权利法案》扩展了对抗国王的权利，休谟、杰斐逊和伏尔泰等人在 18 世纪中叶发起了启蒙运动。亚里士多德生活伦理观的流行是现代经济在 19 世纪兴起的必要条件（算不算触发因素或次级触发因素暂且不论）。相反，现代经济在某些国家的延续对于亚里士多德生活伦理观在世界其他国家的存在来说，也可能是必要条件。

本章并不是为了说明对繁荣生活的追求是现代经济在 19 世纪产生的动力，或者这种观念的衰减是现代经济于 20 世纪在一个又一个国家衰落的原因。亚里士多德坚持认为，追求繁荣的愿望是普遍的人性，当然不见得每个国家的每个人都能获得必要的机遇。本书第九章和第十章已经讨论了最近几十年现代经济文化的某些要素衰落的可能性，但这两章并不是说人们追求繁荣生活的愿望有所减退，最多只是说经济活力所需要或必要的工作态度可能退化。这两章还谈到其他价值观复兴的证据，例如共产主义或社团主义的伦理观和家庭价值观，但这并不意味着现代性质的愿望有所减弱。

主流文化和主流伦理观不是一回事。在某种社会压力下，人们可能会违心地做一些事。

对“美好经济”的启示

根据罗尔斯的提议，我们可以认为，一个社会应该探寻和建立某种经济制度，为成员的共同利益服务。既然追求“最高的善”或最高利益的生活符合亚里士多德对美好生活的定义，那么支持人们对“最高的善”的共同追求的经济，就应该符合美好经济的定义。当且仅当一种经济制度允许并鼓励人们追求美好生活时，它才是一种美好经济。

当繁荣成为美好生活的流行概念时，美好经济必须帮助人们想象和创造新事物，追求黑格尔所说的“作用于世界”，从而实现创新，满足他们敢为天下先的愿望。

当然，这种意义上的美好经济可能存在普遍的不公正现象。许多评论家和学者最近提到，这种美好经济注定会造成不平等，对渴望另一种生活方式的人来说相当于一种权利剥夺。因此，这种美好经济不具有正义性。下一章我们将深入探讨这个议题。

第十二章

美好与正义

法律是实现美好和平等的艺术。

——普布留斯 · 尤尔第 · 杰尔苏，古罗马法学家

社会是一个利益共同体……由于社会合作有可能使所有人过上比孤军奋斗更好的生活，这就有了共同利益。由于人们对合作所产生的更大利益如何分配并非漠不关心，这就产生了利益冲突。为了追求自己的目标，每个人都想得到较大的一份，而不是较小的一份。于是就需要有一系列的规则选择决定利益分配的各种社会安排，保证达成某种关于合理分配份额的协议。这些规则也就是社会正义的规则……

——约翰 · 罗尔斯，《正义论》

自商业时代以来，资本主义的捍卫者都在寻找一种“干预”较少的经济，发挥他们眼中资本主义的优势（自由和增长），而没有考虑过“正义”的经济应该是什么样子。在某些捍卫者的理论假设里，每个参与者获得的报酬都等于他对国民产值的贡献，就仿佛每个人都在独立工作一样，因此很难（即使并非不可能）说某种类型的参与者能够对其他类型的参与者的收入从道德上提出重新分配的要求。然而这种假设是站不住脚的。之所以有这么多高收入者与低收入者一起共事，是因为人们之间的服务交换能产生共同收益。20世纪早期的进步主义者已经注意到，人们在国民经济中的合作会产生所谓的“社会剩余”：不同类型的投入品（劳动、土地和资本）通过交换所提高的生产率可以增加市场经济中各种能力、土地和资本的经济回报。此外，现代经济中的创新活动更频繁，在分散的人群融入大规模和多样性的统一国民经济之后，创新的平均回报将大幅增加。比尔·盖茨的新产品如果没有成千上万的最终用户，他那500亿美元的巨额财富将无从谈起。因此高收入者与其他人开展合作可以使自己获益，同时还可以给其他人提供部分补贴，而不会使自己在总体上蒙受损失。然而，从社会剩余的概念中并不能推导出如下结论：每个人都应该获得同样的小时工资率。工资率相同的制度是无法持续运转的——未来的创新者在车库里搞研究的时间也应该获得报酬吗？即使这种平均主义的规则可以实施，也会使潜在创新者无法获得巨大的经济收益，因而不足以诱使他们放弃安全的现有岗位，积极投入创新活动。

还有一些捍卫者一方面让步说确实是低收入者使高收入者获得了好处，另一方面又跳跃式地指出高收入者通过资本投资和创新极大地帮助了低收入者，拉动了他们的工资和就业。因此这些捍卫者认为，高收入者没有理由再动用自己的收入提供补贴，为低收入者提供更多回报。可是，这种市场经济观点同样存在误解。自由市场确定的工资水平是为提高效率传递信号和制造激励，至少是一种原始而直接的传递渠道，但并没有考虑平等问题。我们可以从社会或经济方面的考虑出发，要求利用补贴和税收的办法对市场机制进行修补，把一部分市场工资和就业调整到社会需要的地方。当然最近几十年的问题是，出现了太多基于社会利益的考虑和概念，例如主张“最大幸福”的杰里米·边沁的功利主义，主张通过国家财富实现社会分红的社会主义，主张通过特殊利益社团、通过立法提供各类补贴的社团主义。

理论上的突破点出现在1971年，约翰·罗尔斯出版了《正义论》这部划时代的著作。道德哲学家出身的罗尔斯撰写这本书首先是要解决“正义”在定义上的空白，要求清晰明确，不能有重大缺陷。他写作的时代背景是喧嚣的20世纪60年代，美国大学校园的示威活动愈演愈烈，他应该能感受到以对正义的理解为基础达成某些共识的迫切需求。[1]显然，罗尔斯在60年代的写作背景（尤其是黑人活动家的抗议）与本书的写作背景（尤其是“占领华尔街”运动）有某些相似之处。两个时代的抗议人群的目标都非常不清晰，也完全不知道如何将目标转化为可操作的解决方案。罗尔斯的著作提出了一个清晰的分配正义的目标，并充分证明那是可以实现的。可以说，在黑人活动家和罗尔斯身上，我们都看到了对工作、收入和机遇的美国式思维的影响，这种传统可以追溯到林肯乃至潘恩。无论是黑人领袖还是罗尔斯都没有讨论救济这一话题。

罗尔斯首先勾画了正义的基本原则，吸收了洛克、卢梭和康德的“社会契约”思想并加以重新表述，使其“不再容易招致异议”。为了判断何为正义，一个社会的公民需要抛开所有的既得利益，假设自己处于一种原始状态，没有人知道在社会和经济开始运转时自己和其他人的位置和禀赋如何。通过这种思考方式，罗尔斯与边沁分道扬镳——边沁的“最大幸福”概念有很大影响力，尤其是对经济学家。一开篇罗尔斯就气势十足地写道：

> 每个人都拥有一种基于正义的不可侵犯性，这种不可侵犯性即使以社会整体利益之名也不能逾越。因此，正义否认为使一些人分享更大利益而剥夺另一些人的自由的正当性，不认同许多人享受的较大利益能够补偿少数人的牺牲。所以，在一个正义的社会里，平等的公民自由是确定不移的，由正义所保障的权利绝不受制于政治交易或社会利益的权衡。

罗尔斯指出，这个理论可以推导出关于劳动回报分配的精确的正义概念，这是我们讨论的经济正义的一个要素，但不是对福利国家制度的辩护，他对福利国家的话题保持了沉默。根据罗尔斯的概念，经济正义要求在尽可能做到的地方避免经济效率的损失，正义必然要求建立某种类型的市场经济，因为其他类型的经济制度都会导致严重的效率损失，使所有人的工资收入都遭受不必要的损失。此外，在人们的天赋和背景有差异的世界，必须保持一定的工资差异，因为平均工资制度严重缺乏效率，不但会打击高收入者，也会降低所有人的收入。平均主义会导致无法人尽其才，导致员工偷工耍滑，或者甘于从事原本不会考虑的低效率工作，从而造成可用于工资补贴的税收减少。于是，罗尔斯得出了他的著名结论：考虑到税收和补贴之后的工资收入差距是符合正义的，因为这种制度对低收入者（经济中最弱势的群体）有利。最符合正义的工资收入差距能够为最低收入者提供最大收益。

罗尔斯的著作中展示的新视野和新概念令人震惊，很快改变了经济学和道德哲学的议题，当然该书也遭到了批评——右翼人士批评该书忽视了自由（其实罗尔斯强调过自由是正义的本质），“左”翼人士之所以不满则是因为他们感觉不平等比贫困更糟糕。

罗尔斯对工资的分析似乎缺乏同情心，但他看到，体面的工资是通向个人“自尊”和“自我实现”的大门。他还尖锐地指出，工资的提高让人们可以带孩子去参加球赛，或者有时间参与学校和市镇的会议，从而增强社会包容性。我在 1995 年发表的作品《有益的工作》对罗尔斯关于最低收入者再分配问题的观点进行了补充：给雇用低收入者的企业提供补贴，以增加这些人获得正规工作的机会，可以扩大他们对社会核心事务的参与度，并且在贫困家庭和社区中培养职业参与的感觉。这项建议适用于从印度到美国的各种类型的国家。[2]

然而，罗尔斯的著作并没有给出某些有关现代经济的基本问题的答案，如果他依然在世，我们当然会求教于他。他虽然经常提到“愿景”和“期望”，但他描述的市场经济中没有活力概念，其未来总是可预见的。在这个严格背景下，该书对于“美好”不得不采取一个极为“狭窄”（用他本人的话讲）的视角，排除了从古至今关于美好生活的许多丰富的内容。在他的理论中，人们能获得的美好生活仅限于自己的工资可以购买的传统物品。其结果是，罗尔斯并没有深入思考现代经济在经济正义方面的独特性，其理论框架也未能证明现代资本主义经济的正义性。

现代经济中的正义

如果在一个社会中，所有人都对亚里士多德、蒙田和尼采描述的美好生活充满热情，每个年轻人都希望在充满活力的经济中发展自己的事业——得到完美的机遇去构思、开发、启动和尝试他们梦想的新产品，那会有什么要求？对这样的社会来说，美好经济必须是某种运转良好的现代经济。以罗尔斯和其他很多人的观点来看，不能给这些潜在参与者提供此类机遇、对他们的美好生活期望造成打击的任何经济制度都将是非正义的。那么现代经济还需要做到哪些才能表现其正义性?

要回答现代经济中罗尔斯式的经济正义性问题，其中的公民可以设想，假如处于罗尔斯提出的原始状态，他会如何决策：他知道自己愿意追求美好生活，但不清楚在想象力、好奇心、直觉、先锋精神和其他能力方面自己的禀赋如何。从理论上讲，处于原始状态的他会支持为创业提供最广阔的机遇，支持金融部门提供最便利的融资条件，并且支持给社会成员提供最广泛的法律保护。简而言之，他会支持机会平等，如果机会不平等，自己可能遭到排斥。他应该还会支持反歧视活动，因为自己获得的机遇可能不如其他人。

那么在现代经济中，收入分配正义又涉及哪些内容呢？现代经济的一个惊人特征就是超乎寻常的巨额收入——高额利润以及由此衍生出来的资本收益，奖励给那些提供新创意、通过创业和市场推广最终得到认可的人。很多以企业家为发展方向的人获得的工资会与商业成功的预期挂钩，当然也会出现损失和资本亏损。这些收入中会有不确定的部分被花掉，其他部分被累积起来，用于购买其他人的新产品，或用于下一个创新项目，或投资于别人的新项目，这就形成了所谓的资金循环。通过这种方式，收入和财富会得到很高的估值，而有形资本的重要性可能下降。置身于罗尔斯的原始状态的人起初可能反对通过向成功者征税弥补失败者的损失，但稍加考虑之后，他可能意识到这样的再分配有助于鼓励私营机构的冒险精神：政府作为收益和损失的分担伙伴，可以降低私营机构承担的风险。在经过更深层的思考后，处于原始状态的人还可能会想：为什么社会应该鼓励冒险？如果我只是希望参与一个有活力的经济，为什么希望政府鼓励更多的高风险投资甚至纯粹的赌博？我可能只是喜欢信仰的飞跃、走向未知的旅程带来的兴奋和悸动。因此，知道美好生活的含义但不知道自己的资源禀赋的人，可能并不赞成让政府拿走一部分利润以弥补损失，至少不能用于弥补那些与创新无关的失败投资的损失。

人们普遍认为，对利润征税是保证工人利益的必要的正义行动，而不是给失败的创新者提供补偿。罗尔斯的著作是讨论符合正义的工资水平，其关注点是普通收入的再分配，尤其是从高收入者到低收入者的再分配。[3]罗尔斯的著作和公共财政研究文献都是以非现代经济乃至古典经济作为背景的，其中几乎不涉及利润收入，只有垄断产生的利润，但这与当前的主题无关。然而，高活力经济中的经济正义的议题必然会涉及从创新利润中征税以补贴劳动。请注意，如果由此引起税后和补贴后工资水平的提高，反过来有可能从劳动中获得更多税收，从而可以给弱势群体提供更多的就业补贴。不过，这种聚宝盆的设想是荒诞的，并没有实证证据表明对利润征税会增加用于补贴低收入者的财政收入。而且从理论上讲，利润税如果超过国民产值和国民收入的某个限度，最终会降低未来的生产率，超过补贴工资的正面效应，还会减少低收入者的实际收入。因此，即便从罗尔斯的工资观出发，我们也不能认为对创新利润征税是正义的。

更重要的是，我们还不清楚在目前的假设条件下（所有人都赞同亚里士多德的美好生活观）是否所有的税收收入都必须用于就业补贴，以提高最弱势的参与者的工资水平。他们有可能愿意把税收收入用于提升经济活力，而非补贴就业。即便最弱势群体只关心自己的工资水平，也可以通过某些政府项目实实在在地增加低收入者的就业岗位。在提升最低工资率方面，这可能比就业补贴更有效，其中包括消除严重影响效率或活力的障碍的政府项目。但不幸的是，最弱势群体被马克思视为所谓的“流氓无产者”的一部分，他对这个群体没有什么研究兴趣。普通人在一定程度上较为敬业，并不排斥可能遇到的问题和机遇，而最弱势群体则有所不同。这种观点使受罗尔斯影响的经济政策制定者认为，最弱势群体只关心工资。包括待遇最低的人在内的工人如果除工资外还关心其他问题，那他们（在假想的原始状态或者现实的投票中）可能不会选择让政府把所有税收都用于补贴自己。他们可能有兴趣支持能发挥自己想象力的政府项目。如果因为政府的年度财政预算消除了去年出现的影响效率和活力的所有障碍，并把剩余的全部资金都用于就业补贴，就说罗尔斯的正义得到了完全实现，这种设想未免过于狭隘。

除了通过财政手段对人们的天赋和能力已经形成后的生活愿景进行干预外，还有其他涉及经济正义的议题。一个传统议题是对社会环境不利的儿童的早期教育的干预，这是经济学家詹姆斯·赫克曼的研究课题。现代经济中的正义要求政府采取行动，改善某些人在早期教育中所处的不利地位，以免他们在参与未来的平等创新竞争中受制于能力不足。政府如果把国民收入的 5% 用来给弱势群体涨工资，却一分钱也不补贴工资预期前景不佳的人，那也会显得非常荒唐。虽然大多数公民知道自己的孩子正在健康成长甚至超过平均水平，但他们还是能设身处地地从罗尔斯的原始状态出发，想出一个公平的办法，保证最弱势儿童的成长提升到符合正义的水平。[4]

多重人性中的正义

罗尔斯的《正义论》简化了对产品的处理，假设所有社会成员都只需要“初级品”，并且都知道工资是用于购买这些产品。上面的讨论也简化了现代经济对产品的处理，假设所有社会成员都追求亚里士多德及其后继的人文主义者描述的美好生活，并且都知道从事充满乐趣、挑战性和冒险性的工作是实现美好生活的必要条件。这个假设或许并不如很多人想的那么古怪。从19世纪70年代到20世纪60年代（现代资本主义的高峰期），美国精英学校的人文课程就带领学生感受和识别西方历史中的不同生活环境以及各种价值观和信仰。在尼古拉斯·默里·巴特勒担任校长期间，哥伦比亚学院就有“现代文明”这类关于历史和哲学的必修课，由约翰·厄斯金在1919年开设。此外还有雅克·巴尔赞和莱昂内尔·特里林在1937年开设的“人文学科A”课程。芝加哥大学有“名著阅读”课程，由莫蒂默·阿德勒开发，校长罗伯特·赫琴斯于1942年设立。阿姆赫斯特学院1947—1968年的人文课程则引导所有新生畅游历史人物的圣殿，史诗般的领袖、真理的追寻者、人文主义者、个人主义者、活力主义者和实用主义者，所有这些都是为前任校长亚历山大·米克尔约翰倡导的“有意义的生活”做准备的。耶鲁大学法学院的安东尼·克罗曼描述了美国人文课程的发展史，时间跨度从1869年查尔斯·埃利奥特担任哈佛大学校长到1968年的“分水岭”：

> 有的生活方式对人类具有长久的吸引力……人文课程能让我

> 们了解这些生活形态的核心追求……理解这些绝不会打消我们自己对被认可、被尊重和表现个性的生活的期盼……也不能就此回答生活意义到底是什么的问题……但可以为我们提供指导……
>
> 这些课程让每个学生把自己当成“伟大对话”的参与者……去想象前世的谈话对象——诗人、哲学家、小说家、历史学家和艺术家，在一次漫长的不间断的关于生活中最重要内容的对话中，与他们逐一攀谈……凭借对人性观念的合理性的信仰，以及对少数完全自我实现的表率的信心，这些人文课程经过多年的积累与改进，形成了关于生活意义的教育核心。[5]

总的来说，由于对任何社会中的才能和职业偏好的多样性都表示欢迎，而且认识到了人生实现形式的多样性，这些人文课程由此辨析出了“人性”的概念，这是一种从人类祖先在洞穴中吹奏骨笛开始就已普遍存在的东西。在最高层次上，这些共性包括表现创造力的愿望、对挑战的期盼、解决问题带来的快乐、从新奇中获得的愉悦，以及对不断探索和尝试的渴望。对这些“最高的善”的追求和体验，是自我实现以及其中包含的“成长”的必经之路。这样的人性和自我实现不仅体现在艺术家和科学家身上，也被广大普通人实践，包括企业家、工程师、医生和议员等。由于这种生活方式和对新观念的态度，这些人经常被冠以“现代”的称号。只是由文艺复兴、科学革命和启蒙运动促成的现代社会和现代经济在 19 世纪崛起后，这样的自我实现才成为普遍现象。当然，这种生活方式和自我实现的潜力古已有之且一直存在，并映射在前现代社会中某些杰出人士身上，例如追问到底的苏格拉底、聪慧精明的克里奥帕特拉、喜欢冒险的利夫·埃里克森和富有远见的叶卡捷琳娜二世。

不过另外的观点同样一直存在。反对人文主义的人认为，人生实现的形态各异，而不局限于人文主义者界定的这一类。也就是说，即使在当今相对现代的社会中，也有某些人愿意从事那些并不能提供人文主义者所说的那种人生实现的职业。在某些较传统的社会中（如意大利南部），女性的主要职责还是做家务、相夫教子。在某些非常传统的社会中，许多男性的职业是在教堂里做牧师、拉比或者伊玛目。在所有的社会中，都有某些男性和女性在养老院或收容所从事看护工作，还有人喜欢在某个有特定目标（如环保）的非营利组织工作，而不是把个人收入作为工作目标。相对而言，在这些性质的工作中体验探索和创新的可能性较小，也不会出现切利尼或香奈儿这样的人物。

即使在最现代的经济中，还是有许多人以家庭、社团、国家、宗教或地球生态为生活中心，仿佛又回到现代革命爆发前的传统西方社会。今天的传统主义（回归前现代社会的传统）与现代主义的对立就好比柏拉图的“存在”与蒙田、尼采和柏格森的“成长”的对立。蒙田认为，柏拉图的人生观是先验论和神启论的结果。某些人喜欢从事护理这样的传统职业，不在乎其相对静态的工作性质，可能反映出他们对上帝或社团的爱要大于对自己的爱，从而压倒了亚里士多德、蒙田、尼采和柏格森所主张的寻求自我实现的激励。但如果说从传统职业中获得的这种满足也等同于“自我实现”或“繁荣”，那可能与这些概念的常规含义不符。假如个人实现的定义有那么宽泛，一个自由、健康和清醒的成年人从事的任何活动岂不是都可以视为自我实现的途径？

这里的问题是，如果在一个社会里，一些人的天性符合亚里士多德和现代主义者关于美好生活的定义，但也有另外一些人有不同的天性，并且适合追求其他类型的生活（只要不是抑制性质的就可以并存），那么罗尔斯主张的正义在这种多元化社会里该怎样解读？显然，人们根据自己的本性采取行动的自由（不管其本性是否符合人文主义的人性）是实现罗尔斯的正义的基础。然而，该如何公平正义地对待有截然不同追求的人，答案却不是那么明显。

在职业生涯后期，罗尔斯终于强调了他早期作品中所隐含的内容：根据定义，他的收入分配正义只适用于那些对社会的经济活动收入有贡献的人，而不包括隐士和不参与经济生活的人。罗尔斯坦率地说，为避免误解，那些"整天冲浪"的人并不属于他说的最弱势的工作群体。"冲浪者必须自己养活自己"，而不能靠冲浪补贴。[6]

我们知道，在家庭内部管理家务或养育子女的活动对社会非常重要。经合组织最近的一份研究报告显示，澳大利亚男性用于做饭、打扫卫生和照顾子女的时间增加到了每天 3 个小时，女性花的时间更多。我们还发现，就像西尔维·安·休利特在书中描写的案例那样，对某些人而言管理家务是一种"次要的生活"。[7]然而，家务活动也没有反映在罗尔斯的收入再分配理论中，其理论中的再分配来自雇佣劳动创造的经济剩余价值，而且再分配的对象是所有雇员。家庭中的母亲就没有权利要求这种剩余价值，因为她们没有参与剩余产品的生产，她们生产的是爱。直觉告诉我们，在家庭内部应该有非金钱利益的再分配，但这可能很困难。

根据同样的逻辑，某些人出于服务或奉献精神，在志愿性质的部门工作，如果这些部门没有给他们支付报酬，包括非营利环保组织的志愿者、自愿照顾穷人的护理员、帮助虔诚的信徒求得一餐一床的牧师等，他们也就没有正义的理由要求获得罗尔斯式的补贴。因为这些部门没有创造可用于再分配的收入，在“社会剩余”分配给那些从事生产劳动的低收入者之后，就没有多余的财富留给志愿部门的从业者。即便这些部门向员工支付工资，但若是按照经济生活中的最低工资水平支付，也不会改变上述结论，他们依然没有权利要求分享经济中追求美好生活的人们生产的社会剩余。这似乎同我们的直觉略有不符。然而，罗尔斯式的补贴是从公平计算的角度设计的，而不是出于需要或应当的考虑。要想获得奖金，就必须参与这个游戏，参与其他游戏的人不在考虑范围内。

此外还有一个议题：除了在分配正义和效率上的责任外，政府还有哪些作用？罗尔斯的正义给政府提供了多少发挥的空间？前面我们观察到，政府可以抓住机遇修补经济中的缺陷，防止活力枯竭，以及抓住机遇解决效率低下的问题。从罗尔斯理论的角度来看，如果这些活动能给低收入者带来好处，那就不能算作非正义。但现在我们认识到，某些劳动适龄人口在积极追求其他的生活方式。处在原始状态的公民可能会看到，更符合自己利益的是约束政府为促进美好生活而提高活力的干预，把资源转移到为其他生活方式服务的项目，因为他本人可能是与主流社会有不同价值选择的人。不过，通过更深入的思考我们发现：政府用于激发活力的计划和机构，虽然对低收入者和其他人都有利，但这些低收入者也为此做出了贡献。自己选择其他生活方式的未知风险并不构成内在的正义理由，因此也就没有理由把经济生活中最弱势群体的某些收益转移给退出主流经济的、选择其他生活方式的群体。获得罗尔斯式的补贴意味着他们也是弱势的生产合作者，但这些人并非弱者，仅仅是选择不同，而且他们也不是可用于再分配的社会剩余的生产合作者。

看似正义的解放体制

以上讨论都是关于现代经济所需要的调整和延伸，它们不仅能使其正常运行，还能够保证公平与正义。由此引出了我们的终极问题：运行良好和公正的现代经济，是不是一个符合正义的制度？罗尔斯的标准是，正义的经济制度的内在结构会使最弱势群体的处境优于在其他任何制度下的处境。在其作品结尾处的深度分析中，对资本主义和社会主义市场经济做古典描述的罗尔斯无法判断何种制度符合正义性质——前现代资本主义还是前现代社会主义，它们之间的差异在他看来不是决定性的。不过，在一个广泛确立了现代价值观的彻底的现代社会，我们可以看到：现代资本主义经济及其标准的替代选项（如市场社会主义和社团主义）之间存在着巨大差异。

本书在对主要的制度选项进行对比后认为，运行良好和公正的现代经济是为促进个人繁荣和成长（这些是美好生活的核心）量身定做的制度。本书继而发现，有一系列证据表明，现代资本主义经济尤其擅长给普通民众带来美好生活的期盼：现代价值观较为强势、传统价值观较为薄弱的国家在美好生活的所有度量标准上都表现得更好，比如工作满意度、失业率以及工资水平。凭借这些证据，在现代社会，身处罗尔斯所说的原始状态的公民在设想自己属于最弱势群体时，完全有理由认为运转良好和公正的现代资本主义经济才是正确的选择。相反，一个设想自己处于最强势位置的人，则可能喜欢计划经济，只要自己能当上沙皇。与社团主义的关联体系相比，现代资本主义经济可以给最弱势群体提供更光明的美好生活愿景。不过在短期内，人们还是需要接受多元文化价值观的现实。

当然，为现代资本主义经济做上述辩护或其他辩护的人必须认识到，很多人对现代或前现代资本主义表现出了极端的厌恶，其中，对私人掌握的巨额财富的厌恶和对追求巨额财富的厌恶情绪尤其突出。罗尔斯在《正义论》中写道：

> 人们所需要的是与他人自由联合的有意义的工作，这样的自由联合在基本制度组成的框架内规范着他们相互间的关系。为达到这种状态，巨额财富并不是必要条件。事实上，巨额财富更容易成为一种障碍，即便不是放任和空虚的诱惑，至少也是种意义不大的干扰。[8]

的确，过于高估自己的财富会导致对闲暇和消费的过度需求，进而减少就业、投资和创新活动。试图为现代资本主义经济作为财富积累机器的正当性进行辩护则是再愚蠢不过的事情。然而，财富尽管有消极影响，但如果人们的工作成果被市场证明是高盈利的创新，必然会带来巨大的经济收益。如前文所述，巨大的经济收益有助于动员人们从事那些有盈利希望的项目。因此，现代资本主义可能产生的巨大财富差异本身并不存在非正义的问题。相反，在传统社会里，巨大的财富差异往往既非制度本质的必然结果，也不具有正义性。此外，财富还具有积极效应。一个人的财富有所增长，而其他人的财富没有增长，并不意味着这个人就可以在所有方面都生活得更好。但如果每个人的财富都有所增加（增加同样的数额或者同样的比例），人们肯定有更好的条件发展自己的兴趣爱好，表现自己的个性和价值。

很多社会评论家会谈到一种“非正义性”——其他某些制度所没有的、现代社会的某些内在缺陷，这些缺陷会使现代经济（包括在经济包容性等方面保持经济正义的）不符合正义标准。现代经济至少在三个大的维度上可能存在不足：其他某些经济制度（或许只是现代经济的一种变体）有能力提供更美好的生活愿景，或者能给更多的参与者提供这种愿景，或者能提供比美好生活的各种经典描述更理想的生活方式。另外，在其他经济制度选项中，肯定有某些未知的制度可能比现代经济更辉煌。我们很难逐一审查所有的反对意见，但关于现代经济（无论其运行如何良好和公平）的非正义性的指控则必须予以回应。

对现代资本主义的批评意见，往往是强调现代资本主义经济（或许还包括其他现有的经济类型）相对于某种尚未建立的经济制度而言是非正义的。很有名的案例是20世纪的社团主义者。在社团主义经济出现以前，他们设想由国家指导的经济有助于实现传统社会的很多期望目标。但在法国和意大利有了社团主义实际运行记录后，我们可以看到，国家权力并没有带来承诺的经济活力，20世纪90年代之后，社团主义已无法支持快速的生产率增长以及保持低失业率。

在西方，1970年以前的社会评论家们设想了一种新经济模式。这种经济模式可以以更小的代价追求更加美好的生活，可以保障经济的持续稳定预期。然而，自称可以通过严格的就业保护和庞大的公共部门缓冲经济冲击的欧洲大陆国家，结果一事无成：就业水平低下，经济严重衰退，而且为此付出了巨大的代价——这些国家的经济活力基本上消失殆尽，由此导致发展滞后、就业不足甚至不稳定。

人类历史上有很多经济制度能提供比现代经济更强的稳定性和平等。可是，从对现代历史的考察中，我们并未发现现代经济的替代者在带来更强的稳定性和平等的同时不影响美好生活的愿景。

现代经济在最近几十年遇到了新批评：资产组合必须实现平衡；增长必须实现平衡，不能像互联网泡沫时期那样偏重局部；全球范围的储蓄和投资失衡必须纠正。这些批评似乎忽略了一个事实：运转良好的现代经济的天才之处就是能鼓励经济体的所有人都参与观察和判断，共同决定一个国家的最佳投资方向：

> 国际货币基金组织要求解决“经济失衡”问题……因为这有助于维护世界稳定。但如果不允许一个国家通过外来借款促进投资繁荣，不允许一个投资降温的国家向外发放贷款，建立国际私人信贷市场又有什么意义……其次，国际货币基金组织谈到“防范危机”，对金融危机的零容忍政策表明，国际货币基金组织完全无视运转良好的现代资本主义经济的基本原理。若干西方国家坚持现代资本主义，不是因为斯大林的国家计划委员会无法测算螺栓和螺母的相对价格，而是因为有着不同观念和经历的企业家和投资者的多元化，是解决创造新未来涉及的不确定性问题的绝妙办法。[9]

在一个有着如此强创造力的经济体中，把爆发危机的危险视为缺陷，就好比说那些极具创造力的人在癫狂与消沉之间的摇摆也是一种缺陷。我们很容易理解，在充满活力的经济中，新创意的开发失败或者新创意的枯竭都可能导致萧条。过去 10 年间地方银行和区域银行的损失以及借贷专业人才的损失，给曾是现代经济前沿的国家造成了新的失调。但这些反常现象并不代表现代经济的非正义性，失调是可以纠正的。

近年来新出现的一种激进批评是：美好生活的概念过于狭隘。这种批评要求实现工作与家庭的“平衡”，而贪婪的现代经济给家庭生活和子女抚育留下的时间和空间太少。批评者们并不想把美好生活的议题拓宽到家庭领域，他们认为可以建立一种新经济制度，参与者可以“全部搞定”：丰富多彩的家庭生活，与子女的亲密接触（这些可能是数个世纪之前的传统社会的特征），同时又不至于丧失现代经济擅长的创新活力和最重要的繁荣生活体验。然而，这样讨论所谓的“工作与生活的平衡”让人感觉仿佛工作不是生活的核心部分，让人怀疑这些批评者是否很好地理解了美好生活的概念及其要求的各项条件。职场生活中的生机必须来自情感的投入、对工作的深度参与，不是随随便便就能得到的。如果各类企业发现，每周只工作 4 天，或者在办公室设置幼儿园，并不会降低员工们的敬业态度和工作效率，这些企业恐怕早就付诸实践了。通过税收或罚款强制要求企业开展这些事务，必然使企业的员工敬业度降低，并因此失去一部分活力和灵活性。越来越多的企业认识到，相对机械的工作可以让员工在家里完成，但创新要求员工们在办公室里展开交流。

从更深层的意义上说，除非家庭生活本身也充满挑战和障碍，否则就不可能成为美好生活的组成部分。有些人可能在有些时候发现家庭挑战要多于职业挑战，但他们不能指望通过减少挑战和障碍获得更多繁荣体验。作家凯蒂·洛菲就指出：

> 谁说平衡必然是好事？有些技能和生活乐趣，不就是存在于失衡、疯狂、古怪和难以置信的紧张之中吗……我是一位打三份工的单亲妈妈，但我已认识到在混沌之中有某种兴奋和快乐……人类心理是那么复杂、混乱和难以捉摸，不可能通过“平衡”、“健康的环境”或者直接用物质把问题解决。[10]

现代资本主义经济的替代选择描绘的这些愿景都能唤起对奇迹的想象——这是一种任何美好目标都必然有实现之路的信仰。但现代思维告诉我们，必须在目标中有所选择，生活不可能十全十美。

如果在一个社会中，有多个组成部分追求不同的生活方式——关心护理他人的生活、醉心于思考的生活，或者献身于家庭价值的生活，那么运转良好而公正的经济的正义性问题会有完全不同的解释。前文已经讨论过这种多元价值观——传统主义伦理观与现代主义伦理观并存，我们这里要讨论的是正义所需要的制度。问题的关键在于，在任何现代社会都存在以交换为基础的主体经济，现代社会通过这种交换经济实现参与者的共同利益，而秉持不同文化态度的人则希望脱离这一交换体系，寻求独特的生活目标。某些社会评论家似乎认为，如果现代经济无法给拥有传统价值观的社会成员提供空间，那就是非正义的。根据本书的观点——也是康德、罗尔斯等人的观点，正义要求那些追求传统生活的人能够自由地在传统部门参加工作并获得报酬，同时，追求美好生活的人也必须能自由地在现代部门参与工作。在这个多元化社会，一个经济部门中的资源可以通过其生产的产品得到补偿；另一个经济部门中的资源也能维持运转，无须接受补贴，或者可以通过慈善性捐助补充。如果把扶持相对缺乏变革和创造力的非现代经济作为秉持现代价值观的人群的义务，那将是很令人费解的非正义做法。

当然，处于原始状态的人可能要求政府保护有不同传统的理想，比如关心爱护的传统。正义要求容忍其他的生活方式和思维方式，但并不要求那些希望追求美好生活的人对自己撒谎或者向其他生活方式屈服。正义并不允许其他人的传统严重压抑现代经济，以至影响其创新活力的发挥乃至现代生活。

在这种多元化社会，每条船都可以自己浮起来，不存在相互间的补贴。这样做不存在非正义性。罗尔斯主张的正义并不要求现代部门给传统部门提供工作补贴或其他任何目的的资源转移，因为他讨论的现代社会的正义都是这个部门内部的成果分配。但如果现代部门的参与者一致希望政府给传统部门提供补助，那样做当然是正义的。个人给传统部门提供捐助也完全符合正义的要求。在美国，非营利机构和慈善基金组织已颇具规模，当然某些慈善家承认，很多捐助是受到政府税收优惠政策的鼓励，这很可能减少给低收入者预留的补贴份额。

我们讨论了现代社会中传统主义要素面对的正义议题。在这样的社会中，现代价值观占据主导地位，并创造了现代部门占优势的经济。允许那些崇尚传统价值观的人在并行经济中活动，对他们而言符合正义的要求，因为这对现代经济并无损害，对具备现代价值观的人而言也是正义的。这种并行经济可能还有助于现代经济，因为它可以吸引那些秉持传统价值观的人，防止他们在现代经济中制造麻烦，影响其他员工的士气。接下来我们需要讨论在传统价值观占优势的社会中现代主义要素面对的正义议题。这里的困难在于，允许秉持现代价值观的人自由发展和运行现代经济部门，会对占多数的传统人群带来冲击，除非现代人群只占极少数。社团主义对现代经济入侵的反击就是因为传统人士感受到了现代经济的威胁。为解决上述困难，意大利和（程度较轻的）法国等欧洲国家设置了惩罚和障碍，以限制现代部门的活力和灵活性，现代部门与包括农村产业、国有企业、中央政府和教会在内的传统部门并行。而且这种并行部门与传统文化的势力相比是如此弱小，以至后者严重拖累了企业家精神与创新精神。欧洲国家通常会限制现代经济的发展，也不鼓励其公民追求不安分的、创造性和冒险性的生活方式。主流的态度和信仰妨碍甚至禁止秉持现代价值观的人追求美好生活，由此造成了严重的非正义。

因此，尽管人们的第一印象认为，传统价值观强大的欧洲国家建立高度的社团主义经济或社会主义经济完全符合正义，正如现代价值观占主流的国家对现代经济的欢迎态度一样，但真实情况是，传统社会阻碍了普通人追求美好生活的行动，而现代社会并不限制人们在非政府组织、基金会、非营利机构、教会乃至家庭中追求传统生活的权利。这就是两者的不公平之处。

现实生活中的现代资本主义经济确实也有非正义的表现，现实中的社团主义经济也一样。最突出的是，现代资本主义国家没有采取足够的措施拉动低收入者的就业水平和工资水平，当然社团主义国家在这方面同样失败。另一个突出的非正义表现是，税收减免和无法兑现的福利承诺导致了可支配收入的膨胀，当然社团主义国家的私人财富和社会财富也在膨胀。不过，只要受益者能真正理解其要求的荒谬之处，这些非正义是可以得到纠正的。这些非正义既非现代资本主义经济的内在特征，也非其独有标志，它们并不代表现代资本主义本身的非正义性，只说明其存在瑕疵而已。

如果本书的观点成立，现代资本主义经济就具备正义性，至少在现代经济能够良好和公正运行，现代价值观足够普及、足以支撑现代经济的国家是这样。当然，未来完全可能有某种后起制度被视为正义的制度，到那时，现代资本主义也会将位置让出来。

小结

现代经济对少数幸运国家而言是天赐之福。从 19 世纪中叶到 20 世纪中叶，首批现代经济国家（都或多或少实行现代资本主义制度）成为西方世界的奇迹，它带来的蓬勃活力是人们此前从未见过甚至想到过的景象，带来的广泛包容性也是前现代资本主义社会不可比拟的。新经济制度的活力和包容性来自其调动的草根阶层的想象力和能量。如果没有手工业者、临时工、农民、商人和工厂工人的心灵和想象力的发挥，他们的创新成就不可能如此辉煌。

本书发现，现代经济远非与美好生活背道而驰的物质主义、粗俗、市侩、贪婪和唯利是图的制度，而是很好地满足了社会成员对美好生活的广泛要求。这个制度的崛起来自现代化运动，从传统社会中获得解放，冲破封建经济的桎梏，驱除重商资本主义的枯燥和孤独（斯密也觉得毫无生气）。现代经济带来的大众对创新的参与和大众的繁荣完美地诠释了亚里士多德对于“最高的善”的追求和罗尔斯所主张的正义。这种有利于大众繁荣的制度是现代社会的宝贵财富——它根植于皮科·米兰多拉、马丁·路德、伏尔泰、休谟和尼采等人倡导的现代价值观。

不过，对于经济成功的解释依然存在各种迷思，很多人没有认识到发挥私营企业活力的重要性。其中一种解释认为，一个国家相对于其他国家的自由程度决定了其相对的经济发展水平。自由虽是创新的必要条件，却并非充分条件。允许人们有做某件事的自由并不代表鼓励他们完全投入，而人们经常需要通过冒险实现自由。另一种解释认为，经济的成功取决于科学（而非产业）发现。这种理论无法解释某些国家为何腾飞，而其他很先进的国家却没有，另外经济腾飞为何发生在科学发展较为黯淡的时期。还有一种解释认为，一个国家的快速创新可以依靠公共部门，其比私营部门的推动速度更快。但我们还没有看到哪个国家能做到这一点，除非把俾斯麦时期的德国经济视为国家驱动类型，而非现代资本主义。

我们的理论能否成立，对西方和东方国家在未来几十年的发展都非常重要。美国如果继续坚持只要有自由就足够、通过不断下调税率就可以实现自由的立场，那将是巨大的错误，不可能恢复 20 世纪 70 年代之前的活力和繁荣。现代价值观与传统价值观都可能产生重要影响，点燃古老国家活力的现代价值观可能已经衰落，传统价值观必然相应抬头，这种影响绝非财政政策可以抵消的。政治家们对于重建传统价值观的呼声与重建经济活力的呼声同样高涨，其结果是各个政党继续高谈阔论，仿佛一旦达成有足够分量的关于财政措施的协议，经济就能回归繁荣。

如果欧洲国家自认为，只要继续坚持社团主义经济信仰，对私人资本进行恰当的政府控制，就可以实现资本主义无法做到的稳定与和谐，并且不会造成原有经济活力的任何损失，那就不可能恢复20世纪90年代的可喜的就业水平，更不用说重现20世纪早期的高度繁荣景象。这些信仰没有通过检验，欧洲国家却继续在传统价值观的统治下维持着社团主义经济的无效运转。

如果现代价值观对经济领域的创造者、追寻者和探索者如此重要，对美好经济也如此重要，有人或许要问，它对社会其他领域是否也具有重要意义？托克维尔发现，对经济生活的参与最普遍和最深入的美国对政治制度也有着最广泛和最深入的参与。其结果是，在两个领域都出现繁荣景象。政治领域要想繁荣，必须有草根阶层的民主支持，这在很多方面与草根阶层的经济活力相对应。

当今的所有人可能都注意到，欧洲在政治领域的表现同经济领域一样糟糕。阿玛蒂亚·森在《欧洲民主的危机》（*The Crisis of European Democracy*）中谈道：

> 在缺乏公共讨论和民众赞同的情况下，欧洲的命运不能任由专家们的独断（或好意）来主宰。领导人错误的政策选择既破坏了民主制度，也浪费了制定良好政策的机会。

类似的观点也适用于经济活力，其中的某些方面已经在本书中被提到。太多的产业发展方向受到经济政策的制约，新企业创立的限制越来越多，从精英阶层中选拔的经理人掌控了与政府和社团的谈判，企业规模如此之大，层级如此复杂，普通工人完全没有途径表达创新性想法，也不会有相应的激励，于是，创新和普遍繁荣必然受到压制。

在一个有足够现代能力的社会，美好和正义的政治制度的标准同时也是美好和正义的经济制度的标准。现代社会对美好和正义的要求在政治领域和经济领域同样适用。

结语
现代经济社会的重建之路

社会的进程只能因观念的改变而改变。

——弗里德里希·哈耶克，经济学家、政治哲学家

未来的领导者和创造者必须重新点燃冒险精神。真正的创新困难且危险，但失去创新的生活是不可想象的。

——加里·卡斯帕罗夫（国际象棋特级大师）、彼得·蒂尔（企业家、国际象棋选手）

西方国家给人一种感觉，“期望与梦想的辉煌历史”已经谢幕。大多数西方国家的经济都已接近停滞，美国从20世纪70年代中期开始，西欧大部分国家则从90年代后期开始。尽管通信技术的巨大进步（主要在美国取得）给很多人的印象是，这种进步是地方性的，整个经济的劳动生产率从1972年开始降低，到互联网革命全面展开的1996年才有显著回升，在这波浪潮于2004年结束时再次下滑。生产率的退步造成了广泛破坏。员工的报酬增幅很小，劳动适龄人口中的白人男性的就业率从1965

年的 80% 下降到 1995 年的 72% 和 2007 年年底的 70%，黑人男性的就业率下降幅度更大。总产出因为劳动生产率和劳动投入数量两方面的因素而减速。私营和国有企业的投资品产出受打击尤其严重，在总产出中所占的份额从 20 世纪 60 年代的 16% 下降到 20 世纪 90 年代的 14.7% 和 21 世纪头 10 年的 14.3%。消费品产出表现更好，但就业数量与投资品部门的关系更紧密。

要重启这个期望与梦想的制度，我们能够做些什么？这个问题很少被讨论，近年来的危机吸引了全部关注。不过，我们通过若干国家头上笼罩的财政危机阴云可以追踪到经济停滞的根源，包括美国、意大利和法国等。在金融危机中，银行的误判加速了欧洲国家的财政赤字膨胀，也鼓励美国官方鼓吹和加剧了房地产泡沫。

财政危机爆发的原因主要在于经济增长，在略有加速的几年时间之后，增长率在 21 世纪初再度下滑，美国已回到 20 世纪七八十年代的缓慢发展水平。这使大幅增加税收收入的可能性变得非常小，而政府却还指望用它应付“婴儿潮一代”对社会保险福利的巨大需求。那么政府是否采取了增加税收和减少支出的手段以应对这个紧急局面呢？没有，政府进一步扩大了资金缺口。在美国，小布什总统在 2001 年和 2003 年的减税政策使政府收入每年减少了 6 000 亿美元，约为国内生产总值的 5%，同时以“富有同情心的保守主义”将退休医疗保险的覆盖范围扩大到药品，增加了数万亿美元的福利支出。在欧洲，政府财政赤字占国内生产总值的比重的限额从 1999—2000 年的 1.5% 上升到 2003—2005 年的 4%（意大利和法国）。如果考虑到福利支出大大超过财政收入的日子正在快速来临，真实的赤字规模还会高得多。政治家们并没有选择增税来为庞大的福利支出准备资金，反而通过减税讨好选民，这在财政上是极端不负责任的行为。这种行为极其恶劣，因为失业率在互联网泡沫破灭后虽然略有上升，却并不高于 20 世纪 90 年代的正常水平，而较高的失业率才是在财政困难时期继续执行赤字政策的理由。财政上的不负责任还导致汇率的弱势，在世界出口市场的份额下降（尽管有贬值因素），股票市场低迷，产业投资不振。企业有庞大的储备，却不愿投资，它们担心过去的低税收导致未来的高税收。

金融危机的背景是增长率低迷，以及由此导致的失业和财政赤字。经济增长减速后，欧洲的几个国家并未控制其财政赤字，只要欧洲的银行愿意以低利率购买其债券，它们就继续执行赤字政策；对银行而言，只要这些国家的主权债务继续被评级机构列为 AAA 级，由于持有此类债务的资本金要求极低，它们自然也就乐于购入。美国政府不但自己借入资金，也鼓励其他人增加借款。政府诱使住房抵押市场上的政府扶持企业和商业银行提供低利率的次级抵押贷款，还鼓励数额庞大的学生贷款。只要房价继续上涨，政府扶持企业、银行和其他贷款人就继续满足投机者和新购房人的资金需求，完全不考虑风险因素。

2008 年金融危机之后，失业率上升，达到顶点后下降得非常缓慢。人们对此展开了广泛讨论，为什么接近 8% 的高失业率降幅如此微弱且缺乏规律，似乎难以回到 7% 之下——远远超过 1995—1996 年 5% 的常态和 1965 年 4% 的更以前的常态？经济学的正统理论在解释就业乏力时除了提到短期繁荣外，完全没有考虑到 1970 年后的长期停滞现象。粗鲁的凯恩斯主义者鹦鹉学舌地谈论“总需求不足”，却从来没有注意到这种“不足”没有伴随着通货紧缩，忘了他们的教科书里说的通货紧缩是总需求不足的标志。供给学派则抨击“高”税收，完全不顾小布什总统在2001年和2003年两次大规模的减税后就业率仍未提高的事实——就业情况只是在他鼓吹房地产泡沫后才有所改善。不过，把就业低迷归咎于消费者的支出不足或者所得税税率过高似乎都非常奇怪，因为还有太多其他的因素在发挥作用：技术对供给的推动作用减弱；退休抑制了供给；居民家庭获得的社会福利和税收减免（包括现有效应和预期效应）突然增加，进一步降低供给；未来的财政压力极大地推高了利率水平。所有这些因素对商业信心的打击都不可避免地导致各种商业资产（从机器到顾客和员工）的估值下挫，足以完全或大部分解释目前的经济衰退。只有微弱的创新流能稍微缓解失业率的进一步上升。

凯恩斯主义者继续主张增加政府支出，而供给学派则继续主张降低税收，只要生产率和工资水平的低迷现象没有改变，这当然会导致高额的财政赤字和不断增加的公共债务（及福利负担）。这些人对此并不担心，因为在他们的模型里公共债务规模的增加不可能快于国民经济的发展，增长将永远持续，暂停之后会重新增长，向来如此。他们不能理解停滞是可能发生的，实际上，他们也并不理解停滞的对立面，即经济活力带来的繁荣，也是可能出现的。

就生产率和工资停滞的问题及其对就业的影响，这些正统理论并没有提出任何政策建议。他们的模型构造是为解释在长期增长趋势中，短期财政干预措施如何平息短期的周期波动，而非说明停滞是经济活力的突然变化所致。

于是，美国和其他国家的政策应对只是用不必要的工作缓解症状，将福利和减税作为权宜之计。索尼公司负责人霍华德·斯金格在2011年3月接受法里德·扎卡利亚采访时说：“照顾乘客和船员当然是对的，但必须有人挽救轮船！”在小布什的两个任期和奥巴马的第一个任期内，美国的政策措施都没有发生根本性变化，以扭转创新和生产率的低迷，而这种低迷已导致工资水平下降、失业率上升和经济包容性的退化。欧洲国家也是如此。政策制定者没有如他们设想和宣传的那样采取任何动作，以重振曾鼓舞西方国家进入全盛时期的“期望与梦想”的精神。

西方国家要恢复进入停滞期之前的就业水平、包容度和工作满意度，必须找到办法结束这种停滞状态。如某些经济学家所说，其解决办法的确应该是加速“创新”。然而这个术语有多种不同的含义，关于各个国家应如何增强创新的讨论才刚刚开始。寻求合适的加速创新的政策，要求各国对现代史上的创新根源有基本的理解。

本书视角的新颖之处在于关注草根阶层的创新及其背后的社会价值观，并强调由此增加的工作生活的回报。我相信，这种视角可以帮助我们了解进入当前状态的历程。更重要的是，这种视角向我们展示了回归探索、挑战和表现精神，恢复发现和创新活力的道路，这些才是西方国家最深层的发展成就。

本书一开始是对现代经济的历史记述，从19世纪的兴起到20世纪的挣扎，特别是那些拥有草根阶层的本土创新活力的国家。最初，我希望通过本书理解创新浪潮背后的现代社会的核心力量，相信这种理解有助于支持现代经济制度在某些国家的发展与延续。然而在写作过程中，我认识到现代制度已遭到严重打击，现代经济及其带来的“辉煌历史”都处于危险之中。因此，本书不但讲述了现代经济近两个世纪前在西方国家的崛起，如物质成就、经济包容和人文繁盛，而且还必然联系到现代经济的衰落。在美国，这一衰落始于40年前：增长率的长期低迷、包容性的下降（首先是工人阶层，其次扩大到中等收入阶层）和工作满意度的降低。这些现象都是经济活力和创新率下降的症状。在欧洲，自主创新的消失发生得更早也更严重，但被海外技术的引进掩盖。最终是美国的创新水平下降导致欧洲的发展受到重创，尤其是意大利和法国。本书在分析背后的原因时，既关注促进或制约经济活力的制度，也重视不同价值观的影响。

现代经济的活力依靠一系列现代制度。在私营部门，财产法和公司法的进步让那些希望成为创新者的人能够快速创办和关闭新企业，不需要顾及社会上其他人的看法。股票市场、银行和专利制度给长期项目提供了支持，以鼓励大大小小的创新活动。在公共部门，某些制度和政策着眼于长远发展。美国在那几十年里采取的一系列行动扩大了能用于投资和创新的资源：给长远项目提供的贷款，给先锋拓荒者提供的土地，解放奴隶，以及保护投资人和债权人的法律等。当然也存在政治上的腐败与渎职，但并未抑制企业的发展与创新。这一切都改变了。

如今，曾经的现代制度中充满腐败。除政府外，产业界和金融界也流行急功近利的观念。在私营部门，首席执行官不关注企业的长期利益，共同基金在持股时也只追求短期回报。其结果是，几乎所有创新都来自老牌企业和老牌产业之外——新兴企业和天使投资人。这种急功近利减少了创新的供给——创新所需要的创新精神、风险资本和敢于冒险的终端客户都在萎缩。在公共部门，社团主义思潮已从欧洲蔓延到美国，并转化为委托关系、裙带关系和共同堕落——贪污受贿只是最轻微的表现。社团主义还造成监管、拨款、贷款、担保、税收减免、企业分拆和专利延长等现象的泛滥，主要目的是为既得利益集团、政治客户和亲信密友服务。对既得利益的保护剥夺了外部人的机遇，拥有新创意的人难以进入市场。所有这些进一步减少了创新的供给。还有，社团主义政府与政治支持者和游说集团的交易，压缩了留给创新者的市场空间。在过去 10 年，大银行、大企业和大政府形成的集团造成美国的家庭抵押贷款膨胀，并引起欧洲若干国家的主权债务和福利规模失控。美国与欧洲一样也形成了并行经济，其动力源泉是政治精英们的创意（先不管其动机是什么），而非商业创意。所有这些都降低了创新收益，从而降低了对创新的需求。

本书还见证了传统价值观的起伏——从前现代时期起就试图约束和压抑新生的生活态度和信仰。在广义的现代时期，从 16 世纪开始形成了一整套现代价值观，它唤起了人们对创造、探索、争先和留下独特印记的愿望，为争取最大个人实现的美好生活而奋斗，从而点燃了草根阶层的创新活力。人们拥有创造新事物的想象力和独立思考的判断力，新老思想的交锋可以提高理解力。个人财产权有助于经济发展。每个人也都拥有为自身利益、自身财产而工作的权利，而不是为其他人的目的（社会的目的或自己配偶的目的）服务的手段。如果现有的企业和在职员工必须与新企业和新人竞争，经济发展就会得到促进。现代社会的创造性及其不断提高的期望使未来呈现出不确定性，因此现代社会对我们的行动是开放的。在某些国家，现代观念压倒了绝对论、决定论、反物质主义、科学主义、精英主义和家庭至上论。少数幸运国家在 19 世纪确立了现代资本主义经济制度，直至 20 世纪走向衰落。

这些到现在也都改变了。

如今，现代价值观和传统价值观的平衡点在总体上似乎已大幅后退。在那些坚持现代价值观的国家，其强度和流行程度可能没有下降。少数调查结果显示，现代价值观在 20 世纪 90 年代早期到 21 世纪头 10 年还有所进步，这似乎是互联网泡沫的兴盛期所致。然而调查数据表明，传统价值观有强烈回升，其中当然包括家庭价值观和社团价值观，还有某些古老的伦理观：因循守旧，不采取任何可能伤害他人的行动（例如竞争），以及在市场或政府造成的每次不利情形中要求赔偿的权利等。

还有证据显示，这些传统价值观在西方国家的影响力有所加强。家庭价值观和社团价值观的复兴打击了企业的部分创新精神，要求企业更加重视社区和家庭生活而更少关注利润。随着利益相关者思潮的兴起，任何打算创办创新企业的人都必须注意，企业的财产权利需要被各种势力稀释，包括员工、利益集团、律师以及社区代表等，这些人坚信他们对企业的生产成果拥有合法的“权益”。许多雇员认为，只要他们能对企业利润有所贡献，或者企业的其他部门产生的利润能弥补自己部门的亏损，不管其他许多人拿少得多的工资也可以完成同样的工作，他们都有权利保留自己的职位。随着社会连带主义（Solidarism）的复兴，希望通过成功创新获取高额利润的企业家都必须注意，所有的利润都必须被企业所得税分割。各层级的收入将保持同步，如果高收入者的所得提高，适用的税率结构也将上调，使中产阶级也能分享好处，以至税率的提高将导致高收入者反而在绝对收入上受损。这种向前现代时期的财富固定化社会的倒退对美国造成了严重影响，但在欧洲的社团主义社会却没什么影响，因为高额税收已经让人们很难致富了。这种影响使美国的年轻人放弃了先辈的创造与发现之旅，转而寻求银行或咨询工作。伴随着前现代文化兴起的还有古老的权利观、自以为是的态度、因循守旧和对集体的依赖性——“行动”（撒切尔夫人和阿玛蒂亚·森关注的领域）的活力明显下降。因此，即便现代价值观依然存在，前现代观念对产业界和政府的影响力已经大为增强。这些分析至少可以部分解释美国如何失去了部分经济活力和自主创新，以及欧洲更早出现的类似现象。

对此能做些什么？西方社会如果希望大规模改善在就业、生产率以及工作体验方面的表现，就必须对制度和文化进行改造，以恢复经济活力。尽管大学和媒体可以提供帮助，许多改革措施还是需要政府各个部门参与。哈耶克说，没有哪个国家的政府可以创造有经济效率的制度——当然列宁不这么认为。更准确地说，没有哪个国家的政府能从零开始创造一整套制度和价值观，以产生自主创新所需要的经济活力。在很多方面，我们的制度和文化是通过企业家、金融家和用户们的试错（及衰败）演化而来的。然而政府在历史上会不时地积极参与制度和价值观的建设，并由于不可避免的知识的不完备，造成不完美的干预结果。因此，如果想恢复活力，需要政府在启动新干预措施的同时废除某些旧做法，这并不意味着政府干预范围的扩大。

政府必须认识到经济活力在现代资本主义经济中的重要性，才能采取焕发活力的行动。当前，政府还被过去几十年复苏的前现代观念束缚着。在美国，民主党主张的新社团主义远远超过了富兰克林·罗斯福的新政或林登·约翰逊的伟大社会计划。1984年美国副总统候选人杰拉尔丁·费拉罗把这种主张浓缩在民主党的宣传口号中："我们国家的承诺是公平规则。如果你努力工作并遵守规则，你就可以分享美国的好处。"这种说法意味着，美国人实现普遍繁荣的世纪是前现代的单调经济制度的成果，人们的工资水平可以同等幅度地提高，人们需要做的就是考虑投入多少时间而已。在这种场景里没有特殊的个人、企业或产业，不涉及各自的观察、愿景和运气，不会因为创新导致其工资和利润有不同幅度的变化。如果某些产业或职业偶然遇到工资涨幅不足的情况，政府将通过特定计划予以拉动。共和党受传统价值观的影响同样深刻，小布什的"有同情心的保守主义"所设想的美好生活就是重商资本主义加社会保障和社会保险。共和党把经济视为偶然遭遇冲击的自动驾驶系统，完全不考虑维护和培育经济活力的重要性，也没有为自主创新而改变的意愿。我们很难相信这是林肯的政党。在社会团结与安全的发源地欧洲，人们也没有认识到，与过去一样，绝大多数创新必须在欧洲或美国的本土实现，不会有熊彼特主义所说的来自天堂或政府的甘露。他们同样没有认识到，欧洲人如果停止对美国的创新依赖，将拥有更辉煌的经济。

西方国家正遭遇的危机可以归咎于领导人忽视了经济活力的重要性：足够的活力是创新活动及其核心工作的主要源泉，而创新活动的范围、深度和结果则是生产率和收入增长的源头。草根阶层的活力对历史上的美好经济极其关键，包括物质进步、包容性和工作满意度等方面。活力的复苏也是美好经济重生的基础，大多数西方国家的政府目前在财政上的危险状态使这一复苏显得尤为迫切。

为了采取行动——良好判断后的行动，各国政府必须了解未来的方向。它们必须对运转良好的现代经济的产业界如何产生活力有基本的认识，这不是机械的过程，而是有机的过程（借用柏格森和巴尔赞的术语）。这不是有规则的体系，而是被原生的疯狂弄得十分混乱的体系。直觉和经验或许能对干预措施提供帮助，完全忽视它们可能会有危险。不过，华盛顿方面没有多少商业背景知识。监管官员缺乏产业界的从业经历，据说某些人从未在产业部门工作过。除了自己的律师事务所外，大多数议员没有在产业部门长期就职的经历。2012 年，美国国会估计，如果不进行新的减税，布什的减税计划（每年约 5 000 亿美元）终止将使年度国内产出减少 8 000 亿美元，这充分暴露了华盛顿的幼稚与无知。布什减税政策导致的赤字扩大究竟给当时的创新和投资造成了多大破坏，根本没有人估计，更不用说赤字的削减可能在未来给创新带来多大的促进作用，因此完全不能判断，减税计划终止是严重打击就业，还是通过提升企业家们的信心很快促进工作岗位的增加。就像凯恩斯在类似议题上的表态那样："我们的确不知道。"

因此政府要激发经济活力，这要求政府官员掌握一些实际知识：创新是如何产生的？从制造业到银行业、医疗和教育产业，各产业的创新遇到了哪些障碍？美国的缔造者们认为，国会议员主要是那些在私人事业的间歇期临时参与公共事务的人，特别是来自大农场、工厂、办公室和商店的商业人士。参议员和众议员都应来自产业界，任期结束后还回到产业界。

如果这个办法不可行，则需要另外的安排。例如监管者，他们最好在某些产业或者职业上有过实习经历。这些监管者的培训成本同产业专家、会计师和类似的职业人士相当，他们期望的收入也应该和那些职业人士相当，否则就不会选择监管部门的职位。实习工作可以给他们带来经验和观察力，他们或许不能深入参与经济活力的发挥，但对于各种监管规定可能产生的成本和收益，他们可以获得直观的理解。

实习工作对立法议员也会有帮助，但他们需要更广博的背景知识。议员们要想机智灵活地引导产业经济重建活力，必须有一定的洞察力和判断力，这需要一定的教育培训。凯恩斯曾经提出，人们学习经济学不是因为标准理论的结论有什么特别的价值，而是因为它可以帮助我们在经济实践中提对问题。可以想象，包括美国在内的其他国家可以借鉴法国的巴黎政治学院或中国的领导干部博士后项目，但是让议会领导人接受这些大师的指导会有何种前景也让人心存疑虑。更好的制度或许是鼓励他们自学和参与讨论。议员们可以找一些研究文献，首先了解过去是如何开展创新的，以及未来应该是什么情况。有关历史上的伟大创新，他们可以阅读哈罗德·埃文斯的《他们创造了美国》和查尔斯·莫里斯的《创新的黎明》（*The Dawn of Innovation*）。有关创新制度的内容，可以阅读哈耶克的经典论文《作为一种发现程序的竞争》（Competition as a Discover Procedure）、理查德·纳尔逊的《医学知识的进步历程》（How Medical Know-How Progresses）以及阿玛尔·毕海德的《冒险的经济》（*The Venturesome Economy*）。有关社团主义的内容，可以从曼瑟·奥尔森的《国家的兴衰》（*The Rise and Decline of Nations*）开始。本书除这些方面外，还着重指出了经济活力背后的文化价值观以及反对方的因素。

具备关于创新的背景知识后，立法者和监管者会拥有经济活力的意识，在每项议案或监管措施的讨论中他们可以设问：这会对经济活力造成什么影响？这些议员就不会批准或纵容财政赤字像西方国家过去 10 年那样膨胀，不会再相信控制赤字将导致就业萎缩的说法。相反，他们会很清楚，长期的大规模赤字将增加信贷成本，导致企业资产贬值，这对创新和投资不利，会因此损害就业率、生产率和工作满意度。

关于创新的知识背景有助于改进经济治理水平。在美国和许多欧洲国家，制造业工作份额的下滑促使许多立法者支持产业政策，通过补贴、委托、公私合作方式或政府扶持企业等手段刺激某些制造业，再次开启了政治经济学上关于经济治理的争论——这种产业政策的传统可以追溯到柯尔贝尔、汉密尔顿、李斯特、凯恩斯和普雷维什。他们的论点是，定向产业补贴有助于促进经济增长，由此产生的税收收入增长让政府有足够财力进行操作，但这些并不成立。有位法国商人最近感慨于法国政治家们的宏伟蓝图："他们还想从政府的部门机关里创造出价值来吗？！"让市场竞争决定经济的发展方向效果要好得多，因为政府缺乏必要的知识和判断力，不可能知道如何提高市场的投资效率。在农业、建筑业、能源业和金融业等部门，补贴、委托和政府扶持企业造成了很多意想不到的后果，如为生物燃油计划而扶持大豆生产的补贴、购买太阳能电池板的补贴、对绿色能源公司的补贴，以及对房利美和房地美等公司的扶持等。有创新知识的议员们应该反对把此类扶持扩大到制造业领域，他们会认识到，如果立法机构停止支持那些创新力不足的企业和产业，避免在它们身上浪费能源、土地、劳动和金融资本，让其他企业和产业有更多的机会，将有更多新兴企业出现并取得成功。

总之，社团主义经济的公共政策和所有政府制度与活动都必须压缩，某些还必须终结。运转良好的现代经济当然需要政府，在某些情况下可能还需要一个大政府。重要的是，要把照顾特殊利益的立法压缩到小范围。为此，可以要求政府通过有特定用途的特殊基金支持所有特殊利益的法案，而一般财政收入将用于普遍性质的公共利益。设立特殊基金的目的在于明确支出成本，以确保受益水平与受益者愿意承受的成本相当。目前许多照顾特殊利益的法案打着一般公共利益的旗号，或者采取税收减免、抵扣和分拆等形式，公众并不清楚其具体代价。本书认为，把私人利益输送给特殊利益集团不但会造成效率损失，还会培养一种文化态度，这不利于激发经济活力需要的期望和探索精神。结束对这些代价高昂的特殊利益法案的纵容和漠视，是实现可持续的经济活力的必要条件。瑞典和挪威经济相对不错的表现不足以构成反例，因为大多数证据表明它们极其欠缺活力，也没有良好的工作满意度。还需要指出，本书绝不是说在这些方面对政府的约束就能构成经济活力的充分条件。

某个国家一旦确立了重新焕发活力的目标，很快就会发现私营部门同样需要开展大量改革，以前的高活力经济也必须补充某些新制度。其中迫切需要的是停止向预期任期很短的公司首席执行官们支付超高的薪水，因为那会诱使他们忽视只能在长期带来收益的创新项目。公司法应进行修订，禁止公司动用资本给首席执行官们提供解雇时需要支付的高额赔偿金（金色降落伞），这种做法同样会诱使他们追求短期收益，而不是对股东们更有利的长期创新项目，而公司的股票价格会反映公司未来的所有盈利前景。另外，限制首席执行官们选择公司董事的权力看似也有助于改进董事会的质量，不过这样做虽然有利于保护社会和股东，另一方面却也可能导致首席执行官们在自己的任期内表现得更加急功近利。

较为迫切的改革还包括共同基金，这些机构用抛售股票威胁公司的首席执行官，要求对方满足他们提出的季度盈利目标，此种做法必须禁止。目前这种敲诈行为是合法的，但可以把如下行为列入违法，如共同基金经理人以财务损失威胁公司负责人，以及公司负责人不报告此类威胁。就像在某些国家，给绑匪支付赎金也属于违法行为。另一个问题是，新兴的吸引小额投资者的共同基金通过高度分散化的投资组合将风险最小化，以此作为卖点。如果所有股票购买都如此决策，有盈利前景和缺少盈利前景的扩张项目的新股发行在市场上将无从分辨，会得到同样的融资成果。[1]

恢复草根阶层的创新活力要求对银行业进行彻底改革，很多新兴企业有着不同寻常的商业创意，其中很多只能从对本企业有密切观察和思考的人那里获得融资。因此焕发高度的活力要求重新启用旧式“关系银行”的做法：有经验的贷款人或投资者对其提供融资的企业有着和企业同样良好的前景判断。关注创新的各国政府可以重新进行金融机构布局，以便给创新项目和新兴企业提供充足的融资空间。

为此，欧洲和美国的各国政府可以对现有的银行进行重组。自 2008 年金融危机以来，有关银行业的讨论一直集中在纠正银行的不稳定倾向及破产风险上。立法机构通过的监管规范主要是限制高风险业务，如过度的短期借款。但人们担心银行总是能比监管者领先一步，可能再次把国家经济暴露在金融危机的风险中。更可靠的防范不稳定的办法则是把银行业务限制在更有限的范围内，把高风险资本留给有专业人才支持的金融市场处理。这个办法还有助于解决新兴企业和创新项目需要的风险资本（或天使融资）严重不足的问题。如果欧洲国家和美国着手把今天的庞大银行机构重组为规模更小、业务更简单的单位，关心活力需求的各国政府就可以确保新银行把业务专注于对企业的融资，特别是对创新活动的融资。

此外，关心创新的政府还希望批准和鼓励为关系融资服务的新的金融公司，这些公司可以开展股票融资业务，也可以着重于贷款。政府还会希望整个经济中遍布各种地方性的投资者和贷款人。我们不用担心乔治·贝利——弗兰克·卡普拉的电影《生活多美好》（*A Wonderful Life*）中的小镇银行家，他只给购房者提供贷款。当然，我们可以想象这样的银行体系的范围会比较有限，发展速度也不快。2010 年，里奥·蒂尔曼向我提议成立一家专门给新兴企业提供贷款或股份融资的国家银行，该提议是想借鉴非常成功的农业信贷系统的模式。这样的机构只需要美国政府提供很有限的投资，其余资本可以由政府担保通过借款筹集。主要的担心是此类政府扶持企业的道德风险，负责人可能受到政治家的压力，为其庇护人提供好处。但当前有些主权债务机构的运营摆脱了政治干扰，这样的事实令人鼓舞。同时，市场自身也在为创新提供支持，这样的资源虽然不多，却非常受欢迎，例如加利福尼亚的众多超天使投资基金。

私营部门还有其他一些制度也应该检讨改革。工会和职业协会可能给考虑创新事业的任何人带来更多不确定性。在欧洲，法律和医疗协会势力极大，工会的大游行和野猫式罢工也非常可怕。在法国，弗朗索瓦·奥朗德总统在 2012 年 11 月要求拉克希米·米塔尔保证位于法国弗洛朗日的钢铁厂的工人的长期未来。稍早时候，许多工人扣留了经理，这被称为“绑架老板”运动。

在美国，工会如今在公共部门的重要性超过了在私营部门，通常不被看作创新的阻碍势力。事实上，有工会组织的纽约建筑业需要花一年时间才能完成上海几个月就能竣工的建筑，这说明上述观点存在问题。美国政府反对波音公司在一个有《劳动权利法》的州开设工厂的诉讼，必然让创新者三思。对通用汽车公司的财务重组中，工会的信托基金被放在债券持有人的权利之前，也必然令那些打算借钱给创新者的人却步。有人认为，法律和医疗协会有助于保证服务质量。但不管其总体效果如何，这些协会给新入行者设置的限制肯定会削弱创新。如果工会和职业协会的权力能成为公众讨论的议题，对创新者和企业家精神的激发将具有标志性的意义。

尽管私营部门的制度改革对恢复经济活力最为重要，现代价值观的强化也具有关键意义，寻求挑战和自我实现以及其他愿望，这些观念将培育和动员发挥活力所需要的人力资源，如创造性、好奇心和生命力。顽强的现代价值观是世界上第一批现代经济国家诞生和持续发展背后的动力。这些国家实现了生产率的伟大起飞，推动了财富和工资的增长，把人们的工作从谋生手段改造成提供越来越多精神激励、挑战和冒险机会的源泉。现代人希望有现代生活方式。如果现代经济源自现代价值观，那我们会很自然地得出：现代价值观获得重新肯定和广泛传播将有助于现代经济的复兴。过去的企业家总是梦想他们的企业会有多么光明的前途。如果今天的首席执行官们只关心建立公司，不在乎他们的梦想家园，他们是否依旧不能摆脱短视的桎梏？还有，如果西方国家不能重新回归伟大时代，我们也没有理由认为现代精神将永远延续。

在《迷失于转型之途》(*Lost in Transition*)一书中，克里斯汀·史密斯从他和年轻人的访谈中发现，很多人还没有找到自己的路，他们的困难不是来自自己的失败，而是社会不能给他们提供文化资源，帮助他们完成走向成年的旅程并取得成绩。在谈到周围的消费主义时，多数人持赞成态度，有人认为这对经济有益。在谈到他们愿意选择的生活方式时，他们谈到为挣钱而工作，为拥有"美好事物"、家庭和财务安全而工作，很少人谈及想从事的工作的性质，"挑战"、"探索"、"冒险"和"激情"一类的词汇并不在他们的语言中。他们迷失了。

我们必须在中等教育和高等教育中重新引入现代思想的主要观念，例如个人主义和活力主义，这既是为焕发经济活力，也是为保留现代精神本身。美国人今天在讨论大多数州最近引入基础教育阶段的《共同核心州立标准》。英语标准重新强调了说明文及散文和传记之类的"报告式"文体，这些曾被更注重情感交流的小说代替。其根据是，经济生活和年轻人的职业都更需要说明文写作。然而相对于擅长解释说明的人，现代经济更需要渴望在具有挑战性的新环境中发挥创造力和冒险精神的人。现代经济要求年轻人更多地阅读那些富有魅力、令人激动和充满想象力的作品，如杰克·伦敦、H. 瑞德·哈格德、儒勒·凡尔纳、薇拉·凯瑟、罗拉·英格斯·怀德、阿瑟·柯南·道尔和 H. P. 洛夫克拉夫特等人的作品。

西方国家能否恢复黄金时代的高度活力？可以对企业和金融机构进行改革，以发挥其在创新活动中的积极作用。可以对过度监管和政治拨款进行限制，使各类企业能重新获得创新的自由和激励。可以重建财政纪律性，减轻企业对税收分割利润的担心。但如果没有文化作为支撑，仅靠这些措施是不够的，甚至也没有被采纳的可能。高活力经济的特征是从草根阶层向上蔓延，遍布整个经济的永不停歇的构想、实验和开拓的精神，并且在幸运和智慧的帮助下最终完成创新。这种草根精神是由现代主义的生活态度和信仰驱动的，彻底恢复高活力要求现代价值观再次压倒传统价值观：各国必须反击最近几十年来令人窒息的传统价值观的蔓延，复兴鼓舞人们勇敢追求丰富生活的现代价值观。只要有决心，很多国家就有希望重现昔日的辉煌。一个大众繁荣的未来正取决于此。

大事记
现代主义与现代性

古代

50 万年前　棚屋建筑开始普及，人们用火加工食物和取暖。

公元前 35000 年　德国南部地区的洞穴，人们使用秃鹫骨头制作的笛子。

公元前 10000 年　巴勒斯坦，人们使用燧石做刃的刀子。

公元前 7500 年　巴勒斯坦杰里科，人们使用编织、筑城、种植谷物等技术。

公元前 6000 年　马其顿地区，农业普及。

公元前 3300 年　苏美尔地区，人们能够书写，使用船只、轮式工具，学会使用畜力耕种。

公元前 2400 年　苏美尔国王宣布在王国境内取消债务，第一次在政治生活中提及“自由”的概念。

公元前 1760 年　古巴比伦的《汉谟拉比法典》制定了关于私人财产的法律。

约公元前 1500 年　埃及发展出玻璃技术和产业，埃及玻璃珠成为广受欢迎的商品。

约公元前 450 年　苏格拉底建立西方哲学基础，他的学生柏拉图引入对话作为探讨哲学、政治学和管理学问题的方式。

公元前 385 年　　柏拉图建立雅典学院，西方首座高等研究机构。

约公元前 350 年　　亚里士多德建立完善的哲学体系，包括伦理学、美学、逻辑学、科学、政治学和形而上学。

公元前 105 年　　古代中国制造出纸。

中世纪早期，约 500—800 年

约 500 年　希腊数学家特拉勒斯的安提莫斯使用暗箱。

约 800 年　中国炼金术士发现火药，但没有后续创新。

中世纪高峰期，约 800—1300 年

约 1088 年　中国的《梦溪笔谈》记载了活字印刷的使用。

1215 年　英格兰的约翰王签署《大宪章》，规定制约国王的权利。

1282 年　阿拉贡王国的哈提巴，机械化造纸。

中世纪后期，约 1300—1500 年

15 世纪　贸易活动沿汉莎同盟的商路和丝绸之路展开。

约 1444 年　古腾堡的印刷机首次组装。

1455 年　古腾堡的印刷机用于大量印刷《圣经》，使千百万人能首次直接读到。

15 世纪 80 年代　　葡萄牙人使用星盘完成环非洲航海。

1486 年　乔瓦尼·皮科·德拉·米兰多拉发表《论人的尊严》（*Oration on the Dignity of Man*），提出人类具有创造性，成为文艺复兴的宣言。

1492 年　哥伦布开辟通往新大陆的航线。

现代早期，约 1500—1815 年

15 世纪后期至 16 世纪　在米兰多拉提出人类的创造性后，伊拉斯谟提出了更多的可能性，路德提出基督徒有自己阅读和解释《圣经》的自由，现代时代（1500—2000 年）来临。

1500 年　海外贸易通过汉莎同盟的商路、丝绸之路和越洋航线扩大。

1509 年　伊拉斯谟的著作《愚人颂》(*The Praise of Folly*)在巴黎首次出版。

1517 年　路德发表《九十五条论纲》，要求扩大个人在宗教活动中的作用。

16 世纪 40 年代　加尔文主义者提出从事世俗职业具有宗教价值，并扩大了上帝的眷顾范围。

1553 年　首位描述血液循环现象的欧洲人迈克尔·塞尔维特被约翰·加尔文和日内瓦市作为异教徒烧死，这是对思想自由的沉重打击。

1580 年　蒙田的《随笔集》首次在巴黎出版，描述了他称为“成为”的内心历程和个人经历。

1600 年　现代宇宙学的先驱乔尔丹诺·布鲁诺被宗教裁判所用火刑处死。

1600—1760 年　巴洛克风格的作曲家发展出基本的音调元素。

1603 年　莎士比亚出版《哈姆雷特》的早期版本。

1614 年　塞万提斯的《堂吉诃德》出版。

1620 年　弗朗西斯·培根出版《新工具》，提出现代科学方法的新逻辑。

1628 年　威廉·哈维利用逻辑推导出血液循环理论并将其引入西方医学。

1688 年　英国发生光荣革命，议会联合奥兰治亲王威廉驱逐了詹姆斯二世。

1689 年　英国通过《权利法案》，让由《大宪章》提出的权利开始发挥实际效力。

1698 年　在伦敦交易胡同外营业的约翰·卡斯塔因开始张贴股票和商品的价格通报，伦敦股票交易所就此起步。

1719 年　丹尼尔·笛福的《鲁滨孙漂流记》在伦敦出版。

1740 年　大卫·休谟发表《人性论》。

1748 年　大卫·休谟发表《人类理解研究》(*An Enquiry Concerning Human Understanding*)，分析知识如何积累。

18 世纪 50 年代　雅克-路易·大卫、托马斯·庚斯博罗和乔舒亚·雷诺兹等人进行新古典艺术创作。

1750—1810 年　英国的工资水平下降。

1759 年　亚当·斯密的《道德情操论》在伦敦首次出版。

1759 年　伏尔泰的《老实人》首次在法国出版，鼓励个人进取精神。

18 世纪 60 年代　亚当 · 斯密在讲座中开始发表《法律讲义》（*Lectures on Jurisprudence*）的内容。

1776 年　詹姆斯 · 瓦特在一家英国工厂组建第一台蒸汽机。

1776 年　托马斯 · 潘恩的《常识》指责英国的统治构成了美洲殖民地繁荣的障碍。

1776 年　美国《独立宣言》宣布人民拥有自治权和“追求幸福”的权利。

1776 年　亚当 · 斯密的《国富论》在伦敦首次出版。

1781 年　伊曼努尔 · 康德出版《纯粹理性批判》（*Critique of Pure Reason*），强调理性与经验的密切关联。

1785 年　伊曼努尔 · 康德出版《道德形而上学基础》（*Foundations of the Metaphysics of Morals*），反对人们把彼此当作手段而非目的的霍布斯和斯密的旧自由观。

18 世纪 80 年代　科特–杰利科炼铁厂开发出生铁铸床。

1787 年　美国宪法中加入契约条款。

1788 年　美国宪法创立众议院和参议院，赋予有财产资格的所有男性公民联邦投票权。

1789 年　法国大革命爆发。

1791 年　波兰–立陶宛联邦宪法要求市民与贵族的政治平等。

1792 年　华尔街首次危机爆发。

1792 年　玛莉 · 渥斯顿克雷福特撰写《女权的辩护》（*A*

Vindication of the Rights of Woman）。

1796—1797 年　　英国和美国爆发金融危机。

1803 年　　贝多芬的《第二交响曲》表达了成功尝试的体验。

1803 年　　让-巴普蒂斯特·萨伊在巴黎发表《政治经济学概论》一文比较了企业家与寻租者的差异。

1804 年　　威廉·布莱克创作“黑暗的撒旦磨坊”。

1812 年　　美国的投票权扩大给没有财产的白人男性。

1814 年　　在拿破仑帝国之后，波旁王朝复辟。

现代中期，约 1815—1940 年

1815 年　　拿破仑战争和 1812 年战争结束，现代经济在英国诞生。

1815 年　　英国工人的人均产值开始起飞，成为第一个现代经济体。

1818 年　　玛丽·雪莱的《弗兰肯斯坦》出版于伦敦。

1819 年　　美国最高法院在达特茅斯学院诉伍德沃德案中做出裁决，所有公司都享有权利，各州的新立法不能强制改写公司章程。

1819 年　　美国爆发金融恐慌。

1820 年　　美国工人的人均产值开始起飞，成为第二个现代经济体。

1820 年　　珀西·雪莱的《解放的普罗米修斯》首次发表。

19 世纪 20—40 年代　　德国的工资水平下降。

1821 年　　黑格尔的《法哲学原理》（*Elements of the Philoso-*

phy of Right）在柏林出版，他认为必须有规则保证人们为自我实现而开展创造性的活动。

19 世纪 20 年代　随着创新的普及，英国的工资水平起飞，而德国的工资水平持续下降，直至 1848 年。

19 世纪 20 年代　法国的浪漫主义绘画运动起步。

1823 年　萨缪尔·布朗为工业用内燃机首次申请专利。

1824 年　带有狂乱甚至近乎混乱乐段的贝多芬的《第九交响曲》在维也纳首演。

19 世纪 30 年代　法国和比利时追随英国的步伐，开始人均产值的持续增长。

19 世纪 30—60 年代　英国的人均产值大幅提高。

1830 年　马萨诸塞州议会把特许经营范围扩大到运河和学校等公共项目之外。

1830 年　法国七月革命推翻了波旁王朝的查尔斯十世，路易–菲利普上台。

1830 年　比利时革命确立议会民主制度。

1830 年　法国和比利时的人均产值开始起飞。

1832 年　英国《改革法案》把下议院的投票权扩大到没有财产资格证明的男性，并把更多席位调整给城市。

1833 年　英国的《废奴法案》解放了英属西印度群岛的奴隶。

1833 年　美国废除对债务人的联邦监禁制度。

1835 年　托克维尔的《论美国的民主》（*Democracy in*

America）首次在法国出版。

1836 年　一幅版画描绘了纽约自由大街上的 9 家公司，其中 4 家将在 5 年之内破产。

1836 年　塞莫尔·柯尔特发明左轮手枪。

1836 年　塞缪尔·莫尔斯发明电报和莫尔斯电码。

1837 年　康涅狄格州允许在没有专门法案支持下组建公司。

1837 年　美国爆发金融恐慌。

1839 年　狄更斯的《雾都孤儿》在伦敦出版。

1841 年　美国的 1841 年破产法减轻了对违约的处罚，该法案在 1843 年被推翻。

1842 年　维也纳金色大厅建成，为维也纳爱乐乐团服务。

1842 年　纽约爱乐协会成立，以组建顶级交响乐团。

1843 年　索伦·克尔凯郭尔在哥本哈根匿名出版《非此即彼》（*Either/Or*），探讨信仰跃迁的必要性。

1844 年　英国的股份公司法允许组建公司，但不允许有限责任。

1844 年　透纳创作油画《雨、蒸汽和速度》。

1846 年　欧洲爆发金融恐慌。

1847 年　艾米莉·勃朗特的《呼啸山庄》出版。

1848 年　夏洛蒂·勃朗特的《简·爱》在伦敦出版。

1848 年　法国的路易–菲利普王朝被推翻，欧洲各地爆发起义。

1848 年　马克思和恩格斯的《共产党宣言》出版。

1851 年　赫尔曼·梅尔维尔的《白鲸》在纽约出版。

1852 年　罗伯特·舒曼的《曼弗雷德》序曲在雷齐格首演。

1854 年　弗兰茨·李斯特的《前奏曲》在魏玛首演。

1854 年　查尔斯·狄更斯的《艰难时世》在伦敦出版。

1856 年　英国的 1856 年股份公司法允许公司实行有限责任制。

1857 年　赫尔曼·梅尔维尔的《骗子》在纽约出版。

1857 年　欧洲和美国爆发金融恐慌。

1858 年　查尔斯·狄更斯的《大卫·科波菲尔》在伦敦出版。

1859 年　塞缪尔·斯迈尔斯的《自助》(*Self-Help*)在伦敦出版。

1859 年　查尔斯·达尔文发表《物种起源》(*On the Origin of Species*),描述了自然选择通过机遇造成的物种演化。

1863 年　亚伯拉罕·林肯发表《解放黑奴宣言》。

1863 年　法国允许组建有限责任制公司。

1864 年　费奥多尔·陀思妥耶夫斯基的《地下室手记》在俄国出版。

1866 年　德意志各邦与奥地利帝国脱离。

1867 年　美国的 1867 年破产法减轻了对破产的处罚,该法案在 1878 年被废除。

1869 年　英国的债务人法案废除了对债务人的监禁处罚制度。

1870 年　艺术界出现“正统现代主义”,并持续到 1940 年。

1870 年　美国的选举权扩大到非白人男性。

1870 年　德国允许组建有限责任制公司。

1870 年　西欧的人均产值比 1820 年提高了 63%，美国提高了 95% 。

19 世纪 70 年代—20 世纪 40 年代
绘画领域进入正统现代主义时期。

1871 年　俾斯麦把德意志各邦和普鲁士统一为威廉皇帝的第一帝国。

1872 年　尼采出版《悲剧的诞生》（*The Birth of Tragedy*）。

1873 年　欧洲和美国爆发金融恐慌。

1876 年　马克·吐温的《汤姆·索亚历险记》（*The Adventures of Tom Sawyer*）在美国出版。

1876 年　理查德·瓦格纳的《尼伯龙根的指环》在拜鲁特音乐节首演。

1880 年　费奥多尔·陀思妥耶夫斯基发表《卡拉马佐夫兄弟》（*The Brothers Karamazov*）。

1887 年　社会学家斐迪南·滕尼斯的《共同体与社会》（*Community and Society*）在德国出版。

1888 年　梵高创作《夕阳下的播种者》、《去工作路上的画家》以及《夜间的露天咖啡座》。

1893 年　欧洲和美国爆发金融恐慌；美国的失业率在 1893—1898 年超过 12%。

1894 年　基于埃德沃德·迈布里奇的摄影实验，托马斯·爱迪生用他的活动放映机进行了第一次商业电影放映。

1898 年　美国的 1898 年破产法给公司提供了债权人保护

选项。

1900 年　德国的 50 个小镇获得城市资格（1800 年时只有 4 个）。

1901 年　托马斯·曼的《布登勃洛克一家》在德国出版。

1902 年　兰索姆·奥兹的奥兹汽车生产线制造出较为廉价的汽车。

1902 年　阿诺尔德·勋伯格的《升华之夜》在维也纳首演。

1907 年　亨利·柏格森的《创造的进化》在巴黎出版，4 年后发行英文版并广受好评。

20 世纪 10 年代　弗兰兹·卡夫卡创作《审批》(*The Trial*)、《在流放地》(*In the Penal Colony*) 和《城堡》(*The Castle*)，描述极权主义和官僚政府的压迫。

1912 年　未来主义画派的贾科莫·巴拉创作《被拴住的狗的动态》。

1912 年　约瑟夫·熊彼特在雷齐格出版其德文代表作《经济发展理论》(*The Theory of Ecnomic Development*)，1934 年发行英文版。

1913—1915 年　基希纳创作了多幅名为"柏林街景"的画作。

1913 年　伊戈尔·斯特拉文斯基的《春之祭》在巴黎首演。

1914 年　亨利·福特的生产线每 1 小时 33 分钟即可生成一辆 T 型车。

1919 年　瓦尔特·格罗皮乌斯在魏玛建立国立建筑设计院 (Bauhaus)。

1919 年　路德维希 · 冯 · 米塞斯的《国家、政府和经济》（*Nation, State, and Economy*）在维也纳出版。

1920 年　大多数美国人在城市生活。

1920 年　美国的选举权扩展到女性。

1921 年　约翰 · 凯恩斯发表《概率论》（*A Treatise on Probability*）。

1921 年　弗兰克 · 奈特发表《风险、不确定性与利润》（*Risk, Uncertainty and Profit*）。

1922 年　勒 · 柯布西耶提出现代城市计划。

1922 年　马克斯 · 韦伯出版《经济与社会》（*Economy and Society*）一书。

1922 年　米塞斯出版《社会主义：经济与社会学分析》（*Socialism: An Economic and Sociological Analysis*）。

1923 年　查尔斯 · 皮尔斯出版《机会、爱和逻辑：哲学散文集》（*Chance, Love, and Logic: Philosophical Essays*）。

1927 年　沃纳 · 海森堡发表《量子理论运动学和力学的直观内容》（*Über den anschaulichen Inhalt der quantentheoretischen Kinematik und Mechanik*），首次提出不确定性原理。

1927 年　第一部有声电影《爵士歌王》（*The Jazz Singer*）问世。

1930 年　弗洛伊德的《文明及其不满》在德国出版。

1930 年　法恩斯沃斯注册电视专利，但由于“二战”，电视直到 1948 年才在美国普及。

1931 年　弗利兹 · 朗导演的电影《可诅咒的人》（*M*）发行。

1933 年　乔治 · 巴兰钦和林肯 · 科斯特恩组建纽约市芭蕾

舞团。

1935 年　弗兰克·赖特完成“流水别墅”（Fallingwater）。

1935—1938 年　希区柯克的《三十九级台阶》（*The 39 Steps*）和《贵妇失踪案》（*The Lady Vanishes*）显示我们对世界知之甚少。

1935 年　哈耶克主编的《集体主义经济计划》（*Collectivist Economic Planning*）在伦敦出版。

1935 年　奥斯卡·摩根斯特恩发表《完美预见与经济均衡》（*Volkommene Voraussicht und Wirtschaftliches Gleichgewicht*）。

1936 年　凯恩斯出版《就业、利息和货币通论》（*General Theory*）。

1937 年　卓别林的《摩登时代》对生产线进行嘲讽。

1938 年　让-保罗·萨特的《恶心》（*Nausea*）在巴黎出版。

1939 年　雷蒙德·钱德勒出版小说《长眠不醒》（*The Big Sleep*）。

20 世纪 40 年代　罗伯特·莫顿引入法律的意外后果和潜在功能的概念。

1940 年　查尔斯·艾夫斯在 1906 年创作的《未被回答的问题》（*The Unanswered Question*）首演。

现代后期，约 1941 年至今

1944 年　哈耶克的《通往奴役之路》在伦敦出版。

1945 年　卡尔·波普尔的《开放社会及其敌人》（*The Open Society and Its Enemies*）在伦敦出版。

1951 年　路德维希·密斯·凡德罗完成范斯沃斯住宅。

1953 年　塞缪尔·贝克特出版《等待戈多》(*Waiting for Godot*)，用超现实手法描写现代生活的焦虑。

1955 年　曾开过运输公司的马尔康·马克林与工程师凯斯·坦特林格合作，设计了现代化的转运集装箱，并把设计专利交给整个运输产业。

1957 年　卡尔·波普尔的《历史决定论的贫困》(*The Poverty of Historicism*) 在伦敦出版。

1958 年　迈克尔·波兰尼出版其名著《个人知识》(*Personal Knowledge*)。

20 世纪 60 年代　哈罗德·品特的舞台剧《微痛》(*A Slight Ache*) 描写我们对周围的社会知之甚少。

1961 年　哈耶克发表《依赖效应的臆断》(*The Non-Sequitur of the Dependence Effect*)。

1961 年　简·雅各布斯的《美国大城市的死与生》(*The Death and Life of Great American Cities*) 在纽约出版。

1966 年　汤姆·斯托帕德的戏剧《罗森克兰茨和吉尔登斯特恩之死》(*Rosencrantz and Guildenstern Are Dead*) 描写每个人都受到自己立场的限制。

1968 年　哈耶克发表论文《作为一种发现程序的竞争》(*Competition as a Discovery Procedure*)。

1969 年　简·雅各布斯的《城市经济》(*The Economy of Cities*) 出版。

1970 年　论文集《就业与通货膨胀的微观基础》(*Mi-*

croeconomic Foundations of Employment and Inflation Theory）出版，背景为埃德蒙·费尔普斯组织的一场学术会议，把工资和价格预期引入就业水平的决定中。

1989年　托马斯·内格尔出版《本然的观点》（*The View from Nowhere*）。

1991年　保罗·约翰逊发表《现代的诞生》。

1992年　在20世纪90年代早期达成互联协议之后，网景公司（Netscape）的上市掀起了互联网广泛应用的浪潮。

2006年　埃德蒙·费尔普斯在诺贝尔奖获奖仪式上发表关于理解经济活力的演讲。

2006年　在一次研讨会上，埃德蒙·费尔普斯的报告指出各国的经济价值观对生产率和就业水平有很大影响。

2007年　罗曼·弗雷德曼和迈克尔·戈德堡格发表《不完善知识经济学》（*Imperfect Knowledge Economics*）。

2008年　阿玛尔·毕海德出版《冒险经济》（*The Venturesome Economy*）。

2009年　马克·泰勒出版《生死思索》（*Field Notes from Elsewhere*），反映现代生活。

2011年　马丁·塞利格曼出版《繁荣：对快乐和福利的新奇理解》。

注释

概论

1

Researchers at the University of Tübingen recently unearthed some flutes fashioned from bones by the cave dwellers that colonized Europe 35,000 years ago. Nicholas Conard and colleagues reported the find in 2009 in the science magazine *Nature*.

2

Adam Smith in his *Lectures on Jurisprudence*, given in Glasgow in 1762–1763, saw "disadvantages" of the "commercial spirit." "[T]he minds of men," he wrote, "are contracted . . . education is despised or at least neglected, and heroic spirit is almost utterly extinguished." (See Smith,1978, vol. 5, p. 541.) In his 1776 classic *The Wealth of Nations* he says that "in barbarous societies . . .the varied occupations of every man oblige every man to exert his capacity. . . . [Thus] invention is kept alive" (p. 51). Adam Ferguson in his 1767 *Essay on the History of Civil Society* quoted admiringly the American Indian chief who said, "I am a warrior, not a merchant."

3

A study of grain output in England's Ramsey Estates found that average rates of output per man-day between 1293 and 1347 "either surpassed or met the literature's best estimates for English workers until 1800." See Karakacili, "English Agrarian Labour Productivity Rates" (2004, p. 24).

A broader study reports no reductions in the labor required for threshing, reaping, and mowing. Yet its findings on overall productivity suggest that over a 41/2-century span knowledge of how best to use farm workers did increase somewhat. Workers produced 58 bushels of grain per 300 man-days in the early 1300s and 79 bushels in the 1770s. But this is a meager gain over so long a period. See Clark's 2005 working paper, "The Long March of History," figure 3 and table 6. Clark's fi gure 8 shows a single upward shift from the 1640s to the 1730s in the output-per-labor relationship—by about 20 bushels.

4

It is true that wages (and output per worker) in 1200 may have been pushed a little above the 1300 level by an abundance of land that was never matched again—a time when a Robin Hood could enjoy an entire forest. But land could hardly have been appreciably scarce in 1300 either. In neither period was labor pressed against the land. So there is no compelling reason to rule out 1200, with its good wages, as the base year from which to make comparisons.

5

The standard source is the rough estimates, drawn from a range of data, by Maddison, *The World Economy* (tables 1b and 8c).

6

An attempted climb in 1800 ended in a crash. Despite years of fast growth until 1807, all of that growth and more was soon lost and was not regained until 1818. In contrast, the years from the mid-1830s to the mid-1840s showed a slowdown but no loss of previous gains. See the 1967 paper by Paul David, "The Growth of Real Product in the United States before 1840."

7

The chief work is Rostow's 1953 *The Process of Economic Growth*. See also his 1960 *The Stages of Economic Growth*. His discussion, involving "linkages," of the causes of the take-offs was difficult and did not win over the profession. (That explanation of the take-offs does not resemble or appear to anticipate the one given here.) After a stint in the government in the 1960s he was not invited back to Harvard. Yet he deserved more recognition than he got, if only for calling attention to the take-offs.

8

Kuczynski's early research is in his *Labour Conditions in Western Europe* (1937) and *A Short History of Labour Conditions* (1942–1945, vols. I–IV). In a life suitable for a film noir, he was not afraid of controversy. He made several novel adjustments to the raw wage data he had compiled, which succeeding investigators could not replicate. Yet, even his real wage for Britain "net" of lost time in unemployment goes from 57 in the "trade cycle" 1849–1858 to 99 in the cycle 1895–1903 (vol. I, part I, p. 67). The estimates cited above, however, are drawn from present-day sources: the 1995 international tables by Jeffrey Williamson et al. and tables by Broadus Mitchell, Paul Bairoch, Gregory Clark, and Diedrich Saalfeld. (Kuczynski's calculations portrayed the nations he studied as starting off highly unequal and finishing the century with roughly equal wage levels, thanks to technology "transfer" and migration of workers. Calculations by Williamson show less convergence,even some divergence among the four nations.)

9

The span analyzed, 1869–1878 to 1944–1953, had the earliest start date possible with the U.S. data available to researchers at the time. Today, one could make rough calculations from as early as 1840 without much change in the results. See Abramovitz, "Resource and Output Trends in the United States since 1870" (1956).

Historical research on Britain concluded that although the lion's share of 18th-century growth there was due to growth of capital rather than of knowledge, in the 19th-century growth it *was not*. See Crafts, "British Economic Growth, 1700–1831" (1983, p. 196). McCloskey's remark, quoted below, appears in this paper.

10

This thesis was advanced in 1969 by an important economic theorist of yesteryear, John Hicks, in one of his lesser works, *A Theory of Economic History*. The theoretical work on how integrated markets work out these scale economies was initiated by Paul Krugman in his 1992 book *Geography and Trade*.

11

The school grew famous and influential in Europe and America for its underlying theme that institutions are of central importance for economic performance—a theme going back to Wilhelm Roscher and even Marx. In the early 1900s the leader of this school, the German Arthur Spiethoff, and his Swedish successor, Gustav Cassel, were upstaged by the last member, Joseph Schumpeter. (Other notables were Werner Sombart, Max Weber, and Karl Polanyí.)Yet Spiethoff was important. The great British economist John Maynard Keynes traveled to Munich in 1932 for the *Festschrift* celebration marking Spiethoff's retirement—an occasion organized by Schumpeter.

12

These propositions express the main themes in Schumpeter's 1934 *The Theory of Economic Development* and the 1912 German edition from which it was drawn, *Theorie der wirtschaftlichen Entwicklung*. Thus it serves as a window onto Schumpeter's theoretical perspective in the 1900s—a decade or two before the "moderns" of the interwar years, notably Friedrich Hayek. Influenced by Hayek's work, Schumpeter came around in his 1942 *Capitalism, Socialism and Democracy* to believing that companies in the business sector, not just scientists in royal courts and universities, could be creative in conceiving successful innovations. In his mind, though, they needed industrial labs employing scientists to do it.

13

Johnson, *The Birth of the Modern* (p. 188). Few would want to question the judgments made by this polymath in any of his several fields. Yet it is highly eccentric to conceive of the First Industrial Revolution as starting in the 1780s rather than the 1760s and unusual to conceive of it as stretching to the 1820s. (Some of the most important inventions and succeeding innovations of the Second Industrial Revolution, starting with the Bessemer process and the Siemens-Martin open hearth processes, were signifi cantly science-based. But even here scientific advances were not generally the drivers of the inventions and certainly do not account for the greater part of aggregate innovation.)

14

He adds:

It is easy to imagine the economies of the West settling into the techniques [of producing throstles, wrought iron, coke-smelting, and stationary steam engines]that had emerged between 1750 and 1800 without taking them much further. Such a development would have paralleled the wave of inventions of the 15th century, with the printing press, the three-masted ship and iron-casting settling into dominant designs and the process of improvement slowing down to a trickle subsequently.

See Mokyr's 2007 Max Weber Lecture, "The Industrial Revolution and Modern Economic Growth," p. 3.

第一章　现代经济体的活力之源

1

This usage is not universal but is increasingly common. An example is Denning and Dunham, *The Innovator's Way* (2010). To economists, ever since Schumpeter's 1912 work, an innovation has meant a new practice, not just a new development. (For him, development and adoption went hand in hand, both being a sure thing.) Scientists tend to call the invention of a new method or product an innovation whether or not buyers are found for it.

2

The Austrian-born Fritz Machlup did some early work on measuring the importance of the industries aimed at producing new economic knowledge. The estimate above is not a precise calculation but is not just an impression either.

3.

Do entrepreneurs generally receive large nonpecuniary returns? Schumpeter was skeptical. He writes poignantly of the successful entrepreneur who finds that admittance to polite society will not be one of the rewards. He also thought that the average realized pecuniary return of entrepreneurs was below normal: they were too sanguine or paid a steep price to have some fun. Now there appears to be a consensus that, even in the unromantic 20th century, modern entrepreneurs as a group find big nonpecuniary rewards— "the time of their lives," as some put it; but perhaps at some cost to their cash flow. None of this matters for how the modern economy *works*, however.

4.

See his 1942 monograph *Capitalism, Socialism and Democracy*. The brilliant 1912 book with which Schumpeter made his name portrayed his subject as an infallible machine, one that had no creativity but could promptly and faultlessly seize every opportunity for profitable investment soon after it arose. The 1942 book with which he closed his career went further in concluding that corporate managements could promptly and faultlessly seize opportunities for technological advances. That led to the question, if corporate managements could do it, why not state agencies and socialist enterprises? That may have deepened Schumpeter's feeling at the end of his career that the Western world was on an inexorable "march into socialism."

5

Hume's great themes—the necessity of imagination for discovery or change, the importance and legitimacy of sentiment or "passions" in human decisions, and the danger of depending on past patterns to hold up in the future, all in his 1748 masterpiece *An Enquiry Concerning Human Understanding*—can be seen as prefi guring the modernity to come, in which imagination would run wild, the growth of knowledge would be rampant, and the future would be barely recognizable.

6

Various observers have written on the subject. In Somerset Maugham's 1929 story, "The Man Who Made His Mark," a man fresh out of a job, noticing that the neighborhood has no tobacconist, has the drive to restart his life by opening a tobacco shop there. End-users, too, must share in the dynamism of Maugham's tobacconist. What became known as the Nelson-Phelps model of the adoption of an innovation, published in 1966, was an early attempt to highlight end-users in the innovation process, such as farmers risking adoption of new seeds and fertilizers. The focus there was on the importance of end-users' education. Amar Bhidé in his 2008 book focused on the need for "venturesome" end-users.

7

This work begins with Hayek's 1937 presidential address to the London Economic Club, "Economics and Knowledge," and ends with his much-cited 1945 paper "The Use of Knowledge in Society," which has the notion of "changing circumstances." These and other papers collected in his *Individualism and Economic Order* (1948) were conceived in the period from the 1920s until almost the 1950s, when socialism and corporatism were hotly debated by many European economists. The present chapter, though, is focused on how Hayek's views contributed to the understanding of modern capitalism. Chapter 5 takes up the debate over socialism and Chapter 6 the modern economy's struggle with corporatism.

8

Vincenti, "The Retractable Airplane Landing Gear" (1994, pp. 21–22).

9

Hayek's 1961 piece is "The Non Sequitur of the 'Dependence Effect'" (reprinted in 1962). The later paper mentioned is the 1968 "Competition as a Discovery Procedure" (published in English in 1978). A 1946 paper contains the first hint of this new chapter in Hayek's thought.

10

The notion of "changing beliefs" figures in Hayek's *The Counter-Revolution of*

Science(1952). To really understand a social phenomenon, he writes, one needs to know "what the people dealing with it think" (p. 156).

11

It is not controversial to say that the economies that have stood out for their extensive and effective use of creativity and judgment are those making heavy use of a relatively well-functioning "free enterprise," or "capitalist" system—whatever the social and political systems they operate with. They have been the great historical examples of modern economies—leaving aside the issue of whether they are the sole examples. Yet well-functioning capitalism could perhaps be superseded by some new form of the modern economy.

12

After nearly two centuries in which most knowledge of how the system worked was lost, a new literature has sprouted up, much of it spearheaded by Cambridge University Press. Chapter 4 on the historical origins of the modern economy conveys some of that. In the above paragraph, the pieces of the financial puzzle were put together by the late Jonathan Krueger, a student of mine at Columbia in 2010.

13

Knight's radical book, *Risk, Uncertainty and Profit*, was published in Boston in 1921, delayed for several years by World War I. (Another brilliant though less influential book on uncertainty, Keynes's A *Treatise on Probability* (1921), suff ered the same delay.) An idiosyncratic thinker, Knight was fascinated with the proposition that if there were no uncertainty, there would be no genuine profit earned by businesses, only a normal return that could be thought of as required to pay the competitive level of interest to creditors.

14

See Keynes's *General Theory* (1936), with its allusion to Plato's "animal spirits." (Hayek's 1968 paper on the discovery procedure could have made similar points but it steered clear of them.) Ideas were never far from Keynes's mind, it seems. His greatest line was, "the world is ruled by ideas and little else." It was stated in his discussion of the hold that prevailing policy ideas have over nations. But Keynes's own career demonstrated that new policy ideas sometimes break in. Similarly, the ideas in business and fi nance, both old and new, dominate the directions and the swings in the business world.

15

Whether the presence of a really large public sector, marked by massive state purchases of goods and services for defense, the environment, and so forth that add up to half the GDP greatly impairs the economy's creativity and judgment, thus seriously reducing innovation and growth in knowledge, is another question. It is best deferred to the last two parts of this book.

16

In a 1940s debate, the Argentine economist Raúl Prebisch advocated taxes on agricultural output and import duties on manufactures. He was opposed by the Chicago economist Jacob Viner, a classical advocate of free trade and laissez-faire. Both Prebisch and Viner were too classical to articulate the gain in innovativeness that could be expected from urbanization. In their shared perspective, there was no such thing as creativity, engagement, and personal growth in a modern economy—there were only resources, technologies, and tastes, and the consumption and leisure they enabled.

第二章　没有止境的经济增长

1

Marx and Engels, *The Communist Manifesto*. It was in this pamphlet that Marx and Engels called the capitalism around them "progressive." But it is important to be clear that mercantile capitalism and the primitive capitalism before that were not "progressive" —not perceptibly from one generation to another, at any rate. The term capitalism has since come to mean any system but socialism—the economies of the Philippines, Argentina, the Arab states, and every country in Europe and Eurasia—no matter that nearly all of them have plainly been far from "progressive." To repeat, the present book terms *modern* any economy that is chronically, indigenously innovative, like the several that transformed Europe and North America in the 19th century, some of which are still somewhat modern.

2

Braudel, in his 1972 volume on the Mediterranean world, writes that the rulers exchanged their silver for spices and silks from the Far East rather than for the products made by European labor.

3

Lindert and Williamson, "Living Standards" (1983, p. 11). Results on wages as a ratio to productivity are from Bairoch, "Wages as an Indicator of Gross National Product" (1989). If these are not grossly inaccurate data, one wonders how another scholar could have reached a rather different conclusion: "[T]he rise in living standards in [1815–1850] was almost undetectable; it is but one of many minor fluctuations in the course of seven centuries. The gains from 1815 to 1850 were a cycle—and a minor one at that—not a trend" (Allen, "The Great Divergence in European Wages and Prices," 2001, p. 433). The explanation is that only two of Allen's dozen cities, namely London and Paris, are located in the emerging modern economies of that period. Both London and Paris showed sharp wage increases.

4

Jackson, "The Structure of Pay in Nineteenth-Century Britain."

5

Hansard (1863, pp. 244–245).

6

See the 1989 paper by Bairoch, "Wages as an Indicator of Gross National Product." The curious units in which this ratio is measured may be disregarded.

7

"The Material Progress of Great Britain." Giffen was immortalized in Alfred Marshall's textbook *Principles* (1938) for the "Giffen good"—a good that people buy more of the higher its price is. However, scholars have been unable to find this concept explicitly formulated anywhere in Giffen's works.

8

From Wells's 1899 book, p. 344. A polymath of his time, Wells, after his college years at Amherst, studied science with the naturalist Louis Agassiz in Boston, invented textile machinery, and was prominent in American policymaking even before his bestseller. He appears to have known only the material side of the economy and saw material progress as solely the application of science.

9

See the 2007 paper by Razzell and Spence, "The History of Infant, Child and Adult Mortality," p. 286. Data there show a faster proportionate decline of burials per child from 1790–1810 to the modern interval 1810–1829 than from 1770–1789 to 1790–1810.

10

Wells, p. 349.

11

Wells, p. 347.

12

Razzell and Spence, pp. 287, 288.

13

Wells, pp. 347, 349. He calculates that a good diet required a small fraction of the daily wage of manual workers and marvels at the decade-long explosion in imports of tropical fruits and fresh fish from the north Pacific.

14

Caron, *An Economic History of Modern France* (1979, table 1.7, p. 19).

15

Referring to the "hundred years' peace" from 1815 to 1914, Karl Polanyí, brother of the brilliant Michael Polanyí, suggested that the paucity of wars, civil and foreign, had much to do with the cumulative rise of capital and productivity in that period. See his *The Great Transformation*(1944). This was odd on the level of facts alone, since America had its Civil War, Britain had the Crimean War and the Boer War, and France and Germany had their wars. The achievement of modernity is therefore all the more remarkable. From the perspective he took, he was unable to see that the challenges and the engagement brought by innovation must have had much to do with the long stretches of peace. His book is in major ways 180 degrees to the present book.

16

See H. W. Brands's 2010 book, *American Colossus*, p. 606.

第三章　精神之火：现代经济如何影响世界

1

Marshall, famous for the eight editions of his *Principles*, made this remark in his more popular 1892 textbook *Elements of Economics*, p. 2. Born in 1842, he rose to great heights at Cambridge University, becoming the most accomplished and prolific economist of his time. His students, Keynes, Arthur Cecil Pigou, and Dennis H. Robertson, were to become the great Cambridge economists of the next generation. Marshall, having grown up in the urbanized section of London called Clapham, had the advantage, almost unique among Oxbridge dons, of seeing and sensing what work was like in the second half of the 19th century.

2

Myrdal, *The Political Element in the Development of Economic Theory* (1953, p. 136), translated from the 1932 German edition.

3

The value to people of both problem solving and teamwork in solving problems are themes inseparable from the pragmatist school of American philosophers—Charles Peirce, William James, John Dewey, and Josiah Royce—especially Dewey. (Later members were Stanford's Richard Rorty and Harvard's Amartya Sen.) Somewhere in Dewey's vast work is the image of a team of shipbuilders solving the problems of making a battleship. Dewey, an anticommunist yet a critic of U.S. capitalism, shared the socialist vision of enterprises in which the manager or at any rate the foreman is replaced with workers' meetings and consensus. Dewey supposed their decisions would be as good as the boss's.

4

Stewart, "Recall of the Wild: Fighting Boredom, Zoos Play to the Inmates' Instincts" (2002, p. B1).

5

The original tragedy *Prometheus Bound*, by the ancient Greek Aeschylus, told of the captivity of Prometheus and his eventual release by the omnipotent Zeus (Jupiter). In the 1820 dramatic poem *Prometheus Unbound* by Percy Bysshe Shelley, Prometheus frees himself by withdrawing a curse he had put on Jupiter, which causes Jupiter to lose his power and leave the world to a benign anarchy. Mary, living with Percy and Lord Byron, started her horror novel in Switzerland in the summer of 1818 and described Percy's drama in a letter that September. It is fair to say that her Prometheus story was, in part, a reaction against the "rational-humanism," as Muriel Spark terms it, of her atheist father, William Godwin, and that of her Christian lover and husband to be, Percy. In his younger years, Percy was called Viktor.

6

Heathcliff , who was of Gypsy origins, may also have sensed that London, where business acumen counted, would offer chances of skirting the traditional prejudices of the rural areas. Mid-century London must have been a locus for economic inclusion as well as economic dynamism.

7

This is the 1939 version—Hollywood's golden year—produced by Samuel Goldwyn and directed by William Wyler with screenplay by Ben Hecht and Charles MacArthur. Merle Oberon and Lawrence Olivier played the lead roles.

8

Schlicke, The *Oxford Reader's Companion to Dickens* (1999, p. 294).

9

The first quote is from "Night Walks" in *The Uncommercial Traveller*, the second is from "The Streets—Morning," in *Sketches by Boz*, and the third is from a speech delivered in Birmingham on January 6th of 1853 and reprinted in *Speeches, Letters and Sayings*. These quotations also appear in Andrews, *Dickens on England and the English*, pp. 98, 84, and 69, respectively.

10

Bradshaw and Ozment, *The Voices of Toil* (2000, p. 199). Thus it would be wrong to view Dickens as writing about 18th-century or 17th-century capitalism as much as 19th-century modern capitalism.

11

Rick Rylance in *The Cambridge Companion to the Brontës* (2002, pp. 157–158) discusses the phrase "getting on" in the Victorian Britain of the 1840s. It meant making a success of one's life and was applied to a whole emerging class of "economically dynamic and socially mobile entrepreneurs." Interestingly, he comments that the literature seemed to disapprove of the changes in character that developed during the economic revolution though not objecting to the economic system itself.

12

I am indebted to Richard Robb for general discussion. In a course at Columbia University, he has used the "whaling lines" metaphor to make vivid the hazards of making decisions in conditions of radical uncertainty characteristic of the modern economy.

Regarding *The Confidence-Man*, the friend of Melville's quoted above was Evert Duyckinck, who commented in 1850 in the periodical *Literary World* on newspaper reports of people being taken in by confidence men.

13

Spiegelman, "Revolutionary Romanticism: *The Raft of the Medusa*" (2009, p. W14). The titular "Medusa" was a frigate that ran aground in Mauritania, leaving 150 clinging to a raft. This canvas by Théodore Géricault bids to be the earliest action painting of 19th-century Romanticism.

14

Gombrich, *The Story of Art*, p. 382. Gombrich embraces the 19th-century "revolution" in painting, though, noting the "two possibilities in Constable and Turner," he declares that "those who followed Constable's path and tried to explore the visible world rather than to conjure up poetic moods achieved something of more lasting importance." Of course, any self-respecting art scholar wants art to be a subject in itself, not just a branch of social studies. However, it remains true that the spirit of some great painters' works does refl-ect the spirit of the society in which they worked.

15

Jones, "Other Artists Paint Pictures, Turner Brings Them to Life" (2009).

16

Van Gogh, *The Letters* (2009, p. 57).

17

Foster-Hahn et al., *Spirit of an Age* (2001).

第四章　经济社会是如何形成的

1

Diamond's book, *Guns, Germs and Steel* (1997), did suggest in passing that European nations became more innovative because, being small, they were forced to innovate or lose population to one another, while the vastness of Asian empires impeded exit. France and Germany were the biggest on the Continent and yet the most innovative.

2

Weber's treatise, known to the English-speaking world in the translation by Talcott Parsons, *The Protestant Ethic and the Spirit of Capitalism*, was first published in German in the 1904/1905 volume of *Archiv für Sozialwissenschaft und Sozialpolitik* (under the title *Die protestantische Ethik und der Geist des Kapitalismus*). It must have been read by every sociologist ever since and by Schumpeter, who is wrongly credited with coining "the entrepreneurial spirit." Yet this treatise was not the high point of Weber's social thought. His big book, 1922's *Wirtschaft und Gesellschaft*, translated in 1978 as *Economy and Society*, offers first drafts on several basic problems in the social sciences: the state, companies, bureaucracy, rationality, legitimacy, and more—topics that went on to enliven social sciences over the century. His most profound insight is his theme that (to paraphrase) an extraterrestrial watching from afar a terrestrial economy would not make sense of what people were doing—unless it was a traditional economy executing the same rhythm every year. (The puzzle would be like the cryptic action in Alfred Hitchcock's *Vertigo* or Michelangelo Antonioni's *Blowup*.) A meaningful analysis requires enough information about the subjects' intents and beliefs to put one's self figuratively in the economy. This is a difficulty physics does not face.

3

De Tocqueville's book, *Democracy in America*, first published in 1835 in France, though it had many observations on economic life, was primarily about America's political life. Toynbee's life work, the 12-volume tome *A Study of History*, published between 1934 and 1961, has the theme that after the rise of wealth out of nothing, accumulation goes on until there is a great fall. His model of decline has a place alongside Gibbon's *Decline and Fall of the Roman Empire*, published in volumes from 1776 to 1789, and Spengler's 1926 prophecy, *The Decline of the West*. In Toynbee's model the diffi culty is why Britain should have overexpanded its investments and imperial reach to unsustainable levels. Britain did recoup the huge losses suffered during World War II but never came close to regaining its previous levels of overseas capital and empire. An analogous paradox in every financial crisis is why banks impale themselves on an excess of short-term debt.

4

See Starr, "Rediscovering Central Asia."

5

Furthermore, parents would see it in their interest to bring up daughters to haul in a good income in business. See the 2002 paper by Geddes and Lueck, "Gains from Self-Ownership and the Expansion of Women's Rights," and the 2011 survey in Edlund, "Big Ideas."

6

Demsetz, "Toward a Theory of Property Rights II" (p. 668; the following quote is also to be found on that page). Harold Demsetz, writing in the shadow of the groundbreaking organization theorist Ronald Coase, sees the latter's work in the middle third of the past century as on the "consequences"—benefi ts, to be more precise—"of an existing private-ownership system" and sees his own work in the last third of the century as on the causes of private ownership— "why it came into existence."

7

Chapter 39 of the original Magna Carta states:

No Freeman shall be taken, or imprisoned, or be disseised [dispossessed] of his Freehold, or Liberties, or free Customs, or be outlawed, or exiled, or any otherwise destroyed, nor will we pass upon him, nor condemn him, but by lawful Judgment of his Peers, or by the Law of the Land. We will sell to no man, we will not deny or defer to any man either Justice or Right.

Sir Edward Coke, Chief Justice in the early 1600s, wrote in a series of opinions that in "the ancient constitution," which the Magna Carta enshrined, law must be based on courts alone, judges must be independent, and neither King nor Church could enter houses without warrants, raise taxes without legislation, and make arrests not according to the law. In the commentary on the Magna Carta in his 1797 *Second Institute* Coke equates the "law of the land" with "due process of law." Due process became the foundation of the common law.

8

The Company, an enjoyable book by Mickelthwait and Wooldridge, surveys the development of the company from ancient to modern times. Among the classics it draws on are Chandler's *Strategy and Structure* and, on Britain and Germany, *Scale and Scope*; DuBois's *The English Business Company after the Bubble Act*; Rosenberg and Birdzell's *How the West Grew Rich*; and Kindle berger's *A Financial History of Western Europe*. An account of the Chinese company is Kirby, "China Unincorporated."

9

Mill's 1851 "The Law of Partnership," reprinted in *Essays on Economics and Society Part II*:

The liberty of entering into partnerships of limited liability, similar to the *commandite* partnerships of France and other countries, appears to me an important element in the general freedom of commercial transactions, and in many cases a valuable aid to *undertakings* of general usefulness.

No one, I think, can consistently condemn these partnerships without being prepared to maintain that it is desirable that no one should carry on business with borrowed capital; in other words, that the profits of business should be wholly monopolized by those who have had time to accumulate, or the good fortune to inherit capital: a proposition, in the present state of commerce and industry, evidently absurd.

10

See Balleisen, *Navigating Failure*. The author notes the financial panics of 1837 and 1839. Informed estimates, he adds, suggest "among proprietors engaged in market exchange, at least one in three and as many as one in two succumbed to an insupportable load of debt" (p. 3). The casualties in his case studies included many who went on to great success, such as Arthur Tappan (of Tappan Zee bridge), James Watson Webb, and Silas Stilwell. Mark Twain was another.

11

Bodenhorn, *A History of Banking in Antebellum America*, p. 24. The author's thesis as it appears on page 12 is that

a decentralized, federal, Madisonian polity encouraged experimentation and the adaptation of institutions to local needs or preferences. Nowhere were the results more evident than in banking policy. With the exception of the First and Second Banks of the United States, antebellum banks were creatures of the states themselves, reflecting the desires, even the whims, of local residents. . . . The decentralized nature of the polity allowed for a regional fl exibility with the result that banks "grew more and more different over time, like the beaks of Darwin's finches."

12

Neo-Schumpeterians might protest, arguing that when an external discovery occurs, some entrepreneur does have to take the initiative of undertaking the commercial application of the new possibility if it is to be realized. The general public with some economic background has been led to believe that this is what the entrepreneurial spirit is all about. But Schumpeter himself theorized, especially in his more formal analyses, that it would become clear among the entrepreneurs in the city or town which entrepreneur was best suited to undertake the "obvious" development. None was required to exercise any initiative.

13

The value people commonly find in identifying and connecting with others is dubbed "altruism" in Nagel, *The Possibility of Altruism*. The value found in self-discovery and personal growth was dubbed "vitalism" by Jacques Barzun, a towering historian of Western thought at Columbia University. A sizeable discussion appears in his 1962 essay "From the Nineteenth Century to the Twentieth." (By the time he wrote his great 800-page tome *From Dawn to Decadence* in 2001, his many other interests squeezed "vitalism and volunteerism" into a few paragraphs.) Vitalism is also prominent in the writings of the eminent literary critic Harold Bloom, such as 1961's *The Visionary Company* and 1994's *The Western Canon*. The vitalism here is not to be confused with the 18th-century metaphysical craze of that name—the idea that there exists a "spark of life," like a shock of electricity, that brings a creature or organism to life. Luigi Galvini gave electrical shocks to dead frogs in an effort to bring them back to vitality. (The muscles did contract, but they did not get their jump back.)

14

Cassirer, "Giovanni Pico della Mirandola" (p. 333).

15

Dods, *Erasmus and Other Essays* (p. 300).

16

See Rothschild, *Economic Sentiments* (p. 33).

17

De Tocqueville, "Letters from America" (pp. 375–376).

18

Phelps, "Economic Culture and Economic Performance" (2011); Phelps and Zoega, "Entrepreneurship, Culture and Openness" (2009); Bojilov and Phelps, "Job Satisfaction" (2012).

19

The supremacy of economic culture is found in Bojilov and Phelps, "Job Satisfaction" (2012). Nevertheless, it is unlikely that no institution makes a diff erence for economic performance once the economic culture is taken fully into account. A composite element, labeled economic freedom, composed of some data on economic institutions as well as economic culture, was found to have some explanatory power in Phelps and Zoega, "Entrepreneurship, Culture and Openness" (2009).

20

The first lines of argument began turning up in the 1960s after social commentators had begun to warn that the increase in world population then being projected would cause a general worsening of living standards. One was an 1960 paper by Simon Kuznets, "Population Change and Aggregate Output." The other paper, written in 1968 independently of the first, was Phelps, "Population Increase." The germinal idea is that there is a sort of production function relating the flow of new ideas to the stock of minds. The latter work led to a series of books by Julian Simon.

21

Jacobs, *The Death and Life of Great American Cities*. Jacobs's book was just a salvo in her battle against Moses. She also took to the streets—and ultimately won. See the PBS documentary *The American Experience: New York—The Planning Debate in New York, 1955–1975*. In a later work, which is more of a textbook, Jacobs tries another exposition of her insight:

[I]nnovations were exported from the cities to the countryside, transplanted to the countryside or imitated in the countryside. . . . This is so not because farmers and other rural people are less creative than city dwellers. The difference lies in the contrasting natures of rural and city economies, for it is in cities that new goods and services are first created.

Cities are places where adding new work to older work proceeds vigorously. . . . [Since] cities have more different kinds of divisions of labor than villages, towns and farms do[,] cities contain more kinds of work to which new work can be added than other settlements.

Jacobs, *The Economy of Cities* (pp. 8–9, 50).

22

The population data are in Maddison, *The World Economy*. The city data are from Weber, *The Growth of Cities in the Nineteenth Century*.

23

It is worth noting as an aside that demographic influences lead to related points. The steep rise of population in barely more than a century operated in the direction of raising the returns, current and prospective, on capital by lowering wages. At the same time, the opening up to commercial use of new lands and natural resources in the New World, though bringing a mass relocation of labor from Europe to the Americas, was in many ways no different from discovery of new lands and resources in Europe: it too operated to raise the prospective returns on capital. These increases in prospective returns must account for some of the increase in investment activity in the Western world in the 19th century and, through similar mechanisms, some of the increase in innovation activity too. (And the increase in wages brought by the new lands may have brought an increased willingness to sacrifice some income for greater adventure and standing in the community, which could induce an increased interest in engaging in innovative activity.)

24

For example, Inglehart and Welzel, *Modernization, Cultural Change, and Democracy* (2005, p. 1).

第五章　社会主义的诱惑

1

Job security in America looks to have improved with the Galbraithian era—the early 1950s to the early 1970s—when Americans were safely employed in big entrenched companies enjoying stable growth and Europeans were steadily engaged in the process of "catching up." It is a question, though, whether jobs were also more secure in the 30-year era from the mid-1970s to the mid-2000s—though that span includes the 20-year Great Moderation dating from the mid-1980s. This era saw the U.S. slump of 1973–1983, the continental European slump of 1978–1988, the global 1987 stock market crash, the 1990 U.S. savings-and-loan crisis, the slump Japan entered in 1990, the East Asian economic crisis in 1997, the collapse of Long Term Capital Management, and the correction of the U.S. tech stocks in 2000–2001. The "Great Moderation" was an egregious misnomer.

2

An early statement of his criticisms is his *Lettres d'un habitant de Genève à ses contemporains* (1803). The "anarchy" of the modern economies was a major theme of Friedrich Engels in Germany and Thomas Carlyle in England. Saint-Simon went on to propose that business people and scientists direct the state and society's use of resources. His last book, *Nouveau Christianisme* (1825), states that the resources ought to be directed for the purpose of improving the conditions of the poorest class. He is believed to have coined the term *socialisme*, first used by Pierre Leroux in an 1834 essay "De l' individualisme etdusocialism," that is, "On Individualism and Socialism." (Leroux, an economist and philosopher, was skeptical of both.)

3

Sassoon, "All Shout Together."

4

Marx, translated from *Grundrisse der Kritik der politischen Ökonomie* (1858, p. 611). Some would say that Smith was better than that. He deplored repetitive tasks, by which he meant unchallenging tasks. (Flying jet planes on the milk routes is repetitive but sometimes severely challenging. "It's hours of sheer boredom," as someone said, but "punctuated by moments of sheer terror.") It could be that Marx's hostility sprang from his anxiety that Smith had thought of the point and others before he did. It could also be that Marx felt impelled to diminish Smith by portraying him as a rightwing zealot.

5

See Marx's 1875 *Critique of the Gotha Program*. The Gotha Program was a draft statement of socialist goals prepared for the founding conference in May 1875 of Germany's new Socialist Democratic Party in the town of Gotha. In a letter to friends, Marx vented his anger at the program's conception of a socialist state as merely subsidizing "producers associations," and he stated his ideas on the rewards to work in a socialist economy. Marx's *Manifesto, Grundrisse,* and Gotha letter are his basic short works.

6

Mises's first publication (in German) was the 1920 landmark, "Die Wirtschaftsrechnung im sozialistischen Gemeinwesen," translated in Mises, "Economic Calculation in the Socialist Commonwealth," where the quote that follows above can be found on page 88 and the next extract on 110. His big work, published two years later, was *Die Gemeinwirtschaft*, translated in Mises, *Socialism* (1936).

7

The socialist theoreticians could reply that there remains in the socialist system a healthy incentive to perform well: failing to perform up to prevailing standards would likely cost a worker his or her promotion to jobs with greater scope for taking on responsibility. Thus there has to be some inequality, though not wage inequality. But the force of that counterargument would depend on how much more rewarding the jobs higher on the ladder were. Mises could have retorted that if the socialist plan envisioned an essentially stationary economy, in which only the occasional natural disaster interrupted the general tranquility, it is not obvious that there would be any nonpecuniary rewards from moving up the ladder that would be enough to motivate the workforce. And an economy that does not revolve around innovation would not need deep ranks of managerial personnel to begin with.

8

The original article appeared in Lange, "On the Economic Theory of Socialism," *Review of Economic Studies,* October 1936 and February 1937. It is reproduced in Lange, "On the Economic Theory of Socialism" (1938).

9

Hayek, "Socialist Calculation" (1935, pp. 201–243), reprinted in Hayek, *Individualism and Economic Order* (1948).

10

Hayek, "Socialist Calculation" (p. 210). The italics have been added.

11

The construction of the survey of managers and the statistical findings are described in Frydman et al., "When Does Privatization Work?" (Mises could have said in defense that his argument about prices being increasingly wrong in a socialist economy clearly implied that innovative effort in that economy would go increasingly awry.)

12

In his *The Road to Serfdom* (1944) the terms innovation, creativity, originality, invention, growth, advance, and progress do not appear in the index. Hayek scholars might agree that the first flicker of recognition that—as was virtually pointed to in his own work!—indigenous creativity could occur within a nation's economy, not just its scientific establishment, may have come when Hayek was sent a lecture by Oskar Morgenstern in 1937. Hayek had supposed in influential work in 1927 that the economy has a tendency to home in on some equilibrium path, though errors could cause disequilibrium for some time. Morgenstern's lecture argued that to suppose that was to assume that the actors in the economy possessed perfect foresight, which they could not do in a world of endogenous innovation (nor, for that matter, in scientific research outside economies). Certainly Hayek saw the problem. His recognition of the uncertainty within an economy caused by innovators (and more generally the pluralism of views among participants) became explicit in the 1960s. Hayek's 1961 paper "The Non-Sequitur of the 'Dependence Effect'" teased J. K. Galbraith for supposing that would-be innovators bringing out new products know they would succeed or know the probability of any given level of sales.

13

As reported on the *International Herald Tribune's* website, www.iht.com, March 5, 2010.

14

Ammous and Phelps, "Climate Change, the Knowledge Problem and the Good Life" (2009). See also Volpi, "Soya Is Not the Solution to Climate Change" (2006).

15

In a 1933 paper, "The Trend of Economic Thinking," Hayek wrote that laissez-faire is not "the ultimate and only conclusion." (p. 134). In *The Road to Serfdom* he speculated that "nothing has done so much harm to the liberal cause as the wooden insistence of some [libertarians] on certain rules of thumb, above all the principle of laissez-faire" (p. 13). That tract brought a range of reactions. A mild one was from Keynes, who in a letter expressed great admiration for the book, then said he differed with it at only one point. He favored a radically different list of activities for the state to do—an agenda as odd from present-day perspectives as from Hayek's. The fury of some of the reactions is incomprehensible to scholars in the present age. On its sixtieth anniversary in 1994, *The Road to Serfdom* won high praise from Amartya Sen, writing in the *Financial Times*. It remains true that Hayek was alarmed as few others were by the loss of individual freedom he expected to result from British eco nomist William Beveridge's plan for a massive system of social insurance and other interventions.

Incidentally, many imagine that *Road* was a broadside against Soviet socialism based on Hayek's previous theoretical work. In fact, it was Hayek's answer to those in Britain who claimed there was no reason to fight a war with Nazi Germany. It was a warning against the state-sponsored corporatism in Germany more than against communism in the Soviet Union, though Hayek often alluded to the latter. Maybe Hayek saw corporatism in Beveridge's extreme welfare state. During the war, Hitler's economists got hold of a draft of the Beveridge blueprints after it was air-dropped over Nazi-occupied Europe. The Nazis apparently exclaimed, "This is what we need here in Germany!" See "Commission on Social Justice: Beveridge's Appeal for an Attack on Five Giant Evils" in *The UK Independent*, October 25, 1994.

第六章　第三条道路

1

See Sidorsky's "Modernism and the Emancipation of Literature from Morality" and his "The Uses of the Philosophy of G. E. Moore in the Works of E. M. Forster."

2

Tönnies witnessed this disruption as a youth in rural Schleswig. He further distanced himself from Marx in arguing that specialization had existed in communities for centuries and had actually strengthened them. Neither was he a fascist. He joined the Socialist Party in 1932 just to spite the Nazis. Tönnies's magnum opus, in German, was first published under the title *Gemeinschaft und Gesellschaft* in Leipzig in 1887, when he was still young. Though *Gesellschaft* often refers to a business, so one might think the title meant "Community and Business," Tönnies used *Gesellschaft* to mean modern civilization, business included. Editions in 1912 and 1920 gained wider attention. A new 2001 translation into English is *Community and Civil Society.*

3

Freud, *Civilization and Its Discontents* (p. 50). He wanted aggressions to be constructive, lest another war broke out. The title of the 1930 German original, *Das Unbehagen in der Kultur*, raised the problem of translating *Unbehagen.* (Freud suggested "discomforts." His 1930 translator Joan Riviere proposed "discontents.") What Freud meant by *Kultur* was the entire acquisition of knowledge, practice, attitudes, and even "tools." Today, tools and even technology are usually kept out of "culture" but included in "civilization."

4

The classic study is the 1925 essay by Franz Roh, reprinted in 1995. Many examples of the period are reproduced in Silver, *Chaos and Classicism.* Silver' s earlier book *Esprit de Corps* covers some of this ground.

5

There was an ethnic dimension to the politics of protection. The competition from which the Christian Social Party sought to protect the Catholic lower class came from predominantly Jewish businesses. The German nationalist parties wanted government to use its power to protect people of their ethnic background against competition from Slavs and especially from Jews. The socialists were no different. The Social Democratic Party boasted that it, not the corporatist group, was the true opponent of the "Jewish big capitalists," "Jewish exploiters," and "rich Jews." It went out of its way to characterize its targets as Jewish where the targets were disproportionately Jewish. Anti-Semitism was endemic in Europe during this period. See Muller, *The Mind and the Market* (p. 353). It is fair to ask whether the advancing entrepreneurs were opposed because they were Jewish or the advancing Jews were opposed because they were entrepreneurs. The answer would appear to be the former, since Europe had long exhibited a bias against Jews. It was more than that, however. The problem that the corporatists later called the "Jewish question" was not the Jewish identity of so many in Germany but rather that many successful Jews were mostly in the "liberalism" camp, which was integral to the birth of economic modernity, rather than in the corporatist camp. The first solution was to take over their businesses, the "final solution" was the Holocaust.

6

Some scholars define "corporatism" in terms of its structure rather than its aims. In a 1974 paper, "Still the Century of Corporatism?" Philippe Schmitter writes that corporatism could be defi ned as "a system of interest representation in which the constituent units are organized into a limited number of singular, compulsory, noncompetitive, hierarchically ordered and functionally differentiable categories, created, recognized, or licensed by the state and granted a deliberate monopoly" (p. 97).

7

Sardinia' s Statuto Albertino, which King Charles Albert' s son had imported to all of

Italy on his ascension to the throne, did not create review.

8

His main speeches in the early 1930s and a sort of handbook of the structure of the corporatist economy were published in the original Italian in Mussolini, *Quattro Discorsi sullo Stato Corporativo* (1935), and in English translation the same year under the title *Four Speeches on the Corporate State.* ("Corporatist" or "corporative" would have avoided a seeming reference to corporations in the English sense.)

9

Mussolini, *Four Speeches on the Corporate State* (pp. 81–82).

10

James, Europe Reborn (p. 99).

11

Four Speeches on the Corporate State (p. 83).

12

Four Speeches on the Corporate State (p. 33).

13

Quoted in Heinz Lubasz, *Fascism: Three Major Regimes* (p. 78).

14

See Nocken, "Corporatism and Pluralism in Modern German History" ; Abelshauser, "The First Post-Liberal Nation" (p. 287).

15

Salgado and his *Integralistas* wanted to abolish self-interest and put in its place pity, charity, and sympathy. Vargas needed them for a crackdown on the communists and the success of his 1937 coup establishing a single-party state, the Estado Novo. Once in power, however, he had no more use for them. The *Integralistas*, in a midnight attack on the presidential palace, attempted a takeover, called the Pajama Putsch. The army arrived barely in time to put down the assault, and the *Integralistas* were finished.

16

Walter Lippmann, *The Good Society* (p. 139). Lippmann, whose newspaper columns made him a household name, was immortalized (along with Schopenhauer) in the burlesque number "Zip" in Rodgers and Hart's *Pal Joey.* Hart clearly drew on his courses at Columbia.

17

Quoted in Schlesinger, *The Coming of the New Deal* (p. 115).

18

One historian of the period writes, "Three years after [Hitler's] accession to power the German economy was booming. Unemployment was reduced so drastically that labour shor tages became a problem." See Nicholls, "Hitler's Success and Weimar's Failure" (p. 156).

19

Adam Tooze, *The Wages of Destruction* (2007, p. 65). Tooze referred to 1928 and 1935 rather than the bracketed dates 1929 and 1936, but both versions are true, and it is the recovery from 1929, not 1928, in which we are interested.

20

To a varying degree, employment rose slower than output did, owing in part to productivity growth.

21

Hitler likely had in mind the years 1935–1941 when U.S. output rose at a torrid pace, punctuated by the 1937–1938 recession, while Germany hit a soft patch after the door was closed to trade in 1938. Hayek may have had that in mind when he wrote in *Road* that German producers would suffer from corporatism.

22

Robert Paxton, *The Anatomy of Fascism* (p. 186).

23

The German results do not prove that competition is necessary either. Spain provides an intriguing case. Though notorious for an economic system and economic policies that were considered disadvantageous by a range of economic opinion, Spain nevertheless posted phenomenally rapid growth both in real domestic product per person employed and in real hourly earning in manufacturing consistently over the period 1960 to 1980—much faster than the German growth.

24

H. Adamsen, quoted in the useful survey by Berghahn, "Corporatism in Germany in Historical Perspective" (p. 117).

25

Over that same span, Germany's government *consumption*-type expenditure, that is, purchases of good and services, rose from about 131/2 percent of GDP to about 21/2 percent. And social security outlays (benefi ts under old-age, sickness, and family allowance programs, plus social assistance) rose from 121/2 percent to 17 percent (OECD 1983, tables 6.2 and 6.3). Italy's employment statistic started higher, at 9 percent, and its government expenditure statistic started lower, at 10 percent, but both statistics ended precisely at Germany's levels in 1981.

26

The red tape estimates were published in *The Economist,* July 1999. The scores were United Kingdom, 0.5; United States, 1.3; Netherlands, 1.4; Sweden, 1.8; Spain, 1.8; Germany, 2.1; Belgium, 2.6; France, 2.7; and Italy, 2.7.

27

Groom, "War Hero Who Became Captain of British Industry" (p. 7). The second sentence is from Groom, "Gloom and Boom" (p. 16). "Jimmy" Cleminson was an industrialist and later president of CBI from 1984 to 1986. Incidentally, fame came to him as a parachute captain at the battle of Arnhem. His exploits are a part of Richard Attenborough's 1977 film *A Bridge Too Far.*

28

The classic indictment is Howard, *The Death of Common Sense*. The quotation is from Howard's *The Collapse of the Common Good* (2001).

29

Something like this emerged in economics during the 1970s when it became fashionable to suppose that the entire workforce of the country was in a lifetime implicit contract with existing employers. In every community the employers were seen as providing insurance to their employees in the event of poor business prospects warranting layoff s, and banks in the community provided employers insurance when conditions warranted some rationing of credit. This new wave of theorizing made it seem as though the feudal economy, with its lifetime employment and "relational banking" was the economic optimum after all, not laissezfaire with all its rigors—its cold showers and thin gruel.

30

That high share prices usually lead to high investment activity and thus high employment—they induce the investment or they reflect impulses to invest inside the companies—is shown in Phelps, "Behind This Structural Boom" (1999).

第七章　新社会主义与新社团主义经济

1

The earliest treatment of this episode is the 1988 monograph by Jean-Paul Fitoussi and Edmund Phelps, *The Slump in Europe.*

2

The 2011 book by Vito Tanzi, *Government versus Markets*, provides expert discussion and helpful data.

3

Phelps, "The Importance of Inclusion and the Power of Job Subsidies to Increase It" (2000/2, p. 86). See also figure 1 in that report. The article adds that "in the first half of the 1990s France and Germany again compressed low-end pay and again saw the steep rise in unemployment of low-skilled labor (see Figure 2)." The paper set out the case for an approach to raising low-end wages that is more employment friendly, namely a system of low-wage subsidies to be paid to employers for their ongoing employment of low-wage persons. In presenting this paper at the OECD Secretariat in Paris, I was going into the eye of the storm. Participants applauded the proposal except the U.S. delegation, which saw the proposal as endangering the Earned Income Tax Credit, which was designed primarily to encourage low-income mothers to earn some of their own support.

4

No statistical analysis was done, surprisingly, until the paper by Darius Palia and Edmund Phelps presented at the 1996 Villa Mondragone conference of Rome's Tor Vergata University. The conference volume, Paganetto and Phelps, *Finance, Research, Education and Growth*, came out in 2005.

5

Tanzi, *Government versus Markets.*

6

For these data see OECD, *Going for Growth: 2007*, a project led by Jean-Philippe Cotis. It might be suspected that these indexes of hindrances to innovation and to the conduct of business generally purport to measure the unmeasurable. However, the indexes are compounded out of concrete and measurable things, such as the number of days it takes to obtain a license to build a warehouse, which ranges from about 80 days in the United States and Canada to about 170 days in France and Germany and 284 days in Italy. It might also be wondered whether these differences among economies matter at all. However, a nation's investment in information and communications technologies (ICT) exhibits a rather tight relationship to its product market regulation index. Nations' unemployment rates have been shown to have some relationship to their EPL indexes.

7

The data can be found in Layard and Nickell, *Handbook of Labor Economics.*

8

This last ordering, dubbed the Index of Social Infrastructure, can be pulled off figure II in Hall and Jones, "Why Do Some Countries Produce So Much More Output per Worker Than Others?"

9

Early political philosophy touching on the scope of government is the subject of Andrzej Rapaczynski's 1987 volume, *Nature and Politics.*

10

See *OECD Economic Outlook*, Annex table 24, Capital income shares in the business sector, p. 214.

11

Another point: Whatever the Continental and Anglo-Saxon productivity levels, measured by output per hour of labor, Continental productivity levels would be *decreased* relative to Anglo-Saxon levels if they were all measured by output per basket of labor and capital—the measure called *multifactor productivity* (or total factor productivity)—because Continental economies raise their output per labor ratios by investing more capital with which labor can work than Anglo-Saxon economies do. For this extra output, it may be argued, the Continentals must suff er the reduction in consumption levels required to meet the interest payments on the extra capital.

12

These OECD data are shown in Phelps, "The Importance of Inclusion" (2000/2); see figure 3a, "Trends in Wage Rate Dispersion, 1997." The gauge here is the 50-10 ratio, that is, the ratio of the mean of the wage rates of workers one-tenth of the way up the population of employed persons, thus at the 10th percentile, to the mean wage rate at the 50th percentile. It is also known as the D1/D5 ratio.

13

See Phelps, "Reflections on Parts III and IV" (2003, figures 3 and 4).

14

It is often commented that employment will be falling if output is growing slower than productivity: the growth rate of productivity is the "stall speed" of the economy. That may suggest that a decline in productivity growth would have the silver lining of reversing the fall of employment. But little is known about the short-run effect of that on the direction of employment. It is known that there is no long-run, sustained link going from the productivity growth rate to the growth rate of employment; the latter is a matter of demographics. There are long-run connections between the *level* of employment and the productivity growth rate, as pointed out above. (Moreover, a drop in the productivity growth rate certainly would reduce the long-run growth rate of output.)

第八章　各国的满意度

1

This theory sees the culture as a slow-moving causal force that may ultimately trigger an abrupt change of institutions—as shifting tectonic plates finally provoke an earthquake. See Roland, "Understanding Institutional Change" (2004). (There the culture is another institution—the slow-moving one. This book breaks out culture from institutions.) The hypothesis here allows new ideas to drive institutions and possibly culture too. Things would change even if culture never did.

2

A Spanish economist, chatting with me at a 1993 meeting in London, observed that in the early 1920s Spain's GDP per person put it in 8th place in the league tables, Western division— trailing America, Germany, France, Belgium, Holland, Britain, and Italy. After all that Spain had been through since then, from the Spanish civil war to Franco's reign and the post-Franco decades, Spain was again in 8th place.

3

One authority setting out the family tensions thesis is Anne Marie Slaughter. Lucy Kellaway, with evident relish, set out in the *Financial Times* the counter-thesis.

4

The tight relationship between job satisfaction and life satisfaction, also known as total satisfaction, is shown in Bojilov and Phelps, "Job Satisfaction" (2012). In a paper given at a conference some five years earlier, Phelps and Zoega, "Entrepreneurship, Culture and Openness," the authors treat life and job satisfaction as interchangeable.

5

A quite different problem is that, when we ask whether some causal force raises or lowers performance of economies on the whole, the effect in each small country—Finland, Sweden, Luxemburg, Denmark, and Iceland—receives the same weight given to the effect in the entire United States. It might be better to start with a sample in which California, Oregon, Massachusetts, Illinois, and other U.S. states receive the same weight as each of the European countries.

6

Lazear, Elmeskov, and Nickell are among the leading investigators into the matter. An interesting paper by Bentolila and Bertola, "Firing Costs and Labour Demand," built a hypothetical model of the representative firm in which theoretically the adverse impact of EPL on the rate of hiring is more than offset by the negative effect on the rate of firing, which pointed to the conclusion that, on balance, EPL reduces unemployment. That analysis, however, overlooked a "systems effect"—that the insiders, entrenched by the job protection, drive employers to raise wages and thus trim jobs throughout the economy.

7

Jackman et al. (1991); Phelps and Zoega (2004).

8

See for example the 2001 paper by Nickell, and the 2004 paper by Phelps and Zoega titled "The Search for Routes to Better Economic Performance in Continental Europe: The European Labour Markets." Lars Calmfors argues that the ill-effect of this bargaining, organized in the corporatist way, disappears if a single union represents all the economy's workers, for in that case the union will see any wage increase as costing more jobs than it would if it knew the industry could raise its price relative to other industries so as to pass along the cost increase.

9

Phelps and Zoega (2004).

10

Phelps, "Economic Culture and Economic Performance."

11

Phelps and Zoega, "Entrepreneurship, Culture and Openness" (2009). After discussing job satisfaction as well as life satisfaction, the study focused on life satisfaction.

12

Balas et al. "The Divergence of Legal Procedures."

13

Phelps and Zoega, "Job Satisfaction: The Eff ect of Modern-Capitalist and Corporatist Institutions."

14

These data are in Gwartney et al., *Economic Freedom of the World* (country data tables). Another Fraser category bearing on innovation is Freedom to Trade Internationally. (Clearly it is a boost to dynamism if aspiring innovators can expect adoption overseas, not just at home.) Here, Ireland ranked 4th, Britain 10th, America 18th, and Canada 31st, while Spain ranked 19th, Italy 24th, and France 32nd. Here, though, Belgium ranked 5th and Germany 9th. (The Nordics do not stand out here.) So the Continentals do not score badly at all in the institutions affecting foreign trade. But America is large enough to trade mostly with itself, so it suffers less from its failings in the free trade department than would a small country.

15

It is interesting and not hugely surprising that there is no such baleful effect of government investment expenditure. Perhaps capital projects, from the federal highways to NASA and NIH, raise the job satisfaction of the engineers, technicians, and scientists engaged in them—just as innovation and investment in the private sector lift the satisfaction of the people participating in them.

16

Phelps, *Altruism, Morality and Economic Theory* (1975). At a 1974 meeting of the Law and Economics Seminar at the University of Chicago I set out the reasoning behind the belief of those at the conference that a dose of altruism contributes to an economy's efficiency. (I had not begun to think about economic dynamism at that time.) George Stigler, the lion of the seminar, demanded an example. I replied that people will be more willing to pay their full income tax if they are glad to make a small contribution to the work of the government or if they feel that other income earners will be paying their full tax too. Gary Becker, then a flaming neoclassical, said, "We'll give you that one but can you give us one more?" I suggested that people would be afraid to venture out into the street or use a car if they were not confident that others want to obey the traffic laws in order not to do harm. Professor Stigler rejected that, arguing that people observe the traffic laws only to avoid their own inconvenience. Warming to his theme, he said, "People don't want to have to stop to peel off the flesh on the windshield."

17

Bourguignon, "Deux éducations, deux cultures." The notion of "two cultures" will remind many readers of a famous lecture *Two Cultures* by C. P. Snow, who as a novelist and a scientist deplored that artists are ignorant of science and its remarkable culture. He could have added in the spirit of Bourguignon that the culture of scientists, like the culture of innovators, accepts failure: it is an integral part of the game. A game in which there was a certainty of success would be incredibly boring. It is true, though, that the scientific research and the entrepreneurial development we do tends to express who we are, so it hurts to fail.

18

Theil, "Europe's Philosophy of Failure."

19

Phelps, "Economic Culture and Economic Performance," given at the Center's 2006 conference and republished in the 2011 volume *Perspectives on Performance of the Continental Economies.*

20

Bojilov and Phelps, "Job Satisfaction: The Effects of Two Economic Cultures" (2012).

第九章　衰败的里程碑

1

The calculations in Figure 9.1, based on standard data from the U.S. Commerce Department, and the very effective organization of the chart were set out by Robert J. Gordon. Figure 9.1 is Figure 4 in Gordon, "Is U.S. Economic Growth Over?" (p. 13). He kindly provided to me for use here the further calculations, based on the same data set, shown in Figure 9.2.

2

A simple analysis measured a nation's slowdown by the decrease of the growth rate from 1950–1970 to 1970–1990. See Hoon and Phelps, "Growth, Wealth and the Natural Rate" (1997).

3

This argument is along the lines of Hoon and Phelps, "Growth, Wealth and the Natural Rate." Households will be enjoying rising profits alongside the rising wage, but that does not alter the conclusion: saving does not jump, so wealth falls behind the wage. The implications are clouded if households extrapolate the observed income growth into the future: Then consumption would jump, saving would drop, and the drag on wealth adds to the rise of the wage-wealth ratio. Yet the sense of future riches—of increased "expected wealth"—operates, considered by itself, to boost "expected wealth" and thereby to encourage increased consumption and decreased work. However, the analysis in the text could still carry the day.

Once the argument is broadened to economies using physical capital for production as well as labor, real complications arise. Declining labor requirements and declining capital requirements have different results. Falling labor requirements in producing capital goods would exert a downward push on the relative price of the capital goods, which would reduce the wage that these industries would be able to pay but also reduce the wage that households would require. Falling capital requirements in producing consumer goods would raise relative prices received in capital goods industries, thus boosting the real wage in the latter labor-intensive industries while also raising wealth.

4

In some conventional representations of the economy, all products are produced with the same method or recipe, capital goods and consumer goods alike. A fall in the valuations put on capital goods—plant and equipment—in some use does not cause *total employment* or the real wage to be depressed in the *long run*: The idled quantities of capital and labor finally regain their use and regain their rental and wages in parts of the sector where relative prices did not dip. But in fact consumer goods production is, generally speaking, relatively capital intensive, unlike capital goods, not to mention the capital firms have invested in employees. In *two-sector* economies, for example, the relative, or real, prices might fall over a great range of the capital goods sector, owing to a slowdown of the productivity in the consumer goods sector or a slowdown (or possibly a speedup) of the productivity of labor in the capital goods sector. Then workers in the capital goods sector will face the problem that most of the consumer goods producing sector is relatively capital intensive, much of it dramatically so—as Hitchcock impressively illustrated in *North by Northwest*, where on the vast cornfield there is no labor in sight, only the Cary Grant character looking out of place. So labor can find work only at a wage so reduced that some workers with high wealth levels may not accept it. In Phelps, *Structural Slumps* (1994), this model, the customer market model, and the trained-employee model off er escapes from the conventional model.

5

The question of which did the worst damage, the slowdown of labor productivity or the rare fall of capital productivity, would be difficult to answer. Some observers have made that discussion all the more difficult in claiming that there was a speed-up of innovation in new information and communication technologies (ICT), which *raised* labor productivity in making transistors, semiconductor chips, and other capital goods used in making consumer goods; and this productivity increase pulled up real wages and thus employment. Of course, no employment boom is apparent in the aggregate data. Yet such a spurt of labor's physical productivity in producing capital may very well have occurred. However, a speed-up in the productivity of labor in making capital goods, if it occurred, might *not* have been a force in the direction of raising "total output" and real wages at all: productivity advances in the production of semiconductor chips and other capital goods could have driven down the prices of the capital goods produced by enough to be a force for lower real wages and employment. So productivity gains in capital goods industries may have contributed to the *reduction* of real wages and increase in unemployment (relative to trend)! But aggregate technical progress almost stopped between 1968 and 1978, so it would be odd to blame such progress for the slumping economy. (A related paper that explores some of these insights in its beginning pages is Hoon and Phelps, "Effects of Technological Improvement in the ICT-Producing Sector on Business Activity.")

6

These fiscal experiments have inspired a basic proposition in public finance: when an income tax cut increases the after-tax wage, which makes work more attractive in the normal case, saving goes up (not just consumption); so wealth rises faster until it catches up to the after-tax wage, after which work no longer looks more attractive. Leaving aside the effect of whatever uses the government would have put the lost revenue to, across-the-board tax cuts have no long-lasting effect on unemployment—only a lasting effect on the fiscal deficit. See Hoon and Phelps, "Payroll Taxes and VAT in a Labor-Turnover Model of the 'Natural Rate.'"

7

Another possibility is that productivity slowed down in the consumer goods industries, which slowed the *decline* of consumer goods prices relative to capital goods prices, while productivity in the capital goods industries actually increased, which slowed the *rise* (or caused a fall) of *capital goods* prices relative to consumer goods prices. Both developments would lower the path of prices—relative to the past trend—for the goods that low-wage labor had the greater stake in, namely, capital goods. Similarly, it is shown in a recent paper that a technical improvement in the ICT-producing industry, in lowering the real price of ICT equipment, reduces the "demand wage" employers will pay, thus lowering employment as well as the real wage. See Hoon and Phelps, "Effects of Technological Improvement in the ICT-Producing Sector on Business Activity."

8

Phelps, *Rewarding Work* (1997, p. 23). The book discusses how the devaluation of work might be reversed.

9

See the valuable compilation of several survey results in AEI Public Opinion Studies, *The State of the American Worker 2009: Attitudes about Work in America,* updated August 21, 2009. http://www.aei.org/publicopinion17. Of the half-dozen surveys, two recorded no decline of job satisfaction between the early 1970s and the early 1990s. The National Opinion Research Center asked whether "work gives a feeling of accomplishment." The percentage saying "yes" showed *no trend* between the mid-1970s and the early 1990s, then a drop-off in the 2000s. Asked by Harris Interactive "how satisfi ed are you with your job—very satisfied, somewhat satisfied . . .," the percentage saying "very satisfied" was 59 in 1974 and the *same* in 1984 (after dipping to 45 in 1978). The later percentages were lower: 46 in 1994 and 49 in 2002.

10

Blanchflower and Oswald, "Well-Being, Insecurity and the Decline of American Job Satisfaction." The authors comment that the last finding "might be viewed as unexpected because of a presumption that gender discrimination has dropped over the last few decades."

11

Of those over age 30, asked by General Social Surveys, "How satisfi ed are you with the work you do?," the percentage replying "very satisfied" was 54 in 1972 (when the yearly unemployment rate was 5.6 percent), 51 in 1988 (the year when the unemployment rate recovered to 5.5 percent), and 47 in 1996 (a year with a 5.4 percent unemployment rate—the new normal of that era). Blanchflower and Oswald, "Well-Being, Insecurity and the Decline of American Job Satisfaction" (table 1B). This development is presented in Figure 9.3.

12

Blanchfl ower and Oswald, "Well-Being, Insecurity and the Decline of American Job Satisfaction" (1999, table A1, *a and b*). It is only the most secure who felt a noticeable loss of security. The percentage who felt it "not at all likely" they would lose their jobs or be laid off in the next 12 months went from 68.5 percent in 1977–1978 to 64.5 percent in 1990–1991 and on to 62 in 1994–1996.

13

These data were reported in *Business Dynamics* Statistics, a product of the U.S. Census Bureau that measures business openings and closings, startups, job creation, and job destruction by firm size, age, industrial sector, and state.

14

Aghion and Kharroubi, "Stabilization Policies and Economic Growth" (2013). If it is expected the economy is heading down, the cost of innovation is still high, but the future benefit, if the effort achieves an innovation, will be reduced. Symmetrically, if the economy is thought to be on the uptick, the cost of innovating is still low and the benefit contingent on success will be high.

15

The epilogue is a vehicle to take up the degradation of the financial sector that developed in the past decade and the new policies needed from the perspective of this book. The body of the book focuses on the questions raised by a well-functioning modern-capitalist economy—questions about stability, economic inclusion, and especially unemployment, and kinds of inequality; the questions raised by diminished economic dynamism, which even an economic system free of malfunctions can suffer; and the question of whether modern capitalism is politically sustainable and morally justifiable.

第十章　经济为什么会衰落

1

Ross Douthat, "The Benefits of Bain Capitalism," *New York Times*, January 15, 2012.

2

David Brooks, "Free-Market Socialism," *New York Times*, January 24, 2012, p. A19.

3

Some observers say that the experience of Sweden and Norway proves that they are *not* necessary conditions.

4

Chandler, *The Visible Hand* (pp. 3–4). Dupont impressed Schumpeter in the 1940s, though not enough to cause him to believe that capitalism had much time left. General Motors was Chandler's greatest fascination.

5

Dick Brass, "Microsoft's Creative Destruction" (p. A27). Mr. Brass was a vice president at Microsoft from 1997 to 2004.

6

Dewey, "The House Divided against Itself," republished in Dewey, *Individualism Old and New*. This extract appears on p. 6 of that volume; the following extract appears on p. 9.

7

These tax cuts may have been unintended consequences of technical papers by Phelps in 1973 and Efraim Sadka in 1976 arguing that if the marginal tax rate in the highest bracket is a positive number, the rates cannot be tax-efficient: cutting rates at the top could coax income earners to step up their income and so pay a larger tax while doing so taxes unchanged incomes at the old rates.

8

See "Yahoo Orders Home Workers Back to the Office," *New York Times*, February 25,

2013.

9

See Amar Bhidé and Edmund Phelps, "More Harm Than Good: How the IMF's Business Model Sabotages Properly Functioning Capitalism."

10

The data are compiled semi-annually by the Regulatory Information Service Center at Unified Agenda. Note that the cumulative mounts up to non-negligible levels. If those costs are undiminished, the total cost per year of just those post-1996 rules must have mounted to *at least* 80 billion dollars a year by 2006; and if 80 such new rules continue to be written, the cost will mount to at least 160 billion by 2016 and 240 billion by 2026. The latter cost is 2 percent of a 10 trillion dollar GDP and 1.5 percent of a 15 trillion GDP. Very possibly each new significant rule will be subject to "increasing costs," as lawmakers run out of rules that meet little resistance.

11

The pharmaceutical industry lays the diminished flow of new drugs to the longer time required for drug approval by the regulatory body and suggests that lengthening patent protection of new drugs would be a natural remedy. But the long time it takes the regulatory authority to license new drugs operates to reduce their number and to stretch out their expected lifetime, and the lengthy patent protection merely ensures that competing producers will not drive down the prices, causing the innovators to lose their monopoly rents.

12

Zingales, *A Capitalism for the People*.

13

Kling and Schulz, "The New Commanding Heights," p. 10.

14

Foster et al., "Monopoly and Competition in Twenty-First Century Capitalism."

15

It must be added that, since the former, relatively stable, zones, taken together, are the preponderant part of the economy, they are capable of providing a significant amount of creative, intellectual work in the aggregate while a small amount per worker; the other zones provide a disproportional amount of creative work, but they are a small part of the economy. When in the autumn of 2009 the large companies took fright at the fall-off in prices and sales, they terminated many of the forward-looking projects—projects building "organizational capital," in recent terminology—and terminated the employees who were at work on them. (The national statistics recorded the subsequent rise in output per employee, and most commentators called it a rise of "productivity," though no advance in methods of production or improvement in prices had occurred.)

16

Quoted in Jacob Gershman, "Gotham's Savior, Beaten by Albany," *Wall Street Journal*, December 11–12, 2010, p. A13.

17

Edmund Phelps and Gylfi Zoega in "Portents of a Darkening Outlook: Falling Equities and a Weaker Dollar Herald Economic Slowdown," *Financial Times*, July 31, 2002, say that "the driving forces behind big swings in a nation's economic activity . . . are non-monetary fundamentals" and high up on the list of those are "workers' wealth and entitlements." The focus was narrowed to future entitlement outlays in Phelps, "The Way We Live Now," *Wall Street Journal*, December 28, 2004. It took readers through the consequences of a demographic time bomb when 15 to 20 years later the bond market will be flooded with public debt to cover the swelling size of Social Security and Medicare outlays. Both essays emphasized that expected future entitlement outlays contract present employment by weighing down share prices and the real exchange rate.

18

Ammous and Phelps, "Blaming Capitalism for the Ills of Corporatism," *Project Syndicate*, January 31, 2012.

19

The summary is in the movie review by Stephen Holden, "Tracing the Great Recession to a Memo 40 Years Ago," *New York Times*, March 1, 2012.

第十一章　美好生活：亚里士多德和现代的定义

1

The next four sections grew out of a public lecture at Columbia in 2007. They were later the basis of my paper for the Festschrift collection *Arguments for a Better World: Essays in Honor of Amartya Sen,* K. Basu and R. Kanbur (eds.), Oxford: Oxford University Press, 2009. This chapter is a different development of the lecture, with departures, corrections, and deletions.

2

Following convention, page numbers refer to Immanuel Bekker's classic edition of Aristotle (1831). A helpful edition is Aristotle, *Nicomachean Ethics* (1999).

3

That last part could be questioned. Suppose that dogs, dolphins, or others *did* possess reason, as imagined in Gustav Mahler's *Songs of a Wayfarer*. That would not refute the proposition that knowledge is the "best [good]" and pursuit of it the "supreme activity."

The claim that *eudaimonia* is felt only by humans is not obviously necessary to Aristotle's argument, though he appeared to think so.

4

Aristotle could not have been pleased with the finding of recent happiness researchers that, *after a point*, further increases in productivity do not add to reported happiness, a paradox I have discussed elsewhere. See, for example, Layard, *Happiness (2007).*

5

The change of interpretation is credited to Roger Mynors. See his *Georgics by Virgil* (1990). The quote is from verse 490 in book 2 of the *Georgics.*

6

His writings in this area run from his *Human Nature and Conduct* (1922) to *Experience and Education* (1938).

7

Dewey disapproved of Fordian mass production and hoped the workplace would be reformed again to provide the intellectual satisfactions of which it was capable. Of course, market forces have by now pretty much eliminated the assembly line—or, in many cases, moved it to Guangdong province.

8

Maslow, "A Theory of Motivation."

9

Rawls, *A Theory of Justice* (1971, pp. 424–433).

10

Rawls, *A Theory of Justice* (1971, pp. 428–429).

11

Sen, *Inequality Reexamined and Commodities and Capabilities.*

12

Sen, Inequality Reexamined (1992, p. 41), italics added. Sen cites Marx and Hayek among several precursors who placed a value on freedom independently of outcomes.

13

The transition from mercantile to modern is made by one man—Robinson Crusoe—in Defoe's 1719 novel. Jean-Jacques Rousseau in his 1762 book *Émile* views Crusoe as having allowed only "necessity" to determine what he tackled. But once Crusoe secured food supplies and shelter, he did not simply solve the problems he met on a predetermined path: he succeeded in making pottery and adopted a parrot, neither a necessity, using his creativity and imagination.

14

William James wrote somewhere, "My *flux*-philosophy may well have to do with my extremely impatient temperament. I am a motor, need change, and get very quickly bored." (Cited in Barzun, *A Stroll with William James,* 1983, p. 265.) By "motor" he did not mean anything like a mechanical device, as Barzun remarks.

15

Lady Gaga, interviewed in Fry, "Lady Gaga Takes Tea with Mr Fry" (2011, p. 12). The actor Alan Alda is also eloquent on this theme in his oft-quoted address at his daughter's commencement: "Be brave enough to live creatively. . . . You have to leave the city of your comfort and go into the wilderness of your intuition. . . . What you' ll discover will be wonderful. What you' ll discover will be yourself." Quoted in his autobiography, *Things I Overheard While Talking to Myself* (2007, p. 21).

16

In Nietzsche's view, each day's advance with the project "must appear justified at every moment—or incapable of being evaluated, which amounts to the same thing." (This appears in his posthumous notebook *The Will to Power* (1883–1888), which is not about power over other people but is analogous to the will to win the ball game. See the illuminating treatment of Nietzsche in Richard Robb's 2009 paper, "Nietzsche and the Economics of Becoming."

17

Bergson rose to fame with his 1907 book published in Paris and wider fame with the 1911 English edition, *Creative Evolution.* He was appointed to the College de France and won the Nobel Prize in Literature in 1927. (Incidentally, Henrik Ibsen's dramatic poem *Peer Gynt* (1876) anticipates Bergson's theme when the Button Moulder says, "To be yourself is to slay yourself. / But on you, that answer's sure to fail; / So let's say: To make your life evolve / From the Master's meaning to the last detail." The quote is from the 1980 English translation by Rolf Fjelde, p. 195.)

18

Respectively, Trilling, *The Liberal Imagination* (1950, p. xxi), and Arnold in his 1865 "The Function of Criticism at the Present Time," reprinted in Arnold, *The Function of Criticism* (1895, p. 9).

19

Lovecraft, *The Dream-Quest of Unknown Kadath* (1964, p. 291), written in 1927.

20

Nicomachean Ethics, I.4 1095a14–20.

21

Sennett, *The Culture of the New Capitalism* (2006, p. 36). His main thesis is that the unfortunate mutations in modern capitalism over the past two decades have caused these people to lose their sense of dedication and direction.

22

Seligman, *Flourish* (2011). Another entrant in the vitalist literature is Jamison, *Exuberance* (2004).

23

"Suicide: Wealth Leaves Many Unhappy," *China Daily News*, September 11, 2011, p. 1.

第十二章　美好与正义

1

I shared with Rawls some of the turmoil. We had adjoining offi ces in 1969–1970 at the Center for Advanced Study in the Behavioral Sciences in Palo Alto, California. One winter day, looking down at the Stanford campus, we could see smoke rising from Encina Hall. Radicals had occupied it and set it on fire. Later they attacked the Center, burning the bank of offices where we worked. Rawls's manuscript survived, as did mine, though a nearby one was a total loss.

2

A recent opinion column by Bharat Jhunjhunwala in *Tehelka: India's Independent Weekly Magazine* on May 7, 2012, condemns the unemployment compensation scheme proposed by Akhilesh Yadav, chief minister of Uttar Pradesh, and advocates employment subsidies instead:

Phelps has suggested the government must give employment subsidy to the employed. ... People could benefit from the subsidy only by engaging in productive work ... That is precisely what Gandhi had said in *Young India* of 13 October 1921: "I must refuse to insult the naked by giving them clothes they do not need instead of work which they sorely need." Yadav should listen to Professor Phelps and Mahatma Gandhi. He should devise schemes that create demand for workers and provide relief to the poor through productive work.

3

In the 1970s, the book prompted a spate of papers in academic journals that, building on analytics developed by James Mirrlees in 1971, created theoretical models of the effects of the structure of taxation on wage incomes and identified the structure that was theoretically optimal on Rawls' s criterion of maximizing the lowest wage, known as the "maximin" criterion. One of these was Phelps, "Taxation of Wage Income for Economic Justice" (1973). Another paper studied whether Rawlsian justice required the taxation of interest income to subsidize labor.

4

If it is agreed by citizens in the original position that justice requires the greatest feasible prospects for the less advantaged, the citizens will also quickly agree that the state must raise its expenditure level on disadvantaged children to the point where the benefit of an additional billion would be less than the benefit of simply putting the billion into employment subsidies or into activities that raise dynamism, which would indirectly raise the prospects of the least advantaged. Rawls would have added that, as the principles of justice do not allow the wages of the more advantaged to be hammered down to the wage level of the less advantaged, so the same principles do not allow the state to slow the pace of education in the schools so that more of the less advantaged can keep up with more of the others. In any well-functioning economy, modern or not, the talents of the most-able people and the capacities of average people are a resource to be drawn on for mutual gain. If choked off , the working poor would be in a desperate plight.

5

Kronman, *Education's End* (2007, pp. 78–87).

6

Rawls, *Justice as Fairness* (p. 179). Rawls then appears to suggest in further comments that one could not safely infer that the surfers are as badly off as the worst-paid workers, since the surfers rejected work and do so even after a subsidy pulls up the net wage of lowest earners.

7

Hewlett, *A Lesser Life* (1986).

8

A Theory of Justice (p. 257).

9

Edmund Phelps, "IMF Seems to Have Lost Sight of Rationale for Capitalism," *Financial Times,* letter to the editor, April 25, 2000.

10

Katie Roiphe, "There Is No Such Thing as Having It All," *Financial Times*, June 30, 2012.

结 语

1

It is argued in reply that hedge fund managers do a reasonably good job of judging the worth of shares, so if the government will see to it that there is enough of them, the dynamism of the economy will not suff er from the mechanical diversification among the general public. But it is doubtful that there could be enough talented hedge fund managers for this task.

参考文献

Abelshauser, Werner. "The First Post-Liberal Nation: Stages in the Development of Modern Corporatism in Germany." *European History Quarterly* 14, no. 3 (1984): 285–318.

Abramovitz, Moses. "Resource and Output Trends in the United States since 1870." *American Economic Review* 46 (1956): 1–23.

Aghion, Philippe, and Enisse Kharroubi. "Stabilization Policies and Economic Growth," in Roman Frydman and Edmund Phelps (eds.), *Rethinking Expectations: The Way Forward for Macroeconomics*. Princeton, N.J.: Princeton University Press, 2013.

Alda, Alan. *Things I Overheard While Talking to Myself*. New York: Random House, 2007.

Allen, Robert C. "The Great Divergence in European Wages and Prices." *Explorations in Economic History* 38 (2001): 411–447.

Ammous, Saifedean, and Edmund Phelps. "Climate Change, the Knowledge Problem and the Good Life." Working Paper 42, Center on Capitalism and Society, Columbia University, New York, September 2009.

——. "Blaming Capitalism for the Ills of Corporatism," *Project Syndicate,* January 31, 2012.http://www.project-syndicate.org/commentary/blaing-capitalism-for-corporatism.

Andrews, Malcolm. *Dickens on England and the English*. Hassocks, Sussex: Harvester,1979.

Aristotle. Aristotle: *Nicomachean Ethics*, edited by Terence Irwin. Indianapolis, Ind.:Hackett Publishing, 2nd edition, 1999.

Arnold, Matthew. *The Function of Criticism*. London: Macmillan, 1895.

Austen, Jane. *Sense and Sensibility*. London: Thomas Egerton, 1811.

——. *Mansfield Park*. London: Thomas Egerton, 1814.

Bairoch, Paul. "Wages as an Indicator of Gross National Product," in Peter Scholliers(ed.), *Real Wages in 19th and 20th Century Europe: Historical and Comparative Perspectives.*New York: Berg, 1989.

Balas, Aron, Rafael La Porta, Florencio Lopez-de-Silanes, and Andre Shleifer. "The Divergence of Legal Procedures." *American Economic Journal: Economic Policy* 1, no. 2(2009): 138–162.

Balleisen, Edward J. *Navigating Failure: Bankruptcy and Commercial Society in Antebellum America.* Chapel Hill: University of North Carolina, 2001.

Banfield, Edward C. *The Moral Basis of a Backward Society*. New York: Basic Books, 1958.

Barzun, Jacques. "From the Nineteenth Century to the Twentieth," in Contemporary Civilization Staff of Columbia College (eds.), *Chapters in Western Civilization*, vol. II. New York: Columbia University Press, 3rd edition, 1962.

—— A Stroll with William James. New York: Harper, 1983.

——. *From Dawn to Decadence: 500 Years of Western Cultural Life*. New York: Harper Perennial, 2001.

Bekker, Immanuel. *Aristotelis Opera edidit Academia Regia Borussica*. Berlin, 1831–1870.

Bentolila, Samuel, and Giuseppe Bertola. "Firing Costs and Labour Demand: How Bad Is Eurosclerosis?" *Review of Economic Studies* 57, no. 3 (1990): 381–402.

Berghahn, V. R. "Corporatism in Germany in Historical Perspective," in Andrew W. Cox and Noel O' Sullivan (eds.), *The Corporate State: Corporatism and the State Tradition in Western Europe*. Aldershot, U.K.: Edward Elgar, 1988.

Bergson, Henri. *Creative Evolution*. New York: Henry Holt, 1911.

Berle, Adolf, and Gardiner Means. *The Modern Corporation and Private Property*. New York: Transaction Publishers, 1932.

Bhidé, Amar. "The Hidden Costs of Stock Market Liquidity." *Journal of Financial Economics* 34 (1993): 31–51.

——. *The Venturesome Economy*. Princeton, N.J.: Princeton University Press, 2008.

Bhidé, Amar, and Edmund S. Phelps. "More Harm Than Good: How the IMF's Business Model Sabotages Properly Functioning Capitalism," *Newsweek International*, July 11,2011, p. 18.

Blanchflower, David, and Andrew J. Oswald. "Well-Being, Insecurity and the Decline of American Job Satisfaction." Working Paper, National Bureau of Economic Research, Cambridge, Mass., 1999.

Bloom, Harold. *The Visionary Company: A Reading of English Romantic Poetry*. New York: Doubleday, 1961.

—— *The Western Canon: The Books and Schools of the Ages*. New York: Penguin Putnam,1994.

——. *Shakespeare: The Invention of the Human*. New York: Riverhead Books, 1998.

Bodenhorn, Howard. *A History of Banking in Antebellum America: Financial Markets and Economic Development in an Era of Nation-Building*. Cambridge: Cambridge University Press, 2000.

Bojilov, Raicho, and Edmund S. Phelps. "Job Satisfaction: The Effects of Two Economic Cultures." Working Paper 78, Center on Capitalism and Society, Columbia University, New

York, September 2012.

Boulding, Kenneth. *Beyond Economics: Essays on Society, Religion, and Ethics.* Ann Arbor:University of Michigan Press, 1968.

Bourguignon, Philippe. "Deux éducations, deux cultures," in Jean-Marie Chevalier and Jacques Mistral (eds.), *Le Cercle des economistes: L'Europe et les Etats-Unis.* Paris:Descartes et Cie, 2006.

Bradshaw, David J., and Suzanne Ozment. *The Voices of Toil: Nineteenth-Century British Writings about Work*. Athens, Ohio: Ohio University Press, 2000.

Brands, H. W. *American Colossus: The Triumph of Capitalism, 1865–1900.* New York:Doubleday, 2010.

Brass, Dick. "Microsoft' s Creative Destruction." *New York Times,* February 4, 2010, p. A27.

Braudel, Fernand. *The Mediterranean and the Mediterranean World in the Age of Philip II*,vol. 2. New York: Harper and Row, 1972.

Brontë, Charlotte.*Jane Eyre*. London: Smith, Elder, and Company, 1847.

Brontë, Emily. *Wuthering Heights.* London: Thomas Cautley Newby, 1847.

Caldwell, Christopher. "The New Battle for the Old Soul of the Republican Party." *Financial Times,* February 24, 2012, p. 9.

Calvin, John. *Institutio Christianae Religionis (Institutes of Christian Religion).* Geneva: Robert Estienne, 1559.

Cantillon, Richard. *Essai sur la Nature du Commerce en Général.* London: Fletcher Gyles,1755.

Caron, Françis. *An Economic History of Modern France,* translated by Barbara Bray. London:Methuen, 1979.

Cary, Joyce. *The Horse's Mouth*. New York: Harper, 1944.

Cassirer, Ernst. "Giovanni Pico della Mirandola: A Study in the History of Renaissance Ideas." *Journal of the History of Ideas* 3, no. 3 (1942): 319–346.

Casson, Mark. "Entrepreneurship," in Mark Casson (ed.), *International Library of Critical Writings in Economics,* vol. 13. Aldershot, U.K.: Edward Elgar, 1990.

Cather, Willa. *Death Comes for the Archbishop*. New York: Alfred A. Knopf, 1927.

Cellini, Benvenuto. *The Autobiography of Benvenuto Cellini.* New York: Alfred A. Knopf,2010.

Cervantes, Miguel de. *Don Quixote.* Madrid: Juan de la Cuesta, 1605–1620.

Chandler, Alfred D., Jr. *Strategy and Structure: Chapters in the History of the American Industrial Enterprise.* Cambridge, Mass.: MIT Press, 1962.

——. *The Visible Hand: The Managerial Revolution in American Business.* Cambridge,Mass.: Harvard University Press, 1977.

——. *The Coming of Managerial Capitalism.* New York: Richard D. Irwin, 1985.

——. *Scale and Scope: The Dynamics of Industrial Capitalism.* Cambridge, Mass.: Harvard University Press, 1990.

Christiansen, G. B., and R. H. Haveman. "Government Regulations and Their Impact on the Economy." *Annals of the American Academy of Political and Social Science* 459, no.1 (1982): 112–122.

Clark, Gregory. "The Long March of History: Population and Economic Growth." Working Paper 05-40, University of California, Davis, 2005.

——. *A Farewell to Alms: A Brief Economic History of the World.* Princeton, N.J.: Princeton University Press, 2007.

Coke, Edward. *The Second [Third and Fourth] Part[s] of the Institutes of the Laws of England.*London: Printed for E. and R. Brooke, 1797 (first written 1641).

Conard, Nicholas J., Maria Malina, and Susanne C. Münzel. "New Flutes Document the Earliest Musical Tradition in Southwestern Germany." *Nature* 460 (2009): 737–740.

Coolidge, Calvin. "Address to the American Society of Newspaper Editors, Washington, D.C.," January 17, 1925. Online by Gerhard Peters and John T. Woolley, The American Presidency Project. http://www.presidency.ucsb.edu/ws/?pid=24180.

Cooper, John M. *Reason and the Human Good in Aristotle.* Cambridge, Mass.: Harvard University Press, 1975.

Crafts, N.F.R. "British Economic Growth, 1700–1831: A Review of the Evidence." *Economic History Review* 36, no. 2 (1983): 177–199.

Crooks, Ed. "US 'Creative Destruction' out of Steam." *Financial Times,* December 12,2011.

Dahlhaus, Carl. *Nineteenth-Century Music.* Berkeley: University of California, 1989.

David, Paul A. "The Growth of Real Product in the United States before 1840: New Evidence, Controlled Conjectures." *Journal of Economic History* 27, no. 2 (1967):151–197.

Defoe, Daniel. *Robinson Crusoe.* London: W. Taylor, 1719.

——. *Moll Flanders.* London: W. Taylor, 1721.

Demsetz, Harold. "Toward a Theory of Property Rights II: The Competition between Private and Collective Ownership." *Journal of Legal Studies* (June 2002): 668.

Denning, Peter J., and Robert Dunham. *The Innovator's Way: Essential Practices for Successful Innovation.* Cambridge, Mass.: MIT Press, 2010.

Dewey, John. *Human Nature and Conduct.* New York: Holt, 1922.

—— "The House Divided against Itself." *New Republic,* April 24, 1929, pp. 270–271.

——. Individualism *Old and New.* New York: Minton, Balch, and Company, 1930.

——. *Experience and Education.* New York: Simon and Schuster, 1938.

Diamond, Jared M. *Guns, Germs, and Steel: The Fates of Human Societies.* New York: W.

W. Norton, 1997.

Dickens, Charles. *Sketches by* Boz. London: John Macrone, 1836.

——. *Oliver Twist.* London: Richard Bentley, 1837.

——. *David Copperfi eld.* London: Bradbury and Evans, 1850.

——. *Hard Times.* London: Bradbury and Evans, 1854.

——. *Speeches, Letters and Sayings.* New York: Harper, 1870.

—— *The Uncommercial Traveler and Reprinted Pieces.* Philadelphia: John D. Morris,1900.

Dods, Marcus. *Erasmus, and Other Essays.* Longdon: Hodder and Stoughton, 1891.

DuBois, Armand Budington. *The English Business Company after the Bubble Act, 1720–1800.* New York: Octagon, 1971.

Edlund, Lena. "Big Ideas." *Milken Institute Review* 13, no. 1 (2011): 89–94.

Eggertsson, Thrainn. *Imperfect Institutions: Possibilities and Limits for Reform.* Ann Arbor:University of Michigan Press, 2006.

Erhard, Ludwig. *Wohlstand für Alle.* Dusseldorf: Econ-Verlag, 1957.

——. *Prosperity through Competition.* New York: Praeger, 1958.

Evans, Harold. *They Made America.* New York: Little Brown, 2004.

——. "Eureka: A Lecture on Innovation." Lecture given at the Royal Society of Arts, London, March 2011.

Ferguson, Adam. *Essay on the History of Civil Society.* Dublin: Grierson, 1767.

Ferraro, Geraldine. "Inspiration from the Land Where Dreams Come True." Speech,San Francisco, July 19, 1984. Available at http://www.cnn.com/ALLPOLITICS/1996/conventions/chicago/facts/famous.speeches/ferraro.84.shtml.

Finley, M. I. *The Ancient Economy.* Berkeley: University of California Press, 1999.

Fitoussi, Jean-Paul, and Edmund S. Phelps. *The Slump in Europe.* Oxford: Blackwell, 1988.

Fogel, Robert William. *Railroads and American Economic Growth: Essays in Econometric History.* Baltimore: Johns Hopkins University Press, 1964.

Foster, John Bellamy, Robert W. McChesney, and Jamil Jonna. "Monopoly and Competition in Twenty-First Century Capitalism." *Monthly Review* 62, no. 11 (2011): 1–23.

Foster-Hahn, Francoise, Claude Keisch, Peter-Klaus Schuster, and Angelika Wesenberg. *Spirit of an Age: Nineteenth-Century Paintings from the Nationalgalerie, Berlin.* London:National Gallery, 2001.

Freud, Sigmund. *Das Unbehagen in der Kultur.* Vienna: Internationaler Psychoanalytischer Verlag, 1930.

——. *Civilization and Its Discontents,* translated by James Strachey. New York: W. W. Norton, 1989.

Fry, Stephen. "Lady Gaga Takes Tea with Mr Fry." *Financial Times* (London), May 27, 2011, p. 12.

Frydman, Roman, and Michael Goldberg. *Imperfect Knowledge Economics: Exchange Rates and Risk.* Princeton: Princeton University Press, 2007.

Frydman, Roman, Marek Hessel, and Andrzej Rapaczynski. "When Does Privatization Work?" *Quarterly Journal of Economics* (1999): 1153–1191.

Geddes, Rick, and Dean Lueck. "Gains from Self-Ownership and the Expansion of Women ' s Rights." *American Economic Review* 92, no. 4 (2002): 63–83.

Gibbon, Edward. *The History of the Decline and Fall of the Roman Empire.* London: Strahan and Cadell, 1776–1789.

Giff en, Robert. "The Material Progress of Great Britain." Address before the Economic Sector of the British Association, London, 1887.

Gombrich, E. H. *The Story of Art.* London: Phaidon, 4th edition, 1951.

Gordon, Robert J. "U.S. Productivity Growth over the Past Century with a View to the Future." Working Paper 15834, National Bureau of Economic Research, Cambridge, Mass., March 2010.

——. "Is U.S. Economic Growth Over? Faltering Innovation Confronts the Six Headwinds." Working Paper 18315, National Bureau of Economic Research, Cambridge, Mass., August 2012.

Gray, Henry. *Anatomy, Descriptive and Surgical.* Philadelphia: Blanchard and Lea, 2nd American edition, 1862.

Greenwald, Bruce C. N., and Judd Kahn. *Globalization: The Irrational Fear That Someone in China Will Take Your Job.* Hoboken, N.J.: John Wiley and Sons, 2009.

Groom, Brian. "War Hero Who Became Captain of British Industry." *Financial Times,* October 2–3, 2010, p. 7.

——. "Gloom and Boom." Books Section, *Financial Times,* October 2–3, 2010, p. 16.

Gwartney, James, Robert Lawson, and Joshua Hall. *Economic Freedom of the World: 2011 Annual Report.* Vancouver: Fraser Institute, 2011.

Hall, Robert, and Charles I. Jones. "Why Do Some Countries Produce So Much More Output per Worker Than Others?" *Quarterly Journal of Economics* 114, no. 1 (1999): 83–116.

Hansard, Thomas C. (ed.). *Hansard's Parliamentary Debates.* Third series, second volume of the session. London: Cornelius Buck, 1863.

Hayek, Friedrich. "The Trend of Economic Thinking." *Economica* 13 (1933): 127–137.

——. "Socialist Calculation: The State of the Debate," in Friedrich Hayek (ed.),*Collectivist Economic Planning; Critical Studies on the Possibilities of Socialism.* London:Routledge, 1935.

——. *The Road to Serfdom.* London: Routledge, 1944.

——. *Individualism and Economic Order.* Chicago: University of Chicago Press, 1948.

Hayek, Friedrich. *The Counter-Revolution of Science; Studies on the Abuse of Reason.* Glencoe, Ill.: Free Press, 1952.

——. "The Non-Sequitur of the 'Dependence Effect.'" *Southern Economic Journal* 27(1961): 346.

——. "Competition as a Discovery Procedure," in *New Studies in Philosophy, Politics,Economics and the History of Ideas.* Chicago: University of Chicago Press, 1978.

Heckman, James J., and Dimitriy V. Masterov. "The Productivity Argument for Investing in Young Children." *Applied Economic Perspectives and Policy* 29, no. 3 (2007): 446–493.

Henley, William Ernest. *Poems.* New York: Charles Scribner's Sons, 1898.

Hewlett, Sylvia Ann. *A Lesser Life: The Myth of Women's Liberation in America.* New York: Morrow, 1986.

Hicks, John. *A Theory of Economic History.* Oxford: Oxford University Press, 1969.

Hoon, Hian Teck, and Edmund Phelps. "Payroll Taxes and VAT in a Labor-Turnover Model of the 'Natural Rate.'" *International Tax and Public Finance* 3 (June 1996):185–201.

——. "Growth, Wealth and the Natural Rate: Is Europe' s Jobs Crisis a Growth Crisis?" *European Economic Review* 41 (April 1997): 549–557.

——. "Effects of Technological Improvement in the ICT-Producing Sector on Business Activity." Columbia University Department of Economics Discussion Paper 0506-21, February 2006.

Howard, Philip K. *The Death of Common Sense: How Law Is Suffocating America.* New York: Random House, 1995.

——. *The Collapse of the Common Good: How America's Lawsuit Culture Undermines Our Freedom.* New York: Ballantine, 2001.

Hume, David. *A Treatise on Human Nature.* London: John Noon, 1739–1740.

—— *Philosophical Essays Concerning Human Understanding.* London: A. Millar, 1748. Subsequently republished as *An Enquiry Concerning Human Understanding.*

Huppert, Felicia A., and Timothy T. C. So. "What Percentage of People in Europe Are Flourishing and What Characterises Them?" Retrieved January 4, 2013, from www.isqols2009.istitutodeglinnocenti.it/Content_en/Huppert.pdf.

Ibison, David. "The Monday Interview: Carl-Henric Svanberg." *Financial Times,* October1, 2006, p. 11.

Ibsen, Henrik. *Peer Gynt,* translated by Rolf Fjelde. Minneapolis: University of Minnesota Press, 1980.

Inglehart, Ronald, and Christian Welzel. *Modernization, Cultural Change, and Democracy:The Human Development Sequence.* Cambridge: Cambridge University Press, 2005.

Irving, Washington. *The Sketch Book of Geoffrey Crayon, Gent.* London: John Murray,1820.

Jackman, Richard, Richard Layard, and Stephen Nickell. *Unemployment: Macroeconomic Performance and the Labour Market.* Oxford: Oxford University Press, 1991.

Jackson, R. V. "The Structure of Pay in Nineteenth-Century Britain." *Economic History Review* 40, no. 4 (1987): 561–570.

Jacobs, Jane. *The Death and Life of Great American Cities.* New York: Random House, 1961.

——. *The Economy of Cities.* New York: Random House, 1969.

James, Harold. *Europe Reborn.* Princeton, N.J.: Princeton University Press, 2009.

Jamison, Kay Redfi eld. *Exuberance: The Passion for Life.* New York: Alfred A. Knopf, 2004.

Jefferson, Thomas. *The Works of Thomas Jeff erson,* vol. 2. New York: G. P. Putnam and Sons, 1904.

Johnson, Paul. *The Birth of the Modern: World Society 1815–1830.* New York: Harper Collins,1991.

Jones, Jonathan. "Other Artists Paint Pictures, Turner Brings Them to Life." *Guardian,* May 6, 2009. Available at www.guardian.co.uk.

Karakacili, E. "English Agrarian Labour Productivity Rates before the Black Death: A Case Study." *Journal of Economic History* 64 (March 2004): 24–60.

Keats, John. *The Poems of John Keats,* edited by Jack Stillinger. Cambridge, Mass.: Belknap Press of Harvard University Press, 1978.

Kellaway, Lucy. "Jobs, Motherhood and Varieties of Wrong." *Financial Times,* July 29,2012, p. 16.

Kennedy, Maev. "British Library Publishes Online Archive of 19th Century Newspapers." *Guardian,* June 18, 2009, p. 18.

Keynes, John Maynard. *A Treatise on Probability.* London: Macmillan, 1921.

——. *General Theory of Employment, Interest and Money.* London: Palgrave Macmillan,1936.

——. "Economic Possibilities for Our Grandchildren," in *Essays in Persuasion.* New York: W. W. Norton, 1963.

Kindleberger, Charles Poor. *A Financial History of Western Europe.* New York: Oxford University Press, 1993.

Kirby, William C. "China Unincorporated: Company Law and Business Enterprise in 20th Century China." *Journal of Asian Studies* 54 (February 1995): 43–46.

Kling, Arnold, and Nick Schulz. "The New Commanding Heights." *National Affairs* 8 (Summer 2011): 3–19.

Knight, Frank. *Risk, Uncertainty and Profit.* Boston: Hart, Schaffner and Marx; Houghton Mifflin, 1921.

Koestler, Arthur. *The Act of Creation.* New York: Macmillan, 1964.

——. *The Sleepwalkers.* New York: Macmillan, 1968.

Kronman, Anthony T. *Education's End: Why Our Colleges and Universities Have Given Up on the Meaning of Life.* New Haven, Conn.: Yale University Press, 2007.

Krugman, Paul R. *Geography and Trade.* Cambridge, Mass.: MIT Press, 1992.

Kuczynski, Jürgen. *Labour Conditions in Western Europe.* London: F. Muller, 1937.

——. *A Short History of Labour Conditions under Industrial Capitalism.* London: F.Muller, 1942–1945.

Kuznets, Simon. "Population Change and Aggregate Output," in *Demographic and Economic Change in Developed Countries, a Conference of the Universities–National Bureau Committee for Economic Research.* Princeton, N.J.: Princeton University Press, 1960.

Lange, Oskar. "On the Economic Theory of Socialism," in Oskar Lange, Benjamin E. Lippincott,and Frederick M. Taylor (eds.), *On the Economic Theory of Socialism.* Minneapolis:University of Minnesota Press, 1938.

Layard, Richard. *Happiness: Lessons from a New Science.* London: Penguin, 2007.

Layard, Richard, and Stephen Nickell. *Handbook of Labor Economics.* Amsterdam:North-Holland, 1999.

Leroux, Pierre. *De l'égalité ; précédé de l'individualisme et du socialisme.* Paris: Slatkine,1996.

Lincoln, Abraham. "Second Lecture on Discoveries and Inventions" (1859). In *Collected Works of Abraham Lincoln,* vol. 3. New Brunswick, N.J: Rutgers University Press, 1953,356–363.

Lindert, Peter H., and Jeffrey G. Williamson. "English Workers' Living Standards during the Industrial Revolution: A New Look." *Economic History Review* 36, no. 1 (1983):1–25.

Lippmann, Walter. *The Good Society.* New York: Little Brown, 1936.

Litan, Robert E., and Carl J. Schramm. *Better Capitalism: Renewing the Entrepreneurial Strength of the American Economy.* New Haven, Conn.: Yale University Press, 2012.

Loasby, Brian J. *The Mind and Method of the Economist: A Critical Appraisal of Major Economists in the 20th Century.* Aldershot, U.K.: Edward Elgar, 1989.

Lovecraft, H. P. *The Dream-Quest of Unknown Kadath* (1926), *in At the Mountains of Madness and Other Novels.* Sauk City, Wisc.: Arkham House, 1964.

Lowenstein, Louis. *The Investor's Dilemma: How Mutual Funds Are Betraying Your Trust and What to Do about It.* Hoboken, N.J.: John Wiley and Sons, 2008.

Lubasz, Heinz. *Fascism: Three Major Regimes.* New York: John Wiley and Sons, 1973.

Maddison, Angus. *The World Economy: Historical Statistics.* Paris: OECD, 2006: table 1b,p. 439, and table 8c, p. 642.

Mann, Thomas. *Buddenbrooks.* Berlin: S. Fischer Verlag, 1901.

Marr, Andrew. *The Making of Modern Britain.* London: Macmillan, 2009.

Marshall, Alfred. *Elements of Economics.* London: Macmillan, 1892.

——. *Principles of Economics: An Introductory Volume.* London: Macmillan, 1938.

Marx, Karl. *Grundrisse der Kritik der politischen Ökonomie* (1858). Frankfurt: Europäische Verlagsanstalt, 1939–1941.

—— Critique of the Gotha Program (1875). Moscow: Moscow Foreign Languages Publishing House, 1947.

Marx, Karl, and Friedrich Engels. *The Communist Manifesto.* London: 1848.

Maslow, Abraham. "A Theory of Motivation." *Psychological Review* 50 (1943): 370–396.

Maugham, W. Somerset. "The Man Who Made His Mark." *Cosmopolitan,* June 1929.

Melville, Herman. *Moby-Dick.* New York: Harper and Brothers, 1851.

——. *The Confidence-Man.* New York: Dix, Edwards, 1857.

Mickelthwait, John, and Adrian Wooldridge. *The Company: A Short History of a Revolutionary Idea.* New York: Modern Library, 2003.

Milanović, Branko. *Liberalization and Entrepreneurship: Dynamics of Reform in Socialism and Capitalism.* Armonk, N.Y.: M. E. Sharpe, 1989.

Mill, John Stuart. "The Law of Partnership" (1851), in John M. Robson (ed.), *Essays on Economics and Society Part II.* London: Routledge and Kegan Paul, 1967.

Mises, Ludwig von. "Die Wirtschaftsrechnung im sozialistischen Gemeinwesen." *Archiv für Sozialwissenschaften und Socialpolitik* 47 (1920): 86–121.

——. *Die Gemeinwirtschaft: Untersuchungen über den Sozialismus.* Jena: Gustav Fischer Verlag, 1922.

——. "Economic Calculation in the Socialist Commonwealth," in Friedrich Hayek(ed.), *Collectivist Economic Planning; Critical Studies on the Possibilities of Socialism.* London:G. Routledge, 1935.

——. *Socialism: An Economic and Sociological Analysis,* translated by J. Kahane. London:Jonathan Cape, 1936.

Mokyr, Joel. "The Industrial Revolution and Modern Economic Growth." Max Weber Lecture given at the European University, San Domenico di Fiesole, Italy, March 2007. Revised June 2007.

——. "Intellectual Property Rights, the Industrial Revolution, and the Beginnings of Modern Economic Growth." *American Economic Review* 99, no. 2 (2009): 349–355.

Montaigne, Michel de. *Essais.* Paris: Garnier, 1962.

Morris, Charles. The Dawn of Innovation: *The First American Industrial Revolution.* New York: Public Affairs, 2012.

Muller, Jerry Z. *The Mind and the Market: Capitalism in Modern European Thought.* New York: Alfred A. Knopf, 2002.

Mussolini, Benito. *Quatro Discorsi sullo Stato Corporativo.* Rome: Laboremus, 1935.

——. *Four Speeches on the Corporate State.* Rome: Laboremus, 1935.

Mynors, R.A.B. *Georgics by Virgil.* Oxford: Clarendon Press, 1990.

Myrdal, Gunnar. *The Political Element in the Development of Economic Theory.* London:Routledge and Kegan Paul, 1953.

Nagel, Thomas. "Aristotle on Eudaimonia." *Phronesis* 17, no. 3 (1972): 252–259.

——. "What Is It Like to Be a Bat?" *Philosophical Review* 83, no. 4 (1974): 435–450.

——. *The Possibility of Altruism.* Oxford: Oxford University Press, 1978.

Nelson, Richard. "How Medical Know-How Progresses." Working Paper 23, Center on Capitalism and Society, Columbia University, New York, January 2008.

Nicholls, A. J. "Hitler' s Success and Weimar's Failure," in Weimar and the Rise of Hitler.Houndmills, Basingstoke, U.K.: Palgrave Macmillan, 1968.

Nickell, Stephen. "Fundamental Changes in the UK Labour Market." *Oxford Bulletin of Economics and Statistics* 63 (2001): 715–736.

Nietzsche, Friedrich. *Der Wille zur Macht,* edited by Heinrich Köselitz, Ernst Horneffer, and August Horneffer. Leipzig: Naumann, 1901.

——. *The Will to Power,* translated by Walter Kaufmann. New York: Vintage, 1968.

Nocken, Ulrich. "Corporatism and Pluralism in Modern German History," in Dirk Stegmann et al. (eds.), *Industrielle Gesellschaft und politisches System.* Bonn: Verlag Neue Gesellschaft, 1978.

OECD (Organisation for Economic Co-operation and Development). Historical Statistics1960–81. Paris, 1983.

——. *The OECD Jobs Study: Facts, Analysis, Strategies.* Paris, 1994.

OECD (Organisation for Economic Co-operation and Development) and Jean-Philippe Cotis. *Going for Growth: 2007.* Paris, 2007.

Olson, Mancur. *The Rise and Decline of Nations.* New Haven, Conn.: Yale University Press, 1982.

Paganetto, Luigi, and Edmund S. Phelps. *Finance, Research, Education, and Growth. Houndmills,* Basingstoke, U.K.: Palgrave Macmillan, 2005.

Paine, Thomas. *Common Sense.* London: H. D. Symonds, 1792.

Paxton, Robert. *The Anatomy of Fascism.* New York: Alfred A. Knopf, 2004.

PBS. "The Planning Debate in New York, 1955–1975." *American Experience: New York Disc 7; People & Events.* Television.

Phelps, Edmund S. *Fiscal Neutrality toward Economic Growth.* New York: McGraw-Hill,1965.

——. "Population Increase." Canadian Journal of Economics 1 (1968): 497–518.

Phelps, Edmund S. "Taxation of Wage Income for Economic Justice." *Quarterly Journal of Economics* 87 (August 1973): 331–354.

—— (ed.). Altruism, *Morality and Economic Theory.* New York: Basic Books, 1975.

——. "Arguments for Private Ownership," in *Annual Economic Outlook.* London: European Bank for Reconstruction and Development, 1993.

——. *Structural Slumps: The Modern Equilibrium Theory of Employment, Interest and Assets.* Cambridge, Mass.: Harvard University Press, 1994.

——. *Rewarding Work: How to Restore Participation and Self-Support to Free Enterprise.* Cambridge, Mass.: Harvard University Press, 1997 (2nd printing 2007).

——. "Behind This Structural Boom: The Role of Asset Valuations." *American Economic Review (Papers and Proceedings)* 89, no. 2 (1999): 63–68.

Phelps, Edmund S. "The Importance of Inclusion and the Power of Job Subsidies to Increase It." *OECD Economic Studies* 31 (2000/2): 86–113.

——. "The Unproven Case for Tax Cuts." *Financial Times,* February 2, 2001, p. 13.

——. "Reflections on Parts III and IV," in Philippe Aghion, Joseph Stiglitz, Michael Woodford, and Roman Frydman (eds.), *Knowledge, Information, and Expectations in Modern Macroeconomics: In Honor of Edmund S. Phelps.* Princeton, N.J.: Princeton University Press, 2003.

——. "The Good Life and the Good Economy: The Humanist Perspective of Aristotle,the Pragmatists and Vitalists; And the Economic Justice of John Rawls," in Kaushik Basu and Ravi Kanbur (eds.), *Arguments for a Better World: Essays in Honor of Amartya Sen.* Oxford: Oxford University Press, 2008.

——. "Economic Culture and Economic Performance," in Hans-Werner Sinn and Edmund S. Phelps (eds.), *Perspectives on the Performance of the Continental Economies.* Cambridge, Mass.: MIT Press, 2011.

Phelps, Edmund S., and Richard R. Nelson. "Investment in Humans, Technological Diffusion,and Economic Growth." *American Economic Review* 56, no. 1–2 (1966): 69–75.

Phelps, Edmund S., and Robert Reich. Radio interview, National Public Radio, October17, 2006.

Phelps, Edmund S., and Gylfi Zoega. "The Search for Routes to Better Economic Performance in Continental Europe: The European Labour Markets." *CESifo Forum* 5, no. 1(2004): 3–11.

——. "Entrepreneurship, Culture and Openness," in D. B. Audretsch, Robert J. Strom,and Robert Litan (eds.), *Entrepreneurship and Openness.* Cheltenham, U.K.: Edward

Elgar, 2009.

——. "Job Satisfaction: The Effect of Modern-Capitalist and Corporatist Institutions." Working Paper 77, Center on Capitalism and Society, Columbia University, New York,December 2012.

Phillips, A. W. "The Relationship between Unemployment and the Rate of Change of Money Wage Rates in the United Kingdom, 1861–1957." Economica 25 (1958): 283–299.

Polanyí, Karl. T*he Great Transformation.* New York: Farrar and Rinehart, 1944.

Polanyí, Michael. *Personal Knowledge: Towards a Post-Critical Philosophy.* Chicago: University of Chicago Press, 1958.

Popper, Karl R. The Poverty of Historicism. London: Routledge and Kegan Paul, 1957.

Prescott, Edward, and Stephen Parente. *Barriers to Riches.* Cambridge, Mass.: MIT Press, 2000.

Rapaczynski, Andrzej. *Nature and Politics: Liberalism in the Philosophies of Hobbes, Locke and Rousseau.* Ithaca, N.Y.: Cornell University Press, 1987.

Rawls, John. *A Theory of Justice.* Cambridge, Mass.: Harvard University Press, 1971.

——. *Justice as Fairness: A Restatement,* edited by Erin Kelly. Cambridge, Mass.: Harvard University Press, 2001.

Razzell, Peter, and Christine Spence. "The History of Infant, Child and Adult Mortality in London, 1550–1850." *London Journal* 32, no. 3 (2007): 271–292.

Robb, Richard. "Nietzsche and the Economics of Becoming." *Capitalism and Society* 4,no. 1 (2009).

Roh, Franz. "After Expressionism: Magic Realism," in Lois Parkinson Zamora and Wendy B. Faris (eds.), *Magical Realism: Theory, History, Community.* Durham, N.C.: Duke University Press, 1995.

Roland, Gérard. "Understanding Institutional Change: Fast-Moving and Slow-Moving Institutions." *Studies in Comparative International Development* 38, no. 4 (2004):109–131.

Rosenberg, Nathan, and L. E. Birdzell. *How the West Grew Rich: The Economic Transformation of the Industrial World.* New York: Basic Books, 1986.

Rostow, W. W. *The Process of Economic Growth.* Oxford: Clarendon, 1953.

——. *The Stages of Economic Growth, a Non-Communist Manifesto.* Cambridge: Cambridge University Press, 1960.

Rothschild, Emma. *Economic Sentiments: Adam Smith, Condorcet, and the Enlightenment.*Cambridge, Mass.: Harvard University Press, 2001.

Rousseau, Jean-Jacques. *Emile, ou de l'Education.* Paris: Garnier-Flammarion, 1966.

Rylance, Rick. "Getting on," in Heather Glen (ed.), *The Cambridge Companion to the Brontës.* Cambridge: Cambridge University Press, 2002.

Sadka, Efraim. "On Progressive Income Taxation." *American Economic Review* 66, no. 5(1976): 931–935.

Saint-Simon, Henri de. *Lettres d'un habitant de Genève à ses contemporains.* Paris: Librairie Saint-Simonienne, 1803.

——. *Nouveau Christianisme.* Paris: Bossange, 1825.

Sassoon, Donald. "All Shout Together." *Times Literary Supplement,* December 6, 2002,p. 5.

Say, Jean-Baptiste. *Traité d'économie politique.* Paris: Rapilly, 1803.

Schlesinger, Arthur Meier. *The Coming of the New Deal: 1933–1935.* Boston: Houghton Mifflin, 2003.

Schlicke, Paul. *Oxford Reader's Companion to Dickens.* Oxford: Oxford University Press,1999.

Schmitter, Philippe C. "Still the Century of Corporatism?" *Review of Politics* 36, no. 1, The New Corporatism: Social and Political Structures in the Iberian World (1974): 85–131.

Schumpeter, Joseph A. *Theorie der wirtschaftlichen Entwicklung.* Leipzig: Duncker and Humblot, 1912.

——. *The Theory of Economic Development.* Cambridge, Mass.: Harvard University Press, 1934.

——. *Capitalism, Socialism and Democracy.* New York: Harper and Brothers, 1942.

Seligman, Martin. *Flourish: A Visionary New Understanding of Happiness and Well-*Being. New York: Free Press, 2011.

Sen, Amartya. *Inequality Reexamined.* New York: W. W. Norton, 1992.

Sen, Amartya. *Commodities and Capabilities.* New York: Oxford University Press, 1999.

——. "The Crisis of European Democracy." *New York Times,* May 22, 2012.

Sennett, Richard. *The Culture of the New Capitalism.* New Haven, Conn.: Yale University Press, 2006.

Shelley, Mary Wollstonecraft. *Frankenstein; or, The Modern Prometheus.* London: Lackington, Hughes, Harding, Mavor and Jones, 1818.

Shelley, Percy Bysshe. *Prometheus Unbound: A Lyrical Drama with Other Poems.* London: C. and J. Ollier: 1820.

Sidorsky, David. "Modernism and the Emancipation of Literature from Morality." *New Literary History* 15 (1983): 137–153.

——. "The Uses of the Philosophy of G. E. Moore in the Works of E. M. Forster." *New Literary History* 38 (2007): 245–271.

Silver, Kenneth E. *Esprit de Corps: The Art of the Parisian Avant-Garde and the First World War, 1914–1925.* Princeton, N.J.: Princeton University Press, 1992.

——. *Chaos & Classicism: Art in France, Italy, and Germany 1918–1936 [published on the Occasion of the Exhibition Chaos and Classicism: Art in France, Italy, and Germany,*

1918–1936]. New York: Guggenheim Museum, 2010.

Slaughter, Anne-Marie. "Why Women Still Can't Have It All." *Atlantic Monthly*, July/August 2012, pp. 85–90, 92–94, 96–98, 100–102.

Smiles, Samuel. *Self-Help with Illustrations of Character and Conduct*. London: John Murray, 1859.

Smith, Adam. *Inquiry into the Nature and Causes of the Wealth of Nations*. London: W.Strahan and T. Cadell, 1776.

——. *Lectures on Jurisprudence* (1762–1763). Oxford: Clarendon Press, 1978.

——. *The Theory of Moral Sentiments* (1759). New York: Penguin, 2009.

Smith, Christian (with Kari Christoff ersen, Hilary Davidson, and Patricia Snell Herzog).*Lost in Transition: The Dark Side of Emerging Adulthood*. New York: Oxford University Press, 2011.

Snow, C. P. The *Two Cultures and the Scientific Revolution*. New York: Cambridge University Press, 1959.

Spengler, Oswald. *The Decline of the West*. New York: Alfred A. Knopf, 1926.

Spiegelman, Willard. "Revolutionary Romanticism: *The Raft of the Medusa*." *Wall Street Journal*, August 15, 2009, p. W14.

Starr, Frederick S. "Rediscovering Central Asia." *Wilson Quarterly*, Summer 2009, pp. 33–43.

Stewart, Barbara. "Recall of the Wild: Fighting Boredom, Zoos Play to the Inmates' Instincts." *New York Times*, April 6, 2002, p. B1.

Stone, Irving. *Lust for Life*. New York: Doubleday, 1937.

Tanzi, Vito. *Government versus Markets: The Changing Economic Role of the State*. New York: Cambridge University Press, 2011.

Taylor, Mark C. *Field Notes from Elsewhere: Reflections on Dying and Living*. New York: Columbia University Press, 2009.

Theil, Stefan. "Europe's Philosophy of Failure." *Foreign Policy*, January–February 2008,pp. 55–60.

Thurm, Scott. "Companies Struggle to Pass on Knowledge That Workers Acquire." *Wall Street Journal, January* 23, 2006, p. B1.

Titmuss, Richard. *The Gift Relationship: From Human Blood to Social Policy*. New York:Pantheon Books, 1971.

Tocqueville, Alexis de. *Democracy in America*. London: Saunders and Otley, 1835.

——. "Letters from America," translated by Frederick Brown. *Hudson Review* 62, no. 3(2009): 375–376.

Tönnies, Ferdinand. *Community and Civil Society*, translated by Jose Harris. Cambridge:Cambridge University Press, 2001.

Tooze, J. Adam. The Wages of Destruction: *The Making and Breaking of the Nazi Economy.* New York: Viking, 2007.

Toynbee, Arnold. *A Study of History.* New York: Oxford University Press, 1947–1957.

Trilling, Lionel. *The Liberal Imagination.* New York: Doubleday, 1950.

Twain, Mark. *The Adventures of Tom Sawyer.* Hartford, Conn.: American Publishing,1876.

Van Gogh, Vincent. *The Letters: The Complete Illustrated Edition,* edited by Leo Jansen, Hans Luitjen, and Nienke Bakker. London: Thames and Hudson, 2009.

Vincenti, Walter G. "The Retractable Airplane Landing Gear and the Northrop 'Anomaly.'" *Technology and Culture* 35 (January 1994): 1–33.

Volpi, Giulio. "Soya Is Not the Solution to Climate Change." Guardian, March 16, 2006.

Voltaire. *Candide, ou l'optimisme.* Paris: Sirène, 1759.

Weber, Adna Ferrin. *The Growth of Cities in the Nineteenth Century: A Study in Statistics.* Ithaca, N.Y.: Cornell University Press, 1899.

Weber, Max. *Wirtschaft und Gesellschaft.* Tübingen, Germany: J.C.B. Mohr (P. Siebeck),1922.

——. *The Protestant Ethic and the Spirit of Capitalism,* translated by Talcott Parsons. London: Unwin, 1930.

——. Economy and Society, edited by Guenther Roth and Claus Wittich Berkeley: University of California Press, 1978.

Wells, David Ames. *Recent Economic Changes and Their Effect on the Production and Distribution of Wealth and the Well-being of Society.* New York: D. Appleton, 1899.

Wuthering Heights. Dir. William Wyler. Perf. Merle Oberon, Lawrence Olivier. Samuel Goldwyn. Film, 1939.

Zingales, Luigi. *A Capitalism for the People.* New York: Basic Books, 2012.

图书在版编目（CIP）数据

大繁荣 /（美）埃德蒙·费尔普斯著；余江译 . --
北京：中信出版社，2021.4
（中信经典丛书 . 004）
书名原文：Mass Flourishing
ISBN 978-7-5217-2890-3

Ⅰ. ①大… Ⅱ. ①埃… ②余… Ⅲ. ①世界经济—经济发展—研究 Ⅳ. ①F113.4

中国版本图书馆 CIP 数据核字（2021）第 048351 号

大繁荣
（中信经典丛书 · 004）

著　　者：[美] 埃德蒙 · 费尔普斯
译　　者：余江
责任编辑：姜莉君
出版发行：中信出版集团股份有限公司
（北京市朝阳区惠新东街甲 4 号富盛大厦 2 座　邮编　100029）
承 印 者：北京盛通印刷股份有限公司

开　　本：880mm × 1230mm　1/32　　印　　张：102　　字　　数：2315 千字
版　　次：2021 年 4 月第 1 版　　印　　次：2021 年 4 月第 1 次印刷
京权图字：01–2013–4978
书　　号：ISBN 978–7–5217–2890–3
定　　价：880.00 元（全 8 册）

扫码免费收听图书音频解读

服务热线：400-600-8099
投稿邮箱：author@citicpub.com